Ellen de Visser
Frau und Krieg

Ellen de Visser, geb. 1954, studierte Soziologie (Promotion) und Kunst (Lehramt) in Frankfurt/M.; sie arbeitet gegenwärtig freiberuflich als Journalistin, Autorin und Malerin; ihre Forschungsschwerpunkte: weibliche Biographieforschung, Frauen im Nationalsozialismus, kollektive Ideologie- und Identitätsbildungsprozesse.

Ellen de Visser

Frau und Krieg

Weibliche Kriegsästhetik, weiblicher Rassismus und Antisemitismus

Eine psychoanalytisch-tiefenhermeneutische Literaturanalyse

WESTFÄLISCHES DAMPFBOOT

Die Deutsche Bibliothek – CIP-Einheitsaufnahme

de Visser, Ellen: Frau und Krieg. Weibliche Kriegsästhetik, weiblicher Rassismus und Antisemitismus : eine psychoanalytisch-tiefenhermeneutische Literaturanalyse / Ellen de Visser. – 1. Aufl. – Münster : Westfälisches Dampfboot, 1997

Zugl.: Frankfurt (Main), Univ., Diss., 1995

ISBN 3-89691-410-3

1. Auflage Münster 1997

Umschlag: Lütke . Fahle . Seifert, Münster

Druck: DUO Druck und Verlag GmbH, Leipzig

Gedruckt auf säurefreiem Papier.

ISBN 3-89691-410-3

Inhalt

Einleitung

Wann immer ich Außenstehenden über das Thema und die Arbeit an meiner Dissertation berichtete, riefen sie aus: „Das Thema ist aber interessant!" Begleitend aber spürte ich bei vielen meiner Zuhörer auch ein „kleines Erschrecken". Wieso befaßt sie sich mit solchen schrecklichen Frauen, war das hinter dieser Beunruhigung stehende Aufbegehren. Ich fragte mich nach der Bedeutung dieser Verunsicherung. Warum konnte die Irritation meiner Gesprächspartner in mir ein ähnlich diffuses Gefühl verursachen?
Es gibt verständliche Gründe für solche Reaktionen. Die hier vorliegende Arbeit ist im weiteren Sinne dem Genre der „Schreibtischtäter(innen)-Forschung" zuzurechnen. Auch die „zweite Generation" (Eckstaedt, 1989), zu der sowohl ich selbst wie die meisten meiner Gesprächspartner mittlerweile zwangsläufig gehören, wird durch diese Themenwahl auf *ihr* jeweiliges Verhältnis zum Nationalsozialismus verwiesen. Berührt werden schwer zu beantwortende und unangenehme Fragen: Wie hätte ich mich damals verhalten? Was wäre aus mir geworden? Widerstandskämpferin, teilnahmslose Beobachterin des Grauens, nationalsozialistische Funktionärin, KZ-Wächterin? Vielleicht hätte ich diese Arbeit nicht schreiben können, wäre ich eine Deutsche gewesen. So habe ich die Erinnerungen meiner Familie aus den Niederlanden im Gedächtnis. Schilderungen, die vom Verstecken vor den deutschen Besatzern handelten, um der drohenden Zwangsarbeit entfliehen zu können.[1] Beschreibungen, in denen der Hunger im Mittelpunkt stand und in denen endlos davon berichtet wurde, wie schwierig die Nahrungsbeschaffung war. Im Gedächtnis geblieben ist mir auch ein Bild meiner Mutter, wie sie am Tag der Befreiung stolz lächelnd neben dem Bürgermeister Bleeker und anderen Stadtbediensteten auf dem Balkon der Arbeitsverwaltung von Doordrecht stand.[2] Sie hatte Kontakte zum Untergrund, wie mein Onkel mir erzählte, schrieb hier und da eine nicht ganz korrekte Arbeitsbescheinigung oder beschaffte Lebensmittelkarten für Untergetauchte. Keine Heldin im Widerstand, aber doch auf der „richtigen" Seite.
In meinem Gedächtnis haftet auch eine Geschichte, die zeigt, wie schnell man der „falschen" Seite zugerechnet, zur „Verräterin" werden kann. Damals schon in Deutschland lebend, war ich im Jahre 1966 mit meinen Eltern in Holland im Urlaub und erwähnte gegenüber einer älteren Holländerin, in Deutschland zu wohnen. Daraufhin wollte diese nicht mehr mit mir sprechen und zeigte mir deutlich ihre wütende Verachtung. Ich war geschockt und fühlte mich schlecht behandelt, verstand als damals 12jähriges Mädchen das Verhalten dieser Frau (noch) nicht.

Doch wozu diese persönlich gehaltene Einleitung? Dafür gibt es Gründe, die einer Erläuterung bedürfen. Der Zivilisationsbruch durch den Nationalsozialismus und das darauf folgende „kollektive Schweigen“ (vgl. Heimannsberg/ Schmidt, 1988) hat für die Nachgeborenen einschneidende Konsequenzen. Die mögliche oder unmögliche Integration der Elterngeneration ist immer verbunden mit der Frage nach ihrer Schuld oder Nicht-Schuld. Die Erforschung der Nazi-Vergangenheit mobilisiert diese Fragen, ob bewußt oder unbewußt, auch wenn die Objekte der Untersuchung nicht die persönliche Familiengeschichte betreffen.

Nun mag die Auseinandersetzung mit meiner Elterngeneration und ihrem spezifischen Ort in der Zeitgeschichte[3], abgesehen davon, daß meine Familiengeschichte entlastende Fakten enthält, für mich als „eingedeutschte“ Holländerin ein wenig einfacher sein. Vielleicht sind die damit möglichen positiven Integrationen[4] notwendige stabilisierende Voraussetzungen für das Bewältigen eines Arbeitsauftrages, der sehr nahe an die Psychostruktur der Beteiligten und Täter führt: Das in der hier angewandten Methode der psychoanalytischen Tiefenhermeneutik angestrebte „szenische Verstehen“ macht im Vorfeld des „empathischen Sich-Einlassen(s)“ (Lorenzer, 1986: 63) auf die Texte der nationalsozialistischen, rassistisch-antisemitischen Kriegspropagandistinnen die Einsicht in die eigene familiäre Vorgeschichte notwendig.

Zu klären und offenzulegen sind, so die Prämisse der hier angewandten textanalytischen Methode der psychoanalytischen Tiefenhermeneutik, die eigenen Verstrickungen, auch wenn diese weit in das autobiographische Feld führen.

Zu diesen gehört, daß ich, nach wie vor Holländerin, seit meinem achten Lebensjahr in Deutschland wohne und sozialisiert bin. Ich bin also mit dem Nazi-Erbe großgeworden und fühlte und fühle mich davon betroffen.

Für die Themenwahl dieser Arbeit sind darüber hinaus noch weitere autobiographische Aspekte von Bedeutung. Zu erwähnen ist daher auch der Vietnamkrieg. An den Demonstrationen nahm ich nicht teil, ich war noch zu jung. Vietnam, das waren für mich die Nachrichten im Fernsehen und der „Vietnamreport“, den ich mit einer Mitschülerin verfaßte. Und da war der völlig fertige, in sich gespaltene amerikanische Bomberpilot[5], den ich kennenlernte. Jeder Frau, jedem Kind in Vietnam habe er zu essen gegeben, versicherte er mir. – Meine Beobachtungen verdichteten sich schon damals zusammengefaßt in der Frage: Wie war es möglich, daß Menschen aus unserem doch angeblich so zivilisierten westlichen Kulturkreis diese Greueltaten begangen hatten? Daß diese Frage auch mit Auschwitz zu tun hatte, war mir (noch) nicht bewußt.

Wichtig sind auch meine im Libanon gemachten Erfahrungen, den ich, 21-24jährig, in den Jahren 1976 bis 1979 mehrere Male für einige Monate bereiste. Ich wollte Berichte verfassen zu dem dort herrschenden Bürgerkrieg.[6] Ich war in dieser Zeit konfrontiert mit dem kriegsüblichen Schrecken. Mit verletzten Kindern, Kriegswaisen, christlichen und muslimischen Flüchtlingen, zivilen Opfern von Massakern[7], mit vielen traurigen Menschen. Besonders ans Herz gingen mir die Kinder. Im Gegensatz zu ihnen konnte ich immer nach einigen Monaten heimkehren.[8] – Im Verlauf meiner Aufenthalte im Libanon fielen mir an mir selbst einige äußerst befremdliche Verhaltensweisen auf. Als ich einmal im völlig zerstörten Hotelviertel in Beirut fotografieren wollte, flogen mir die Kugeln buchstäblich um die Ohren. Ein Heckenschütze. Dennoch war es mir, auch im Nachhinein, nicht möglich, das Ereignis zu registrieren oder mit Todesangst zu verbinden. Auch der drastische Artilleriebeschuß auf Beirut selbst löste bei mir – wie bei einigen anderen – wenig Furcht aus. Man stellte sich unsinnigerweise in einen Hauseingang, und wenn es vorbei war, triumphierte man schon fast ob der Tatsache, nicht „erwischt" worden zu sein. Vordergründig hatte ich die Angst vor dem Tod „verloren" – eine Totalverdrängung.[9] Gleichzeitig intensivierte sich meine Wahrnehmung vom Leben. Ich verliebte mich häufig[10] – ein vitaler Impuls, der half, die Realisierung des Grauens abzuwehren? Sich verlieben heißt aber auch, intensiv in der Gegenwart leben, Vergangenheit und Zukunft gewissermaßen auszublenden. Nach Fischer (1986) führt eine latente Bedrohung des (eigenen) Lebens[11] zu psychischen Flucht- oder Reparaturmechanismen, weil die „Idealisierung der Kontinuität des Lebens"[12] bedroht ist. Er unterscheidet dabei drei Reaktionsvarianten:

- Historisierung (die Verlagerung der zentralen Lebensperspektive in die Vergangenheit)
- Futurisierung (die Verlagerung der zentralen Lebensperspektive in die Zukunft)
- Präsentifikation, Leben im „Hier und Jetzt".

Ich vermute, daß ich, im Angesicht der Verletzlichkeit des menschlichen Lebens und der latenten Todesbedrohung, der ich im Libanon ausgesetzt war, zum Fluchtmechanismus der 'Präsentifikation' gegriffen hatte. Erst im Nachhinein, über die Dauer einiger Jahre hinweg, konnte ich die Erlebnisse verarbeiten. Erst dann konnte ich erfassen, daß es eine damit im Zusammenhang stehende Trauer gab und gibt, die unauflösbar ist. Die dennoch verbliebene Irritation ist die Erinnerung an die mit dem Mechanismus der 'Präsentifikation' in Verbindung stehende Steigerung der Lebensintensität im Krieg. Sie führte mich zu der Frage, ob es nicht eine Faszination – auch von Frau-

en[13] – am Krieg gab (und gibt). Weitergehend fragte ich mich, ob die am Kriegsgeschehen gebundenen Phantasien und Sensationen nicht auch Entlastungen produzieren können, beispielsweise durch Verschiebungen der festgefügten individuellen und/oder gesellschaftlichen Strukturen.
Gewiß bedingt durch die hier geschilderten Erfahrungen und Irritationen interessierte ich mich, zurück im sicheren Deutschland, über ein Jahrzehnt später für die Kriegserlebnisse von Frauen im Zweiten Weltkrieg. Wie sich herausstellen sollte, eine verkürzte, weil zu eingegrenzte Fragestellung, mit der ich zu Beginn dieser Dissertation anfing zu arbeiten. Ich befragte Zeitzeuginnen mit der Methode des narrativen Interviews[14] und mußte feststellen, daß – bei aller Intimität und bei allem Interesse für die Erzählungen – die zentrale Frage, die mir im Gefolge der Erzählungen (und, wie ich denke, aufgrund meiner Biographie) immer wichtiger wurde, nicht beantwortet wurde und vielleicht nicht beantwortet werden konnte: Die Frage nach der Faszination am Krieg. Warum, das möchte ich kurz schildern.
Die von mir befragten Zeitzeuginnen – alle Frauen waren Nichtverfolgte – nahmen sich ausschließlich als Opfer des Krieges (und des Nationalsozialismus?) wahr. Sie fühlten und fühlen sich als Opfer des Zeitgeschehens[15], sind es auch real gewesen (gefallene, verwundete, vermißte Angehörige, Bombenterror, die Vergewaltigungen durch manche „Befreier" usf.) – aber eben nicht nur. „Sie wissen ja gar nicht Bescheid", und: „Sie wissen ja gar nicht, was wir alles durchgemacht haben", schlossen die Berichte der Zeitzeuginnen oftmals. Eine Sprachlosigkeit, die auf Ungesagtes hinweist. Viele der Frauen, die über den Zweiten Weltkrieg und Nationalsozialismus erzählten, schienen davon auszugehen, daß ihre Erfahrungen für Nachgeborene nicht nachvollziehbar sind. Was war das nicht nachvollziehbare Unsagbare?
Oberflächlich betrachtet deckten sich meine Wahrnehmungen mit der anderer Forscherinnen. So schreibt Gabriele Rosenthal über ihre Interview-Erfahrungen mit Zeitzeugen: „Zwar schwingt das ehemalige Leid mit und wird häufig auf weniger belastende Erinnerungen wie materielle Entbehrungen, Hunger und Kälte kanalisiert oder eine gewisse Trauer ist in den Gesprächen spürbar, doch werden die heute noch belastenden Erinnerungen der eigentlich existenziell bedrohlichen Erlebnisse, die der Konfrontation mit dem Tod, in der Regel nicht erzählt. Sie werden vielmehr meist aus den Erzählungen ausgeblendet bzw. nur in allgemeinen Formulierungen wie: 'das kann man ja gar nicht erzählen, so schrecklich war das' angedeutet." (Rosenthal, 1990:9)[16]
Doch war es „nur" die Konfrontation mit dem Tod, die ausgeblendet wurde?
Parallel machte ich eine weitere, entscheidende Erfahrung. In einer Frauengruppe[17] beschäftigten wir uns mit Interviews von Zeitzeuginnen[18] unter

dem Thema „Frauenalltag im Nationalsozialismus“. Waren schon die Gespräche „häufig von Schuldzuweisungen und Vorwürfen auf der einen und Rechtfertigungen oder Schweigen auf der anderen Seite geprägt ...“ (Hölscher u.a., 1988:43-53), wurde die Interpretation der Interviews zunehmend gezeichnet von Aggression und nicht beabsichtigten Psychologisierungen. Die Zeitzeuginnen, von uns zu Beginn der Arbeit eher als Opfer der nationalsozialistischen Herrschaft betrachtet, wurden zunehmend zu (aus dem Text nicht herzuleitenden) schuldigen „Täterinnen“. Die Reduktion der Gruppe von ca. 25 auf sieben Teilnehmerinnen und das Mißlingen der Interpretationsarbeit führte beim verbleibenden Rest der Gruppe zur Aufarbeitung des Vorgangs. Nur dadurch konnten wir eigene Mechanismen der Ausblendung und Abwehr ausfindig machen, die zeigten, daß wir das Erzählte der Frauen „immer als Hinweis auf ‘etwas anderes’“ gelesen hatten. „Es gab somit eine latente Erwartungshaltung, immer mehr erfahren zu wollen, als die Zeitzeuginnen ‘vordergründig’ erzählt hatten. Wir gingen demgemäß stillschweigend davon aus, daß uns etwas verschwiegen worden sei. Dieses ‘Etwas’ erwies sich als der Bereich der Massenvernichtung des Nationalsozialismus ... Wir suchten letztlich nach den Wurzeln und Abbildungen von Auschwitz im Alltag der befragten Frauen, ohne daß wir selbst während der Interviews davon hätten sprechen können.“ (Hölscher u.a., 1988:49)
Die hier sehr verkürzt wiedergegebenen Erfahrungen der Frauengruppe blieben natürlich nicht folgenlos für meine Arbeit (siehe: Hölscher u.a., 1988: 43ff.). Die relativ unbefangene Herangehensweise an meine Interviewpartnerinnen wurde nachhaltig beeinträchtigt. Ich mußte bemerken, daß ich das mir von den Frauen mitgeteilte „Unsagbare“ insgeheim und vorbewußt als Ausgrenzung von Auschwitz und als Auslassung der Faszination am Kriegsgeschehen interpretierte, obwohl dies das Textmaterial nur sehr bedingt hergab.[19] Die damit inhärenten Verzerrungen der Interviews und Interpretationen schienen mir schwer auflösbar – und wenn überhaupt, dann nur mit einer beständig daran arbeitenden Supervisionsgruppe, die jedoch damals noch nicht zur Verfügung stand.
Auch mußte ich feststellen, daß auf der Ebene der Alltagserfahrung der Krieg häufig erst dann realisiert wurde, als die Frauen selber – dann eben als Opfer – davon betroffen wurden.[20] Das hieß, daß meine erkenntnisleitende Frage nach der vielleicht im Vorfeld des Krieges doch vorhandenen Faszination am (nationalsozialistischen) Krieg nur sehr schwer oder gar nicht von den Zeitzeuginnen beantwortet werden konnte[21]. „Geschichte ist Erinnerung“ (Dilthey), aber erinnert wird selektiv, worauf die Psychoanalyse zu Recht insistiert. Zudem ist der Bezugspunkt der erinnerten Lebensgeschichte die Ge-

genwart, und somit ist die Bedeutung, Deutung und die Erinnerung des Vergangenen selbst wandelbar (vgl. Kohli-Kunz, 1973). Berger/Luckmann meinen, auch das Gedächtnis sei ein durch und durch kollektives Phänomen[22], also den aus diesem Rahmen resultierenden Zwängen unterworfen. So kann es zwar sein, daß in der Lebensgeschichte manch einer Zeitzeugin eine Faszination im Vorfeld des Krieges bestanden hat, sie sich daran aber nicht mehr erinnern kann, da andere Erlebnisse und Deutungen im Vordergrund der Erinnerung stehen, oder aber diese untergegangen sind im kollektiven Bearbeitungsmuster.
Darüber hinaus erwuchsen mir zunehmende Bedenken, die Zeitzeuginnen mit meinen Interpretationen zu konfrontieren, ohne daß ich die Verantwortung für ihre Reaktionen darauf hätte übernehmen können (und wollen).
Es lief alles darauf hinaus, trotz der schon investierten Arbeit und Zeit, einen anderen Zugang zu suchen. Ich entschied mich dafür, nach anderem Material zu suchen, und entdeckte mehr, als ich vermutet hatte. Ich fand zahlreiche kriegspropagandistische, meist im Vorfeld des Krieges[23] von weiblichen Autoren verfaßte Texte, aus denen die Kriegsästhetisierung und -faszination, der Rassismus und Antisemitismus nur so heraussprangen.
Damit hatte ich die Ebene der Erforschung der Alltagsgeschichte verlassen und mich auf ein neues Terrain, nämlich das der Ideologieproduktion, begeben.
Die damit aufgeworfenen analytischen Probleme sind vielfältig. Die Diskurse der (proto)nationalsozialistischen AutorInnen *scheinen* wenig Beziehungen zu haben zum folgenden ungeheuerlichen Ausmaß des realen Geschehens, des expansionistisch-imperialen Krieges und der Vernichtung. Einige der Nazi-Ideologen wurden nach dem Machtantritt sogar zu Randfiguren (z.B. Rosenberg). Auch die Texte der hier präsentierten Autorinnen können mit dem realen Geschehen *nicht* bedenkenlos *kausal* in Verbindung gebracht werden. Die hier vorgestellte, nach Macht im NS-Staat strebende intellektuelle Autorin Sophie Rogge-Börner wurde sogar regelrecht kaltgestellt bzw. ist gar nicht erst in entsprechende Positionen hineingekommen. Wahrscheinlich hatten bestimmte Teilbereiche der Ideen dieser Frauen auf die männlichen nationalsozialistischen Machthaber noch nicht einmal Einfluß. Dennoch waren die in den Schriften dieser Frauen enthaltenen Ideologeme mit den *zentralen* Ideen der Nazi-Ideologie deckungsgleich. Ihre spezifische Auslegung ist der verschriftete manifeste Ausfluß eines nationalsozialistischen, weiblichen Lebensentwurfs im Krieg. Sie sind das verdichtete *Ergebnis* eines Prozesses, der einen kleineren Kreis von intellektuellen, bürgerlichen, zum Teil frauenbewegten Frauen erfaßt hatte und der seine – leider empirisch nicht quantifizierbare – Außenwirkung gehabt haben wird.

1 Rahmen der Arbeit

1.1 Untersuchungsgegenstand

Sowohl vor wie während der nationalsozialistischen Herrschaft erschienen zahlreiche trivialliterarische Beiträge in hohen Auflagen, die das Thema „Frauen im Krieg“ auf verschiedenste Weise in den Mittelpunkt stellten. Zentrale Figuren dieser Literatur waren die Frau als Kriegerin in der Geschichte (der Germanenzeit) oder die Frau in Kriegszeiten (den Befreiungskriegen, im Ersten Weltkrieg). Ein sehr großer Teil dieser Schriften wurde von dem Nationalsozialismus ideologisch verbundenen Autorinnen verfaßt und sind an Frauen gerichtet. Die vielfältigen agitatorischen Botschaften der in manchen Fällen recht umfangreichen Werke sind unverhohlen: In den Beschreibungen erhalten die Frauen durch den – auf „weibliche Fähigkeiten“ zugeschnittenen – Einsatz im Krieg einen besonderen, ehrenvollen, sinnstiftenden, sie „erhöhenden“ Wert. So werden sie, wie der Soldat, der für das Vaterland sein Leben einsetzt bzw. verliert, zur *weiblichen Heldenfigur der Geschichte*, der jüngsten Vergangenheit (Preußenkriege, Erster Weltkrieg) oder der Gegenwart (Zweiter Weltkrieg) hochstilisiert.

Im Mittelpunkt steht also die auf die jeweils zugeteilte Rolle zugeschnittene Einbindung der weiblichen Bevölkerung in kriegerische Handlungen. Die Autorinnen leisteten damit auf der mentalen Ebene einen wichtigen Beitrag zu einer zentralen Intention des Nationalsozialismus: Krieg für ein »Volk ohne Raum«. Den konkreten, realen, nationalsozialistischen Kriegszielen kamen die literarischen Produkte der Autorinnen ebenso entgegen, ging es doch darum, Frauen zum Arbeitsdienst an der »Heimatfront« zu aktivieren, sie zu vielfältigen Unterstützungsleistungen für das nationalsozialistische Kriegsziel zu bewegen. Daß die Mobilisierung der weiblichen Bevölkerung den nationalsozialistischen Machthabern nicht so umfassend gelungen ist, wie beabsichtigt, ist mit den Forschungsarbeiten von Dörte Winkler (1977) und Leila Rupp (o.J.) deutlich geworden. Daraus einem im Nationalsozialismus angeblich vorhandenen, weiblichen Widerstandsmythos das Wort zu reden, halte ich für verfehlt. Die Gründe für die nicht gelungene Mobilisierung lagen in den internen personalpolitischen Streitigkeiten, den ideologischen und praktisch-politischen Widersprüchlichkeiten und in einer indifferenten Frauenpolitik.

Die Texte kreisen also alle um die Thematik, wie sich Frauen in kriegerischen Zeiten verhalten bzw. wie sie mit den durch Krieg hervorgerufenen Situationen umgehen sollten. Sie sind von Frauen für ein weibliches Lesepublikum verfaßt worden. Mich interessierte, wie Frauen den nationalsozialistischen Krieg – und damit notwendig verknüpft die nationalsozialistische Ideologie – imaginierten und interpretierten.

1.2 Gliederung des Textmaterials – Themenbezüge der Autorinnen

Durch einen kurzen Überblick soll im folgenden verdeutlicht werden, um welche Themenkreise sich die nationalsozialistische triviale Kriegsliteratur bzw. -propaganda bewegt hat und welche Zuordnungen und Differenzierungen ich vorgenommen habe.
Gegliedert habe ich das Material nach den thematischen Schwerpunkten der Autorinnen. Das Ordnungsprinzip richtet sich danach, welches geschichtliche Kriegsereignis die Frauen in ihren Texten ansprechen. Denn mit der Auswahl eines bestimmten historischen Zeitabschnitts treffen die Autorinnen bereits eine Aussage, da mit dieser Wahl eine spezifische ideologische Ausrichtung verbunden ist. Das Befassen mit der Germanin beispielsweise impliziert ideologische Verbundenheit mit dem Germanenkult bzw. mit dem »Nordischen Gedanken«.
Vier Zeitbezüge finden sich in den von mir analysierten Texten: die germanische (Kriegs-)Geschichte, die Preußenkriege, der Erste und der Zweite Weltkrieg. Drei Texte habe ich herausgesucht und exemplarisch interpretiert, einen davon einer tiefergehenden tiefenhermeneutischen Betrachtung unterzogen. Es handelt sich erstens um das Buch von *Liane von Gentzkow, Liebe und Tapferkeit – Frauen um deutsche Soldaten* (Essen 1940, verfaßt 1939), zweitens um das Buch der Autorin *Margareta Schickedanz, Deutsche Frau und deutsche Not im Weltkrieg* (Leipzig-Berlin 1938) und drittens um die eingehender interpretierte Schrift von *Sophie Rogge-Börner* mit dem Titel *Die innere Gestalt der nordischen Frau: Eine seelenkundliche Untersuchung* (Berlin 1938). Das Motiv, gerade den letztgenannten Text für die tiefergehende Interpretation auszuwählen, war ein subjektives. Es war der Text, der mir am interessantesten erschien, der mich am meisten abstieß *und* gleichzeitig faszinierte. Seine offensichtliche Nähe zum Rassismus, zum »Nordischen Gedanken« und – oberflächlich betrachtet – zu Forderungen nach Gleichstellung der Frauen waren darüber hinaus weitere Gründe für die Auswahl. Auf die beiden erstgenannten Texte, die sich auch mit der Thematik der Frau im Krieg befassen, werde ich nicht so ausführlich eingehen können, da sonst der Rahmen dieser Arbeit gesprengt würde.

Um zu verdeutlichen, in welchem Rahmen sich die Beiträge der hier vorgestellten Autorinnen bewegt haben, möchte ich einen kurzen Blick auf die von mir in vier Kategorien geordnete kriegspropagandistische Literatur werfen. Zusammengenommen verfaßten die weiblichen Autorinnen in einem bestimmten geschichtlichen Zeitraum (1923-1943) das Idealbild der Frau im Krieg. In vielen Punkten ist es deckungsgleich mit dem nationalsozialistischen Wunschbild. Es weicht aber auch davon ab, und die Autorinnen bringen eigene Entwürfe unter.

An erster Stelle sind die Romane über germanische Kriegerfrauen zu nennen. Ihre ideologische Bindung an den rassistischen Germanenkult ist unübersehbar, das Medium dieser Ideologie sind als Realgeschichte ausgegebene Interpretationen mythischer Überlieferungen wie der isländischen Sagen oder der »Edda«. Mythische Ursprungstexte sind nach Lorenzer in Bilder gefaßte, „sprachlich (noch nicht) begriffene(n) 'Grundrätsel des Lebens'" (1981:213). Die angesprochene Autorinnengruppe verwendet diese Mythen, darin Bachofen (1861) ähnlich, wie authentische Urkunden. Ihre Methode ist also genaugenommen eine auf die aktuelle Realität bezogene Mytheninterpretation. Auch weisen sie die „von der Geschichtswissenschaft vorgenommene kritische Unterscheidung zwischen mythischer und historischer Überlieferung ... zurück" (Zinser, 1981:19). Mit Zinser definiere ich Mythos als Ausdruck von „Wünsche(n) und Triebregungen, (die) in der Realität nicht zugelassen und verwirklicht (werden konnten) ... und folglich nicht in die historische Überlieferung eingegangen" sind. „Mythische und literarische Produkte ... (machen) z.T. Tendenzen sichtbar, die in der Realität sonst keinen Ausdruck gefunden haben." (Zinser, 1981:20). Damit sind Mythen „Zeugnisse einer psychischen Realität", symbolisieren gesellschaftlich Verdrängtes.

Für die germanenkultlerischen InterpretInnen werden die Mythen zum *gegenwarts*bezogenen Spiegel der verdrängten gesellschaftlichen Konflikte. In ihren Mytheninterpretationen werden Königinnen und „hohe Frauen" geschildert, die zu familiären Konfliktsituationen (bei den isländischen Sagen und der »Edda« handelt es sich um Familienchroniken) und kriegerischen Eroberungen in verschiedenster Form ihren kämpferischen, »heldischen« Beitrag leisten. Entscheidend ist die angeblich realitätsnahe Bedeutung, die den vorgestellten Mythen und den damit verbundenen Interpretationen beigemessen wird. Parallel zu den kriegsgerechten – mit germanischem Wesen gleichgesetzten – Frauenbildern werden vor allem rassen-ideologische Inhalte vermittelt. Eine Trennung zwischen den beschriebenen rassistischen und kriegerisch-kämpferischen Verhaltensmustern ist fast nicht auffindbar.

Der zweite historische Zeitabschnitt, der das Interesse einiger Autorinnen weckte, betrifft das 19. Jahrhundert, d.h. genauer die „Befreiungskriege" 1813-15 und die „Einigungskriege" 1870/71. Texte, die auf diese Zeit bezogen sind, drehen sich sowohl um die Schicksale von Königinnen – an herausragender Stelle die preußische Königin Louise (vgl. Sykora, 1991) –, d.h. also um Frauen aus der oberen Schicht (Adlige), als auch um Schicksale von Soldatenfrauen aus der mittleren Bürgerschicht (Ehefrauen von Diplomaten, Generälen, Militärstrategen), die in biographischer Form dargestellt werden. Die Teilhabe an unterstützenden Tätigkeiten im Krieg und die Verteidigung der Kriegsziele selbst wird nicht nur als das Interesse der Oberschicht präsentiert, sondern auch als Sache der bürgerlichen Frauen.

Damit wird literarisch nachgezeichnet, was in der Realität des 18./19. Jahrhunderts ebenso ablief: Die Entwicklung von einem über die Militäraristokratie organisierten Kriegerheer zum popularisierten Volkskrieg, der immer weitreichendere Teile der Gesellschaft, aber vor allem immer mehr Frauen aktiv in das Kriegsgeschehen mit hineinzog (vgl. Krippendorf, 1985).

Bei der ersten Gruppe, die die kriegerische Germanin zu ihrer Zentralheldin erkoren hat, und ebenso bei der zweiten Gruppe, deren Thematik um die preußische Soldatenfrau kreist, handelt es sich um die Bearbeitung mehr oder weniger historischer Stoffe, deren spezifische Auswahl, Abänderung und Ausschmückung einen großen Anteil an eigenständiger Phantasie vermuten läßt. Denn je früher die von den Autorinnen angesprochene historische Epoche verortet ist, desto weiter liegt sie außerhalb der Traditionsvermittlung oder des konkreten Erfahrungsbereiches der Verfasserinnen selbst.

Die dritte Gruppe umfaßt die literarischen Produktionen zum Ersten Weltkrieg. Dabei handelt es sich häufig um autobiographische, erlebnisorientierte Erzählungen, die von der Arbeit und den leidvollen Erfahrungen von Frauen im Krieg berichten. Entgegen meiner ursprünglichen Vermutung werden Frauen aber nicht nur als Opfer des Kriegsalltags dargestellt. Krieg kann auch als »Zeit der Bewährung« (Bäumer) erfahren werden, Kriegsziele werden bejaht und die entsprechenden Funktionsleistungen an der »Heimatfront« nicht nur erbracht, sondern positiv besetzt. Beschrieben werden nicht mehr Frauen aus der oberen Gesellschaftsschicht, sondern Frauen »aus dem Volk«, eine frauen-solidarische – aber mit den Kriegszielen identifizierte – Binnengesellschaft erwächst im Rahmen der Kriegsgesellschaft. Inwieweit diese Autorinnen zum nationalsozialistischen Gedankenkreis zu zählen sind, ist bei der Analyse der jeweiligen Ideologeme zu entscheiden, unzweifelhaft aber haben sie zur Ästhetisierung und positiven Besetzung von Krieg beigetragen.

In den zum Teil auf persönlichen Erfahrungen beruhenden Berichten über den Ersten Weltkrieg spielen für meine Interpretation, neben den fiktiven, kollektiven Phantasien über Frauenleben in einer kriegerischen Situation, die Verarbeitungsmuster eigener Erlebnisse eine große Rolle. Daher betone ich die in diesem Zusammenhang zu treffende Differenzierung: Muster der Verarbeitung des Krieges sind von Phantasien über den Krieg analytisch zu unterscheiden.

Die vierte zeitlich abzuhebende Gruppe bezieht sich auf den Zweiten Weltkrieg und umfaßt die direkte Kriegspropaganda. Häufig werden Berichte oder literarische Erzeugnisse von Autorinnen der hier erstgenannten drei Gruppen zitiert. Jahrbücher, Bildbände, Erzählungen und Romane erschienen in NS-Verlagen oder wurden direkt von der NS-Frauenschaft herausgegeben. Es handelt sich dabei um verklärende Reportagen über die praktischen Dienstleistungen von Frauen beispielsweise in den Fabriken o.ä. Tips für Sparmaßnahmen stehen neben agitatorischen Reden führender Nationalsozialisten und Nationalsozialistinnen. Im Ganzen spielt die Klassenzugehörigkeit (wir sprechen auf der ideologischen Ebene) im Zuge der angeblich vollzogenen Einigung in der »Volksgemeinschaft« keine große Rolle mehr. Frauen werden direkt für kriegswichtige Funktionsleistungen agitiert, sei es als Gebärerin zukünftiger Soldaten, als Mutter aller Soldaten, sei es in der Kriegswirtschaft, in der Munitionsproduktion, sei es als Krankenschwester im Lazarett, in der NS-Wohlfahrt oder als Wehrmachtshelferin. Entsprechend den Zielgruppen (junge ledige Frauen, Hausfrauen, Arbeiterinnen, bürgerliche Frauen) wurden viele verschiedene Frauenbilder entworfen.

1.3 Textgattungen

Die hier angesprochenen Texte fallen im weiteren Sinne in die Gattung des historischen Romans, der im 19. und Anfang des 20. Jahrhunderts beliebtes Transportmittel zur Propagierung von nationalen bzw. nationalistischen Zielen wurde. In den regressiven und projektiven Bildern der idealisierten und heroisierten Vergangenheit drückt sich in diesen historischen Romanen auch aus, daß aufgrund der rasanten wirtschaftlichen und gesellschaftspolitischen Wandlungsprozesse und Widersprüche im Kaiserreich und der Weimarer Republik traditionelle Orientierungen und Verankerungen zunehmend zerrannen. Wolfgang Wippermann definiert historische Romane „immer dann als spezifisch nationalsozialistisch ..., wenn in ihnen rassenideologische Komponenten, sei es in der Form der Rassenvernichtung, sei es aber auch in der

Variante der Rassenzüchtung, zu finden sind. Treten dagegen andere Bestandteile der nationalsozialistischen Weltanschauung im weiteren Sinne auf, ... so kommt es darauf an, ob diese Ideologeme nur allein oder gebündelt anzutreffen sind.“ (Wippermann, 1976:197)

Klaus Vondung (1976) unterscheidet in seiner Untersuchung mit dem Titel „Der literarische Nationalsozialismus“[1] zwischen völkischer Literatur (Heimatromane/historischer Roman), heldischer Dichtung (Kampflyrik und Weltkriegsliteratur) und »Weihe«dichtung (liturgische Texte für nationalsozialistische Feiern). Präzise Grenzziehungen hält er erst über inhaltliche Kriterien für möglich. Vondung ist der Auffassung, daß Gegenstand der Analyse zunächst „nur einzelne Ideologeme“ sein können, „die in der Literatur von zentraler Bedeutung sind und mit ideologischen Programmen der nationalsozialistischen Bewegung korrespondieren“ (ebd.: 46). Erst in der „Addition dieser Ideologeme“ ergibt sich eine gewisse Struktur, in der durchlaufende Grundmuster und Konstituenten erkennbar sind.

Nach Wippermann (1976) sind die Ideologeme Rassenideologie, Antisemitismus und Antisozialismus die tragenden Säulen der NS-Ideologie. Umgeben sind sie vom Führer- und Elitegedanken, den Reichsideen, den »Lebensraum im Osten« und Nordismus-Ideologien. Hinzufügen möchte ich das Ideologem, daß wir nach Benjamin (1977) die *„Ästhetisierung des Krieges“* nennen – auch wenn dies bei den Autorinnen in anderer, nämlich weiblicher Form geschieht als bei männlichen Autoren. Die Bezugnahme auf Krieg ist ein positiv-identifikatorischer, ein Mittel zum Zwecke der Sinnstiftung. „Ästhetisierung des Krieges“ meint, daß etwas, nämlich der Krieg, einseitig als „das Schöne“ beurteilt, empfunden und libidinös aufgeladen wird. Die dabei angewandten Gesetze des „Schönen“ (des Wahrhaftigseins) allerdings sind die der soldatischen Identität.

Die im folgenden interpretierten Texte der nationalsozialistischen Kriegsbelletristik von Frauen sind entsprechend ihres Sujets verschiedenen Kategorien zuzuweisen: Schriften zum Ersten Weltkrieg (als „Weltkriegsliteratur“) fallen wohl am ehesten in die Kategorie der heldischen Dichtung. Texte zu den Befreiungskriegen (historische Romane) können der Kategorie der völkischen Literatur zugeordnet werden, wenngleich auch sie Krieg als heroisches Ereignis im Leben der Protagonistinnen feiern. Schriften zur Germanenzeit (Kampflyrik/historischer Roman) würde ich zwar auch in die Kategorie der heldischen Dichtung einordnen, ihr völkischer Gehalt ist jedoch unübersehbar.

Dennoch ist unter Berücksichtigung und Verwendung der bislang erfolgten Analysen und bereits erstellten Kriterien (vgl. Vondung, 1973; Denker/

Prümm, 1976; Hermand, 1988; Hartung, 1984; Ketelsen, 1970) eine weitere Differenzierung zu treffen, die das Lesepublikum einbezieht.
Ein Charakteristikum betrifft die Stellung der Texte im nationalsozialistischen Raum selbst. Die erste Klassifizierung bezieht sich auf die nationalsozialistische Ideologie und die damit verbundene Kriegsliteratur. Hier handelt es sich nicht um direkt vom Propagandaministerium der NSDAP herausgegebene Texte, sondern um (Trivial-)Literatur, die zwar größtenteils in nationalsozialistischen oder diesen nahestehenden Verlagen veröffentlicht wurden, die aber von den RezipientInnen auch unter anderen – nicht direkt mit dem Nationalsozialismus identifizierten – Gesichtspunkten wahrgenommen und gelesen werden konnten: z.B. bei einem Interesse an „historischen Frauengestalten" aus der napoleonischen Ära, bei Interesse an „Kriegserlebnissen" des Ersten Weltkrieges oder an germanischer Frühgeschichte. Daß diese Anteilnahme an ganz bestimmten historischen Epochen (Germanen, Preußen, Erster Weltkrieg) allerdings in gesellschaftspolitischen Zusammenhängen, Veränderungen und Zeitgeistströmungen gesehen werden muß und mit ganz bestimmten Weltansichten und Konfliktlösungsmodellen verbunden ist, darauf werde ich im weiteren Verlauf der Arbeit noch häufig zu sprechen kommen.
Als zweite Gattung betrachten wir die direkt von der NSDAP herausgegebenen Propagandaschriften, die Kriegspropaganda, also bspw. die Kriegsjahrbücher der NS-Frauenschaft. Letztgenannte sind fast immer verknüpft mit der aktuellen Kriegsberichterstattung des Zweiten Weltkriegs.
Godele von der Decken (1987: 116) hat in ihrer Untersuchung über belletristische Frauenliteratur im Umkreis des Nationalsozialismus drei Kategorien herausgearbeitet.

– allgemeine (Haushalts-, Ehe- und Erziehungs-) Ratgeber, Arbeits- und Erfahrungsberichte, die einer „volkserzieherischen" Botschaft verpflichtet waren,
– pseudodokumentarische Propaganda, d.h. fiktive oder tatsächliche Erlebnisberichte und erzählende Biographien aus der „Kampfzeit", des Ersten oder Zweiten Weltkriegs,
– theoretische Texte, in denen linientreue Frauen versuchten, ihr Rollenverständnis zu formulieren.

Die hier bearbeiteten Texte dieser Arbeit würden im weiteren Sinne in die zweite Kategorie der „pseudodokumentarischen Propaganda" fallen. Sie befassen sich zwar nicht mit der »Kampfzeit« direkt, haben aber inhaltlich ein sehr ähnliches Ziel: Allen Texten gemeinsam ist der Versuch, eine Frauengeschichte zu konstruieren, die beweisen soll, daß auch Frauen gleichwerti-

ge Gefährtinnen und Kameradinnen der Männer, insbesondere bezogen auf die aufzubauende nationalsozialistische Kriegsgesellschaft, sein können.
In allen Textproduktionen der heldisch-völkischen Literatur wie in der nationalsozialistischen Kriegspropaganda nehmen die Schilderungen von Frauen in kriegerischen Situationen einen ausgesprochen breiten Raum ein. Sei es als kämpferische Germanin, preußische Soldatenfrau, als Soldatenmutter oder auch als Wehrmachtshelferin, zur Definition weiblicher Identität gehört immer auch der Krieg. Da mir dies als ein wesentliches Merkmal erscheint, konzentriere ich mich im folgenden auf das Herausarbeiten und die Interpretation dieser kriegerischen bzw. kämpferischen Frauenbilder. Darüber hinaus, da es in einigen Texten unweigerlich zur Sprache kommt, wird meine Aufmerksamkeit auch auf ausgesprochen nationalsozialistische Ideologeme, bspw. rassistische oder antisemitische Textgehalte, ausgerichtet sein.
Ich möchte der Frage nachgehen: Welche gesellschaftlichen Gegebenheiten und welche damit verbundenen inneren Erlebensvorgänge brachten die Autorinnen dazu, mit immer radikalerem Rassismus und Antisemitismus und einer sich steigernden Kriegsbereitschaft auf die Verhältnisse zu reagieren? Mit welchen Entwürfen traten sie mit ihrer Lebenswelt in Beziehung? Die „Neucodierung von Wunschproduktionen" (Deleuze/Guattari, 1977:36), die Suche nach neuen Sinngebungen, so abstoßend wir sie auch heute finden mögen, ist in diesen Texten festgehalten. Damit implizit angesprochen ist ihre Wirkungsmacht. Eine Wirkungsanalyse zu erstellen, kann zumindest ein Versuch sein, die latenten Gehalte und damit auch den innerpsychischen Weg nachzuzeichnen, den sowohl die Autorin Rogge-Börner wie unter Umständen auch ihre zeitgenössischen Leser und Leserinnen beschritten haben.

1.4 Ideologieproduktionen und Realitäten

Die meisten der Texte, um die es hier geht, sind in den Jahren zwischen 1923 und 1942, also vor bzw. zu Beginn des Zweiten Weltkriegs, verfaßt worden. Das heißt, sie haben nicht viel zu tun mit den historisch folgenden realen Kriegszeit-Erfahrungen der Soldaten und der Zivilbevölkerung, insbesondere der letzten Kriegsjahre, als auch Deutschland zunehmend von den Auswirkungen des Zweiten Weltkriegs betroffen war.
Die Beschreibungen des Kriegsalltags im Zweiten Weltkrieg aus der Retrospektive lesen sich natürlich ganz anders als die *vor* dem »totalen Krieg« präsentierten Phantasien, Interpretationen und Fiktionen der nationalsozialistischen Autorinnen zu historischen Kriegen. Ich halte es für zwingend, in

der folgenden Interpretation direkte Zuordnungen von der symbolischen Ebene der Texte zur historisch folgenden Realgeschichte zu vermeiden. Ich halte diese Anmerkung deshalb für unerläßlich, da in Diskussionen um meine Arbeit, wie ich feststellen konnte, diese beiden völlig verschiedenen Zeit-Ebenen häufig vermischt wurden – vielleicht auch, um Nazi-Terror, Vernichtung und die damit zusammenhängenden heutigen Nachwirkungen relativieren zu können. Das heißt, es wurde versucht, die Wirksamkeit der hier angesprochenen Entwürfe anzuzweifeln – unter Hinweis auf die Leiden der Frauen im Realkrieg.
Die in den Texten enthaltenen Größenphantasien, Wünsche und (nationalsozialistischen) Frauenbilder, die sich auf Krieg bezogen, waren sicherlich nicht deckungsgleich mit der weiblichen Lebenswirklichkeit im Zweiten Weltkrieg. Für die analytische Schärfe und für die Forschungsergebnisse kann es also verhängnisvoll sein, die Ebene der Bildproduktionen und der ideologischen Vorstellungskomplexe mit der Ebene der dann folgenden Realität zu vermengen oder in direkten kausalen Zusammenhang zu stellen.

1.5 Zur Wirkungsmacht der Propaganda

Befragt man ZeitzeugInnen nach der schriftlichen Propaganda des Nationalsozialismus, verweisen sie beharrlich auf die „geschickte“ Agitation. Ein Hinweis darauf, daß sie sich als Verführte sahen. In anderen Erzählzusammenhängen aber bestehen die Zeitzeuginnen darauf, nationalsozialistische Literatur oder Propaganda „eh nicht gelesen“ zu haben. Wenn in jeweils verschiedenen Kontexten einmal von Verführung oder Beeinflussung gesprochen wird, ein andermal von der Nicht-Wahrnehmung der NS-Propaganda und -Ideologie sowie vom Fortgang der Normalität berichtet wird, so ist dies irritierend und daher erklärungsbedürftig.
In den Lebensbeschreibungen der von existenzieller nationalsozialistischer Verfolgung verschont gebliebenen ZeitzeugInnen ist Nationalsozialismus selten aufzufinden. „In den Erinnerungen von Zeitgenossen, aber auch schon in den für Historiker inzwischen zugänglichen Quellen zum Alltag und zur Volksmeinung im Dritten Reich stößt man immer wieder auf das Phantom der alltäglichen 'Normalität'.“ (Peukert, 1988:53) Beschreibungen über die Leiden im Krieg hingegen sind zahlreich.
Die Möglichkeiten zur Manipulation eines Terrorregimes bestehen natürlich nicht nur in seinen propagandistischen Schriften. Die Massenaufmärsche waren bspw. beeindruckende Inszenierungen nationalsozialistischer Macht.

Auch das Radio, die Medien insgesamt waren wichtige Instrumente zur Einflußnahme. Nach Simmel (1993:74ff.) ging den Massakern an Juden immer ein „verbales Progrom", eine Hetzkampagne voraus. „Diffamierung und Verleumdung ist die erste Phase des Zyklus, der mit der Freigabe von oraler Aggression und Zerstörung schließt." (Simmel, 1993:75) Propaganda diene hauptsächlich dazu, „das bewußte Ich des Antisemiten dem Einfluß seines irrationalen Unbewußten auszuliefern." (Simmel, 1993:77)
Gewiß verhelfen Ideologien den latenten Bestrebungen zur Legitimation – über ihren latenten Gehalt können ideologische Texte das Unbewußte der Leser beeinflussen. Dennoch sollte die Wirkungsmacht der Propaganda nicht überschätzt werden.
Fraglos dürfte die NS-Ideologie und Praxis für den von der Verfolgung nicht betroffenen Bevölkerungsteil nicht in allen Lebensbereichen wahrnehmbare Veränderungen – zumindest bis zu den ersten Kriegsjahren hin – erzeugt haben: „Die These vom Nationalsozialismus als einer perfekt organisierten Terrormaschinerie, die bis in den letzten Winkel des Privatbereichs jede Lebensäußerung vorschrieb ... gilt in der allgemeinen Faschismus-Diskussion als längst widerlegt..." (Brockhaus, 1990:114) Hans-Dieter Schäfer meint, das den Nachgeborenen gezeichnete Totalitarismusbild des Nationalsozialismus, das „Stereotyp eines durchorganisierten und perfekt arbeitenden Herrschaftssystems" (Schäfer, 1981:146) habe in der Lebenswirklichkeit – ich möchte hinzufügen: der Nicht-Verfolgten – so nicht existiert. Zumindest zwischen 1933 und 1939 – und teilweise darüber hinaus – gab es zur „Sicherung der Macht" die „Duldung einer politikfreien Sphäre", in der ausländische Zeitungen ebenso wie Hollywood-Filme (bis Sommer 1940) ihren Platz hatten. „Es gab viele Menschen, die diese der NS-Ideologie entgegengesetzte Welt zur realen erklärten: Die in Wirklichkeit auseinanderklaffenden Widersprüche betrachteten sie als nicht existent und sperrten sich von der Wahrheit ab." (ebd.)
Die Spaltung zwischen der kulturellen und politischen Ebene wiederholte sich im Alltag in der Wirklichkeitswahrnehmung und Realitätskonstruktion. NS-Politik und -Wirklichkeit waren nach Schäfer durch ambivalente Botschaften gekennzeichnet: durch wirtschaftlichen Aufschwung, Arbeitsplatzstabilität, Konsumgüterproduktion (sprich: Sicherheit) einerseits und einem (verdrängten) Wissen um den staatlichen Terror und der Reglementierung (sprich: Verunsicherung) andererseits[2]; durch Gemeinschafts(sozial)programme (wie Winterhilfe etc.) auf der einen Seite als auch durch kriegsvorbereitende Maßnahmen wie Aufrufe zu Sparmaßnahmen, Verdunkelungsübungen, Wehrübungen auf der anderen Seite. Viele der kriegsvorberei-

tenden Maßnahmen enthielten in sich ambivalente Angebote – bspw. wurden bei den Wehrübungen auch gesellige (Sport-)Spiele organisiert.
Die „uneinheitliche Lebenswirklichkeit“ im Nationalsozialismus wurde begleitet vom Rückzug in die Familie, von der „zärtlichen Hinwendung zur toten Welt der Gebrauchswaren“ und einer Selektion der Wahrnehmungen bis hin zur „Bewußtlosigkeit“. Die Mehrheit, so Schäfer, überließ sich wie versteinert der durch nationalsozialistische Rituale vorangetriebenen „Entwirklichung“ unter Verleugnung und selektiver Wahrnehmung der Realität.[3]
Ein Autor, der die auf der gesamten kulturellen – also auch auf der literarischen – Ebene stattfindende Produktion von Scheinwirklichkeiten des NS-Regimes zu seinem Thema gemacht hat, ist Peter Reichel (1991): In seinem Buch „Der schöne Schein des Dritten Reiches“ beschreibt er die zahlreichen Inszenierungen (bspw. die Massenaufmärsche und -veranstaltungen) und Scheinwirklichkeiten (bspw. Literatur, Kino), ohne die – neben dem Terror (!) – die „gesellschaftliche Binnenintegration“ wohl ebenso wenig gelungen wäre wie die für das Dritte Reich notwendige „Selbstdarstellung des Regimes und die in seinem Namen und Auftrag verübten Staatsverbrechen.“ (Reichel, 1991:371) Die beiden von Reichel beschriebenen übergreifenden Charakterzüge des NS-Regimes, die „Ästhetisierung der Politik“ und die gleichzeitige „Entdifferenzierung der politischen Sphäre“ (ebd.: 155) können die aus der wirtschaftlichen und sozialen Krise resultierende Bereitschaft zur Selbsttäuschung bei vielen Rezipienten kriegsliterarischer und -propagandistischer Literatur nur gefördert haben.
Auch die hier vorgestellten Autorinnen haben ihre Beiträge geleistet zum Aufbau der für das nationalsozialistische Regime notwendigen Scheinwirklichkeiten und kultischen Ästhetisierungen. Ihre Interpretationen und Entwürfe geben historische Begebenheiten verzerrt wieder und werten sie als Vorlagen für reales Frauenleben. Programm in diesen Phantasie-Entwürfen war die gleichberechtigte, nationalsozialistisch denkende Kämpferin oder Kriegerin. Wesentliche Botschaften waren die weiblichen Formen der „Ästhetisierung des Krieges“ (Benjamin, 1977:49) und die antisemitisch orientierte Rassenlehre, Kern der NS-Ideologie. In ihr wird der »nordische Mensch«, für die »Reinheit der Rasse« stehend, ästhetisch überhöht. „Neben aller brutalen Gewaltanwendung war die Ästhetisierung, die permanente Inszenierung einer Scheinwirklichkeit, eine unerläßliche Notwendigkeit für die Stabilisierung des Regimes. Unmittelbar ging es um die vermeintliche Aufhebung des Klassenkonflikts, die Lösung der sozialen Frage. Die Scheinwirklichkeit hieß »Volksgemeinschaft«, erhielt aber, je weniger sie als Inszenierung wahrgenommen wurde, durchaus schon reale Züge. Mittelbar zielte dies auf den Erobe-

rungs- und Vernichtungskrieg, der gegen Osteuropa und die Juden gerichtet war und die Lösung der nationalen Frage bringen sollte." (Reichel, 1991:44)
Rassenlehre, »Volksgemeinschafts«-Ideen, Eroberungs- und Vernichtungswünsche, visionäre Ästhetisierungen der blond-blauäugigen oder »nordischen« Kriegerin, der Gewalt, des Racheakts, des Kriegsereignisses lassen sich auch in den Texten der hier besprochenen Autorinnen wiederfinden. Erst mit dem Beginn des Zweiten Weltkrieges änderte sich die apathische, wirklichkeitsferne Haltung der Bevölkerung: Nach Überwindung des Schocks und der Niedergeschlagenheit, die der Beginn des Krieges ausgelöst hatte, setzte nach Schäfer eine „wachsende Solidarität mit dem Regime", eine (allerdings spätestens mit Stalingrad gebrochene, E.d.V.; vgl. Steinert, 1970) „'freiwillige' Verschmelzung" ein. Parallel dazu wurden sowohl die Zensur als auch der Terror intensiviert. „Jedenfalls hat Deutschland erst während des Krieges, nachdem die Eroberungen im Osten Vernichtungslager möglich machten und große Volksmengen zur Verfügung stellten, seinen Herrschaftsapparat wirklich totalisieren können." (Arendt, 1986:501)
Wenngleich hier vor dem Hintergrund unserer bisherigen Überlegungen der Kriegspropaganda keine übersteigerte Bedeutung zugemessen werden soll, dürften die in ihr enthaltenen Deutungsangebote die „'freiwillige' Verschmelzung" sicherlich mit begünstigt haben.
Doch noch einmal: Welchen Stellenwert können wir der nationalsozialistischen Kriegsliteratur und -propaganda zumessen?
Streng genommen ist das „Wissen von der Außenwelt ... auf den Inhalt zahlloser einzelner Impressionen beschränkt" (Müller, 1981:149). Bereits während der Wahrnehmung, und im nachhinein in der Erinnerung, der Rekonstruktion des Vergangenen, werden die „einzelnen Impressionen" in das eigene Sinngefüge selektiv eingelassen, nur bedingt in Beziehung zum bisherigen Wissen gesetzt, gegebenenfalls verdrängt oder abgespalten. Die Zahl der möglichen Abwehrmechanismen und Projektionen ist groß.
Nun kann der schon erwähnte, von den Zeitzeugen benannte Gegensatz zwischen der „Verführung" und dem „nicht Wahrnehmen" (oder gar der Wahrnehmungsverweigerung) der Propaganda zunächst als Versuch einer (nachträglichen) Rationalisierung abgetan werden. Er deutet jedoch auch auf die Komplexität der immer auch subjektiven und daher selektiven Wahrnehmung von totalitär verordneten Ideologien bzw. von Realität überhaupt hin. Zudem war das Dritte Reich „von einem tiefen Gegensatz zwischen nationalsozialistischer Ideologie und Praxis gekennzeichnet" (Schäfer, 1981:146).
Mit Paxton stimme ich überein, daß die Ideen des Nationalsozialismus dennoch nicht auf einen bloßen Funktionalismus zu reduzieren sind. „Die Ideen

zählen im Faschismus durchaus, doch man muß präzisieren, wann und wie sie zählen.[4] In der Anfangsphase hilft die Ideologie dabei, ein großes Publikum zu gewinnen, und sie erschüttert die liberalen Werte, die von der Mehrheit der Mittelschicht bislang vertreten wurden. Und am Ende, unter dem Einfluß des Krieges, werden bestimmte fixe Ideen noch einmal besonders wirkmächtig. Doch nur, indem sie vom anfänglichen Programm Abstand nahmen, gelang es bestimmten faschistischen Bewegungen, an die Macht zu kommen." (Paxton, 1995:38)

In den Schriften der Kriegspropagandistinnen stößt man eher am Rande – mal mehr, mal weniger – auf direkte nationalsozialistische Programmatik. Keine der hier untersuchten Autorinnen hat ein plattes politisches Pamphlet verfaßt. Eingeflochten in die Texte sind Ideologeme und Versatzstücke der nationalsozialistischen Ideologie – einen Aufruf zum Genozid[5] jedoch findet man nicht. Rassismus, Antisemitismus, „Ästhetisierung des Krieges" und imperialistische Bestrebungen allerdings durchziehen die Texte, also die visionäre, symbolische Ebene, wie ein roter Faden. Dennoch sind fest umrissene ideologische Grundsätze, wie schon Godele von der Decken (1987:113) feststellte, auch in den hier bearbeiteten „pseudodokumentarischen Propagandaschriften" nicht aufzufinden. „Die umfangreiche Propaganda für Frauen, von Frauen, über Frauen scheint daher weniger um politisch-ideologische Indoktrination bemüht als darum, eine spezifische Atmosphäre von Weiblichkeit zu schaffen, in der der gewünschte Frauentyp entstehen kann." Denn es mußte „ein Frauentyp geschaffen und vermittelt werden, der die Frau für die Bedürfnisse des NS-Staates verwertbar" machte.

Insofern wird es kein Zufall sein, daß Godele von der Decken in fast allen der im Umkreis des Nationalsozialismus verfaßten belletristischen Frauenliteratur auf das Thema Krieg gestoßen ist – auch vor Kriegsbeginn 1939. „Das liegt z.T. natürlich daran, daß der Krieg im Rahmen des Nationalsozialismus eine zentrale Rolle spielte und sich den Schriftstellerinnen, die ihm nahestanden, als Motiv anbot. Darüber hinaus muß man aber auch berücksichtigen, daß Krieg für die Menschen der hier behandelten Zeit eine wichtige Lebenserfahrung war." (Von der Decken, 1987:225) Die Schriftstellerinnen wählten die Thematik Krieg einmal, weil es sich um konkrete, (kollektiv) nicht verarbeitete Lebenserfahrungen[6] handelte. Aber eben auch, weil es dem Zeitgeist entsprach, ein beliebtes, ideologisch entsprechend bearbeitetes Thema nicht nur der Völkischen, der soldatischen Nationalisten, der Germanenkultler, der Nordisten und der Nationalsozialisten war. Denn gerade die Art und Weise, wie die Autorinnen das Thema Krieg aufgriffen und auskleideten, zeigt deutlich auf, daß die nationalsozialistischen Ideologeme, d.h. nicht nur das Ideologem der Kriegsästhetisierung, Fuß gefaßt *hatten*. Insofern sehe ich die Texte der Autorinnen als das *Ergebnis* eines schon abgelaufenen Prozesses. Daß viele, nicht nur in unserem Rahmen angesprochene Autorinnen diese literarisch integrierten, ist ein Faktum (vgl. ebd.).

Wer also nach dem Stellenwert der in dieser Arbeit untersuchten Kriegsliteratur bzw. -propaganda fragt, sei vorerst darauf hingewiesen, daß über die rassistischen Gehalte und idealisierten, heldischen und kriegerischen Eigenschaften der Protagonistinnen zumindest dem Nationalsozialismus zuträgliche Identifikationsangebote transportiert wurden. Da diese im realpolitischen Zusammenhang der die nicht-»arische« Bevölkerung ausgrenzenden Gesetzgebung (des Arierparagraphen 1933, des Gesetzes zur Verhütung erbkranken Nachwuchses vom 14.7.1933, der Nürnberger Gesetze 1935 usw.), der Verfolgung Andersdenkender, der kriegsvorbereitenden Maßnahmen und letztendlich auch der (später realisierten) Vernichtung selbst gesehen werden müssen, kann nicht von harmloser Unterhaltungsliteratur gesprochen werden. Diese war ein – wenngleich vielleicht kleiner – Baustein im Gefüge der nationalsozialistischen Kriegs- und Vernichtungsmaschinerie.

2 Erkenntnisinteresse, Stand der Forschung und analytische Kategorien

2.1 Erkenntnisinteresse

Die hier vorliegende Untersuchung richtet ihr Erkenntnisinteresse auf mehrere Schwerpunkte:
Zunächst werden die Vorläufer-Ideologien betrachtet mit dem Ziel, den manifesten Textgehalt erschließen zu können – unbedingte Voraussetzung für das Entschlüsseln der latenten Inhalte. Die relativ umfassende Vorstellung der Vorläufer-Ideologien provoziert allerdings zwei Einwände, auf die ich hier etwas ausführlicher eingehen möchte.
Der erste Einwand könnte lauten, mit der ausführlichen Darstellung sei die Auffassung verbunden, die Vorläufer-Ideologien hätten die Vernichtung verursacht oder seien Bedingung dafür gewesen. Tatsache ist aber, daß der Antisemitismus in Frankreich oder die Rassenhygiene in England mindestens genauso, wenn nicht gar ausgeprägter aufzufinden waren. Ebenso läßt sich festhalten, daß direkt an der Tat Beteiligte nicht notwendigerweise antisemitisch waren. Dennoch bin ich mir sicher, daß der nationalsozialistischen Antisemitismus- und Rassismusideologie eine nicht bloß funktionale Bedeutung zukommt. Michael Ley geht in seinem Buch *Genozid und Heilserwartung* (1993:246) davon aus, daß das wichtigste Ziel der nationalsozialistischen Ideologie die Realisierung ihrer antisemitischen *Utopie* war, die primär die Vernichtung allen jüdischen Lebens intendierte. Für Ley ist der Nationalsozialismus eine „politische Religion" mit sowohl mythischen als auch sakralen und apokalyptischen Bestandteilen. Er meint, die durch den gesellschaftlichen Strukturwandel des 19. Jahrhunderts bedingte „defiziente Realität" habe „religiöse Regressionen" (1993:46) produziert und „Resakralisierungsprozesse" in Gang gesetzt, die die Funktion hatten, das Unbehagen an der Moderne und an der säkularen Entzauberung geltend zu machen. Im Konzept von Michael Ley spielen Denktraditionen für den Genozid eine tragende Rolle. Seine Thesen lassen sich, so meine ich, nicht übergehen.
Was mir an allen Texten der hier bearbeiteten Autorinnen auffiel, war, neben der starken Affektivität, eine quasi *religiöse Gläubigkeit* an die im Stile einer *Verkündigung* präsentierten kriegerisch-rassistisch-antisemitischen Inhalte. „Resakralisierung" ist ein daher meines Erachtens treffender Begriff für einen Prozeß, der die unaufgelösten gesellschaftlichen Konflikte mit der

Moderne (vgl. auch Reichel, 1991:30f.) und die in Deutschland sicherlich auffällig gehäuft anzutreffenden Defizienzerfahrungen aufzulösen versprach. Zu den allgemein gesellschaftlich wirksamen „defiziente(n) Realität(en)“ sind die – als deutsche Besonderheiten zu klassifizierenden – gescheiterten kolonialen Bestrebungen ebenso zu zählen wie das Zerplatzen der deutschen Großmachtträume und die traumatische Niederlage im Ersten Weltkrieg. Längerfristig wird die „verspätete Nation(enbildung)“ (Helmuth Plessner) ebenso eine Auswirkung auf dieses weite Teile der deutschen Gesellschaft bestimmende Grundgefühl gehabt haben wie die verspätete Demokratisierung (Ernst Bloch), die (zu) rasante Industrialisierung und die damit verbundenen ungelösten sozialen Fragen. Hinzu kommen die ohnehin stattfindenden, noch nicht verarbeiteten Säkularisierungsprozesse und die Desorientierung des mittelständischen Bürgertums, dem alle Autorinnen der hier untersuchten Schriften angehörten. Die zusätzliche, spezifisch *weibliche* Defizienzerfahrung, deutlich aus den Texten herauszuhören, kommt nur noch verschärfend hinzu und hat die Autorinnen zu ihrem spezifisch weiblichen Lösungsversuch animiert. Symbol für diesen Versuch der Befriedung der zahlreichen hier (unvollständig) aufgezählten Spannungen war für die Autorinnen die am Kriegsgeschehen aktiv beteiligte Frau schlechthin – sei es als Soldatenfrau, Soldaten-Krankenschwester oder als Kriegerin.

Die kultisch inszenierten Reichsparteitage, die in der Utopie als idyllisch projektierte »Volksgemeinschaft«, der überdimensional erhöhte, gottähnliche »Führer« usw. sind nur weitere Indizien für die „religiöse Regression“ des Nationalsozialismus.

In den Texten der Autorinnen kommt »Auschwitz« nicht vor. Sie wiederum konnten nicht vorhersehen, was mit den von ihnen intendierten Inhalten konkret geschehen würde. Daß die Texte ursächlich für die Vernichtung verantwortlich sind, halte ich zwar für eine zu weitgehende Betrachtungsweise – ebenso denke ich aber auch, die Auffassung von einer völligen Bedeutungslosigkeit ideologischer Entwürfe ist ein zu eingegrenzter Standpunkt. Wahrscheinlicher ist die Auffächerung der Ursachen für die Vernichtung auf viele Bereiche. Der Selbstlauf der Bürokratien, eine funktionale, „instrumentelle Vernunft“, die Arbeitsteiligkeit der Tat sind als weitere Elemente aufzuzählen.

Ein zweiter Einwand betrifft das methodische Vorgehen und bezieht sich auf die ausführliche Darstellung der Vorläufer-Ideologien. Die Sorgfalt, mit der sie präsentiert werden, könnte als Abwehrstrategie gegen die latenten Gehalte der untersuchten Literatur gedeutet werden: Um die Texte auf Distanz halten zu können, versucht man, sie ideologisch zuzuordnen. Sicherlich nicht unrichtig. Meine erste Reaktion auf die Texte der nationalsozialistischen Kriegspropagandistinnen war tatsächlich die Frage nach den Denktraditionen. Die wenn auch literarisch gefaßten, aber eben doch ideologischen Inhalte springen sofort ins Auge und drängen die Frage nach den Vorläufer-Ideologien in den Vordergrund. Die Darstellung derselben entspricht, abgesehen von der notwendigen Erfassung des Textes auf seiner manifesten Ebene, also der Textdynamik.

Die nationalsozialistische Rasse- und männerbündische Kriegsideologie wurde „wissenschaftlich" im wesentlichen von Männern konzeptionalisiert. Dennoch trugen Frauen *eigene Entwürfe* bei und identifizierten sich in Teilbereichen mit diesen Konzepten. Da mein Erkenntnisinteresse auch auf die Auswahl der Ideologeme durch die Autorinnen und deren Integration in den *weiblichen* Entwurf gerichtet ist, ermöglicht die genauere Kenntnisnahme der Vorläufer-Ideologien Differenzierungen, die ich ohne diese Vorarbeit nicht hätte treffen können. Ich konnte besser zwischen den ideologierezeptiven Anteilen und den selbst eingefügten Phantasien unterscheiden. Ferner soll der *diskursive Bezug* weiblicher Phantasieproduktion auf männerbündische und damit männerdominierte ideologische Traditionen nachgezeichnet werden – ein mehr politologischer Aspekt.

In zweiter Linie liegt der Schwerpunkt des Erkenntnisinteresses auf dem im Textmaterial verbalisierten *Erlebnisgehalt*, daß heißt auf die Gefühle, das innere Erleben und das in ihnen formulierte ideologisch-politische Denken der völkisch-rassistisch bzw. nationalsozialistisch orientierten Autorinnen.

Dabei geht es um die im Textmaterial formulierten weiblichen Größen- und Allmachtsphantasien ebenso wie um die spezifischen Abwehrmechanismen und Konfliktverarbeitungsmuster. In ihnen materialisieren sich nicht nur am ehesten die Verlockungen, herrschende Werte und Ideale positiv zu besetzen, letztendlich zu realisieren (vgl. Erdheim, 1982:75f.), sie verdeutlichen auch, wie Erlebnisgehalte sich an aktuell formulierte, in Veränderung begriffene Herrschaftsentwürfe anbinden können. Darüber hinaus kann mit der Verdeutlichung der Erlebnisgehalte der daran gebundene „Resakralisierungsprozeß" (Michael Ley) nachgezeichnet werden. Zusätzlich werden die in den Texten enthaltenen Identifikationsangebote und die Frauenbilder untersucht.

Im Schwerpunkt meiner Untersuchung steht jedoch die Frage nach den Erfahrungen und dem *inneren Erleben*, das die Autorinnen veranlaßte, ihre Entwürfe der Krieger-Frauen den (fast ausnahmslos von Männern konstruierten) völkischen, rassistischen bzw. nationalsozialistischen Ideologien anzugliedern. Daß heißt, wie sind die Autorinnen mit den in den Ideologien enthaltenen männlichen Projektionen, Angstphantasien, Wunschbildern oder Abwehr-

strategien umgegangen? Haben sie sich „einfach“ nur mit ihnen identifiziert – oder haben sie „weibliche“ Ideologien neu entworfen?
Soziologisch gesehen geht es darum, inwieweit die hier betrachteten Autorinnen an der Ideologieproduktion – als Mittel zur Legitimierung von Herrschaft – durch ihre Literatur beteiligt waren.
Das Weibliche verorten die Autorinnen innerhalb der vorgegebenen Konstruktionen der männlichen Ideologen und versuchen verständlicherweise dabei, ihre Wünsche und Phantasien unterzubringen. Sie verbalisieren damit nicht nur ihre emotionale Anbindung an Ideologie. Sie formulieren damit auch ihr Verhältnis zur Macht (als hierarchisches Verhältnis innerhalb sozialer Beziehungen) und zur Herrschaft. Wenn auch teilweise unbewußt teilen sie damit ihr Verhältnis zur Wirklichkeit mit und beteiligen sich darüber hinaus an der Konstruktion nationalsozialistischer Weltanschauung.
Konkret heißt dies beispielsweise: Bereiche der Realität wie etwa die Niederlage im Ersten Weltkrieg werden verdrängt und kehren als „Ästhetisierung des Krieges“ oder im Bild der kämpferischen, kriegerischen Germanin wieder. „Was man in einer Gesellschaft nicht wissen darf, weil es die Herrschaft stört, muß unbewußt gemacht werden. Das Wissen von Realitäten, das unbewußt geworden ist, ist darum aber nicht unwirksam – es entwickelt sich zur Ideologie, die, im Subjekt verankert, als falsches Bewußtsein wieder herrschaftsstabilisierend wirkt. Die Produktion von Unbewußtheit muß gesellschaftlich organisiert werden, und der Ort, wo sie stattfindet, ist nicht so sehr die Familie als jene Institutionen, die das öffentliche Leben regulieren.“ (Erdheim, 1982:38)
Auch die Texte der nationalsozialistischen bzw. ihm nahestehenden Autorinnen können als Ort definiert werden, in dem sich gesellschaftlich produzierte Ideologien niederschlagen und verdichten – in der weiblichen Variante. Die in diesen Texten enthaltenen Erlebnisgehalte, Normen, Werte, Identifikations- und Rollenangebote sowie die in ihnen formulierten Größenphantasien lassen auf eine ganz spezifische – zeitgeschichtlich wie geschlechtsspezifisch gebundene – Beziehung zu Macht und Herrschaft schließen.
Verschiedene Ebenen werden beispielsweise im hier untersuchten Text von Rogge-Börner sichtbar: Die Phantasie der freien, kriegerischen Germanin enthält *manifest* den Wunsch nach Gleichheit. Auf der Oberfläche gesehen, könnte man diese Fiktion für die Sehnsucht nach einer gerechteren Geschlechterordnung halten. Doch diese manifeste Forderung nach Gleichheit erstreckt sich nicht auf alle Menschen. Die freie Germanin ist immer in Verbindung mit »germanischem Rassebewußtsein«, Krieg und »Herrschergeschlecht« gedacht. Mit den damit implizit angesprochenen rassistischen,

militaristischen bzw. imperialistischen Dimensionen wird gleichzeitig der Wunsch nach Macht über Personen und Herrschaft über andere Völker und gesellschaftliche Gruppen, was heißt: nach Ungleichheit ausgedrückt. Die freie Germanin ist »Herrin« wie wir bei der Entschlüsselung des latenten Textgehaltes sehen werden, in jeder Beziehung – auch über die germanischen Herren.

Als zweites Beispiel sei hier das Frauenbild der „Mutter aller Soldaten“ erwähnt, das in den Texten über die Preußenkriege enthalten ist. In ihnen drückt sich der Wunsch nach Macht auf andere Weise aus: Ist die Frau nicht nur Mutter eines, sondern aller Soldaten, hat sie summa summarum ihr (sehr traditionelles) Einflußgebiet erweitert und wird zur ewig versorgenden und damit mächtigen Mutterfrau. Daß dafür ein Preis bezahlt werden muß, häufig der Tod des geliebten Soldatenmannes, mag weiblicher Lebenserfahrung entsprechen, wird aber mit der Übernahme der neuen Aufgabe nicht weiter thematisiert.

Eine Allmachtsphantasie – wie bspw. die der kriegerischen Heldin oder der mächtigen Soldatenmutter – zu formulieren, ist natürlich kein Indiz für gelebte Realität. Dennoch hat die weibliche Ideologie- und Phantasieproduktion konkrete Auswirkungen auf Einstellungen, Orientierungen und Handeln: Teilhabe bzw. der Gewinn an Prestige, Macht und Größe kann nicht verleugnet werden.

2.2 Stand der Forschung

Schaut man sich den Schwerpunkt der bisherigen Forschung über Frauen im Nationalsozialismus an, fällt die Gewichtung zugunsten der konkreten Praxis auf (Winkler, 1977; Kuhn/Roth, 1982; Lehker, 1984; Thalmann, 1984; Koonz, 1991 u.v.a.m.). Zahlreiche Forschungsarbeiten befassen sich mit dem weiblichen Alltag im Nationalsozialismus und mit der nationalsozialistischen Frauenpolitik (Vgl. hierzu die Bilanz von Reese/Sachse, in: Gravenhorst/Tatschmurat, 1990:73-107). Das zusammenfassende Fazit vieler Autorinnen lautet: Frauen im Nationalsozialismus besaßen keinerlei (ich würde hinzufügen: öffentlich-relevante) politische Macht (so z.B. Koonz, 1988:47), da sie an den tragenden Entscheidungen nachweislich nicht beteiligt waren. Auf der staatspolitischen Ebene war der Spielraum für Frauen im Nationalsozialismus klein. „Der Nationalsozialismus verweigerte Frauen jegliche Teilhabe und Mitsprache in der Sphäre der Politik. Er verwies sie statt dessen auf ‘ihre’ private Sphäre, unterwarf diese aber im gleichen Atemzug dem unbe-

schränkten politischen Zugriff von Partei und Staatsapparat.“ (Reese/Sachse, in: Gravenhorst/Tatschmurat, 1990:102)
Wichtig waren Frauen im Dritten Reich auf der alltagspoltischen Ebene. „Auf der Ebene der praktischen Umsetzung in den Beratungsstellen, Ämtern, Krankenhäusern und Anstalten waren Frauenorganisationen, Fürsorgerinnen und Krankenschwestern jedoch sehr wohl beteiligt.“ (Ebd.:94)
Der Blick auf die weibliche Alltagsrealität trägt zweifellos zur Veranschaulichung weiblicher Lebenswirklichkeit und konkreter geschlechtsspezifischer Machtverteilung im NS bei und kann verdeutlichen, ob bzw. auf welche Weise Frauen an nationalsozialistischer Herrschaft beteiligt waren (vgl. Macciocchi, 1976; Schüddekopf, 1982; Kuhn/Rothe, 1982; Wiggerhaus, 1984; Lehker, 1984; Thalmann, 1984; Ebbinghaus, 1987; Schaeffer-Hegel, 1988; Gravenhorst/Tatschmurat, 1990; Siegele-Wenschkewitz, 1990; Koonz, 1991; u.v.a.m.).
Für die hier vorliegende Untersuchung sind die oben erwähnten Forschungsergebnisse insofern relevant, als sie klären können, in welchem sozialen und politischen Raum sich die hier untersuchte Autorinnengruppe bewegt hat bzw. bewegen konnte. Wenngleich dieser Raum sicherlich eingeschränkt war, repräsentiert der Beitrag der Schriftstellerinnen *einen* Baustein der nationalsozialistischen Kriegs- und Expansionspolitik.
Darüber hinaus gibt es Forschungsarbeiten, die sich gezielt mit dem Frauenalltag im nationalsozialistischen *Krieg* befassen. (Vgl. Szepansky, 1986; Dischner, 1982) Diese beiden autobiographische Berichte sind geringfügig bearbeitet und nur knapp kommentierte Texte. Sie sind sicherlich interessant und lesenswert, ermöglichen ihren Lesern einen Blick auf die verschiedensten, subjektiven Eindrücke von Zeitzeuginnen aus unterschiedlichen Perspektiven zum nationalsozialistischen Krieg. Dennoch kann ich die – zum Teil allerdings recht vorwurfsvolle – Kritik von Windaus-Walser (1990: 59ff.) an der Bewunderung der Funktionsleistungen von Frauen im NS-Kriegsalltag durch manche der heutigen Forscherinnen verstehen. Kann die Frauen-Alltagsarbeit in einem nationalsozialistischen Krieg in der rückwirkenden Betrachtung unkommentiert als „große(n) Anpassungsleistung der Frauen“ (Szepansky) stehen gelassen werden? Auch mich beschleicht hier eine Traurigkeit, die ihre Begründung vielleicht darin haben mag, daß eine Wunschvorstellung leider unerfüllbar bleiben wird: Auch der großen Mehrheit der Frauen ist *trotz* der Belastungen im Krieg der Aufschrei oder gar Widerstand gegen den Nationalsozialismus nicht gelungen.
Eine weitere, in der Einleitung schon erwähnte Forschungsarbeit befaßt sich auf der Grundlage von ausgewerteten biographischen Erzählungen mit dem

Frauenkriegsalltag[1] im Nationalsozialismus. (Vgl. Rosenthal, 1990) Durch die hier vorgenommenen Auswertungen können indessen Begrenzungen im Hinblick auf den Gehalt der Erzählungen und Bearbeitungsmechanismen der NS-Vergangenheit verdeutlicht werden, die einen sehr erhellenden Blick auf die Erzählstrategien der Zeitzeugen ermöglichen.[2] „Die vorliegenden Fallanalysen zeigen sehr deutlich, daß die biographische Strategie der *Entpolitisierung der NS-Vergangenheit* ganz wesentlich die einzelnen Biographien prägt und wohl auch den Diskurs über die Kriegs- und NS-Vergangenheit in der Bundesrepublik weitgehend bestimmt. Im Unterschied zu Entlastungsargumentationen, zur Schuldabweisung oder zur Schuldrelativierung der NS-Verbrechen ist diese biographische Strategie für den Rückblick in diese Vergangenheit, für das Leben heute mit dieser Vergangenheit und damit auch für unsere Zukunft entscheidend." (Rosenthal, 1990:237) Gabriele Rosenthal macht drei Typen der Entpolitisierungsstrategie fest: „das implizite Ausblenden des NS aus der Lebensgeschichte, die Verdichtung des NS auf die entpolitisierten Kriegsjahre und die explizite Entpolitisierung des eigenen Sozialisationsmilieus." (ebd.:238) Was hierbei deutlich werden kann, sind die Strategien der noch heute wirkmächtigen Tabuisierungen der NS-Vergangenheit, denen sicherlich die Nachgeborenen in gleicher Weise unterliegen.
Insgesamt betrachtet fällt auf, daß es zur weiblichen nationalsozialistischen *Ideologie*produktion (und -rezeption) verhältnismäßig wenige Forschungsarbeiten gibt (im weiteren Sinne gehören hierzu: Wittrock, 1983; Thalmann, 1987; von der Decken 1988; Koonz, 1991). Das mag mit der schon erwähnten untergeordneten Position der Frauen in der Gesellschaft und mit ihrer *verborgenen Bedeutung* in der nationalsozialistischen Politik zusammenhängen – und doch muß dies nicht heißen, daß sich alle Frauen ausschließlich auf die Rolle als Versorgende (Kinder, Hauswesen, Wohlfahrt) fixierten: Es gab Frauen, die sich zu Wort meldeten, die Ideen zur nationalsozialistischen Weltanschauung beisteuerten und/oder ihren Beitrag zur Kriegsmobilisierung leisteten. Wie sie dies taten und welche latenten Wunschstrukturen sich hinter diesen Ideen verbargen, wird im folgenden dokumentiert und interpretiert werden.

2.3 Analytische Kategorien

2.3.1 Zur analytischen Kategorie Geschlecht

Die Berücksichtigung des Geschlechts im analytischen Feld ist sicherlich zwingend notwendig. Sie hilft, pointierter zu verdeutlichen, auf welche Weise sich Frauen als Frauen in einem Ideologiegebilde zu verorten suchten, das in der Regel von Männern konstruiert und vorgegeben war.

Dennoch wirft die Annahme der Kategorie Geschlecht als ein Grundtheorem, wie schon Andrea Rödig (1992:105) anmerkte, Probleme auf. Denn mit der Annahme dieser Kategorie besteht, neben der sicherlich fragwürdigen Vorannahme einer kategorialen Gemeinsamkeit (aller Frauen als Unterdrückte), die Gefahr einer Festschreibung des Weiblichen als des sich unterordnenden und des Männlichen als des dominanten Subjektes, die gerade vermieden werden soll, da Geschlechtsspezifik als „sozial konstruiert und historisch wandelbar" begriffen wird. „Feministische Theorie, die auf der Kategorie des Geschlechts aufbaut, besteht genau darin, diese Kategorie als 'Schein' zu entlarven." (ebd.:106) Zuschreibungen zur Geschlechtsspezifik sind daher in dieser Arbeit nicht als Konstante oder gar als biologische Befunde zu verstehen, sondern als Bestandsaufnahme dessen, was im Symbol- und Identitätssystem der Gesellschaft als das Weibliche/das Männliche gilt.

Ich möchte dies jedoch nicht im Sinne von Judith Butler (1991) verstanden wissen, die von einer ausschließlich sozialen, über den Diskurs organisierten Konstruktion der Geschlechter ausgeht. Leibliche Differenzen und damit unterschiedliches inneres Körpererleben der Geschlechter kann und sollte meines Erachtens aber nicht verleugnet werden, auch wenn geschlechtsspezifische Körper*formen auch* als sozial-kulturell determinierte verstanden werden. Des weiteren verschließt sich die körperabstrahierende Analyse der Geschlechter von Butler[3] meines Erachtens dem widerständigen Potential der Natur. Denn auch wenn wir davon ausgehen, daß nur vom Trieb*schicksal* gesprochen werden kann, daß heißt vom immer bereits gesellschaftlich vermittelten Trieb, fordern die durch das individuelle Schicksal oder durch die kulturellen Praxisfiguren zur Ausgrenzung genötigten Triebanteile ihr Recht und drängen an die Oberfläche. Gerade die „Wiederkehr des Verdrängten" schafft die Unruhe, stört die Funktionalität einer auf Naturbeherrschung ausgerichteten Gesellschaft: Auch wenn sich diese Wiederkehr häufig (in Form des Symptoms) gegen den Menschen selber richtet, wohnt ihr doch die Chance zum Erkennen und zur Veränderung inne. Sinnlichkeit, Affekte und verdrängte Triebwünsche kommen aber im Theoriekonstrukt Butlers nicht vor, da nach ihrer Auffassung alle Verhaltenscodes nichts anderes sind als sich

im Diskurs immer wieder neu herstellende Inszenierungen. Mit der schlichten Verleugnung der Naturbasis des Menschen, letztlich des „Chaotisch-Wilden“ im „Zivilisierten“, ist es aber meines Erachtens nicht getan, auch wenn damit – sehr geschickt – irritierendes aus der Diskussion herauskatapultiert wird. „Der Mensch ist Natur – und gesellschaftliches Wesen zugleich.“ (Horn, 1984:1087) Dieser Bipolarität werden wir uns nicht entziehen können, auch wenn sich Aussagen über menschliche Natur immer nur auf bereits gesellschaftlich Bearbeitetes beziehen können und die Rede von der „Natur des Menschen“ als unzulässige Abstraktion zu kritisieren ist (vgl. ebd.; Lorenzer, 1988).
Die analytische Kategorie Geschlecht ist für mich insofern wichtig, weil sich daraus die folgenden Fragestellungen ergeben: Welche Entwürfe für ein Frauenleben haben Frauen an einem öffentlichen Ort (der nationalsozialistischen Kriegsliteratur) zu einer bestimmten historischen Zeit (1923-1942) verhandelt? Welche Positionen haben sie bezogen, wie haben sie versucht, ihre (unbewußten oder bewußten) Wünsche unterzubringen? Welche Frauenbilder lagen dem zugrunde? Wo und wie haben sie Herrschaftsfiguren stabilisiert, ihnen widersprochen, sie reproduziert oder gar mitkonstruiert.

2.3.2. Zur analytischen Kategorie: Psychoanalyse

Die hier vorliegende Untersuchung stützt sich als tiefenhermeneutische auf die Psychoanalyse. Es erscheint mir daher wichtig, auf folgendes damit auftauchendes Problemfeld einzugehen.
Bei der Diskussion der tiefenhermeneutischen Methode spielt die Frage der Verwendbarkeit der Psychoanalyse als Methode zur Erforschung kollektiver Sinnkonstruktionen eine Rolle. Die Psychoanalyse wurde entwickelt mit dem Ziel, individuelle Traumata zu erforschen und, wenn möglich, zu heilen. Sind also die Erkenntnissse der Psychoanalyse nur anwendbar auf das neurotische bzw. psychotische Individuum? Ist Psychoanalyse überhaupt für die Erforschung kollektiver Denksysteme tauglich?
Der Blick auf Psychoanalyse als eine Wissenschaft lediglich für das Individuum verändert sich, wenn wir von einem „psychodynamischen Verständnis des Individuums“, von einem dialektischen Verhältnis zwischen Gesellschaft und Individuum ausgehen (vgl. Bauriedl, 1986:34ff). Soziologisch formuliert ist damit „jedes Individuum ... ein System im System im System. ... Die Konfliktlösungen ähneln sich in all diesen Systemen.“ (ebd.:38)
Nach Alfred Lorenzer (1977) geht es darum, den Blick auf die menschliche Triebnatur in einem dialektischen Spannungsfeld von Individuum und Gesell-

schaft zu rücken: Der Trieb ist als sozial hergestellt zu begreifen, als ein „innerer Niederschlag von Interaktionen“ (Belgrad u.a., 1987:15) zu sehen, menschliches Erleben und Handeln als Momente gesellschaftlicher Verhältnisse und damit geschichtlich-kulturell gebunden zu denken. Dieses verweist auf das stets präsente dialektische Zwiegespräch des Individuums mit der Gesellschaft und gibt einen ersten Hinweis auf die Fruchtbarkeit der Psychoanalyse auch für das Verstehen kollektiver Denksysteme und der gesellschaftlichen Unbewußtheit. Diese Arbeit versucht, die im Text verborgenen, kollektiven Lebensentwürfe zu rekonstruieren und die kollektive Affinität zu einem Ideologiegebäude mit Hilfe psychoanalytischer Kategorien zu entschlüsseln – was jedoch nicht heißt, daß diese unreflektiert übertragen werden.
Alfred Lorenzers Bemühen ist es zu verdanken, daß es möglich wurde, psychoanalytische Erkenntnis sozialwissenschaftlich zu nutzen. Er entschlüsselt den psychoanalytischen Prozeß (vgl. Lorenzer, 1970) und benutzt die daraus gewonnenen Kategorien für eine interpretierende Arbeit am Text. Mit seinem Konzept der psychoanalytisch-tiefenhermeneutischen Literaturinterpretation schlägt Lorenzer vor, jene im psychoanalytischen Prozeß zwischen Patient und Analytiker angewandte *Methode* des Verstehens und Deutens der unbewußten Gehalte von Patientenrede auf den literarischen Text anzuwenden. Die von Lorenzer herausgearbeiteten Begriffe, „Irritation“, „gleichschwebende Aufmerksamkeit“, „szenisches Verstehen“, spielen daher auch bei der tiefenhermeneutischen Literaturinterpretation eine große Rolle. Der „gleichschwebend aufmerksame“ Interpret (Analytiker) erspürt den „Widerstand des Textes“ (des Patienten) – die nicht ausgesprochenen bzw. in „Klischees“ und „Zeichen“ zerfallenen sprachlichen Symbolbildungsprozesse hinterlassen „Irritationen“, auf deren Grundlage der Interpret sein „szenisches Verstehen“ und daran anschließend seine Deutungsarbeit (analog der Rekonstruktionsarbeit von Analytiker und Patient) entfalten kann. Die Rekonstruktion der im Text enthaltenen latenten Sinnkonstruktionen kann die Funktion der Symptombildungen nachzeichnen, kann aber auch die aus der Gesellschaft ausgestoßenen Entwürfe, die Symbolbildungen der „Dichter“ wieder zur Sprache bringen.
Gerade in den „sinnlichen Symbolen“ (Kunst, Musik, Literatur, Ritual), so Lorenzer, werden die überindividuellen, alternativen gesellschaftlichen Entwürfe verhandelt. Ihren ideologischen Gehalt oder aber ihren emanzipatorischen Charakter zu verstehen und herauszuarbeiten, ermöglicht die kritische Reflexion der jeweiligen Darstellung.
Ich möchte dies im folgenden verdeutlichen.

3 Methode

3.1 Zur Symboltheorie Alfred Lorenzers

3.1.1 Literatur: öffentlicher Ort der Symbolisierung des Nichtsprachlichen

Für die Interpretation des Textmaterials habe ich die psychoanalytische tiefenhermeneutische Literaturinterpretation nach Alfred Lorenzer angewandt, die ich hier im folgenden kurz darstellen möchte. Ausgangspunkt ist, daß in Kunstwerken, in literarischen Texten sowohl gesellschaftlich verbreitete als auch verpönte Deutungs- und Denkmuster bzw. alternative Verhaltensvorschläge öffentlich zur Diskussion gestellt werden. Damit erhalten diese Angebote, da sie „öffentlich" sind, einen „grundsätzlichen Wert". Die entscheidende Prämisse ist, daß sich die Botschaften eines künstlerischen Werks nicht nur über das oberflächlich Sichtbare oder Lesbare darbieten. Bezogen auf das Objekt unserer Untersuchung, die Literatur, heißt dies, das „zwischen den Zeilen" Mitteilungen an den Leser verborgen sind, die der Leser zwar erspüren, aber nicht unmittelbar verbalisieren kann, und die gerade dadurch ihre Anziehungskraft und ihren dem Bewußtsein entzogenen Einfluß entfalten.
Aus der Perspektive der Tiefenhermeneutik wird diese Wirkung nicht nur über die diskursiv-sprachlichen Symbole erwirkt, sondern, in Anlehnung an die von Susanne Langer getroffene Unterscheidung zwischen diskursiven und präsentativen Symbolen[1], auch über die im Text enthaltenen präsentativen Qualitäten. Parallel zum diskursiven Gehalt eines Textes, dessen Worte und darin enthaltenen Ideen nur nacheinander zu verstehen sind, werden durch die Worte selbst und ihre spezifische Zusammenstellung „Vorstellungsbilder" und Assoziationen hervorgerufen, deren metaphorische Qualitäten Beziehungsfiguren von Menschen untereinander oder zu ihrer Lebenswelt simultan abbilden können. Was für die Bildbetrachtung eines Gemäldes einleuchtend erscheint – daß nämlich mit dem Blick auf das Objekt eben alles gleichzeitig erfaßbar ist: das Verhältnis der abgebildeten Figuren zueinander, Formgestaltung, Gesichtsausdruck, Farbstimmung etc., ist, bezogen auf einen Text, schwieriger nachzuvollziehen. Doch auch ein Text entwirft Bilder, zeichnet Szenarien zwischenmenschlicher Beziehungsformen nach und teilt über die in ihm enthaltene Diskursivität hinaus spontan nicht formulierbare Zusammenhänge mit. Die Faszination an einem kulturellen Werk/ an Literatur entspringt diesem vom Künstler/Dichter – unbewußt – eingebrachten und symbolisch repräsentierten latenten Gehalt.

Denn dem Künstler kommt eine Fähigkeit zu, die über die Alltags-, aber auch über die Patientenrede in einer psychoanalytischen Therapie hinausgeht. Er kann das unbewußte Leiden, die fragmentarischen Traumbilder und Phantasien, die erahnten alternativen Lebensentwürfe und Beziehungsmodelle, die Auseinandersetzung mit den allen Menschen gesellschaftlich auferlegten Beschränkungen in ein inneres Bild zusammenfügen und dieses innere Bild in ein (künstlerisches) Symbol fassen. Exemplarisch und in neu gestalteter Form werden kulturgeschichtlich gebundene, gesellschaftsrelevante Problemkonstellationen verhandelt, die bisher unterdrückter, also unbewußter Lebenspraxis entstammen. Es ist das in den kulturellen Zeugnissen verborgen vorhandene „Unsagbare“, auf das der Rezipient mit seinem Unbewußten reagiert und das seine Aufmerksamkeit weckt.
Beziehe ich das eben gesagte auf die uns hier interessierenden Autorinnen aus dem nationalsozialistischen Umfeld, so stellen auch sie ihre Verhaltens- und Denkmuster, ihren Lebensentwurf für eine Kriegszeit öffentlich vor und erfüllen damit eine „zentrale politische und kulturelle Funktion, deren Tragweite erst die Grundeinsicht in die Differenz zwischen bewußter und unbewußter Sinnebene aufzudecken“ vermag (Lorenzer, 1986:85). Auch sie entwerfen „Szenen“, deren Sinn nicht über ihre diskursive Logik zu erschließen ist, sondern deren Wirkung sich über die mit den Worten oder dem Text assoziierten (bildlichen) Vorstellungskomplexe mitteilt. Bezogen auf mein Textmaterial heißt das, ich begebe mich auf die Suche nach den typischen Konflikt„lösungs“mustern, die versuchen, das Spannungsfeld zwischen unbewußten Wünschen und den Normen und Werten (tendenziell) aufzulösen. Ich gehe mit Würker davon aus, daß sich „in literarischen Texten in ihrer szenisch-bildhaften, präsentativen Mitteilung ein latenter, das heißt dem Unbewußten nahestehender Sinn mitteilt, der ihre Wirkung auf den Leser bestimmt“ (Würker, 1991:27). Die tiefenhermeneutische Literaturanalyse versucht diese in den Texten latent enthaltenen, zur Diskussion gestellten unbewußten Praxisfiguren sowie ihre Wirkung auf und ihre Bedeutung für die erwachsenen Rezipienten zu erschließen, um das Emanzipatorische – aber auch das damit unter Umständen amalgamierte Kontraemanzipatorische – zu erkennen und benennen zu können.[2]
Die in den literarischen Texten vorgestellten Handlungsabläufe, die Beziehungsgeflechte, die unterhalb der sprachlichen Ebene vermittelten (sinnlichen) Wünsche, Sehnsüchte, Lebensentwürfe und Alltags- oder Pseudomythen sind aus der Perspektive der Tiefenhermeneutik Versuche der „kollektiven Lebensorientierung“, Vorschläge, wie mit der momentanen Kultursituation umgegangen werden soll, wie über Wirklichkeit verfügt werden

könnte.[3] In ihnen wird erörtert, welche kulturellen Regelungen als sinnvoll oder problematisch zur Disposition stehen. Somit begreift die Tiefenhermeneutik die literarischen Produktionen nicht nur als Moment einer Lebensgeschichte, sondern auch als Bestandsaufnahme einer Kultur.

3.1.2 Das Konzept der Interaktionsformen

Um die Frage beantworten zu können, wo und wie sich im einzelnen gesellschaftliche Praxis niederschlägt, welche Momente sich der Vergesellschaftung widersetzen oder nicht, setzt Alfred Lorenzer sozialisationstheoretisch bei den fundamentalen Prozessen der Persönlichkeitsbildung an.

Bereits in der intrauterinen Phase bilden sich nach Lorenzer zwischen dem embryonalen und dem mütterlichen Organismus Interaktionsformen über ein nicht willkürliches Wechselspiel heraus. Bilden Uterus und Ei zuerst eine totale Einheit, tritt an dessen Stelle zunehmend das „Wechselspiel zwischen zwei sich Schritt für Schritt abgrenzenden Organismen" (Lorenzer, 1981:85). Von Anbeginn an sind (innerhalb des Spielraumes der Erbanlagen) sowohl Umweltreize als auch individuelle Reaktionsprofile der Mutter, Aktionen und Reaktionen von Embryo und Mutter „in die Körperbasis" des Kindes als „Funktions- bzw. Körperprofile" eingegraben. „Die Interaktionen bilden die Erfahrungsstruktur des Embryos von allem Anfang an: zu einem Gefüge lebensbestimmender Interaktionsformen." (1981:86) Auch nach der Geburt wird die sinnlich-physische Organisationsebene nicht verlassen: Im sinnlich-gestischen Zusammenspiel werden verhaltensanweisende Praxisfiguren und Körpergestalten, Erlebnisstrukturen gebildet. Entscheidend ist aber, daß das Wechselspiel zwischen Mutter und Embryo/Kind bestimmt ist von der sozialen Struktur, von dem „sozialen Ort", dem die Mutter angehört. Nur wer die Mütter isoliert außerhalb sozialer Beziehungsnetze denke, könne dies anzweifeln, so Lorenzer.

Mit dieser Beschreibung primärer Sozialisationsstrukturen ist bereits dargelegt, wo sich nach Ansicht Lorenzers das Soziale, d.h. gesellschaftliche Normen und Werte, im Individuum niederschlägt und sich persönliche Geschichte und historischer Verlauf bedingen. Sozialisation bestimmt Lorenzer als Spannungsfeld zwischen Natur/Individuum und Gesellschaft, als eine lebenslange Auseinandersetzung, die in allen Sinnsystemen aufspürbar ist.

Die Basis der Persönlichkeit wird also vorsprachlich und unbewußt gebildet. Denn erst mit der Einführung des Kindes in die Sprache wird Bewußtsein im Sinne reflektierenden Handelns möglich. Für Lorenzer stellt „das Unbewußte den Bereich der Persönlichkeit dar, der sich aus dem sozialen Zusammenspiel mit den Menschen und den Dingen der Umwelt und den damit verbundenen Körpererfahrungen – primär in der Beziehung des Kindes zur Mutter – herausbildet als ein 'Gefüge von Interaktionsformen'" (Würker,1991:87). Das „Es ist ein Gefüge sozialer Verhaltensformeln, leiblich fundamental" (Lorenzer, 1987:4). Es gibt keine Triebnatur unabhängig von gesellschaftlicher Formbildung (vgl. Lorenzer, 1981:288), Trieb wird als ein sozial hergestellter gesehen (vgl. Belgrad u.a., 1987:15).

Das von Alfred Lorenzer hier vorgestellte sozialisationstheoretische Konzept rückt die menschliche Triebnatur weit radikaler ins Spannungsfeld Natur/Individuum/Gesellschaft (Kultur) als die bis dato erfolgte Auseinandersetzung. „Der reale Trieb im Individuum ist gesellschaftliches 'Produkt', er ist Resultat einer Dialektik von Natur und Gesellschaft, hervorgebracht in unzähligen Schritten eines 'wirklichen' Interagierens, das sich in 'bestimmten Interaktionsformen' niederschlägt. Die Triebelemente werden, gemäß der Interaktionsstruktur, in die Embryo, Fötus, Kind eingeflochten sind, zum Gefüge des Es (das entgegen landläufiger psychoanalytischer Auffassung nicht unstrukturiert ist). Und diese Triebelemente müssen zu sinnlichen Symbolen – als Organisationsform der Phantasie – entwickelt werden." (Lorenzer, 1981:288)

3.1.3 Literatur als „sinnlich-symbolische Interaktionsform"[4]

Die aus dem wechselseitigen, „sinnlich-unmittelbaren" Zusammenspiel zwischen Mutter und Kind hervorgegangenen, vorsprachlich gebildeten „Interaktionsformen" sind konstitutiver Teil der Struktur des inneren Erlebens, „Erlebnisszenen", die die „Erwartungsformen des zukünftigen Interagierens" (Lorenzer, 1981:85f.) mitbestimmen. Erst durch das Hinzutreten anderer Bezugspersonen erweitert das Kind die mütterlich-dominante, dyadische Struktur zum „familialen Feld". Das Kind läßt sich mit anderen Bezugspersonen experimentierend auf eine von der Mutter differente, allerdings nicht beziehungslos vom mütterlichen Verhalten losgelöste Praxis ein, die seinen Erfahrungsspielraum erweitern. „Der Einfluß der anderen relativiert die Dominanz der Mutter" (ebd.:154 und 152f.).

In der dritten Stufe im Sozialisationsmodell Lorenzers geht es um das Hinzutreten der Gegenstände in die Welt des Kindes. Auch durch diesen Umgang, das Spiel bzw. die aktive, eigenständige Aneignung von Gegenständen, wird die Exklusivität der Mutter-Kind-Dyade relativiert. Lorenzer betont die Bedeutung des kindlichen Spiels mit den Gegenständen, da das Kind „in der Auseinandersetzung mit den zwar widerständigen, aber nicht selbst

aktiven Gegenständen ein Verhalten“ (ebd.:155) einüben kann, das nicht von außen dominiert wird.
Darüber hinaus wird im Spiel mit den Gegenständen, die Repräsentanten geronnener menschlicher Praxis sind, das „Feld der kollektiven Praxis“ betreten, d.h. das Feld der Familie wird gesprengt. „Die verhaltensanweisende Form der Gegenstände ist überfamilial“, eine dritte Dimension wird gewonnen: „Aus der dyadischen Enge und dem familialen Spielfeld erwächst die Weite der Praxisgemeinschaft kollektiv-handlungsrelevanter Gruppen.“ (Lorenzer, 1981:156)
Alle drei bisher beschriebenen Entwicklungsstufen spielen sich auf der Ebene des Unbewußten ab. Eine erste – vorsprachliche und im engeren Sinne vorbewußte – Stufe des Bewußtsein tritt ein, wenn das Kind lernt, Gegenstände für Eigeninszenierungen zu nutzen. Die Bedeutung der Gegenstände erweitert sich. „Indem Gegenstände vom Kind auch in Inszenierungen eingesetzt werden können, in denen sie stellvertretend andere Personen, Interaktionspartner, repräsentieren, vermag das Kind Interaktionen durchzuspielen, d.h. Szenen zu gestalten, in denen es über die Interaktanten verfügen und sie im Sinne eigener Bedürfnisbefriedigung manipulieren kann.“ (Würker, 1990:113)
Lorenzer veranschaulicht diesen Ansatz erster „präverbaler Symbolbildung“ mit einer von Freud in *Jenseits des Lustprinzips* beschriebenen und gedeuteten Szene, in der ein Kind mit einer Garnrolle spielt, die es immer wieder zum Verschwinden und Wiederkommen bringt und dadurch das Fortgehen und Wiederkommen der Mutter spielerisch symbolisierend inszeniert (vgl. Lorenzer, 1981:158f.). Das Kind kann seine passive Situation damit aktiv spielerisch bewältigen. Entscheidend ist, daß das Kind die eine Szene mit der anderen Szene verknüpft und damit ein Symbol gebildet wird. „Die eine Szene bedeutet die andere, die eine Szene legt die andere aus. Zusammen – und zwar nur zusammen – bilden sie ein Symbol ... als Verbindung zweier Szenen.“ (Lorenzer, 1986:55). Die Verbindung realisiert sich in der Strukturgleichheit: Weggehen-Wegwerfen und Wiederkommen-Wiederauftauchen. Im Erleben des Kindes sind beide Szenen zusammengefügt.
Die Garnrolle ist einzureihen in Winnicots „Übergangsobjekte“ – auch der Teddybär symbolisiert eine Figur menschlicher Beziehungen, steht für eine Erlebnissituation. „Die Gegenstände gewinnen so die Qualität von Bedeutungsträgern innerhalb einer Inszenierung, wobei – im Unterschied zu sprachlichen Symbolisierungen – diese bedeutsamen Gegenstände derselben äußeren sinnlichen Erfahrungswelt angehören, der auch das Symbolisierte, die Interaktion mit realen Personen, angehört.“ (Würker, 1990:113)

Lorenzer nennt diese – von der „sprachsymbolischen Interaktionsform" zu unterscheidende – ersten beginnenden Symbolisierungen „sinnlich-symbolische Interaktionsformen". In ihnen organisieren sich die Interaktionsformen „zum Zweck der Selbstverfügung der Individuen", sie sind „die erste Ich-Struktur", „Basisschicht der Persönlichkeit, ... Grundlage von Identität und Autonomie und insofern Schaltstelle der Persönlichkeit überhaupt." (Lorenzer, 1981: 162/163 und 1986:54ff.)
Lernt das Individuum die sinnlich-unmittelbaren Symbole zu bilden, die sich neben den Übergangsobjekten auch in den Spielformen der Phantasie und des Traumes, „via regia zur Deutung des Unbewußten", zeigen, beginnt Identitätsbildung.
Da die „sinnlich-symbolischen Interaktionsformen" den frühen unbewußten Praxisentwürfen, d.h. diesen „Interaktionsformen und den daran gehefteten Emotionen unmittelbar 'benachbart'" (Lorenzer, 1981:162) sind, spielen sie nach Lorenzer nicht nur eine wichtige Rolle für die Psychoanalyse, sondern sind als ihr zentrales Arbeitsfeld zu verstehen. Das vom Patienten bildlich und noch nicht sprachfähig in Szene gesetzte Leiden versucht der Analytiker über das Instrument des szenischen Verstehens zu entschlüsseln. Wie im Theater betrachtet er die sinnbildlichen Darstellungen, verharrt in ihnen und versucht „Sinnzusammenhänge", d.h. die Wirklichkeit des Patienten zu erschließen. Der Introspektionsfähigkeit des Patienten, also der Fähigkeit, „in Bildern erzählen zu können", ist es zu verdanken, daß der Analytiker diese als symbolische Sinnbilder für Erlebnisfiguren enträtseln kann. Lorenzer kritisiert allerdings die „Geschichtsblindheit" der Psychoanalyse. Zwar habe sie – und das ist ihr großes Verdienst – die primäre Schicht sinnlich-unmittelbar einsozialisierter Verhaltensweisen entdeckt, sie aber familialisiert. Familiale Sozialisation des einzelnen schwebt jedoch nicht, so Lorenzer, „beziehungslos in den Panoramen der Kulturen", sondern wurzelt „in der sozialen Ordnung der jeweiligen Gesellschaft ... so ist das Private der einzelnen Lebensgeschichte immer auch ein Exempel gruppenspezifischer, also überindividueller Lösungsversuche gesellschaftlicher, sozialisatorisch vermittelter Probleme." (ebd.:626)
Doch zurück zu meinem Untersuchungsfeld. Den Gegenständen kommt also eine große Bedeutung zu in der Persönlichkeitsbildung der Individuen. Mit ihnen nimmt das Individuum kollektive Formen unmittelbar auf, wird in das Kollektiv eingebunden, wird aber auch Identität zum ersten Mal überfamilial begründet. Ihr szenischer Erlebniswert vermittelt das sozial Zugelassene, auf sie trifft das Individuum mit seinen aus dem familialen Feld bezogenen Interaktionsformen und den damit verbundenen Erlebniserwartungen. Innerhalb dieser handelt das Individuum seine ersten symbolischen Organisationen aus.

Den „sinnlich-symbolischen Interaktionsformen“, zu denen auch die Kunst gehört, kommt die Funktion zu, zwischen den sinnlichen Wünschen und kulturellen Werten und Normen, zwischen Unbewußtem und Bewußtem zu vermitteln. Gerade darum haben die sinnlich-unmittelbaren Symbole die Fähigkeit, die Menschen grundlegend zu erreichen, da in ihnen – in konsensfähiger Form – Normwidriges, Unbewußtes symbolisch gefaßt sein kann.
Es gibt also ein äußeres Äquivalent zur inneren Symbolbildung, in dem sich das Wechselspiel von Identität und Sozialität kollektiv nachvollzieht: die Kunst mit ihren sinnlich-unmittelbaren Produkten. Ihre Funktion besteht darin, den Subjekten „sozial vermittelte Spielfiguren“, Lebensentwürfe zu offerieren und zur Diskussion zu stellen. Sie bieten sich dazu an, die Beziehung zwischen den kollektiven Festschreibungen und Ausgrenzungen, d.h. den Normen, Werten und Machtstrukturen, und dem individuellen Erleben öffentlich zu debattieren. Sie stehen damit als sinnliche, d.h. präsentative Symbole für im Kollektiv stattfindende Bewegungen, d.h. auch Widersprüche.
Für Lorenzer gehören sowohl gegenständliche (Bildträger), textuelle (Märchen, Mythen, Erzählungen etc.) als auch personelle (Gesten, Musik, Tanz etc.) Bedeutungsträger zu den sinnlich-unmittelbaren Symbolen. In ihnen wird das Unsagbare experimentell bearbeitet und in seiner Ganzheit formuliert, ihre Funktion besteht darin, zu verhandeln, inwieweit dieser oder jener Lebensentwurf denkbar ist oder gar handlungsverpflichtend wird. „Nehmen wir die literarischen Produkte als Beispiel, so finden wir beide Eigenschaften: das Verfügen über die Wirklichkeit im Spiel der Phantasie und die Erschließung des Unsagbaren im Bild.“ (Lorenzer, 1986:57)

3.1.4 Sprache

Die Bildung der sinnlich-unmittelbaren Symbole ist als Voraussetzung für die Fähigkeit zur Symbolisierung überhaupt zu sehen. Diese Fähigkeit wird erneut gefordert, wenn das Kind die Sprache erlernt.
Eine Geste, wie bspw. das Winken, wird in einer Abschiedssituation mit dem Wort „winken“ verbunden, d.h. also eine Praxisfigur wird in einer bestimmten Situation mit einer Lautassoziation verknüpft. Es entsteht eine Einheit: Praxisfigur – Situation – Wort.
Mit der Spracheinführung tritt nach Lorenzer die zweite Stufe der Bewußtseinsbildung ein. Hier jedoch unter anderen Vorzeichen: Hat das Kind auf der ersten vorsprachlichen und damit streng genommen vorbewußten Stufe der Bewußtseinsbildung, nämlich bei der Ausbildung der „sinnlich-symbolischen Interaktionsformen“, zumindest im Spiel mit den Gegenständen die

Möglichkeit der – symbolisch organisierten – eigenständigen Verfügung über sein Wechselspiel mit der Umwelt, so ist diese Eigenständigkeit beim Erlernen der Sprache zunehmend eingegrenzter. Mit den Sprachfiguren, von Lorenzer als kollektiv geronnenes System von Praxisanweisungen und -deutungen verstanden, bricht das gesellschaftliche Ordnungssystem massiv in die Welt des Kindes ein. Zum frühen einsozialisierten Gefüge der sinnlich begründeten Interaktionsformen tritt also ein weiteres Regelsystem, die sprachsymbolisch vermittelte Praxis. Die Erlebniskomplexe erhalten einen Namen. Lernt das Kind, seinem Erlebtem (seiner Praxisfigur) eine Bezeichnung zu geben, muß es die Praxisfigur mit dem Lautkomplex verbinden. Zwei Gestaltkreise überlagern sich: der organismisch-gestische und der lautmotorische. Kann das Kind seine Praxisfiguren mit den Sprachfiguren verbinden, bildet sich die „bewußte Praxisfigur", die „sprach-symbolische Interaktionsform". Wichtig für Alfred Lorenzer ist, daß nur die mit der Sprachfigur zusammengefügte Praxisfigur dem Individuum die Möglichkeit offeriert, bewußt zu empfinden und zu handeln. „Bewußtseinsbildung ist an Sprachbesitz gebunden" (Lorenzer, 1981:94). Sprache erlernen ist Symbolbildung.

Schritt für Schritt lernt das Kind, seine Erlebnisfiguren mit den Sprachfiguren zu verbinden. Dies aber „impliziert unvermeidlich eine Spannung zwischen den beiden Regelsystemen" (Lorenzer, 1980:625). Denn Sprache ist nicht unabhängig von der sinnlichen Praxis der Menschen entstanden. In ihr sind Handlungsanweisungen enthalten, die dem Kind gesellschaftliche Spielregeln vermitteln, die unter Umständen nicht seinen individuellen Triebwünschen und einsozialisierten Praxisfiguren entsprechen.

So ist der Erwerb der Sprache ein zweischneidiges Schwert, ein „Danaergeschenk", wie Lorenzer meint. Zwar kann mit dem Instrumentarium der Sprache der Mensch ein von der realen Situation unabhängiges Spielfeld betreten, ein Bewußtsein entwickeln von Vergangenem und Zukünftigem und seinen Handlungen reflexiv entgegentreten. Er ist aber auch genötigt, seine sensomotorischen Reaktionen dem kollektiv vereinbarten, über Sprache vermittelten Normensystem zu unterwerfen (vgl. Lorenzer, 1981: 92ff.). Denn auch wenn sich die Kommunikationsfähigkeit des Individuums erweitert, ist es eben doch gezwungen, die Triebwünsche ins Unterbewußtsein zu verweisen, die nicht in das über Sprache vermittelte System der kollektiven Werte und Normen hineinpassen. Es ist genötigt, zu verdrängen, oder, wie Lorenzer den Vorgang des Zurückdrängens der mit den Sprachfiguren nicht zu koppelnden Praxisfiguren nennt, zu desymbolisieren.

3.1.5 Desymbolisierung – Klischee, Zeichen, Schablone, Symptom

Die Verbindung von Erlebnisfiguren und Sprachfiguren verläuft also in der Regel nicht bruchlos, ja, eine „restlose Verknüpfung aller Interaktionsformen mit Sprachfiguren ist prinzipiell nicht möglich“, so Lorenzer (1981:93). Auf diese lebenslang bestehende Problematik der nicht vermittelbaren Interaktionsformen haben wir bereits hingewiesen. Nicht alle in der dyadischen Gemeinschaft entwickelten Erlebniskomplexe sind in die sprachliche Symbolisierung zu heben, da weder die Sprachgemeinschaft noch andere relevante Kollektive (bspw. in der sekundären Sozialisation) deckungsgleich sind mit den viel umfangreicheren, umfassenderen Praxisfiguren der dyadischen Gemeinschaft von Mutter und Kind.

Doch über die erst gar nicht in die Symbolbildung vorgedrungenen Interaktionsformen hinaus entschlüsselt Alfred Lorenzer in seiner Rekonstruktion der psychodynamischen Prozesse auch den rückläufigen – leidvollen – Vorgang: den Zerfall sprachlicher Symbolbildungsprozesse. Damit kommen wir auf die wieder ins Unbewußte verdrängten, d.h. desymbolisierten Symbolbildungen zu sprechen. Sind die beiden „Anweisungssysteme“ (Interaktionsformen und Sprachgemeinschaft) nicht miteinander vereinbar, kommt der Trieb, das „unbewußt einsozialisierte System der Interaktionsformen“, in Konflikt mit dem System der Sprachfiguren. Es bleibt nur der Ausweg in die Desymbolisierung, in die Neurose. Im Vorgang der Desymbolisierung werden die Erlebniskomplexe ins „sprachlos-unbewußte Primärsystem“ zurückgewiesen und haben den Zugang zum Bewußtsein verloren. Die Versöhnung von Triebanspruch und sozialer Norm, die Symbolbildung, ist nicht geglückt, die Bindung zwischen Erlebnis- und Sprachfigur ist damit aufgelöst. „Mit der Desymbolisierung im Verdrängungsmanöver wird die Geschlossenheit des Sprachspiels aufgebrochen – Sprache wird korrumpiert, der Zugang zu den Motiven wird verschüttet“ (Lorenzer, 1977:168). Das Sprachspiel zerfällt in seine beiden Teile: in die nun wieder sprachlos gewordenen Interaktionsformen und in „die von den Emotionen abgetrennten, dem subjektiven Erleben entfremdeten Sprachfiguren.“ (Lorenzer, 1981:110)

Die Sprachfiguren verlieren ihren „sinnlichen Unterbau“, werden zu abstrakten Zeichen, zu Worthülsen, die Interaktionsformen (d.h. Triebwünsche) sind sprachlos geworden, unbewußt, klischeebestimmt. Doch auch wenn das Individuum daran gehindert ist, seine unbewußten Erlebniserwartungen sinnvoll in seine reale Lebenswelt zu integrieren, behalten seine Begehrlichkeiten doch ihre dynamische Kraft.

Solange die Realität keine „Versuchungssituationen“ zur Verfügung stellt, die – stets zur Realisierung drängenden – Triebwünsche im Unbewußten verharren, kann der „Triebkonflikt“ latent bleiben. Tauchen die abgewehrten Interaktionsformen jedoch wieder auf, kommt es zu einer unzulänglichen Einigung, dem „zweiten Akt der Desymbolisierung“, der „Wiederkehr des Verdrängten“. Erneut konfrontiert mit sozialer Normierung werden die Wünsche und Erlebniserwartungen deformiert und in sozial zugelassene Ersatzbefriedigungen umgelenkt. Die verdrängten Interaktionsformen (Klischees), die eigentlichen desymbolisierten Wünsche, dürfen sich nur noch im Symptom äußern, sind zu Ersatzbefriedigungen verstümmelt oder werden gar in Gegenbilder versteckt und mit falschen Namen, Sprachschablonen, belegt (vgl. Lorenzer, 1981:11f.). „Beim Symptom ist die Einheit ein fauler Kompromiß, der das Symptom sozial tolerabel und für das Individuum halbwegs erträglich macht, sofern nicht die reale Situation – d.h. die Interaktion des Erwachsenen mit anderen Menschen und seine Umweltauseinandersetzung – das Symptom dysfunktional werden läßt. Entspricht das Symptom allzu gut den gängigen Lebensabläufen, so bleibt es bei der Wunschverkürzung, denn an der Sprache zeigt sich, daß das Normensystem sich durchgesetzt und die Matrix der dyadischen einsozialisierten Interaktionsformen punktuell unterworfen hat.“ (ebd.: 113f.)

3.2 Psychoanalytisch-Tiefenhermeneutische Literaturinterpretation

3.2.1 Zum „szenischen Verstehen“ in der Literatur/Therapie

In seiner Schrift „Sprachzerstörung und Rekonstruktion“ (1970) geht es Alfred Lorenzer vor allem darum, den Verlauf und Vorgang der psychoanalytischen Operation darzustellen. Nach ihm beschäftigt sich die Psychoanalyse mit individueller Praxis als Resultat einer gelungenen und mißlungenen Synthese von Natur und gesellschaftlicher Praxis: die Beschädigungen (der Subjektivität) sind ihr Thema, gesellschaftliche Praxis wird damit in Frage gestellt. Folgerichtig verwendet Alfred Lorenzer in seinen Theorien besondere Sorgfalt darauf, die – nach seiner Auffassung bisher zu wenig beachteten und noch auszuformulierenden – sozialgeschichtlichen Ansätze in der Psychoanalyse herauszuarbeiten (Lorenzer, 1977:105ff.). Weitreichenderes Ziel ist neben der Kritik psychoanalytischer Begrifflichkeiten der Versuch,

die psychoanalytische Methode für die Sozialforschung, d.h. für die nicht-therapeutisch arbeitenden Forscher fruchtbar zu machen.
Kern dieser metatheoretischen Auseinandersetzung ist das Konzept des „szenischen Verstehens". In Abgrenzung zum logischen und psychologischen Verstehen entschlüsselt Lorenzer dieses „szenische Verstehen" als den besonderen Erkenntniszugang zur sinnvollen Realität des Patienten im psychoanalytisch-therapeutischen Prozeß. Ausgehend von der „Erklären-Verstehen-Kontroverse" geht er in seiner Rekonstruktion der psychoanalytischen Operation auf den psychoanalytischen Verstehensprozeß ein, der das überschreitet, was normalerweise als Verstehen bezeichnet wird. Es geht dabei nicht um die erzählten Fakten, sondern um für den Erzähler bedeutsame Zusammenhänge: Insofern ist das psychoanalytische Verstehen radikal subjektiv. Psychoanalytische Rekonstruktion ist auf die Erlebnisse des Analysanden bezogen, nicht auf reale Ereignisse. Für den Verstehensprozeß unerheblich ist hierbei, ob diese Erlebnisse aus der Phantasie oder der Realität entspringen, denn für den Erzähler sind sie subjektive Wahrheit.
Tiefenhermeneutische Literaturinterpretation verwendet die Methode des psychoanalytischen Verstehensprozesses für ein nicht-therapeutisches Untersuchungsfeld. Bei diesem „Methodentransfer" geht es, wie Lorenzer betont, um die „Übernahme der Forschungsmittel, nicht der Forschungsergebnisse" (Lorenzer, 1986:17; vgl. auch Belgrad u.a., 1987). Geht es im therapeutischen Prozeß darum, das Unbewußte als verdrängten „sprachlich exkommunizierten Erlebnisinhalt" wieder „zurückzuholen in den Sprachzusammenhang, den man mit anderen teilt" (Lorenzer, 1977:39), oder, mit anderen Worten, um „die Wirklichkeit hinter den Sprachzeichen", so geht es in der tiefenhermeneutischen Literaturanalyse um die Entschlüsselung der im Text enthaltenen latenten, unbewußten Bilder und Erlebnisgehalte.
Wie aber gestaltet sich das szenische Verstehen in der tiefenhermeneutischen Literaturinterpretation? Wie in der therapeutischen Analyse liegen in der Literatur Erzähltexte vor. In ihnen sind, neben den durch Diskursivität gekennzeichneten Symbolsystem der Sprache, *szenisch gestaltete Vorstellungsbilder* enthalten, in denen das aus dem gesellschaftlichen Konsens bzw. aus dem Bewußtsein ausgegrenzte enthalten ist. Allerdings mit dem Unterschied, daß im Gegensatz zur Therapie, in der der Analytiker in die Textproduktion via Übertragung – Gegenübertragung durch seine Deutung eingreift, der literarische Text ein feststehender, beliebig oft lesbarer ist. (Vgl. Lorenzer, 1986:17; Würker, 1991:91). Sein Wirkungsspektrum entfaltet sich über die vom Text beim Leser provozierten bildlichen Vorstellungen. Mit diesen Vorstellungsbildern arbeitet die psychoanalytisch-tiefenhermeneutische

Literaturinterpretation. Über die eigenen Assoziationen zu den bildlichen Vorstellungen vermittelt, das Text-Leser-Verhältnis, versucht die Interpretation zu den unausgesprochenen Wünschen vorzudringen, den latenten Gehalt herauszupräparieren und die Erzähltexte zu interpretieren. Ausgangspunkt für die Interpretation sind also durchaus die eigenen subjektiven Reaktionen auf den Text (und deren Offenlegung): Wie wirkt der Text auf mich als LeserIn, welche Bilder, Assoziationen und Gefühle löst er bei mir aus?

3.2.2 Irritationen

Die Sinnbilder einer Kulturgeschichte, für meine Analyse: die Sinnbilder eines literarischen Textes können sich erst dann enthüllen, wenn die in den kulturellen Objektivationen (Texten) enthaltenen kulturgeschichtlichen Auseinandersetzungen ins Bewußtsein des Interpreten gehoben sind. Doch wie geschieht das?

Erstes Gebot für das Herangehen an einen Text ist die frei- oder gleichschwebende Aufmerksamkeit, d.h. voreilige Erklärungen und Sinndeutungen sollten vermieden werden. Alles ist wichtig, kein Element der Textäußerungen darf bevorzugt werden. Der Text wird begriffen als Interaktionszusammenhang, in dem sowohl jede einzelne Szene als auch deren Kontext und auch die Szenenfolge selbst von Bedeutung sein könnte. Nur dieser Blick auf den Text ermöglicht das „Sich-Einlassen“ auf den Text als Ganzes und damit ein szenisches Verstehen: Geht es doch um die immanenten (latenten) Erlebnisgehalte des Textes, um die Erlebnisfiguren. Der Interpret trägt an den Text nicht seine vorgefaßten – bspw. durch eine Theorie präzisierten – Sinndeutungen heran, sondern versucht, den Text ohne bewußte Steuerungen auf sich wirken zu lassen.

Die Analyse hat als „Wirkungsanalyse“ deshalb einzusetzen, weil das kulturelle Symbol eine Wirkung auf den Rezipienten ausübt, Langeweile oder Betroffenheit auslöst, Verunsicherungen entstehen läßt, kurzum: Gefühle, Assoziationen hervorruft. Einzelne Szenen im Text allerdings verschließen sich dem Verstehen, sie irritieren, ihr Sinn ist – vorerst – nicht erschließbar. Häufig äußern sich die Irritationen nur flüchtig – nur allzu gerne schiebt man sie beiseite. Diese Spannungen, die sich beim Rezipienten einstellen und zunächst nicht verbalisierbar sind, gilt es zur Grundlage für die Analyse zu machen. „Die im Text enthaltene Spannung zwischen dem manifesten, bewußtseinsnahen und dem latenten Sinn beziehungsweise zwischen diesem verborgenen, sprachlich zunächst nicht formulierbaren Sinn und den bewußten Lebensentwürfen des Interpretierenden äußert sich in ‘Irritationen’.“ (Würker, 1991:92)

„Der Angelpunkt der Untersuchung ist auch da das Verhältnis von Kunstwerk oder Text zu mir, dem Betrachter, das Sich-Einlassen auf das, was zu verstehen ist. Gefordert ist ein szenisches Verstehen im Wechselspiel mit einem Gesamtverständnis von Lebenspraxis, wobei dieses Gesamtverständnis aus konkret-allgemeinen Bildern bestehen muß, die jedoch von einer 'Theorie der Lebenspraxis' eingestellt wurden." (Lorenzer, 1986:82/83)
Denn der Betrachter wird dem Text nie ohne Voraussetzungen entgegentreten. Seine Deutungsmuster, Lebenserfahrungen und Persönlichkeitsstrukturen sind die Vorannahmen, mit denen er den kulturellen Gebilden begegnet. Diese „lebenspraktischen Vorannahmen" trägt der Rezipient an den Text heran. Mit ihrer Hilfe kann die Auseinandersetzung mit dem Textgebilde als gestaltetem Lebensentwurf des Autors erfolgen, und an dessen Endpunkt (den es niemals gibt, denn die Interpretation findet streng genommen kein Ende) steht die Interpretation.

3.2.3 Interpretation

Für die Interpretation hat Lorenzer in seinem Aufsatz *Kulturanalysen* einige Voraussetzungen genannt. Die wichtigste ist wohl, daß die eigenen Befangenheiten, d.h. die Beschränkungen der eigenen lebenspraktischen Vorannahmen zu klären sind (vgl. Lorenzer, 1986:86ff.). Sinnvoll ist dies in einer Gruppe, da in ihr der Interpret mit seinen inneren Lebensentwürfen auf die Entwürfe von anderen stößt. Der Analysierende muß also nicht nur für die eigenen, sondern auch für von außen herangetragene Irritationen offen sein. Hier stößt die Untersuchungsmethode Alfred Lorenzers auf Hindernisse, da einer im privaten Rahmen erstellten Promotion der Kollektivbezug/die Supervision häufig fehlen wird.
Die Verfasserin der hier vorliegenden Arbeit hat die interpretativen Aussagen punktuell sowohl in Gruppenzusammenhänge einbringen und debattieren können als auch die Aussagen an einzelnen Personen überprüft. Hierzu standen dankenswerterweise die Frauen-Museumsgruppe Frankfurt, der Arbeitskreis Tiefenhermeneutik der Universität Frankfurt, das Kolloqium von Prof. Nicklas, aber auch Angehörige, Nachbarn und Freundinnen zur Verfügung, die sich mit meinen Einlassungen beschäftigt haben.

3.2.4 Kulturanalysen

Individuelles Leiden an der Gesellschaft ist nach Lorenzer an der Bildung der veräußerlichten inneren Symbole nachzuvollziehen. Stehen die individuellen

Wünsche mit den Normen und Werten einer Kultur im Konflikt, bleibt dem Individuum nur der Weg in die Desymbolisierung seiner Interaktionsformen, also Verdrängung seiner Triebwünsche ins Unterbewußtsein, gar die Flucht ins Symptom – oder die Symbolisierung dieses Konflikts.
Da Triebwünsche immer auf kollektive Praxis treffen, menschliche Triebnatur immer im Spannungsfeld zwischen Individuum und Gesellschaft steht, kann die Trieb*struktur* nur als sozial hergestellt begriffen werden.
Doch an welchem Ort wird der gesellschaftliche Wertkonsens erörtert? Selbstverständlich geht es nun darum, eine veränderte – kulturanalytische – Perspektive einzunehmen. Es sind die äußeren Symbole, die kulturellen Produkte, die als Verhandlungsort für die Normen und Werte einer Gesellschaft anzusehen sind. In ihnen sind die in der Gesellschaft vorhandenen Widersprüche, Konflikte, aber auch alternativen Lösungsvorschläge symbolisiert. Kulturanalyse (unter Zuhilfenahme der tiefenhermeneutischen Interpretationsmethode) betreiben heißt, die kulturellen Lebensentwürfe aufzuspüren, zugelassene oder verworfene Konfliktlösungen herauszupräparieren und selbst zu problematisieren. Leitende Fragestellung hierbei ist, ob die vorgeschlagene Konfliktlösung die Spannung zwischen Individuum und Gesellschaft auflöst oder lediglich eine Ersatzbefriedigung anbietet, oder ob es gar gelingt, alternative Lebenswege aufzuspüren.
Die gestalteten Deutungsmuster und Lebensentwürfe, die in den kulturellen Gebilden präsentiert werden, sind für Lorenzer Momentaufnahmen einer Kultur – auch die Texte der nationalistischen Kriegspropagandistinnen können als ebensolche begriffen werden.

3.3 Tiefenhermeneutische Literaturinterpretation in bezug auf nationalsozialistische Kriegsliteratur und -propaganda für/von Frauen – Methodische und sachbezogene Lesehinweise

3.3.1 Triviales Im Spiegel der Tiefenhermeneutik

Für den Fortgang der Darstellung ist es wichtig, genauer zu klären, um welche Art von Texten es sich bei den literarischen Schriften aus dem nationalsozialistischen Umkreis handelt.
Die psychoanalytische Tiefenhermeneutik interpretiert in den meisten Fällen literarische Texte, die nicht dem Genre der Trivialliteratur angehören, zum Beispiel Texte von Canetti, Frisch, Lessing. Bei der konkreten tiefenherme-

neutischen Bearbeitung dieser Werke wird sowohl ihr Symbol- wie auch der Symptomcharakter herausgearbeitet.

Die hier interessierenden Texte lassen einen Vergleich mit der „gehobenen Literatur" nicht zu. Damit taucht die Frage auf, inwieweit die Texte überhaupt für eine tiefenhermeneutische Interpretation nach der Methode Alfred Lorenzers geeignet sind. Nach Lorenzer muß der „Dichter bzw. Künstler ... dem Unbewußten einen unübersehbaren Platz im öffentlichen Raum schaffen, indem er das vom allgemeinen Bewußtsein Verworfene, Ausgeschlossene oder doch Unbeachtete zu jenen sichtbaren, hörbaren, greifbaren Gebilden gestaltet, an denen sich die Imagination der anderen entzünden kann." (Lorenzer, 1986:24) An dieser Stelle ist jedoch – wie schon oben angedeutet – eine Einschränkung zu machen: Kulturelle Produktionen können zwar aus der Öffentlichkeit ausgegrenzte, „verpönte Lebensentwürfe", (ver)bergen, aber als kulturelle Objektivationen können sie auch, ähnlich dem Traum, „Zwischenstationen der Äußerung sozial unterdrückter Praxisentwürfe – oder Bollwerk gegen sie (sein) ..., (sind) entweder Symbole der Freiheit oder Symptome des Zwangs, wobei im einzelnen Kunstwerk der Symbolcharakter sich mit dem Symptomcharakter nicht nur mischen kann, sondern in aller Regel sich vermischt." (ebd.:85)

Die Frage, die damit aufgeworfen wird, ist – und dies hofft Alfred Lorenzer durch seine Untersuchungsmethode erkennen zu können – ob, wo und wie die von den kulturellen Gebilden (hier: vom Text) ausgehende Wirkung den Rezipienten (für uns: den Leser, den Interpreten) an und in die herrschende Ordnung einbindet oder inwieweit in ihnen Widersprüche und sozial unterdrückte Praxisfiguren formuliert sind. In den kulturellen Objektivationen, in denen um die Form der Gesellschaft verhandelt wird, kann also sowohl Normwidriges als auch Kontraemanzipatorisches inszeniert werden, beides ist in verschiedener Gewichtung möglich (vgl. Lorenzer, 1982:169) – und unter diesem Gesichtspunkt müssen wir auch die hier interpretierten Texte betrachten.

Wenn ich mir vergegenwärtige, in welchem historischen Kontext die zu interpretierenden Texte stehen, komme ich nicht umhin, erste Vorannahmen zu formulieren. Denn mir ist der historische Kontext, in dem diese Texte produziert wurden, geläufig. D.h., mir sind sowohl die theoretischen Voraussetzungen (Antisemitismus, Rassentheorien, nationalsozialistische Weltanschauung) als auch die praktischen Folgen (»Auschwitz«, Zweiter Weltkrieg) mancher der in den Texten enthaltenen Gedankengänge bekannt. Dieser Kontext, den wir als 'Nachgeborene' nicht wegdenken können, läßt uns vorwegnehmend vermuten, daß die Texte Kontraemanzipatorisches enthalten. Denn um die Theorie (und eventuell die Praxis) des Nationalsozialismus mitzutragen, bedarf es der psychodynamischen Einfügung in die dazugehörige weltanschauliche Idee. Diese aber diente sicherlich nicht dazu, aus dem gesellschaftlichen Konsens Ausgeschlossenes zu formulieren.

3.3.2 Faszination und Fragezeichen

Dennoch ist mit der Bindung an die nationalsozialistische Weltanschauung und mit der Vermutung, die Texte würden kontraemanzipatorische Gehalte aufweisen, nicht alles gesagt. Der Sachverhalt ist komplizierter.

Beim ersten Durchgang der Textmaterialien stellte sich bei mir eine erstaunliche Wirkung ein. Denn in den Texten der Germanenkultlerinnen (deren Autorinnen zumindestens ideell der bürgerlichen Frauenbewegung verbunden waren), den autobiographischen Aufarbeitungen des Ersten Weltkriegs etc. fand ich nicht nur Abstoßendes, sondern Passagen, die sich wie frauenkämpferische Pamphlete lasen, so bspw. Abschnitte, die eine solidarische Frauengemeinschaft beschworen. – Begebenheiten, die mir oberflächlich betrachtet sympathisch erschienen, mit denen ich mich zunächst, so schien es mir, identifizieren konnte. Der Schrecken, der mit dieser Teilidentifikation verbunden war – wußte ich doch um die Nähe der Autorinnen zum Nationalsozialismus –, führte dazu, daß ich mich von den Texten abwandte und intensiv anfing, mich mit theoretischen Problemstellungen meiner Arbeit auseinanderzusetzen.

Und auch das war nicht alles. Zumindest einige der Texte fesselten mich. Eine, wenn auch irritierte, Faszination, die ich nicht benennen konnte, war spürbar. Obwohl es sich also um nationalsozialistische Literatur handelte, die man ganz automatisch und zu Recht ideologiekritisch auf Distanz hält, gab es Momente der Faszination.

Sollten in den Texten dieser Autorinnen, neben den „Verlockungsprämien" im Freudschen Sinn („Verlockung", weil Spannungen regressiv auflösend), auch Symbole oder utopische, alternative Entwürfe vorhanden sein? Die Verschmelzung der vielen, symptomcharakteristisch (wie zum Beispiel der Rassismus oder Antisemitismus) geprägten Anteile mit denen, die mir auf den ersten Blick als fortschrittlich erschienen, verunsicherte mich und erschwerte die Einnahme einer deutlich abgegrenzten Position. In mir wuchs ein großes Fragezeichen: Was war das Faszinierende?

Erste Eindrücke dieser faszinierenden Gehalte möchte ich hier kurz schildern, um deutlich zu machen, was damit angesprochen ist. Mit Faszination ist hier gemeint, daß sich die Entwürfe der Autorinnen mit (geheimen) Phantasien der Leserinnen decken, die zwar rational abgelehnt werden (können),

aber doch „irgendwie“ attraktiv erscheinen. Es geht um den in den Texten enthaltenen Entwurf einer männerfreien Gesellschaft, verbunden mit einer idealisierten Solidaritätsgemeinschaft von Frauen, einer Umkehrung der gesellschaftlichen, geschlechtsspezifisch-patriarchalischen Machtverteilung, der Idealisierung einer starken, kämpferischen, unter Umständen sogar kriegerischen und mächtigen Frau, die nicht dominiert wird, sondern ihre Welt aktiv gestaltet und sich nicht unterkriegen läßt, der heldischen, mütterlichen Helferin aller Soldaten und um die Schilderung von Frauen, die jeder noch so schwierigen Not- und Mangelsituation gewachsen sind, sogar daran wachsen und ihre Stärke beweisen.
Zwar war ich häufig versucht, über die Momente der Faszination oder Irritationen hinwegzugehen; die damit verbundenen destruktiven Botschaften aber trieben mich an, näher hinzusehen und darüber nachzudenken.

3.3.3 Tabubewegungen und Abwehrstrategien

Obwohl viele der uns hier interessierenden Texte vor Kriegsbeginn und Vernichtung verfaßt worden sind und wir keine direkten Bezüge zum Massenmord oder zum Zweiten Weltkrieg finden können, ist, wie die vorstehenden Einlassungen verdeutlicht haben, die Arbeit mit diesem Material aus verschiedenen Gründen belastend, vor allem deshalb, weil das Wissen um die Greueltaten während der NS-Zeit beim Lesen dieser mit dem Nationalsozialismus ideologisch im Zusammenhang stehenden Schriften eine fast automatische Abwehrreaktion auslöst. Zwar haben die uns hier interessierenden Aufzeichnungen nicht direkt zu »Auschwitz« geführt, aber die Texte haben im Vorfeld mobilisierend gewirkt und sind mit dem historischen Geschehen verknüpft. Wenn wir uns mit den Zeugnissen aus der Zeit des Nationalsozialismus befassen, so erfolgt diese Beschäftigung immer mit dem Wissen um »Auschwitz«, das heißt, es geht immer um die Frage: Wie konnte das geschehen? Der Versuch, unbefangen und möglichst offen, unter Aufdeckung und Zuhilfenahme der eigenen lebenspraktischen Vorannahmen an die Texte heranzugehen, wie von der Tiefenhermeneutik intendiert, ist also von vornherein durch die diesen historischen Zeitabschnitt kennzeichnenden immensen Erschütterungen und Brüche erschwert.
Zwar dürften historische Zeitbezüge und ideologisierter Zeitgeist in jedem kulturellen Produkt stecken, und den naiven, durch nichts geprägten Leser wird es nicht geben – die Differenz zwischen dem historischen Geschehen der Nazizeit und anderen geschichtlichen Begebenheiten springt jedoch ins Auge: Der Zivilisationsbruch »Auschwitz«, die bürokratisch organisierte und

industriell durchgeführte Massenvernichtung „bedeutet so etwas wie die Widerlegung einer Zivilisation, deren Denken und Handeln einer Rationalität folgt, die ein Mindestmaß antizipatorischen Vertrauens voraussetzt; ein utilitaristisch geprägtes Vertrauen, das eine gleichsam grundlose Massentötung, gar noch in Gestalt rationaler Organisation, schon aus Gründen von Interessenkalkül und Selbsterhaltung der Täter ausschließt." (Diner, 1988:7) Wenn nach Dilthey Rekonstruktion nur dann möglich ist, wenn ein Sinn entschlüsselbar, das heißt subjektiv nachvollziehbar ist, was heißt dies dann für das (szenische) Verstehen in bezug auf die Deutungsarbeit bei nationalsozialistischen Schriften? Sind die Gedanken der betreffenden Autorinnen verstehend nachvollziehbar?

Verstehen bedeutet hier meines Erachtens zwar auch mitfühlen, aber immer unter Vorbehalt. Diesen zu negieren wäre sicherlich genauso unproduktiv, wie die Faszinationen zu verleugnen; ein in sich widersprüchliches Gemenge also. Es geht um deutliches Hinhören mit dem Ziel, Transparenz zu gewinnen, um ein Erkennen, welches innere Erleben die Autorinnen zu ihrer jeweiligen Perspektive und Positionsbestimmung bewegte, und darum, was diese Frauen an ihren Entwürfen anziehend fanden. Es geht um das Aufspüren der (unbewußten) affektiven Besetzung von Gedankenkonstruktionen und Lebensentwürfen. Ohne eine Nuance der Identifikation und affektives Einlassen von seiten der Interpretin allerdings dürfte sich das Latente des Textes nicht erschließen. Szenisches Verstehen schließt eine Thematisierung des Tabuisierten ebenso mit ein wie die therapeutische Distanz. Verstehen und Begreifen wollen hat aber darüber hinaus eine weitere Bedeutung. „Verstehen und Begreifen hat den unbewußten Charakter von Kontrolle und Macht über das, was man begreifen will. Antisemitismus und Massenvernichtung verstehen zu wollen, ist eine Form der Angstbewältigung, als ob durch Begreifen Leid und Bedrohung gebannt werden könnten. Im magischen Denken bedeutet dies, durch Verstehen Leid verhindern zu können. Das kann zum Ausgangspunkt einer Ideologie werden." (Brainin u.a., 1993:25) Es ist also durchaus zweckmäßig, sich klar zu machen, daß die im Verlauf der Interpretation gewonnenen Erkenntnisse weder Leid verhindern noch Sicherheit garantieren. Und daß es Versatzstücke – neben allem Abstoßenden – in den Texten der Autorinnen gibt, die auch uns heute noch faszinieren können.

Zeitgeschichtliche Bezüge und damit Ideologien stecken in jedem Text und geben dem Leser auch aufgrund der historischen Entfernung Erkenntnisbarrieren auf. Im günstigen Fall ist es dem Interpreten dennoch möglich, Symbole oder Symptome zu erkennen und das damit verbundene innere Erleben anzusprechen. Genauso vorstellbar jedoch ist die Verdrängung, d.h. die

Nichtbenennung der im Text latent vorhandenen Symptome oder Symbole. Für die hier vorliegende Interpretation impliziert das Faktum der Anbindung an die Zeit des Nationalsozialismus eine (fast automatische) Abwehrbewegung: Einer deutlichen ideologiekritischen Distanz – für die Interpretationsarbeit durchaus ein Hindernis – kann sich die Arbeit mit diesem Primärmaterial nicht entziehen. Es handelt sich um nationalsozialistische Literatur, und über deren faszinierende Momente versucht man hinwegzusehen. Gerade dieser tabuisierten Frage nach der – heimlichen und daher verborgen wirksamen – Faszination der nationalsozialistischen Kriegsbelletristik auf die Spur zu kommen, ist Ansatz dieser tiefenhermeneutischen Literaturinterpretation und gehört, wie schon dargestellt, zu unserem Erkenntnisinteresse. Aus diesen Gründen kann sich die Analyse dieser Texte ihrer besonders schweren historischen Fracht nicht entledigen, da die Interpretin um die Opfer weiß. Die Kriegspublizistik und -propaganda, mit der ich mich beschäftige, läßt sich nicht vom Nationalsozialismus trennen, und damit bezieht diese Beschäftigung immer die Opfer der Massenvernichtung ein. Meine Reaktion darauf war die Identifikation mit den Opfern. Ich las zahlreiche (auto-)biographische Berichte – durchaus ein zeitliches Hindernis für die anstehende Deutungsarbeit. Gleichzeitig mobilisierte die ständige Bezugnahme auf und die Identifikation mit den Opfern ein aus der Vernichtung resultierendes (kollektives) Schuldgefühls sowie eine Angst, der Interpretin, also mir, könnten Affinitäten zu den Autorinnen unterstellt werden.
Diesem Widerspruch, mich einerseits mit den Opfern zu identifizieren, mich anderseits dem nationalsozialistisch orientierten Textmaterial verstehend zuzuwenden, mußte ich mich stellen, ebenso wie die mir zur Seite stehenden Supervisoren.
Schuldgefühle, Mechanismen der Abwehr und Ausblendungen bei der Bearbeitung der rückblickend als ganz klar nationalsozialistisch einzustufenden Texte werden aber nicht nur deshalb mobilisiert, weil sie immer konnotiert sind mit der schrecklichen Vergangenheit, sondern auch, weil diese mit der uns direkt vorgeborenen Generation verknüpft sind, mit der auch unsere kollektive wie individuelle Identitätsfindung verbunden war und ist. Dieser Umstand legt nahe, daß wir nur hören, was wir hören wollen.
Doch auch das 'Nicht-erinnern-wollen' der Beteiligten und der folgenden Generationen[5] ist allgegenwärtig, zu sehr verunsichert das „Unverstehbare“ Zeitzeugen und Nachgeborene. Zu stark ist der spürbare Bruch zwischen den uns erzählten – vordergründig häufig so harmlosen – Alltagsgeschichten und der konkret erfolgten Vernichtungspraxis, zu sehr belastet vermutete oder

tatsächliche Tatbeteiligung der (Groß-)Elterngeneration auch die folgenden Jahrgänge.
Vielleicht ist daher die manchmal beobachtete, schon in der Einleitung geschilderte irritierte Reaktion auf mein Bearbeitungsthema doch nicht so erstaunlich. Schon die Beschäftigung mit den nationalsozialistischen Texten schien für manche Teilnehmer einer Interpretationsgruppe unerträglich zu sein. Wäre es um die wissenschaftliche Diskussion gegangen, ob die den Texten immanenten Rassentheorien stimmen oder nicht, wäre mir die Reaktion verständlich gewesen; das möchte auch ich nicht erörtern. Häufiger wurde genau dieser rationale Diskurs gleichgesetzt mit der eigentlich intendierten Wirkungsanalyse, das heißt, einige der Zuhörer meinten, die Rassentheorien diskutieren zu müssen, fingen an, aufgeregt deren wissenschaftliche Unhaltbarkeit nachzuweisen und konnten so den eigenen Faszinationsmomenten aus dem Wege gehen. In seltenen Fällen wurde gar der oder die InterpretIn der Komplizenschaft verdächtigt und die – berechtigte – Abwehr gegen Textgehalte auf die Interpretation übertragen.
Auch für meine Person läßt sich konstatieren, daß während meiner Arbeit mit den Textmaterialien und im nachhinein Abwehrstrategien die konkrete Textinterpretation beeinflußten. Erst mit Hilfe mehrerer Gruppendiskussionen und letztendlich auch durch psychoanalytische Supervision konnten diese Abwehrbewegungen zumindest teilweise – ganz wird das wohl nie gelingen – aufgedeckt und in ihre Schranken verwiesen werden.
So ist die Gefahr einer „Psychologisierung“ als Abwehrmechanismus der Interpretin sicherlich nicht unerheblich. Wird eine Autorin eines hier untersuchten Textes als neurotisches oder gar psychotisches Individuum entlarvt, ist die Interpretin entlastet: In der Regel scheint es keine gemeinsame Geschichte mit dem Objekt der Analyse zu geben. Die Gefahr einer Psychopathologisierung der Autorinnen besteht. Im Mittelpunkt der tiefenhermeneutischen Analyse jedoch steht der *literarische Text selbst als der öffentliche Ort, in dem kollektive Konflikte verhandelt werden.* Die konkreten lebensgeschichtlichen Besonderheiten der Autorinnen und sozialhistorische Informationen werden in einem *zweiten* analytischen Schritt mit in die Interpretation einbezogen.
Eine weitere Abwehrstrategie bestand darin, die Texte in erster Linie ideologiekritisch zu interpretieren. Wenngleich ich die Darstellung diskursiver Zusammenhänge für notwendig halte, da dies für das Verständnis des manifesten Textgehaltes Voraussetzung ist, war die lange Fixierung auf Ideologiekritik doch eine Strategie, Faszinationsmomente fernzuhalten. Trotz des Besuchs zahlreicher Übungs- und Seminarveranstaltungen verschloß ich

mich lange Zeit dem szenischen Verstehen. Es gab eine Weigerung, die Erlebnisgehalte der Texte wahrzunehmen – ich denke, aufgrund ihres sowohl historischen wie auch ideologischen Zusammenhangs mit der industriellen Massenvernichtung selbst. Ich wandte mich zwar der szenischen Betrachtungsweise zu, diskutierte die Irritationen, nahm sie jedoch nicht in die Interpretation auf. Ich beschäftigte mich zudem häufiger mit den Textpassagen, die ich mit gutem Gewissen als ideologisch ablehnen konnte. Dadurch mußte ich weder die in den Texten steckenden bedrückenden, bedrohlichen Aggressionen wahrnehmen noch die Faszinationsmomente. Und: Vermeiden ließ sich damit auch die „Ohnmacht angesichts der Sinnlosigkeit" (Claussen, 1987:64) des im Gefolge der hier bearbeiteten Texte wirklich Geschehenen. Die darüber hinaus dahinter schlummernde Phantasie war die Frage nach der Kontinuität: Leben diese kollektiven (rassistischen oder antisemitischen oder „kriegslüsternen") Einstellungen in veränderter Form immer noch weiter? Rassismus und Krieg: das lehnen wohl die meisten SozialforscherInnen als verwerflich ab. Dies muß noch lange nicht bedeuten, daß sich nicht Fragmente von rassistischen Gesinnungen und Kriegssympathien oder Gewaltfaszination auch in den Köpfen derer befinden, die dies selbstverständlich abzulehnen glauben. Vielleicht etwas weit hergeholt, möchte ich dennoch in diesem Zusammenhang auf den Erfolg des Romans und auf den Film „Nicht ohne meine Tochter" von Betty Mahmoudy und die Art und Weise seiner Rezeption hinweisen.

4 Diskursive Zusammenhänge I – Die Vorläuferideologien und weibliche Kriegspropaganda: Preußenkult und Erster Weltkrieg

4.1 Vorbemerkungen

Daß eine Untersuchung über Kriegspropaganda aus der NS-Zeit nicht von deren mit dieser Zeit verbundenen spezifischen ideologischen Komponenten absehen kann, dürfte einleuchten. Realpolitisch war neben dem »rassischen Erwachen« des deutschen Volkes und der Ausgrenzung und Vernichtung der Juden, Zigeuner, Kommunisten und NS-Gegner der »totale Krieg« zugleich Ziel und Inhalt nationalsozialistischer Politik. Von daher wird es in den hier vorgestellten Textanalysen immer auch um die Beziehung gehen müssen, die die Protagonistinnen des Kriegserlebens zur nationalsozialistischen Ideologie eingegangen sind. *Rasse* (»Zucht«, Vernichtung »unwerten« Lebens, Antisemitismus, »Endlösung«) und *expansionistischer Krieg* (»Volk ohne Raum«) waren die – vielleicht sogar untrennbaren – durchgängigen inhaltlichen Säulen und zentralen Kategorien nationalsozialistischer Ideologie und Realpolitik. Nicht ohne Grund fallen NS-Krieg und »Endlösung« zeitlich zusammen, wie auch Hannah Arendt bemerkte: „Die entscheidende Verordnung für das gesamte Massenmorden wurde von Hitler am Tage des Kriegsausbruchs unterzeichnet, am 1. September 1939, und bezog sich nicht nur, wie oft fälschlich angenommen wird, auf Geisteskranke, sondern auf alle 'unheilbar Kranken'. Mit den Geisteskranken wurde nur der Anfang gemacht." Und: „Hitler ... hat das Massenmorden eines Krieges für eine unvergleichliche Gelegenheit gehalten, um ein Mordprogramm ... anzukurbeln." (Arendt, 1986 (1951):555).

Es mag auch nicht unbedeutend gewesen sein, daß es der NS-Ideologie, insbesondere in ihrer Entstehungszeit und in den ersten Jahren der Naziherrschaft, an einer einheitlichen Systematik fehlte. Dieser Umstand wird die Unterbringung eigener Entwürfe und Projektionen erleichtert haben und begünstigte darüber hinaus die selektive Auswahl genehmer Ideologie-Bausteine. In der nationalsozialistischen Weltanschauung waren die verschiedensten Ideologeme präsent. Antisemitismus, Rassenbiologie, Rassenmystik und -hygienik und Kriegsästhetik können als die zentralen, unveränderlichen Kategorien gesehen werden. Vorhanden waren völkische Gedanken, wie auch, in wechselnder Zusammensetzung, agrarideologische, alldeutsche, sozial- oder nationalrevolutionäre oder esoterische Reformideen, antikapitalistische, antidemokratische und antimodernistische Sehnsüchte, bündische und soldatische Identifikationsfiguren, um nur einige zu nennen. Eine besondere, übergreifend vorhandene Funktion innerhalb dieser verschiedenen Ideologeme hatte die *Rezeption deutscher Kriege,* das bedeutete: ihre glorifizierend-affektive Besetzung und Einfügung in das jeweilige Gefüge der Projektionen. Mit der Darstellung der geistesgeschichtlichen Bezugsquellen der nationalsozialistischen Rassenideologie kann letztendlich die sinnlose industrielle Massenvernichtung nicht erklärt werden. Dies wird auch nicht die Intention dieser Arbeit sein. Die Fragestellung dieser Arbeit ist die nach der Wirkung der rassenideologischen Entwürfe und der Kriegspropaganda – welche latent verfügbaren Dispositionen wurden beispielsweise angesprochen, welche Radikalisierung könnte die weibliche Kriegspropaganda bei den LeserInnen bewirkt haben?

4.1.1 Geschichtsrezeptionen als Ideologiebausteine

> „Mein Freund, die Zeiten der Vergangenheit Sind uns ein Buch mit sieben Siegeln. Was ihr den Geist der Zeiten heißt, Das ist im Grund der Herren eigner Geist, In dem die Zeiten sich bespiegeln." (J.W.Goethe, 7 /1964:26)

Ideologien entstehen nicht aus dem Nichts, sondern haben zumeist eine sehr lange Entwicklungsgeschichte. Mit der nationalsozialistischen Ideologie, die ein Konglomerat aus zahlreichen gesellschaftspolitischen Anschauungen darstellt, ist das nicht anders. Die in dieser Arbeit analysierten Texte der nationalsozialistischen Kriegspropagandistinnen machen da keine Ausnahme, auch sie sind ihrer historischen Zeit entsprechend von den jeweils aktuellen Diskursen, Gedankengängen und Zeitgeistideen beeinflußt und geprägt worden, in denen ihrerseits Geschichtsrezeptionen einen mehr oder weniger großen Stellenwert haben. Infolgedessen werden wir uns den Vorläufer-Ideologien und den Bezügen, in denen die Autorinnen standen, ebensowenig verschließen können wie den in diesen Ideologien vertretenen Geschichtsdeutungen. Dem Verstehen der Symbole, der tiefenhermeneutischen Interpretation, muß ein *pragmatisches Verstehen des manifesten Sinns* vorausgehen, weil die beiden Bedeutungsebenen manifest bzw. latent untrennbar miteinander verflochten sind.

Goethes oben zitiertes und treffendes Gedicht sagt mit wenigen Worten, welchen Auftrag Geschichtsrezeptionen haben können. Der Umstand, daß die Rezeption bestimmter historischer Zeitabschnitte in der nationalsoziali-

stischen Ideologie so wichtig war (Germanenzeit, »Befreiungskriege« und Erster Weltkrieg), läßt uns – abgesehen vom Inhalt – nach der Funktion dieser Geschichtsrezeptionen fragen, und danach, warum Kriege darin einen so zentralen Stellenwert hatten.
Rückgriffe auf bestimmte historische Zeitabschnitte und ihre Inbesitznahme für einen „neuen" oder „anderen" Gesellschaftsentwurf sind natürlich keine Zufälle. Die Epochen stellen „nur" die Leinwand dar, auf der die jeweiligen eigenen unbewußten wie bewußten Entwürfe und Deutungen aufgetragen werden: Es sind die Projektionen des „eigenen Geistes". Die Auswahl der rezipierten historischen Epoche selbst mag und wird nicht beliebig sein. Sicherlich ist sie getragen von möglichen Bezugspunkten (soldatische Identität, deutsch-nationalistisch gefärbte Sehnsucht nach Größe würde mir hier zum Beispiel einfallen), die nach Auffassung der Rekonstrukteure die jeweilige Epoche repräsentieren. Sie meinen, etwas für ihre Gegenwartsorientierungen Wichtiges in der Geschichte gefunden zu haben. Die solchermaßen selektierte, für die eigene Sinngebung zubereitete Geschichte gerät dann in den Sog des konkreten Praxisentwurfes, der »rassereinen«, »judenfreien«, kriegerisch-expansionistischen NS-Gesellschaft.
Sowohl die völkische Geisteshaltung als auch viele rassistische Ideologien teilen ihre Weltsicht in drei Ebenen ein: Die Vergangenheit wird als das absolute Ideal imaginiert. Hier herrschte noch, so die Vorstellung, die natürliche Ordnung der nordischen, germanischen oder arischen, der »rassereinen« Gesellschaft, in der die Menschen in angeblich heroischer Schicksalsverbundenheit eine gemeinsame rassische und kulturelle Identität besaßen, in der ein für alle gültiges Wertesystem noch Bestand hatte. Demgegenüber wird die Gegenwart, mit anderen Worten die Moderne, als degeneriertes, dekadentes Zivilisationschaos erlebt. Genaugenommen hat diese funktional für die Gegenwartsdeutung in Anspruch genommene rückwärtsgewandte und antimodernistische Geschichtsdeutung ihre Wurzeln bereits in der Romantik. Der positiv-identifikatorische Rückgriff auf die Vorgeschichte, noch als Aufruf zur Besinnung (auf die Vorgeschichte, auf Sprache, Kultur etc.) und Umkehr formuliert, nimmt hier seinen Anfang. Die Rassentheoretiker der Jahrhundertwende sehen in der Zukunft ihre Rettung vor dem drohenden Untergang, vor einer Apokalypse, verursacht durch Degeneration und Dekadenz der Gegenwart. Sie entwerfen eine Zukunft, die, ist die »Rassereinheit« erst wiederhergestellt, große Einheits- und Glücksversprechungen beinhaltet. Versinnbildlicht ist dies in erster Linie im heroischen, »rassereinen« und darum von Gemeinsinn und gemeinsamen Sitten und Werten geprägten Volkskörper (vgl. auch Becker, 1990:505ff.).

Die zweifelsohne apokalyptische Kennzeichnung national-völkischer bzw. rassistisch-antisemitischer Geschichtsauffassungen bedürfen einer näheren Betrachtung. Wie Vondung (1988) ausführlich nachweist, ist das seit der napoleonischen Ära, seit den sogenannten »Befreiungskriegen« aufkommende politische Nationalbewußtsein in Deutschland von Anfang an mit sowohl religiösen wie apokalyptischen Vorstellungen verknüpft. Die apokalyptische Interpretation dieser historischen Zeitabschnitte macht er gar als ein „generelles Phänomen" aus, das auch im weiteren Verlauf das Denken der jeweiligen Zeitgenossen prägte. Denn ebenso wie der deutsch-französische Krieg 1870/71 war auch die Zeit nach dem Ersten Weltkrieg von außerordentlich publikumswirksamen *apokalyptischen Kriegsdeutungen* gekennzeichnet. Getragen wurden diese Formen der apokalyptischen Kriegsdeutung vom überwiegend protestantischen Bildungsbürgertum, das sich – im Prinzip seit seiner Existenz – in einer miserablen Lage befand. Im Lauf des 19. Jahrhunderts waren die verzweifelten Bestrebungen des (gesamten) Bürgertums nach politischer Emanzipation alle fehlgeschlagen. Wichtiges Kriterium, sich vom Adel abzusetzen, war die Hervorhebung der Bildung, damit verbunden war die Betonung der »deutschen Innerlichkeit« und der Glaube an den deutschen »Volksgeist«. Die schleichende Auflösung der traditionellen bürgerlichen Identifikationsfiguren rund um die Jahrhundertwende im Gefolge von Technisierung und Industrialisierung – der Substanz und Prestigeverlust humanistisch-akademischer Bildung, die ökonomische Marginalisierung und der zunehmende Bedeutungsverlust der evangelischen Kirche – bewirkten tiefe Verunsicherung. „Die Kluft zwischen Sozialstatus und Geltungsanspruch war noch größer geworden." (Vondung, 1988:203) Der Erste Weltkrieg wurde daher als Hoffnung auf Erlösung bejubelt, der diese gesellschaftlichen Desintegrationserfahrungen beenden könne – vergebens. Die „Erfahrungen des Mangels und Verlustes in verschiedenen Lebensbereichen" verdichteten sich zu Gefühlen der „existenziellen Sinnleere und Orientierungslosigkeit. ... Alle Instanzen, die vordem Sinn und Halt gegeben hatten, waren zerstört oder zerfallen, entwertet oder abgewirtschaftet: die Kirchen, die Einheit der Wissenschaft, der Stand der Gebildeten, der Staat. Zurück blieben Individuen, die es nicht gewohnt waren, selbständig über den Sinn ihrer Existenz nachzudenken, und die es deswegen nicht aushalten konnten, ein Individuum zu sein." (ebd.:218)

Dem endgültig gescheiterten bildungsbürgerlichen Ideal des »deutschen Volksgeistes« mußte nun eine andere – biologisierte und ideologisch rassistische – Bestimmung zugeteilt werden. Als geistige Welt eines Volkes wurde nicht mehr der Überbau der Kultur gesehen – daher auch die Bücherver-

brennungen als apokalyptisch gefärbte Vernichtung des sogenannten »undeutschen Geistes« –, sondern die „erd- und bluthaften Kräfte als Macht der innersten Erregung und weitesten Erschütterung eines Daseins", so Heidegger 1933[1], der uns mit dieser Aussage nicht nur eine ideologische Ausrichtung mitteilt, sondern auch die damit verbundene Erlebnisdimensionen – die Wortwahl „innerste Erregung" und „weiteste(n) Erschütterung" verweist auf die Stärke der emotionalen Besetzung des neuen Entwurfs, der die Erlösung aus der erlittenen Desorientierung bringen soll. Die solchermaßen weltanschaulich sowohl im Rassismus wie im Antisemitismus und – wie Dan Diner (1993) aufzeigte, auch im Antiamerikanismus – verdichteten Reaktionen auf „Entfremdungserfahrungen der Moderne wurden in Deutschland leichter auf Fremdes projiziert als anderswo. Gewaltige Fortschritte im Bereich von Wirtschaft, Wissenschaft und Technik gingen mit der Ausbildung von Mentalitäten einher, die sich kompensatorisch auf Vergangenes richteten. Ein ideologieträchtiger Affekt gegen Zivilisation und Aufklärung, gegen Rationalismus und Materialismus, gegen Technik und Fortschritt machte sich breit. Ökonomischer und politischer Machtzuwachs verband sich mit der Beschwörung einer heilen Welt von Bodenständigkeit und Heimattreue, von Dienst und Pflicht, von Tradition und Gemeinschaft." (Diner, 1993:60)
Rassistische, antisemitische und antimodernistische Ressentiments hatten so die Möglichkeit, sich zu einer vorwissenschaftlichen, pseudo-"philosophischen" und pseudorationalen, ideologischen Idee zu verdichten: Die nunmehr affektiv besetzten Geschichtsrezeptionen, das „gute Alte", dient zur Verstärkung der projektiven Anschauung auf die zukünftig anvisierte Welt, das neu zu erschaffende Reich der glückseligen Einheit. Die Anschauung der realen Gegenwart erfolgt durch die Brille dieser spezifischen Vergangenheits- und Zukunftsentwürfe, die apokalypisierte Wirklichkeit wird entsprechend aufgespalten in »gute Arier« – »böse, bedrohliche Semiten«, das abgespaltene, im Juden fixierte angebliche »Böse« der Vernichtung preisgegeben. Die eine nationalistische Identität versprechenden Geschichtsbilder eignen sich hervorragend, funktionalistisch im Sinne der projektiven Zielsetzungen und utopischen Hoffnungen verwendet zu werden. Dessen konkrete Realisierung ist im expansionistischen Krieg und in der »Endlösung der Judenfrage« zu sehen (vgl. Mommsen; 1983:381-420).
Nach Ostow (1988:9-25) zielen apokalytische Weltdeutungen auf „politische, religiöse und moralische Veränderung einer Gesellschaft ab." Unter Lebensumständen, die als unerträglich wahrgenommen werden, die Gefühle von Ohnmacht und Wut hervorrufen, bilden sich Phantasien der Weltzerstörung und ihrer darauf erfolgenden Erneuerung. Diese gewissermaßen

archetypischen Muster lassen sich sowohl im individuellen Kontext bei schizophrenen Patienten wie im sozialen Kontext apokalyptischer Schriften beobachten. Zwar bezieht sich Ostow auf religiöse Schriften, seine Feststellungen lassen sich aber meines Erachtens auch auf die uns hier interessierenden ideologischen Schriften beziehen: Als chaotisch erlebte gesellschaftliche (aber auch individuelle) Beziehungsgefüge, in denen Individuen oder bestimmte gesellschaftliche Gruppierungen keinen gesellschaftlichen oder sozialen Ort mehr finden können, provozieren regressive Sehnsüchte. In Anlehnung an Chasseguet-Smirgel interpretiert Ostow die Erneuerungsphantasien als ein regressives Reaktionsmuster, das nach primärer Verschmelzung strebt. Der Mensch klammere sich „an eine alternative Sicht der Realität, an die Illusion, daß die Feinde zerstört und er selbst in einer mystischen Vereinigung mit der Mutter neu geboren wird." (Ostow, 1988:24) Ich möchte diese Einlassungen zunächst so stehen lassen, um in der konkreten Interpretationsarbeit darauf zurückzukommen – in der Absicht, genauere und aus dem Text erhobene Bestimmungen vornehmen zu können.
In die Liste der Autoren, die als Vorläufer-Ideologen für den Nationalsozialismus konstitutive Ideologieelemente lieferten, aber damit natürlich noch lange nicht als nationalsozialistisch kategorisiert werden sollten, reihen sich im übrigen eine Menge zum Teil sehr bekannte Namen ein. Sei es, daß sie vermittelten Einfluß hatten, wie Rousseaus naturschwärmerisches Bild vom glücklichen Wilden (wiederzufinden im wilden Urgermanen), Montesquieu mit seiner Schrift *Betrachtungen über die Ursachen der Größe und des Verfalls der Römer* (1734), Herders romantische Volksauffassung (»Geist der Nation«), Nietzsches »Herrenmensch« oder bspw. die Sprachwissenschaftler Jacob und Wilhelm Grimm mit ihren Studien zur *Deutsche(n) Mythologie und Deutsche(n) Heldensage.* Doch auch die Liste der unmittelbaren Bausteinlieferanten für die nationalsozialistische Ideologie, wie bspw. de Lagarde, Langbehn, Günther, Ploetz oder Chamberlain, ist keineswegs kurz. Die Hinwendung zum konstruierten Gegensatzpaar Arier (Germane) – Semit (Jude) wie auch die gesamten Rassentheorien und die Rassenhygiene sind zuletzt nicht nur ein Produkt deutscher Denkerkreise, sondern ein Kapitel abendländischen Denkens.
Nicht mit allen der Genannten bzw. den noch zahlreich Ungenannten können wir uns hier befassen. Es sind und waren dafür viele einzelne Forschungsarbeiten notwendig, aber um zu verdeutlichen, in welcher rassistisch-völkischen Denktradition sich die Autorinnen bewegt haben, ist ein kurzer Abriß unumgänglich. Der Schwerpunkt liegt hierbei auf den Themenfeldern, die für die in der von uns zu betrachtenden nationalsozialistischen (Trivial-) Belletristik von Bedeutung sind. Es handelt sich also um eine Auswahl.

Für die Interpretationsarbeit wird es unumgänglich sein, sich über diese Ideologeme in Kenntnis zu setzen. Um Fehlinterpretationen zu vermeiden, Rückschlüsse ziehen zu können, aber auch um die Selektionsmechanismen (welche Ideologeme wurden herausgefiltert?) erkennen zu können, ist es meines Erachtens unumgänglich, sich mit den Vorläufer-Ideologien zu befassen. Verstehen möchte ich, wie und mit welchen Beiträgen sich der angesprochene Frauenkreis der NS-Sympathisantinnen in die aktuelle Diskussion zur Ideologiekonstruktion eingebracht hat, und, damit verquickt, verstehen möchte ich auch, über welche Versprechungen und Erlebnisfiguren vermittelt die Autorinnen mithalfen, ein Unbewußtes zu entwerfen bzw. zu konservieren, mit dem sowohl der Zweite Weltkrieg als auch »Auschwitz« relativ widerstandslos hingenommen wurde – hier setzt die tiefenhermeneutische Arbeit ein.

4.1.2 Vergesellschaftsungsmechanismen der Weltanschauungen

Voranstellen möchte ich jedoch eine Betrachtung zur psychologischen Funktion der weltanschaulichen Idee.

Wie wir mit Freud festhalten können, macht die Neurose asozial. Im Gegensatz dazu steht nach Lorenzer (1981:117-135; 167ff.) der „sozialisierende Effekt" im Falle der Massenbindung (der „Massenpsychose"). Es kann sich also nicht um eine zufällige Anhäufung von gestörten Individuen handeln. Antisemitismus, Rassenwahn und Kriegsverherrlichung setzen pathologische Massenbindungen voraus. Lorenzer, der sich bei seinen Überlegungen bezüglich des Antisemitismus[2] kritisch auf Simmel (1978) bezieht, schlußfolgert, eine Massenpsychose diesen Zuschnitts habe eine Besonderheit, die der gängigen Neurose (und der Psychose) fehle, für dieses Phänomen aber kennzeichnend sei: „Es liegen eine Persönlichkeitsstörung und eine Vergesellschaftungsform vor. Fügen wir hier unsere bereits erarbeitete Deutung ein: An eine defekte Persönlichkeitsstruktur, also die Einheit Symptom-Sprachschablone, heftet sich die politische Gruppenbildung so an, daß dieser Symptomkomplex als Angelpunkt der Individuation des Einzelnen und als Angelpunkt der Sozialisation der Gruppe dient." (Lorenzer, 1981:118) Die pathologische Massenbindung organisiert Erwachsene als Kinder, die sich an einer idealisierten Autorität orientieren. Gewinn dieser Selbstaufgabe sind die individuelle Stabilisierung durch Mitgliedschaft in einer gleichgeschalteten Masse und die Nivellierung sozialer und persönlichkeitsbedingter Widersprüche.

Einige der Mechanismen bzw. Inszenierungen der pathologischen Massenbindung müssen wir hier, da sie in den NS-Alltag fallen, vernachlässigen.

Auch wenn wir ihnen große Bedeutung zumessen – es würde den Rahmen dieser Arbeit sprengen. Gemeint sind die für den Nationalsozialismus so kennzeichnenden Massenaufmärsche (vgl. hierzu König, 1990:142-179 und Reichel, 1991:114ff.) und die damit zusammenhängende Bindung an die idealisierte Führerfigur. Unser Interessensschwerpunkt liegt auf einem die nationalsozialistische Masssenbildung darüber hinaus charakterisierenden Part, der für die Interpretation der hier bereits benannten Textmaterialien von tragender Bedeutung ist. Zu den Bausteinen der nationalsozialistischen Massenbindung kommt neben den bereitliegenden Persönlichkeitsstörungen und deren Vergesellschaftungsformen sowie den besonderen sozial-historischen und ökonomischen Konfliktsituationen (Niederlage im Ersten Weltkrieg; Weltwirtschaftskrise 1929 usf.) ein weiterer, für die Praxis entscheidender Faktor hinzu: Die rational maskierte, sich als wissenschaftlich „objektiv" ausgebende weltanschauliche Idee.

Weltanschauungen stellen den Versuch dar, ein geschlossenes Gesamtbild von Welt (wieder)herzustellen. Säkularisierung, Industrialisierung, das heißt die gesellschaftlichen Wandlungsprozesse des 19./20. Jahrhunderts, kurz: die expansive und rasante Entwicklung hin zur Moderne, hatten aufgrund der mit diesen Prozessen einhergehenden Traditionsbrüche für viele Menschen tiefgreifende Desorientierungen zur Folge und ließen manche gesellschaftlichen Konflikte als nicht mehr lösbar erscheinen. In Anbetracht dieses Sachverhaltes kann ein Geschichts- und Realitätsumdeutungsbedarf entstehen, insbesondere dann, wenn der Zerfall der traditionellen Orientierungen *nicht als Chance* erlebt wird, sondern *als Bedrohung*. Eine neue Sinnstiftung muß her, die Umdeutung beginnt[3]. Der Verehrung der Kriegsidee kommt in diesem Rahmen eine große Bedeutung zu. *Krieg als apokalyptische Reinigung*, als Hoffnungsträger, Erlösung aus der Sinnkrise, als Voraussetzung und Mittel zur geistigen Erneuerung versprach die Überwindung der als zerrissen (in: Klassen, Parteien) empfundenen Gesellschaft (vgl. Düffler/Holl, 1986; Ley, 1993:159ff. und Vondung, 1988).

Betrachtet man Welt durch das geschlossene System der ideologischen Brille, schränkt sich die Wahrnehmung von Realität nicht nur in ihrer Vielfalt ein, vielmehr verzerrt sie sich. *Denken und Fühlen sind in ihr nicht mehr getrennt.* Für die Anhänger dieser Ideen jedoch hat sie eine entlastende Funktion, denn Weltanschauung beinhaltet das Versprechen, aktuelle Konflikte aufzulösen und mildert daher die Spannungen innerhalb der Persönlichkeit: Orientierung erscheint wieder möglich und einfach. Weltanschauung „hebt fatal die Isolierung der Einzelnen auf. Sie liefert kulturelle Deutungsmuster, die ebenso undurchschaubar wie unangreifbar sind, weil Triebwunsch und

soziale Handlungsanweisung zu einer schlechten, wiewohl stabilen Einheit verquickt sind. Je stärker die Irritation der sozialen Lage ist, desto stürmischer wird das Verlangen nach der Droge 'Weltanschauung'" (Lorenzer, 1981:126).
Die „Pseudomythen" der ideologischen Weltanschauung klinken in die sozial bedingten Persönlichkeitsirritationen ein und reagieren auf selbige nicht mit Reflexion, sondern erledigen sie mit umfassend-welterklärenden Antworten. Die Widersprüche (Klassenkampf) sind abgeschafft, an ihre Stelle rücken die „falschen Lösungsformeln" (Rassenkampf und Krieg). Dies macht die Brisanz der häufig handlungsorientierten Intention der Weltanschauung aus.
Mit der Schablone der Weltanschauung einher geht eine Aufspaltung: in Ersatzbefriedigungen (= die libidinösen Bindungen an die Masse, an die »arische« Rasse und an den idealisierten Führer). Diese geht Hand in Hand mit einer sowohl nach außen als auch nach innen gerichteten Aggression: Die Vernichtung (der Juden, der Zigeuner, des Widerstands u.v.a.m.) wird begleitet von der Opfer- und Todesmystik der soldatischen Gemeinschaft.
„Weltanschauliche Ideen" finden sich auch in der Kriegspropaganda der NS-Frauen wieder, ihre latente Botschaft zu entschlüsseln, wird eine der Aufgaben dieser Arbeit sein. Zuvor jedoch wende ich mich dem manifesten Gehalt zu.

4.2 Völkische

Um zu verdeutlichen, in welches Wissenssystem und in welche gesellschaftlichen Diskurse die literarischen Produkte und Gedanken der uns hier interessierenden Autorinnen eingebettet waren, wenden wir uns zuerst der völkischen Denktradition zu. Da der Rahmen dieser Arbeit nicht vollends gesprengt werden soll, geschieht dies unter Hinweis auf die entsprechende Fachliteratur.
Einen Überblick über die völkisch-deutsch-nationalen Denktraditionen rund um die Jahrhundertwende bis hin zum Nationalsozialismus zu erhalten, ist auf Grund der schwierigen Topographie und der wechselseitigen ideologischen Grenzverschiebungen schwierig. Die Umrisse der völkischen, bündischen, nationalrevolutionären, jungkonservativen Gedankenwelten, der Germanenkultler und Nordisten verschwimmen und gehen teilweise ineinander über.
Der Begriff des »Völkischen« bedarf einer näheren Beleuchtung. Seit den Jahren um 1875 wurde er als Eindeutschung für »national« verwendet und

diente der Kennzeichnung eines ethnisch auserlesenen, rassistischen Nationalismus, der von einem zunehmend fanatischen antisemitischen Tonfall beherrscht wurde. So ist der Begriff des »Völkischen« ein nicht nur aus dem Substantiv »Volk« abgeleitetes Adjektiv. Seine Bedeutung drückt „vielmehr einen besonderen Akzent aus ... Das Volk ist nicht einfach nur vorhanden, sondern macht sich selbst zu seinem zentralen Wert. 'Völkisch' ist daher zunächst ein Denken, das dem Volk an sich, unabhängig von allen anderen Aspekten, die entscheidende Bedeutung zuschreibt." (Hoffmann, 1994:69f.) Dieser mit keinen inhaltlichen Bestimmungen gefüllte, absolut gesetzte Volksbegriff ging von der völkischen Vorstellung einer früher existenten, natürlichen und vorpolitischen Einheit des deutschen Volkes aus. In den völkischen Konzepten wurden Ideen vertreten, in denen, ähnlich der beliebten Polarisierung »Kultur gegen Zivilisation«, das »Volk« – zunehmend biologisch und rassistisch aufgefaßt – im Gegensatz zu Gesellschaft stehend gedacht wurde. Nach völkischer Auffassung war die positiv besetzte Tradition »deutscher Innerlichkeit« dem Untergang geweiht. Der völkisch aufgeladene Volksbegriff wurde „auftrumpfend gegen das Ausland sowie gegen alles Moderne gewendet, ... die Feindbilder des »Undeutschen«, der revolutionären Masse, des Intellektuellen und des Juden" empfingen hier ihre Prägungen (Hartung, 1984:20)[4]. Die idealisierte Vorgeschichte diente in diesem Konstrukt dem Anliegen, eine imaginierte Einheit zu entwerfen, um Gegenwart, Ursprung und Charakter des Volkes zu erklären.
Der Nationalsozialismus kann im wesentlichen der »völkischen Bewegung« zugeordnet werden. Unbestritten ist die Vorreiterfunktion der völkisch-rassistisch-nationalistischen Ideen für die nationalsozialistische politische Theorie. Fragt man nach der Verbindung zwischen dem völkischen Gedankengut und der nationalsozialistischen Weltanschauung, sei an die Schlüsselworte »Volk und Rasse« erinnert: Für die »Volksgemeinschaft« wurde ein überindividueller, totalitärer Anspruch erhoben, Rasse durch das biologische Prinzip definiert. Aus den diffusen Weltbildern der »Völkischen« bezogen der Nationalsozialismus und seine Sympathisanten grundlegende Impulse. Das ab 1925 zum propagandistischen Massenblatt ausgebaute Zentralorgan der NSDAP, die spätere offizielle Regierungszeitung, trug den Namen »Völkischer Beobachter« sicherlich nicht zufällig.
Die Wurzeln des »völkischen Gedankens« gehen bis ins Ende des 18. Jahrhunderts zurück. Nach Hoffmann (1994:76ff.) sind kollektive Identitäten ganzer Völker eine Erscheinung der Moderne. Die Menschen, aus den Bindungen der feudalen und ständischen Ordnung gelöst und auf ihre Individualität zurückgeworfen, beziehen ihre Identität aus einer *nicht mehr erlebten*

Vorstellung von Gemeinsamkeit. Bis zum Ausgang des 18. Jahrhunderts gab es „kein entsprendendes Wir-Bewußtsein" als Nation oder »deutsches Volk«. Erst die „Französische Revolution führte in Europa einen neuen Volksbegriff in die politische Praxis ein" (ebd.:86). In Deutschland wurden mit der französischen Besatzung und den »Befreiungskriegen« 1813 und 1815 erste Stimmen laut, die den Volksbegriff ins Zentrum gerückt sehen wollten, allerdings mit einer – an der Französischen Revolution gemessenen – anderen inhaltlichen Bestimmung, einer Bedeutungsverlagerung, die bis heute eine Rolle spielt. Es waren Männer wie der Freiherr vom Stein, der preußische General Scharnhorst oder Ernst Moritz Arndt, die im Widerstand gegen die französische Besatzung den »Volkskrieg« lancierten und die angeblich natürliche Einheit des deutschen Volkes beschworen. Die »Soldatenfrauen« dieser Männer waren übrigens beliebtes Sujet der Autorinnen, die sich mit den »Befreiungskriegen« befaßten. Insbesondere Arndt propagierte die Herausbildung eines – im Bewußtsein der Bewohner übrigens nur spärlich vorhandenen – »deutschen Volkes« mit dem Ziel, durch diesen »Gemeingeist« und »Volkshaß« die Macht Napoleons zu brechen. Damit konnte „die Identifikation mit dem Volk zum subjektiven Erlebnis" (ebd.:99) werden; erst als die Bedrohung als kollektives Schicksal interpretiert wurde, konnte das Volk als kollektives Subjekt entstehen. Zwar gelang dies zur Zeit der »Befreiungskriege« in der Realität nur unzureichend, doch war mit dem von den Schriftstellern der »Befreiungskriege« eingeschlagenen „deutschen Sonderweg" (ebd.:103) eine Route vorgegeben, die ihre Zugkraft im Laufe der kommenden Jahrzehnte und in den nachfolgenden Kriegen entfalten sollte. Das Ergebnis war die spezifisch „deutsche Erfahrung, daß es einen Zusammenhang zwischen dem politischen Selbstbewußtsein des Volkes und einer Abwehr feindlicher Bedrohung" (ebd.:105) gab. Theoretisch manifestierte sich dies Anfang des 20. Jahrhunderts sowohl in den Denkweisen von Carl Schmitt wie in den Lehren der Weltkriegsphilosophen (Spengler, Sombart) (vgl. Lübbe, 1974), praktisch in der rauschhaften Kriegsbegeisterung bei Ausbruch des Ersten Weltkriegs – eine Stimmungslage, die die Autorinnen, mit denen wir uns hier befassen, wohl sehr bewußt miterlebt hatten.
Neben dem Bestreben, einen »Volkskrieg« zu entfachen, standen einige weitere, insbesondere von manchen Romantikern forcierte Bemühungen, den Volksbegriff mit eigenständigen, deutschen Essenzen zu füllen. Wenngleich viele Romantiker anfänglich Anhänger der Französischen Revolution gewesen waren, wandelte sich dies unter dem Eindruck der Besatzung. Der Aufklärung warfen sie die »Überbewertung des Verstandes« vor und sie erhoben „leidenschaftlichen Protest gegen den Rationalismus der Aufklärung"

(Hoffmann, 1994:108). Sie suchten das Organische, das Natürliche, das Ganze, die Tiefe, das Gefühl, das wahre Eigene. Die mit diesem organischen Bild verbundene Leerstelle füllten die Romantiker mit dem Begriff »Volksgeist« auf, vermeintliches transzendentes Zentrum und eigentliches Subjekt des Volkes. Überwog in der vorromantischen Zeit noch die emanzipatorische, an der Aufklärung orientierte Intention der Postulate, suchte man wenig später in der Poesie des Volkes, der Poesie der Unterprivilegierten, in Volksliedern oder Volksmärchen das Ursprüngliche, angeblich Unverfälschte zu finden. Zunehmend fallen Poesie, Historie und Natur in einen Erklärungszusammenhang, die Grenzen zwischen diesen Bereichen vermischen sich: „Die Kategorie des Ursprungs gewinnt klarere, nämlich bildungs- und zivilisationsfeindliche Kontur. Alles Frühe, Ursprüngliche ist wertvoll, alles Spätere bedeutet Abstieg, Verfall, Verlust, Verderbnis." (Emmerich, 1971:35) In diesem Zusammenhang wird der Mythos eines Volkes als ontologischer Fundus gedeutet – und in dieser Tradition bewegte sich auch die Autorin Sophie Rogge-Börner noch ein Jahrhundert später. Anstelle von Demokratie, Volkssouveränität und politischem Volkswillen rücken die mystifizierte und idealisierte Vorgeschichte, das Natürliche und den »Volksgeist« in den Mittelpunkt.
Doch trotz der Versuche, dem »deutschen Volke« ein Bewußtsein seiner selbst zu geben, kam erst 1871 eine nationale Einigung zustande. Allerdings war diese Einigung eine, gemessen an den großdeutschen Träumen, nur begrenzte und von oben verfügte, vom preußischen Militärstaat diktierte. „Deutschland wurde ein mixtum compositum aus Zentralismus und förderativen Elementen, Monarchie und verfaßter Demokratie, Agrar- und Industriestaat" (Emmerich, 1971:68). In der Aura dieser Labilität gerieten Liberalismus und die Emanzipation der unteren Schichten ins Hintertreffen, gewannen Sehnsüchte nach »Volksgemeinschafts«-Ideologien, mythisch-deutscher Tiefe und rassistische Ideen zunehmend die Oberhand (vgl. ebd.:72ff. und Hoffmann, 1994:131ff.), insbesondere übrigens in der deutschen Professorenschaft.[5]
Mit der durch alle Schichten reichenden Kriegsbegeisterung 1914 erreichte die Identifikation mit dem spezifisch deutschen Volksbegriff einen vorläufigen Höhepunkt. Doch weder die sozialen noch die nationalen Probleme konnten im Ersten Weltkrieg und in der folgenden Novemberrevolution gelöst werden. Das nach Größe strebende Deutschland war im Krieg unterlegen, die Revolution war fehlgeschlagen und der Versailler Vertrag eine schwere Bürde. Bestrebungen nach Veränderung verlagerten sich auf ideologisches Gebiet. Nachträglich wurde der Kriegsausbruch von 1914 als Symbol der Einheit des Volkes verklärt. Zum Topos der »Volksgemeinschaft«,

der »Tiefe« und »Innerlichkeit« des deutschen Volkes gesellte sich angesichts der offensichtlich nicht zu ertragenden Niederlage ein Geschichtsbild, das die Katastrophe zu erklären versuchte, indem das »Schicksal« als letzte und höchste Erklärungsinstanz bemüht wurde. Überdies banden sich all diese Vorstellungen nach 1918 immer stärker in die rassistischen Konzepte ein. Ende der 20er Jahre lenkten die »Völkischen« ihre Hauptanstrengung immer mehr auf die zentrale Kategorie der Rasse und richteten ihre historisch orientierten Wunschbilder auf die Neuschöpfung einer »indogermanischen«, »germanischen« oder »deutschen«, von konfessionellen Spaltungen freien Religion aus. Die Geschichte eines Volkes wurde identisch gesetzt mit der der Rasse, das aufkommende Nationalbewußtsein mit dem Rassismus verbunden. Anthropologische Quellen und historische Mythen wurden bemüht, „Wissenschaft mit dem Mysterium der Rasse verknüpft" (Mosse, 1978:91). Am Endpunkt war der Rassebegriff der »Völkischen« überwiegend geprägt von zoologischen Lehren und Gesetzen des Darwinismus, also biologisch definiert. Becker (1990:573) meint, wohl in Anlehnung an Plessners (1966) mittlerweile umstrittene These der „verspäteten Nation", »völkische Gesinnung« sei unter anderem auch deshalb entstanden, weil den Deutschen die Gründung eines Nationalstaats sehr spät und nur unzureichend geglückt sei. „Völkisches Denken und Fühlen sollte die territoriale, konfessionelle und staatsrechtliche Zerspaltung überwinden" (Becker, 1990:573). Die auf dieser Ansicht fußende These ist die vom politischen „Sonderweg" der Deutschen, die das Scheitern bzw. Fehlen der bürgerlichen Revolution und damit das Fortbestehen der alten Machtverhältnisse verantwortlich machen für die Durchsetzung völkischer, letztendlich nationalsozialistischer Weltanschauung. Von der Hand zu weisen ist der Stellenwert der historischen Besonderheiten für die Entstehung der völkischen Konzepte sicherlich nicht. Ob sie ausreichen, die praktischen Resultate aufzuklären, ist fraglich.

Letztlich war das zentrale Anliegen der »Völkischen« „ein um der »Reinhaltung des deutschen Volkes« willen vertretener fanatischer Antisemitismus" (Hoffmann; 1994:68). Der Ruf nach den Ursprüngen wurde entweder im deutschen Volk (als ein aus mehreren Rassen vermischtes), in der »nordischen« oder auch germanisch-slavischen Rasse oder im »Germanentum« gesucht. Mit teilweise ausgesprochen christentumsfeindlichen Einstellungen wurde die germanisch-heidnische Vorzeit bemüht und als projektives Idealbild in die reaktionär-utopischen Vorstellungen installiert. Mit diesen Deutungen wurde der Versuch gemacht, zwischen Ursprung und Geschichte eine Brücke zu schlagen über das (angebliche) Niemandsland germanisch-deutscher Vorgeschichte. Hilfestellungen leisteten sowohl die Sprachwissen-

schaften wie die Volkstumsforscher, später (gegen Ende des 19. Jahrhunderts) auch die Rassenforscher.
Es sollte nicht unterschlagen werden, daß völkische Ursprungsstheorien für viele Zeitgenossen den Stellenwert einer Offenbarung hatten: Das „gefühlvolle Erleben des gemeinsamen Lebensraums als Heimat im Sinne übergreifender Wesenheit oder die Geborgenheit in der 'Volksverbundenheit'" (Becker, 1990:585) mögen ernstzunehmende Faszinationsmomente gewesen sein und begründeten sowohl im ersten Jahrzehnt wie in den dreißiger Jahren des 20. Jahrhunderts eine Blütezeit der Heimatkunst mit völkischem Inhalt. Die immer auffälligere Liaison der »Völkischen« mit dem fanatischen Antisemitismus jedoch hatte Programme zur Folge, in denen von »Zersetzung« und »undeutschem Geist« in Verbindung mit »jüdisch« die Rede war. So findet sich völkisches Denken in vielen Vorläufer-Ideologien wieder, denen wir uns noch genauer zuwenden werden, so beispielsweise im Germanenkult und im »Nordischen Gedanken«.

4.3 Preußische Soldatenfrauen in der weiblichen Kriegsliteratur

Im folgenden wende ich mich exemplarisch einer Publikation zu, die sich mit Soldatenfrauen zu Zeiten der »Befreiungskriege« bzw. der »Einigungskriege« befaßt. Es handelt sich um das Buch der »Schriftleiterin«[6] und Schriftstellerin Liane von Gentzkow, *Liebe und Tapferkeit, Frauen um deutsche Soldaten* (Essen 1941), noch 1943 in 4. Auflage erschienen. Ich kann dies nur in verkürzter Form, da ansonsten der Rahmen und das Zeitbudget dieser Arbeit gesprengt würden. Ich halte einen kurzen Abriß zum Genre »preußische Soldatenfrau« allerdings für erforderlich, um den inhaltlichen Rahmen der weiblichen Kriegsliteratur, in der sich Rogge-Börners Text bewegte, aufzuzeigen. »Preußische Soldatenfrauen« waren ein äußerst beliebtes Sujet von weiblichen Autorinnen sowohl der Weimarer Republik und des Dritten Reiches als auch der 50er Jahre. In Romanen, bekanntestes Beispiel ist der vielgelesene Roman Ina Seidels, *Das Wunschkind*[7], oder mittels literarisch bearbeiteter Geschichtsbiographien über »historische Frauengestalten« aus der Preußenära wurde das heroisierte Leben der Soldatenfrauen der »Befreiungs«- oder »Einigungskriege« vorgestellt.
Die Thematisierung der napoleonischen Ära war im übrigen ein nicht nur in der Literatur auftauchendes Phänomen. Auch in Filmen wurde dieser Zeitraum häufig thematisiert. „Seit Beginn des Films in Deutschland waren preu-

ßische Themen von zentraler Bedeutung ... Im Kaiserreich, in der Weimarer Republik und während des Nationalsozialismus waren drei Zeitabschnitte preußischer Geschichte besonders beliebt: die friderizianische Epoche und darin zumeist der Siebenjährige Krieg, die napoleonische Zeit und hier insbesondere die Befreiungskriege, und die wilhelminische Ära und da hauptsächlich der Erste Weltkrieg." (Sykora, in: Determann, 1990:138f.) Nach Gerhard Schoenberner sind die Preußenfilme „historische Dokumente über Verhältnisse in Deutschland. Sie sind ein Spiegel nicht der geschichtlichen Realität, sondern einer Ideologie, die freilich – wo sie sich bestimmend durchsetzt – selbst zur handfesten Realität wird." (Schoenberner, 1981:36) Warum interessierten sich Frauen so dezidiert für ihre preußischen Geschlechtsgenossinnen? Sahen die Autorinnen in der napoleonischen (und wilhelminischen) Ära – sowohl realhistorisch als auch projektiv – ideologische Bezugspunkte widergespiegelt? Wodurch fühlten sie sich angesprochen? Welche Bilder fixierten sie und sahen sie in den als *Soldaten*frauen vorgestellten »historischen Frauengestalten« der Preußenzeit symbolisiert? Um diese Fragen beantworten zu können, ist ein historischer Rückblick auf die strukturelle Entwicklung des Kriegswesens notwendig.
Besonders Ende des 18. Jahrhunderts und im Verlauf des 19. Jahrhunderts läßt sich eine Neu-Codierung auf diesem Gebiet feststellen: Die Zeit der »Befreiungskriege« markiert in Deutschland sowohl den Umbruch in der Kriegsführung als auch eine Neudefinition des Verhältnisses zwischen Militär und Gesellschaft. Befreiung von »Fremdherrschaft« und die Bildung eines Nationalstaates waren darüber hinaus die beiden mitschwingenden Themen, die – faktisch-historisch wie fiktiv auch im hier noch anzusprechenden Textexempel – den einschneidenden Umbruch in der Kriegsführung begleiten. Für diesen Wandel, der eine umfassende Einbeziehung der Frauen, im weiteren Verlauf auch eine zunehmende Einbeziehung von Zivilbevölkerung überhaupt zur Folge hatte, spielten die in Preußen in den Koalitionskriegen 1792-97 gemachten Erfahrungen mit dem revolutionären Frankreich eine entscheidende Rolle: Kriegsgegner waren nicht schlecht motivierte Söldnerheere, Gegner war das mit den Kriegszielen identifizierte französische Volk. Die „'soldats-citoyens' ... mit ihrem patriotisch-republikanischen Elan (waren) zu größeren militärischen Leistungen fähig als die wohlgeübten Söldnerheere der deutschen Fürsten" (Dann, 1990:64). Im 4. Koalitionskrieg 1806/07 erlitt Preußen einen völligen Zusammenbruch. Im Frieden von Tilsit (1807) – als eine Schmach empfunden, im nachhinein häufig mit dem Versailler Friedensvertrag (1919) verglichen – erzwang Frankreich (Napoleon) eine beträchtliche Verkleinerung Preußens. Nationale Gefühle melde-

ten sich: „Innerhalb des deutschen Bürgertums gewannen die nationalen Gesichtspunkte seit 1805 zunehmend an Boden“ (ebd.:70).
Die napoleonische Okkupation schrieb einen nationalen Befreiungskrieg als »gerechten Krieg« auf die Banner deutscher Patrioten. Krieg wurde nun – auch vom bislang eher pazifistisch orientierten Bürgertum – positiv einbezogen. Ziel war, daß „alle Schichten der Bevölkerung eine kämpferische Gemeinschaft bilden und damit eine Nation konstituieren“ (ebd.:71). An einem Volkskrieg war der Bürger unmittelbar beteiligt. Es konnte „zur Einheit des Bürgers und des Soldaten in der Gestalt des nationalen Kriegers“ kommen (ebd.:74). Die Einbeziehung des Bürgertums in den Soldatenstand brachte die moralische Aufwertung des Soldatenberufs mit sich. Diese Aufwertung wiederum rief die pflegerischen Qualitäten der Frauen mit auf den Kriegsplan. „Es erscheint paradox, daß zugleich (mit dieser Aufwertung; E.d.V.) erste Stimmen zur Einführung eines Militär-Sanitätswesens laut wurden und bereits im Kriegsjahr 1813 zu umfangreichen Aktionen geführt haben. Von der neuen Einstellung des Bürgertums zum nationalen Krieg her betrachtet, ist es jedoch verständlich, daß der Lebenseinsatz des kämpfenden Patrioten von seinen Mitbürgern höher bewertet wurde und mehr pflegende Aufmerksamkeit erweckte als das Leben des aus den Unterschichten stammenden Söldners in den Fürstenheeren des 18. Jahrhunderts.“ (ebd.:76) Ein weiterer Grund wird darin bestanden haben, daß die Verluste in den Kriegen immer größer wurden und daher auch für die Bevölkerung als Angehörige der Soldaten spürbar wurden. Es bildeten sich die ersten »Frauenvereine zum Wohl des Vaterlandes« (1813), die sich der Verwundetenpflege widmeten und Sammlungen (»Gold gab ich für Eisen«) durchführten. „Mitleid mit dem Los der verwundeten Soldaten war zu Beginn des Jahrhunderts das entscheidende Motiv zur Gründung der Frauenvereine“ (Grundhewer, 1987:32), ebenso jedoch verlangte das entstandene Nationalgefühl eine bessere Versorgung der für das Vaterland kämpfenden Soldaten (vgl. ebd.:32 und 37ff.). Nach dem Böhmischen Krieg 1866 schlossen sich die Hilfsorganisationen (durch einen Aufruf der Kaiserin Augusta) zum »Vaterländischen Frauenverband« zusammen mit dem Ziel, Kranke zu pflegen im Krieg wie im Frieden. In den »Einigungskriegen« erfuhr das bereits in den »Befreiungskriegen« geborene deutsche Nationalbewußtsein durch den Beitritt der süddeutschen Staaten und die kleindeutsche Reichsbildung eine willkommene Verstärkung. Summa summarum entstanden „während der verschiedenen Kriege des 19. Jahrhunderts ... in allen deutschen Staaten Frauenvereine, die im Krieg Erste Hilfe leisteten, in der Krankenpflege arbeiteten und mit Geld- und Materialsammlungen die Soldaten im Feld unterstützten“ (ebd.:139). Altruismus und

Vaterlandsliebe waren die leitenden Orientierungsmuster dieser von adligen und bürgerlichen Frauen getragenen Vereine.
Neben der Krankenpflege der Soldaten gab es weitere Möglichkeiten für Frauen, Anteil am Kriegsgeschehen zu nehmen. Schmuckopfer sowie eine neue patriotische Mode verdeutlichten zum Beispiel während der »Befreiungskriege« – wenn auch ohne langfristigen Erfolg – nach außen hin weibliche patriotische Gesinnung. „Eisenschmuck erhielt ... eine signifikante Bedeutung ... Eine Frau, die solchen Schmuck trug, bekannte sich als Patriotin zu ihrem Vaterland, schloß sich der nationalen Befreiungsbewegung an ... Das Kreuz als Schmuckform belegt(e) die neubelebte Frömmigkeit, die sich mit den Freiheitskriegen und der Rückwendung zur vaterländischen Geschichte verbreitete. Die Zurschaustellung der neuen Innerlichkeit war Sache der Frauen." (Schmidt-Linsenhoff/Junker, 1989:597 und 598)
Festzuhalten bleibt, daß das Motiv für eine der ersten politischen und öffentlichen Organisierungen deutscher Frauen Patriotismus bzw. der nunmehr auf der Bildfläche auftauchende *nationale* Krieg war. Die neue Sichtweise des Krieges und seine Mythologisierung erfaßte die gesamte Bevölkerung, betraf damit auch die Einstellungen der Frauen zu Krieg und Militär. Zur kulturellen Militarisierung, der Durchdringung auch ziviler und ökonomischer Gesellschaftsperspektiven mit militärischer Logik seit den französischen Revolutionskriegen, kamen die technischen Errungenschaften hinzu: das Maschinengewehr 1861 und Dynamit 1866. „Kulturell breitet(e) sich in den Jahrzehnten nach 1815 die Verarbeitung der Kriegserfahrung als einer großen, erregenden, tatenreichen und heldenhaften Epoche aus ... der Mythos Napoleon und der Mythos Befreiungskriege – obwohl eigentlich einander ausschließend – begründeten und perpetuierten in Europa im 19. Jahrhundert für Generationen eine Kultur militärischer und kriegerischer Werte" (Krippendorf, 1985:331f.)
Diese soeben geschilderten, die Gesellschaft wie die Subjekte bewegenden Entwicklungen fanden bis ins 20. Jahrhundert hinein ihren Nachhall. Auch in dem Buch *Liebe und Tapferkeit* (1941) der Autorin Liane von Gentzkow zeichnen sich diese Umdeutungen, von der Autorin ideologisch untermalt, nach.

»Befreiungskriege« schreibt sie, waren eben »nicht mehr nur eine Angelegenheit des Berufssoldaten, sondern eine Tat der gesamten deutschen Jugend.« (Von Gentzkow; 1941:8)

Hat man diese Neu-Codierungen im Blick, wird deutlich, was die – zumeist dem Bildungsbürgertum entstammenden – AutorInnen noch ein Jahrhundert später so fasziniert haben mag an der napoleonischen/wilhelminischen Epoche: Es war die Teilnahme auch von bürgerlichen Frauen am Kriegsgeschehen, das heißt ihre Einbeziehung in einen nunmehr hochbesetzten und den Männern nicht mehr ausschließlich und exclusiv vorbehaltenen[8] öffentlichen Raum. Die reale Mitwirkung und, darauf basierend, der phantasievoll ausgekleidete Bildentwurf der am heldenhaften (patriotischen) Kampf beteiligten Frau war also ein Aufbruch in einen neuen gesellschaftlichen Raum, der zwar gleichzeitig im alten eingrenzenden Rahmen definiert wurde, aber dennoch *Hoffnungen* geweckt haben mag *auf Bedeutsamkeit* und auf das Besetzen neuer Machtpositionen durch Frauen: als Pflegerinnen der verwundeten (schwachen) Soldaten, als öffentlich anerkannte und geschätzte Unterstützerinnen der patriotischen Sache, vor allem aber als heroisch leidende Soldatenmütter oder -frauen. Insbesondere in den letzten beiden Bildern der heroischen Soldatenmutter und -frau findet die *Teilhabe* am Kriegsgeschehen vor allem *durch das Empfinden* statt. Daß diese Imagination, nämlich „Teilnahme nicht durch Handeln, sondern durch Empfinden ... für das bürgerliche Modell charakteristisch“ ist, darauf hat Ulrike Prokop (1989:203) hingewiesen. Auch „der bürgerliche Held als Kämpfer ist auf die komplementäre Ergänzung durch die heroisch leidende Bürgerin angewiesen“ (Schmidt-Linsenhoff/Junker, 1989:592). Um als soldatischer Bürger bestehen zu können, müssen die empathischen Gefühlsanteile abgespalten werden – doch nur im Bewußtsein, daß Frauen diese Anteile bewahren und als „humanisierendes Moment stellvertretend“ verwalten, ist diese (Selbst) Verleugnung möglich (vgl. ebd.:584ff.).

Die Autorinnen der hier angesprochenen Kriegsliteratur, die das Thema der preußischen Soldatenfrauen und -mütter zum Sujet ihrer Erörterungen wählten, fühlten sich durch die oben dargestellten gesellschaftlichen Codierungen ganz offensichtlich angesprochen. Ihr Rückgriff auf ganz bestimmte historische Biographien der napoleonischen Zeit bzw. der »Einigungskriege«, nämlich auf die als *Soldaten*frauen vorgestellten Frauenfiguren, barg nicht nur eine Geschichtsdeutung der vergangenen Zeit. Vielmehr ging es auch um die Anknüpfung an die mit diesem historischen Zeitraum identifizierten Wandlungen. Auf dem Gebiet der Kriegsführung war dies die *Neudefinition des Verhältnisses von Gesellschaft und Militär*, konkret und daraus folgend war dies die Aufwertung der Rolle von Frauen (wenigstens) in Kriegszeiten. Sinnfällig veranschaulichten die Autorinnen in der Kriegsliteratur zur Preußenära ihre historischen Frauen*vor*bilder und damit sowohl ihr frauenpolitisches Engagement wie ihre Fürsorge für Soldatenmänner (vgl. z.B. Geissler, 1935; Heiss, 1939; Köhler-Irrgang, 1940; Meyn von Westenholz, 1936; Seidel 1937; Wentscher 1943; aber auch männliche Autoren: Heuschele, 1943; von Selchow, 1939) »Tapfere« und »pflichtbewußte« Feldherren werden von

»pflichtbewußten« und »tapfer« liebenden Frauen begleitet: Die dargestellten Protagonistinnen stehen ihren Soldatenmännern vorbildlich zur Seite, ganz entsprechend dem Slogan der »Vaterländischen Frauenvereine« des 19. Jahrhunderts: »Er mit der Waffe, sie mit Herz und Hand« (vgl. hierzu: Riemann, 1986:347-380).

Die in den Texten geschilderten Aufgaben von Soldatenfrauen sind also einmal Ausdruck einer sich zunehmend an die militärischen Bedürfnisse anpassenden Realität von Frauen im Krieg. Ihre verklärende Präsentation allerdings erzeugt ein heroisiertes Soldatenfrauen-Bild, das mit dem durch das Kriegsgeschehen verursachten Leiden wenig zu tun hatte. Für die Mobilisierung der Mädchen und Frauen im Zweiten Weltkrieg dürften diese heroisierten Frauenbilder bestimmt nicht ohne Einfluß gewesen sein. Viele Texte der hier behandelten Kriegsliteratur wurden in gekürzter Form in zahlreichen NS-Propagandamaterialien abgedruckt und weiterverbreitet – Königin Louise beispielsweise, leuchtendes Beispiel einer Soldatenfrau, war ein immer wiederkehrendes Thema.

Bevor ich mit der exemplarischen Textinterpretation beginne, möchte ich noch einen kurzen Blick auf die Biographie der Autorin Liane von Gentzkow werfen, da auch diese sicherlich eine Rolle spielt bei der Entstehung des Textes.

Liane Johanna Maria Olga von Gentzkow wurde am 1. Januar 1888 in Neisse als Tochter des Generalmajors Alexander von Gentzkow und seiner Frau Marie Victoria geb. Wegner geboren. Aus der Ahnentafel läßt sich entnehmen, daß ihre Vorfahren sowohl mütterlicher- wie väterlicherseits in der Hauptsache Landwirte waren, der Großvater mütterlicherseits gar Rittergutsbesitzer. Liane von Gentzkow hatte noch drei Geschwister, zwei Brüder und eine Schwester. Nach der Verabschiedung des Vaters als General und Brigadekommandeur in Metz siedelte die Familie 1897 nach Berlin über. Hier besuchte sie die höhere Mädchenschule[9] bis 1904, also sieben Jahre lang. Bis zum Tode ihres Vaters 1910 übte sie keine berufliche Tätigkeit aus. Sie verließ also die Schule mit ca. 16 Jahren und verweilte dann bis zum Alter von 22 Jahren im elterlichen Hause. Was sie zwischen 1910 und 1914 machte, ist nicht belegt. Bei Ausbruch des Ersten Weltkrieges, sie ist 26 Jahre alt, befand sie sich mit ihrer Mutter in Italien, wo sie »künstlerische Studien trieb«. Sie wird sich für die italienische Renaissance begeistert haben, zwei später verfaßte Romane (1937: *Caterina Sforza. Ein heldisches Frauenleben* und 1942: *Der Condottiere. Roman aus der italienischen Renaissance*) zeugen davon. Es lohnt sich, kurz auf die erste dieser beiden erwähnten Schriften einzugehen.

In ihrem Buch über die toskanische Landgräfin Caterina Sforza[10] favorisiert Liane von Gentzkow nämlich einen Frauentypus, der dem der kriegerischen

Germanin sehr nahe kommt – in italienischer Ausführung. Caterina Sforza ist eine in Ritterrüstung mit den Männern und wie die Männer kämpfende »heldische« Frau, eine Kriegerin, die sogar von ihren Feinden aufgrund ihres Mutes, ihrer Kampfkraft und ihrer Härte geehrt und geachtet wird. Gegen die einfallenden Spanier und Franzosen verteidigt sie ihre Grafschaft bis zum Letzten, eher bereit zu sterben und alles der Zerstörung anheim zu geben als aufzugeben. Eine Neigung zu rassistischen Erklärungsmustern ist bereits in diesem Buch erkennbar. Die Protagonistin des Romans ist, obgleich italienisch-toskanischer Abstammung, »blond« und »blauäugig«, ihre Feinde sind mit den äußerlichen Attributen »dunkel« und durch »Negerlippen« gekennzeichnet. Das »Blut« der Rasse/der Familie entscheidet über die charakterlichen Eigenschaften der im Roman vorkommenden Personen. Ganz deutlich ist die Bewunderung der Autorin für das heldische Kriegerleben ihrer Hauptfigur. Hat Liane von Gentzkow auf diese Weise versucht, das ehemals vorhandene Interesse an einer fremden Kultur mit ihren Einstellungen in späterer Zeit zu verbinden? Die von dieser Schrift ausgehende Faszination hat ihre Ursache hauptsächlich darin, daß die Protagonistin des Romans zwar tradierten Geschlechterbildern zuwiderlaufende, aber doch – durch zahlreiche Wirren hindurch – sehr gleichbleibende Verhaltenscodes anbietet: Caterina Sforza ist standhaft, bewahrt immer Haltung, weicht von ihrem Ziel, dem Erhalt ihrer Macht, nicht ab, verteidigt ihren Einfluß und Besitz eisern. Sie ist eine Frau, die nicht nach- und aufgibt, gewissermaßen das Gegenteil einer weichen, nachgiebigen, mütterlichen Frau. Sie verliert zwar am Ende der Geschichte den Kampf – aber sie hat wenigstens gekämpft, sogar wie ein Mann, mit der Waffe in der Hand. Die manifeste, sicherlich auch anziehende Botschaft lautet: Hier ist das Vorbild einer starken Frau. Die Metamorphose des »heldischen Frauenlebens« verläuft von der entscheidungsunfähigen und abhängigen Ehefrau zur mächtigen, allein und alles entscheidenden Kriegerin. Doch: So gut wie jedwede Bindung an die eigene Geschlechteridentität wird aufgegeben. Die Stärke entgleist zur Kriegslust, die auch an einen der Söhne, den mit der „richtigen" Blutmischung, weitergegeben wird. Diesen erzieht die Heldin in ihrem Sinne, er ist wie sie: »ganz Feuer, Waffen und Pferde«. Die Lust an der Wildheit, Ungezügeltheit steht neben der „Kultivierung" der Destruktion. – In der tiefenhermeneutischen Interpretation werden wir versuchen zu vertiefen, welche Bedeutungen hinter den Bildern der kriegerischen Frauen stecken.

Doch kehren wir zurück. Im Jahre 1914 war Liane von Gentzkow mit einem italienischen Staatsangehörigen verlobt, »von dem mich die Teilnahme Italiens am Ersten Weltkrieg auf Seiten unserer Gegner und später der Tod meines Verlobten trennte«. (Lebenslauf; siehe: Akte von Gentzkow; Bundesarchiv Berlin) Sie hatte also, wie wir den spärlichen Informationen entnehmen können, Kontakt mit anderen Kulturen (Frankreich, Italien) gehabt, ihre Nähe offensichtlich auch nicht gescheut (Verlobung mit einem Italiener). In dem ca. 30 Jahre später verfaßten Lebenslauf erweckt sie jedoch den Eindruck, die Verlobung sei nicht nur durch den Tod (wie ist er gestorben, ist er gefallen?) des Verlobten beendet worden, sondern auch durch die »Teilnahme Italiens am Ersten Weltkrieg auf Seiten unserer Gegner«. Hat sie als gute deutsche Patriotin den Italiener nicht mehr lieben können? Dieser – vielleicht im nachhinein erfolgten – Deutung widerspricht eine weitere Handlung von L. v. Gentzkow. Sie tritt – von Geburt her evangelischer Konfession – »einem Versprechen gemäß« zu »seiner Kirche«, der römisch-katholischen, über. Warum sollte sie dies tun, wäre da nicht eine Bindung an diesen Mann gewesen? Während des Ersten Weltkrieges »betätigte« sich v. Gentzkow im »Nationalen Frauendienst« – als was, erfahren wir nicht, vermutlich aber in der Fürsorge, wie ihr weiterer Lebensweg annehmen läßt. Den eventuell noch vorhandenen Grundbesitz (in Posen oder Westpreußen, der »engeren Heimat« der Autorin, wie ihrem Vorwort zu *Liebe und Tapferkeit* [1940:7] zu entnehmen ist) dürfte die Familie mit Ende des Ersten Weltkriegs verloren haben. Nach dem Ersten Weltkrieg jedenfalls wird L. v. Gentzkow berufstätig. Zuerst besuchte sie eine »Soziale Frauenschule«. Diese vielfach von der Frauenbewegung initiierten Frauenschulen waren eine „Mischung aus allgemeinbildender und Berufsfachschule im Hinblick auf mittlere Frauenberufe“ (Müller/Zymek, 1987:123). Von 1919 bis 1924 war Liane von Gentzkow denn auch – ihrer ersten Ausbildung gemäß – »als Wohlfahrtspflegerin in der Zentrale für private Fürsorge Berlin tätig und arbeitete hauptsächlich in der Kriegsbeschädigtenfürsorge, ferner ehrenamtlich in der Wohlfahrtskommission meines Wohnbezirks«. Sie wird also mit den grausamen Folgen des Krieges für die Soldaten und Familien vertraut gewesen sein – ihrer positiven Einstellung zu Krieg, für diese zeitlebens ledig gebliebenen Frau wohl auch eine Möglichkeit zur sinnvollen Betätigung, tat dies keinen Abbruch. Aus Gesundheitsgründen mußte sie jedoch, »wie ich noch heute bedauere« diesen Beruf aufgeben. 1925 fand sie mit 37 Jahren eine Volontärstelle im Pressebüro »Korrespondenz Frauenpresse«[11] und war »seitdem ununterbrochen schriftleiterisch[12] und -stellerisch mit recht guten Erfolgen (bloß nicht materiell, leider!) tätig«. (Lebenslauf; Akte v. Gentzkow) Nach elf Jahren schied L. v. Gentzkow aus dieser Korrespondenz aus »weltanschaulichen Gründen« aus, verweigerte die verantwortliche Zeichnung, weil die Besitzerin des Unternehmens jüdische Mitarbeiterinnen beschäftige, »und in jeder Hinsicht *gegen* den Nationalsozialismus eingestellt« sei. Nur ein halbes Jahr nach ihrem Ausscheiden wurde die Korrespondenz denn auch durch die Geheime Staatspolizei geschlossen. Man kann vielleicht zu Recht vermuten, daß es sich bei dieser »Korrespondenz Frauenpresse« nicht unbedingt um ein reaktionäres Unternehmen handelte – ich bleibe hier aber leider auf meine Spekulation verwiesen. Der auf das Ausscheiden aus dem langjährigen Arbeitsplatz folgende Versuch der von Gentzkow sich als Teilhaberin einer literarischen Korrespondenz selbständig zu machen, scheiterte infolge des Todes der Inhaberin. Ab Januar 1937 verdingte sie sich als »freie Mitarbeiterin« und versuchte, eine Anstellung zu finden; ob mit Erfolg, wissen wir nicht. – Sie arbeitete zwischen 1928 und 1944 immer auch als Schriftstellerin, alle 3 bis 4 Jahre erschien ein Roman von ihr. Sie befaßte sich in diesen Schriften in der Hauptsache mit Lebensbildern von adligen Frauen aus dem Mittelalter bis zum 19. Jahrhundert, mit denen sie sich offensichtlich partiell identifizierte. So beispielsweise 1931 mit der heiligen Elisabeth von Thüringen (1207-1231)[13], oder 1934 mit der schwedischen Königin Christine Wasa (1631-1654; Untertitel des Buches: *Lebensbild einer nordischen Frau*), die die Wissenschaften an ihrem Hof förderte und einheimische Gelehrte unterstützte, Decartes und Grotius an ihren Hof holte. Auch zwei Romane zu den Germanenfrauen (1936) finden sich im Repertoire der Autorin. Mit Beginn des Zweiten Weltkriegs scheint sich Liane von Gentzkow an ihre Erlebnisse des vorhergehenden Krieges zu erinnern und verfaßt zwei Schriften zum Themenkomplex „Frauen im Krieg“: 1940 geht es um die preußischen Soldatenfrauen in der Schrift *Liebe und Tapferkeit* (1943 in 4. Auflage erschienen), 1942 erscheint das Buch *Kameradin in Krieg und Frieden. Deutscher Frauengeist.* In dieser letztgenannten Schrift werden, ähnlich wie im Band *Liebe und Tapferkeit*, Frauen »vom Barock bis zum Weltkrieg« geschildert, die als »Lebenskameradinnen großer Kämpfer« ihr »Schicksal« zur Zufriedenheit der Autorin gemeistert haben, und die mit »der Frau von heute durch die Antwort verbunden« seien, »die sie auf die harten Forderungen kriegerischer Zeiten gaben«. (v. Gentzkow; 1942:9) Als leuchtendes Beispiel für eine solche Antwort wird den LeserInnen zum Beispiel die »deutsche Mutter des Weltkrieges«, »Mutter Richthofen«[14] vorgestellt. Eine Frau, die die Entbehrungen des Kriegsalltags »ohne Klage, oft mit Humor« erträgt und die ihre beiden Söhne für Deutschland opfert. Nachdem der erste Sohn gefallen ist, hält diese tapfere Mutter, mit Blick auf das »Ganze« und auf die anderen Opfer-Mütter, auch den zweiten Sohn nicht zurück, obwohl sie gekonnt hätte. Einen Sohn für Deutschland, für das »Ganze« zu opfern, ist gleichbedeutend mit dem Kampf für Deutschland. Frauen werden

zu gleichwertigen Kriegerinnen. Eine weitere Begründung für den Opfergang ist das »tiefste(s) Verständnis für die Söhne« (die so gerne kämpfen wollen; E.d.V.), das sich mit dem Gefühl des »Verbundensein(s) in einer großen Gemeinschaft« vereint (ebd.:334).
Die »große Gemeinschaft«, die Gemeinschaft der Söhne opfernden Mütter ist gemeint, geht vor und ist der privaten mütterlichen Sorge übergeordnet. In der Imagination steht die erhaben trauernde Müttergemeinschaft in tragisch-erhöhter Verbindung mit den ehrbaren, für Deutschland gefallenen Söhnen. Im Mittelpunkt der Phantasie steht die *Heldenmutter-Soldatensohn-Dyade*, wobei letzterer „einfach" von der Bildfläche verschwindet, erstere aber, von einer heldischen Aura umgeben, stark und aufrecht auf der Bühne des Geschehens stehen bleibt, Hand in Hand mit den anderen Leidensmüttern, nunmehr aufgewertet, ge- und beachtet von vielen unbekannten Briefeschreibern. Das so gezeichnete Bild bewegt, es mobilisiert einen Trostimpuls, rührt an die eigenen schlummernden Tränen und läßt den Betrachter ob der großen Opferbereitschaft staunend, aber auch befremdet aufsehen. Die Imagination „hilft" aber auch zu verdrängen, was real geschehen ist, da die heldische Diktion und die Bindung an das »Ganze« in den Vordergrund gedrängt wird. Schon allein deshalb sollte nicht sein, was schon längst mit der Niederlage im Ersten Weltkrieg geschehen war.

»Ein reckenhafter Kämpfer liegt für einige Augenblicke besinnungslos am Boden, aber er ist nicht totgeschlagen. Deutschland kann nicht untergehen.« (v. Gentzkow, 1942:33)

Auch dies eine falsche Einschätzung. Für Liane von Gentzkow hieß dies: Im August 1943 wurde sie ausgebombt, ihre Wohnung in Berlin-Steglitz (zu dieser Zeit eine der gehobeneren Wohngegenden) zerstört, ihre Werke verbrannten zum Teil. Sie kam in Berlin nicht mehr unter und wohnte in Bertholdsdorf/Kreis Kulm Bromberg. Über ihr weiteres Schicksal konnte ich nichts in Erfahrung bringen.
Bis 1934 war sie als »Vollschriftleiterin« im 'Reichsverband der deutschen Presse' eingetragen, ab dem 2. August 1935 war sie Mitglied im 'Reichsverband Deutscher Schriftsteller e.V.' Im Urteil (für die Reichsschrifttumskammer erstellt) der Geheimen Staatspolizei vom 4. Mai 1938 heißt es über Liane von Gentzkow, sie lebe

»sehr zurückgezogen. Sie ist bisher politisch nicht in Erscheinung getreten. Charakterlich liegt gegen sie hier nichts Nachteiliges vor.« (Siehe Akte v. Gentzkow, Bundesarchiv Berlin)

Wenn ich mich frage, welches Bild von dieser Autorin vor meinem Auge entsteht, stelle ich mir eine gutgestellte, ihres Adels bewußte Frau vor, die

durch den Ersten Weltkrieg mit ihr bis dato „fremden“ Lebenswelten, nämlich von denen, die der Fürsorge bedurften, konfrontiert wurde. Auch ihr persönliches Glück scheint durch diesen Krieg einen scharfen Bruch erfahren zu haben. Vielleicht wurden auch ihre materiellen Verhältnisse durch die Ereignisse, den Ausgang des Ersten Weltkrieges, zu ihrem Nachteil verändert. Ganz sicherlich gewann sie durch die Arbeit im »Nationalen Frauendienst« ein mit nationalem Pathos sinnaufgeladenes Arbeitsfeld, das im nachhinein sogar ihre Berufswahl beeinflußte. Wenngleich sie, soweit ich der Akte entnehmen konnte, nicht in der Partei war, war sie sicherlich doch nationalsozialistisch, und wie die Ereignisse rund um die »Korrespondenz« aufzeigen, auch ideologisch wie alltagspraktisch antisemitisch eingestellt. Ihre Lebensthemen kreisten um »heldische« adlige Frauen, um deutschen Patriotismus und um die Ästhetisierung weiblicher Kriegsarbeit. Eine ihrer Schriften möchte ich im Folgenden herausgreifen und exemplarisch interpretieren.
Im Beispiel der Schrift *Liebe und Tapferkeit – Frauen um deutsche Soldaten* (Essen, 4. Aufl. 1943; Ersterscheinungsjahr 1940) erzählt Liane von Gentzkow unter Zuhilfenahme von Tagebüchern, Feldpostbriefen und sonstigen nicht näher definierten schriftlichen Aufzeichnungen (die Quellen sind so gut wie nie angegeben oder nachgewiesen) Biographien von Frauen der Preußenzeit interpretierend nach, die selbst »berühmt« waren (bspw. Königin Louise oder Kaiserin Leopoldine) oder mit – mehr oder weniger – „berühmten“ Militärführern der Preußenzeit (bspw. Clausewitz) als Ehefrau, zukünftige Frau, Mutter oder Tochter in einem lebensgeschichtlichen Zusammenhang standen. Infolgedessen werden Familien oder Personen nie nur über die Namen vorgestellt, sondern immer auch mit dem militärischen Rang des Vaters, Sohnes, Bruders, Onkels usw. Sozusagen als Entsprechung des männlichen soldatisch-kriegerischen Heldentums symbolisieren die Frauenvorbilder der Preußengeschichte die weiblichen und daher empfindsamen deutschen Heldinnen.
Aus dem Vorwort geht hervor, wann und warum v. Gentzkow das Buch geschrieben hat:

»wenige Tage nach der Beendigung des polnischen Feldzuges[15]..., der die engere Heimat der Verfasserin wieder in das Reich heimführte[16]... In dankbarem Gedenken an deutsche Soldaten ..., die das deutsche Schicksal und die deutsche Größe geformt haben und weiterformen ..., aber auch im Mitempfinden mit dem Los der nicht minder tapferen Frauen und Mütter« (v. Gentzkow, 1941:7).

Die Autorin bezieht ihre Ausführungen zu den Soldatenfrauen der »Befreiungskriege« auf den zur Zeit der Niederschrift des Buches begonnenen Krieg, den sie offensichtlich begrüßt und auf Grund dessen sie versucht, die

»soldatischen Tugenden« der Frauen mit Hilfe ihrer Schrift zu beschwören. Es geht Liane von Gentzkow darum aufzuzeigen, daß auch die

»soldatischen Tugenden der Tapferkeit und der Pflichterfüllung ... auf Seiten der Frau« (ebd.:7)

zu finden sind, Liebe aber auch bei den Soldaten (in ihren Briefen) zur Sprache kommt. Sie verweist ihre LeserInnen auf die angebliche »Wechselwirkung« der beiden Eigenschaften *Liebe und Tapferkeit*, die nach ihrer Auffassung jeweils beide Geschlechter für sich besetzen könnten. Letztlich geht es ihr auch darum, beim

»Leser ein Echo zu wecken für den ewigen Zusammenhang deutscher Vergangenheit und deutscher Gegenwart« (ebd.:9).

Preußengeschichte beansprucht also im Bild der Autorin eine bis in die Gegenwart reichende »ewige« und damit allen Veränderungen trotzende Gültigkeit. Auch macht Liane von Gentzkow in ihrem Vorwort klar, wie sie beabsichtigt, die Soldatenfrauen zu beschreiben:

»es kommt nicht so sehr darauf an, ob sie durch ihre eigene Persönlichkeit Bedeutung erlangt haben, als darauf, wie der Mann sie sah und welche Rolle er ihr in seinem Leben zuwies« (ebd.:8).

Die Frau ist für sie – manifest und noch sehr traditionell definiert – nicht bedeutend als eigene Persönlichkeit, sondern als Teil des männlichen – soldatischen – Lebens definiert. Gemäß der Ankündigung, die Frauen durch die Brille der Militärs zu beschreiben, wird das Buch in großen Passagen gefüllt durch Briefe der »Krieger an ihre Frauen«. Es handelt sich dabei um oberflächliche Schilderungen der Kriegsereignisse und Gefechte – im wesentlichen geht es um Gebietsgewinne, Armeestärken, Gefechtsbewegungen und Beschreibungen der aktuellen Kampfhandlungen. Die Ehefrauen kommen in den Briefen in manchen Fällen lediglich in der Anrede »Meine Engelsdicke!« oder als »Liebes Kind!« (ebd.:18; 27) oder im Abschiedssatz am Ende des Briefes vor. Es ist dies wohl kaum ein Zufall, daß zumindest in manchen Passagen des Buches über die Frauen, um die es doch eigentlich gehen soll, gar nicht gesprochen wird. Die Frauen sind – für diese Männer oder bedingt durch die von der Autorin getroffene Auswahl – ein Randereignis und verschwinden hinter den militärischen Ereignissen und den formalisierten Kriegsberichterstattungen der Soldatenmänner.
Wenn Frauen beschrieben werden, dann zuerst über ihr Äußeres, beispielsweise als

»frische, blühende Erscheinungen in Silberstoff mit hundert lustigen Löckchen um das lächelnde Gesicht« (ebd.:12),

eine sehr liebevolle, weibliche Erscheinung also. Ihr inneres Wesen wird als gut, liebevoll und mütterlich beschrieben (vgl. bspw. ebd.:17;31;97), unter Umständen folgen sie den Männern gar ins Schlachtfeld, trotz ihrer behindernden weiblichen Bekleidung (vgl. ebd.:22). Die Soldatenfrauen sind also meistens blond, ernst, still, haben ein weiches Herz und zeichnen sich aus durch Wärme und Güte. Man muß den Text auf der Folie der Zeit, in der er geschrieben wurde, lesen. Nur so fällt auf, daß man als Leser dezent auf national-rassistische Erkennungszeichen eingestimmt wird. Denn sowohl die äußere Erscheinung wie die inneren Wesensarten der Soldatenfrauen erwekken Assoziationen, die auf eine ideologische Ausrichtung einstimmen. Die Konnotation zu blond ist: arisch; zu ernst und still: deutsche Tiefe; zu weichem Herz, Güte und Wärme: mütterliche Weiblichkeit. Die arischen, deutschen und mütterlichen Frauen sind als kinderlose Frauen – was selten vorkommt – übrigens entweder nur verbittert denkbar (vgl. ebd.:26) oder fungieren als herausragendes Vorbild aufgrund ihrer vollkommenen Verschmelzung mit den Bedürfnissen ihres Soldatenmannes (vgl. bspw. Marie von Clausewitz auf S.171ff. und Marie von Moltke auf S.195ff.). Es versteht sich von daher, daß fast alle der vorgestellten Soldatenfrauen auch Mütter (gedanklich weitergeführt und dazugehörend: der zukünftigen Soldaten*söhne*) sind: erklärtes Ziel nationalsozialistischer Frauenpolitik.
Die männlichen Protagonisten sind ausschließlich Soldaten, Krieger. Sie werden als »kräftig« beschrieben, haben ein »willensstarkes Gesicht«, manchmal eine Narbe – der Hinweis auf ein Kampfverletzung. Früh zeigen sich »soldatische Neigungen« und der Wunsch Offizier zu werden kann stärker sein als alles andere. Sie sind (übrigens ausgesprochen häufig) leidenschaftliche und »feurige« Naturen, haben »kühne« Triebe und Charakterzüge von feiner Schlichtheit, sind ehrenhaft, ernst, zurückhaltend. Die wiederholt sinnliche Beschreibung der soldatischen Männer verdeutlicht bildhaft die *Erotisierung des soldatischen Helden* – er ist durchaus leidenschaftlich, erhält also einen sexuellen Touch, lebt diesen Drang jedoch hauptsächlich in seinem Beruf, im Kriege aus. Dennoch lebt eine »eigenartige Weichheit des Empfindens« im Verborgenen (vgl. von Gentzkow, 1941:12;13;27;25) dieser Soldaten. Die Geschlechterpolarität arisch-deutsche, mütterlich-weiche Frau versus harter Krieger erhält also ein zusätzliches – irritierendes – Stereotyp. Hinter jeder harten männlichen Fassade sei ein weicher („weiblicher“?) Kern versteckt, der aber auf jeden Fall einen Appell an das weibliche Mitgefühl enthält. Denn es sind die verborgenen männlichen, »eigenartigen« weichen Empfindungen, die es den Frauen ermöglichen, die harten Kriegermänner zu lieben. Auf drei der im Buch von Liane von Gentzkow

geschilderten Frauenfiguren möchte ich im folgenden detaillierter eingehen, um die inhaltlichen Botschaften dieser Frauenbilder konturierter herausarbeiten zu können. Das erste Beispiel thematisiert das schon erwähnte irritierende Stereotyp des „harten Kriegers“ mit seinem angeblich weichen Kern. In den Briefen des preußischen Generals Scharnhorst[17], von Gentzkow stellt ihn als »einen der großen Waffenschmiede der Deutschen« (1941:25) vor, tauchen einige wenige – die einzigen im Buch – kritische Betrachtungen bezüglich der von Männern im Krieg geforderten Härte auf. Es kommt eine Betroffenheit in den Briefen dieses Mannes zum Sprechen. Scharnhorst schreibt laut von Gentzkow:

»Ich bin nicht zum Soldaten gemacht: ohne Schwierigkeit ertrage ich die Gefahr, aber der Anblick der unschuldigen, jammernden Menschen im Blut neben mir, das Feuer der brennenden Dörfer, von Menschen zum Vergnügen angelegt, die übrigen Greuel der allgemeinen Verwüstung bringen mich in Wut und in eine mir unerträgliche Stimmung.«

»Ein paar Mal aber habe ich in den Dörfern totgeschossene Kinder gesehen, die mich ganz übermannt haben. ... Der Krieg ist entsetzlich!« »Wie elend! Der ist am besten, der am meisten vernichtet!«

Aber dann: »Nichts ist einige Vergütung für den grausamen Krieg als die aufrichtige, herzliche, unverstellte Freundschaft und Liebe derer, die mit einem die Gefahr geteilt ... Ich werde, solange Truppen für den König existieren, ihn nicht verlassen.« (Zitiert nach v. Gentzkow 1941:34;35;47).

Die Wahrnehmung der Grausamkeiten veranlassen den Soldaten nicht zu Protesten oder gar dazu, den Soldatenberuf aufzugeben.[18] Der Grund hierfür ist seine Königstreue und die im soldatischen Männerbund erlebte Einigkeit – dennoch hält der Vater erst sehr spät seine Söhne nicht mehr vom Kriegsdienst zurück. Klar ist, die Aufzeichnungen des Soldaten Scharnhorst sind nicht frei von resignativem Entsetzen – Empfängerin seiner Widersprüche ist seine Frau, bei ihr weiß er seine Empfindsamkeit aufgehoben. – Doch was macht Liane von Gentzkow mit diesem so offen geäußerten Unbehagen[19] am Krieg? Sie geht nicht darauf ein, verleugnet die Irritation, denn sie pocht auf den »dunklen Willen« des zum Soldatenberuf »Berufenen« und wendet sich der Ehefrau Klara zu. Frau Scharnhorst wird beschrieben als Frau mit den üblichen »Wesenszügen« von Wärme und Güte. Jedoch auch hier ein Mißklang. Frau Scharnhorst

»sah alle Dinge von der dunklen Seite an, plagte sich mit schwarzen Vorahnungen und neigte infolge eines sehr empfindsamen und empfindlichen Wesens zu Mißtrauen und zum übertriebenen Wichtignehmen von Kleinigkeiten.«

Und:

»sie ist eifersüchtig auf den Beruf des Mannes, denn, daß er ihm im Grunde über alles geht, erkennt sie sehr wohl.« (v. Gentzkow; 1941:31)

Und dann im folgenden Satz eine Deutung der Autorin: »Ist er nicht doch am glücklichsten vorn an der Front, trotz aller gegenteiligen Beteuerungen?« (ebd.: 35)

Die Autorin greift – auch wenn ihr Material eine andere Sprache zu sprechen scheint – massiv ein, indem sie festschreibt, wo das Glück zu verorten ist: »vorn an der Front« ist er »doch am glücklichsten«. Und das – so die Botschaft des Buches – sollten Frauen verstehen. Verstehen sie es nicht, wie diese zwar »innigst« von ihrem Mann geliebte, aber von Depressionen geplagte Ehefrau, wird im Text eine neue Frauenfigur eingeführt, die den Anforderungen gewachsen ist: Der funktionsuntüchtigen, depressiven Mutter Klara wird die weiche, hübsche, den Soldatenvater bedingungslos verstehende Tochter Julie – von ihr gibt es eine Abbildung im Buch, nicht von der Ehefrau Klara – gegenübergestellt. Es entsteht das Bild eines neuen *Paares: Soldatenvater – mütterliche Tochter*, ein zwar asexuelles, aber dennoch inzestuös[20] gebundenes Paar, dessen Erfolg nach Interpretation von Liane von Gentzkow im reibungslosen Funktionieren des Vatersoldaten begründet liegt:

»Kein Wort mehr vom Überdruß an seinem Beruf oder von Mutlosigkeit.« (ebd.:46)
»Sie ist nicht von der krankhaft empfindsamen Art der Mutter.« (ebd.:46, 53)

Die dennoch nicht verschwundenen – von der Autorin jedoch übergangenen – empathischen Anteile im Gefühlshaushalt des Soldaten können nun einer diesem Soldaten endlich verständnisvoll zugewandten Frau, der Tochtermutter Julie überantwortet werden.

»Von Julie weiß er sich verstanden.« (ebd.:46)

Eine Frau, die – so v. Gentzkow – unter den mit dem Soldatenberuf verbundenen Trennungen oder unter den „berufsbedingten" inhumanen Handlungen leidet, ist von einer »krankhaft empfindsamen Art«. Es gibt also „gute", patriotische, den Soldatenmann verstehende und für diesen die eventuellen Widersprüche aufnehmende Soldatenfrauen (hier: -töchter) und Frauen mit „schlechten" Empfindungen, deren Depressionen keine Warnzeichen sind, kein Anlaß, um Fragen zu stellen, sondern persönliche Schwäche, Krankheit. Die Sprechposition der Autorin wechselt von der Mutter- zur Tochterfigur über. Die Tochter übernimmt die Aufgabe, die sonst die Ehefrauen haben (sollten). Sie erhält dem Vater durch die dem Soldaten zustehende weibliche Fürsorglichkeit und innige Liebe das Leben, pflegt, umhegt, bestätigt ihn, der, nunmehr so positiv unterstützt, angeblich keine Widersprüche mehr zu seinem Soldatenberuf hat und sich ganz der geplanten notwendigen »Befreiung« zuwenden kann. Soldatenfrauen sollten also ihre Soldatenmänner ver-

stehend begleiten, Widersprüche durch das Angebot der innigen Liebe und einer erholsamen Heimstatt auflösen, so die Botschaft im Negativ-Beispiel von der Soldatenfrau Scharnhorst. Das Machtversprechen für die den Soldatenmann unterstützende und verstehende Frau bzw. Tochter liegt in der Partizipation an seiner Bedeutsamkeit. Für das hier angesprochene Beispiel heißt das: Da die Tochter ihren Soldatenvater durch ihre verstehende Fürsorge (angeblich) von seinen quälenden Widersprüchen befreit, so daß er seinem Kriegshandwerk störungsfreier nachgehen kann, ist sie – im Hintergrund wirkend – bedeutend. Klappt die weibliche Fürsorge nicht von seiten der Ehefrau, ist die den Vatersoldaten besser verstehende Tochter sofort zur Stelle. Diese als die „besser" verstehende Partnerin kann zwar nicht auf immer beim Vater bleiben – sie heiratet später –, doch *als Bild eines idealen Paares bleiben sie beim Leser präsent.* Dieses Ideal kommt immer wieder in verschiedenen Schriften der hier bearbeiteten Kriegsliteratur als Modell vor. Auf eine gewisse ödipale Einfärbung brauche ich gewiß nicht hinzuweisen – es könnte jedoch auch um eine schlichtere Variante gehen, nämlich um den Wunsch der Töchter, vom Vater/von der Gesellschaft endlich gebührend wahrgenommen und geachtet zu werden. Die schon erwähnte 1942 veröffentlichte Schrift *Kamaradin in Krieg und Frieden. Deutscher Frauengeist* von Liane v. Gentzkow verweist schon im Titel darauf, was sie mit den Mitteln der Partizipation am Krieg versucht einzufordern: hochgeachtete Kameradin des Vaters/des Bruders[21]/der Soldatenmänner möchte sie sein – auch wenn die Mütter in dieser Konstruktion (auf Grund ihrer Schwäche) zum Verschwinden gebracht werden. Preis für diese durch die Soldatenmänner definierte Identifikation ist – trotz eines weiblichen Rahmens – eine Fixierung der Frauen bzw. der Schwestern, der Töchter auf die soldatischen – männlichen – Tugenden und eine Ablehnung der als versagend erlebten Mütter, die ohnehin als kulturelles Lösungsmuster nichts anderes parat haben, als krank und handlungsunfähig zu werden. Die auf die soldatisch-autoritären Tugenden fixierte »Soldatenfrau« bleibt – so auch in den Biographien – wenigstens handlungsfähig.
Doch wenden wir uns bei der Suche nach der idealen Partnerin für den funktionstüchtigen Soldaten vorerst einem weiteren Beispiel aus der Schrift *Liebe und Tapferkeit* zu. Es handelt sich um die Ehefrau des Feldherrn Yorck[22], des Zeitgenossen Blüchers und Soldaten in den »Befreiungskriegen«. Als junges Mädchen mit mehreren idealtypischen bürgerlichen „weiblichen" Attributen ausgeschmückt (»anmutig, bescheiden, weich und anschmiegsam«; v. Gentzkow, 1941:97), wird die Protagonistin als Ehefrau jedoch als erbarmungswürdige Mutter präsentiert. Am Ende dieser biographischen Erzäh-

lung steht das Verhältnis der tragisch-leidenden Mutter zu ihrem sterbenden Soldatensohn im Mittelpunkt.

Bereits zwischen den diversen Kriegen, an denen der Ehemann teilnimmt[23], stirbt ihr »eines der Kinder nach dem anderen« weg. Doch ihre Trauer bleibt im Verborgenen. Nur »heimlich weinte sie um ihre Toten und ängstigte sich um die ihr Gebliebenen« (ebd.:98). Die Tragik, die die Autorin sehr plastisch umschreibt, »liegt wie ein schwarzer Schleier« über der Figur wie über dem Leser – am Ende der Geschichte hat diese Frau zehn ihrer Kinder verloren. Auch ich konnte nur denken: wie schrecklich, diese arme Frau, wie kann man das aushalten? Ausgelöst wird ein starkes Gefühl des Mitleidens. – Inwieweit die reale Mutter Yorck am Tode ihrer Kinder gelitten hat oder nicht, kann hier sicherlich nicht diskutiert werden. Ob sich jedoch jenes bürgerliche Erziehungs- und Mütterlichkeitsideal, das Mutter Yorck in dieser Geschichte zu bewegen scheint, um 1800, also der Lebenszeit der Protagonistin, durchgesetzt hatte, ist nach heutigen soziologischen Forschungen und Erkenntnissen fraglich – es mag sein, daß die Autorin über diese Informationen nicht verfügte. Elisabeth Badinter (1984) und Philippe Ariès (1975) legen uns mit ihren Studien über französische Erziehungsideale nahe, daß auch in Deutschland um 1800 Mutterliebe noch kein allgemein vorhandener gesellschaftlicher Wert war und das Wahrnehmen von Kindheit als einer eigenständigen Lebensphase erst ab 1760 seinen Anfang nahm (vgl. auch: Shorter, 1977; Prokop, 1989). „Erst im 18. Jahrhundert wird die ausschließende[24] Mutter-Kind-Beziehung allgemeines Ideal und soziale Wirklichkeit.“ (Prokop, 1989:183) Hier kann es nur darum gehen, wie die Autorin v. Gentzkow uns ihre Protagonistin präsentiert und vor allem, in welchen Zusammenhang sie das Mutterleid am Tode ihrer Kinder stellt. Offensichtlich orientiert sie sich am zu ihrer Lebenszeit bereits vorherrschenden Ideal von Mutterschaft: Mutter Yorck versinkt im »grenzenlosen Mutterleid«. Darüber hinaus wird uns die Mutter Yorck als eine am Tod ihrer zahlreichen Kinder auf ganz bestimmte Weise Leidende vorgeführt, nämlich als *heimlich* Leidende. Mindestens Letzteres dürfte der Ideologieproduktion der Autorin zuzurechnen sein. Denn in der Art und Weise, wie der Tod der Kinder, und in nächster Steigerungsstufe der Soldatentod des Sohnes, eigentlicher Höhepunkt dieser Biographie, verarbeitet wird, liegt eine große Differenz. Das Leiden am natürlichen Tod der Kinder bleibt heimlich und schicksalsschwer, unsichtbar und sprachlos. Anders jedoch das Leiden am drohenden (und dann erfolgten) Soldatentod des Sohnes. Leiden an den Umständen ist zwar sichtbar, aber eine weitere Emotion ist hinzugefügt: Stolz. Die Autorin läßt Mutter Yorck ihrem verwundeten Soldatensohn –

nach durchaus zu Herzen gehenden traurig-schmerzensvollen Liebesbezeugungen – schreiben:

»Dank Dir aber auch, mein Sohn; Du hast unsere Erwartungen erfüllt, sie sind Ehrenzeichen für Dich; mit Schmerz, auch mit mütterlichem Stolze denke ich an meinen braven Sohn; mit meinem besten Segen lohne ich Dir dafür. Dein Vater spricht mit Freudentränen von Dir« (von Gentzkow, 1941:103).

Sowohl der Soldatensohn, insbesondere aber die Soldatenmutter sind am Ende dieser Biographie erhöht – der Sohn durch seinen Soldatentod, die Mutter durch das von ihr dargebrachte Opfer (den Verlust des Sohnes) und ihr mit Stolz liiertes Leiden daran. Zwar erscheint der Charakter der beschriebenen Mutter sogar der Autorin als »allzu zart, allzu duldend« (ebd.:105), aber, wie sie schon zuvor in einer anderen Biographie über Karoline von Gneisenau festgehalten hatte, Frauen haben

»Schweres auszuhalten, wie so viele Frauen und Mütter deutscher Soldaten zu allen Zeiten« (ebd.:77).

Daß diese Form der Mutter-Sohn-Beziehung ganz im Sinne der nationalsozialistischen Mutterschaftsideologie war, zeigt die recht offene Formulierung in den »Amtswalterinnenblätter« vom 1.1.1934, in denen den Müttern für die Erziehung ihrer Söhne folgendes empfohlen wurde:

»Bisher hatte die gute Mutter ihre Söhne zu Männern und tüchtigen Menschen erzogen. Fortan muß sie sie für den Staat, für die schweren Gesetze des Männerbundes, also zu Kriegern und im Letzten zum Tode erziehen. Ungeheures ist damit verlangt: die Zurückstellung der natürlichen Frauensehnsucht nach Ruhe und Friedlichkeit im Dasein, Zurückstellung der mütterlichen Wünsche nach einem leichten und behaglichen Leben für die Kinder.« (Amtswalterinnenblätter, 1934:4)

Das *stolze Leiden* der Mutter Yorck im Angesicht der schweren – tödlichen – Kriegsverletzung ihres Sohnes, das »zum Tode erziehen« der Söhne, wirft ein befremdliches, grausames Licht auf die hier propagierten und idealisierten Mutter-Sohn-Beziehungen. Denn mit dem Soldatentod des Sohnes erst erfolgt die Erhöhung der Mutter durch das stolze Leiden, die Aufwertung der Mutter geschieht über das Medium des schwer verwundeten Sohnes. Erst mit seinem drohenden Soldatentod rückt quasi parallel die liebevolle, zärtliche Mutter-Sohn-Bindung ins Blickfeld. Sehnsuchtsvolle, schmerzhafte Mutterliebe und soldatischer Sohnestod bilden die zwei Pole dieser Frauenbiographie. Zwar tauchen die »Freudentränen« des Vaters auch auf, aber das Schwergewicht liegt eindeutig auf der emotionalen Reaktion der Mutter. Mutter und Sohn sind nun – mich mutete es fast mystisch an – vereint im stolzen Leiden der Mutter. Deren Achtungserfolg hängt davon ab, ob es ihr (und dem Soldatenvater) gelungen ist, den Sohn zum guten, das heißt königs- bzw. staatstreuen, den Tod nicht scheuenden Soldaten zu erziehen. Ist es gelungen, bester Beweis ist der Tod des Soldatensohnes selbst, ist es vollbracht – der Sohn ist der Preis für die dann mögliche und öffentliche Hochachtung der leidgebeugten, stolzen Opfermutter. Am Heldentum ihres Soldatensohnes partizipierend und trotz der tiefen Bindung an ihren Sohn wird seine Opferung in Kauf genommen – sein Leben wird gegeben für das Vaterland, also einen höheren, geweihten Sinn.

Wie eine junge Frau den Soldatentod ihres Geliebten verarbeitet, verdeutlicht Liane von Gentzkow mit der Beschreibung von Philippine, der Braut des Offiziers Wedell, dem dritten und letzten Beispiel, welches ich hier exemplarisch vorstellen möchte. Die junge Frau wird beschrieben als immer lebhaft, immer guter Laune, immer »lachlustig«, beliebt auf den so glänzenden Braunschweiger Hofbällen. Sie verliebt sich in ihren Cousin Wedell, einen jungen Offizier. In ihren Briefen beschreibt sie die mit ihrer Verliebtheit verbundene Wandlung:

»Jetzt erst sehe ich, wie unwissend ich war; früher dachte ich nur an Putz und Tanz und Spiel, jetzt möchte ich mich den ganzen Tag für und mit ihm beschäftigen.« Die höhere Tochter »strickt einen sehr mühsamen Tabaksbeutel in kleinen Perlen« für ihren Geliebten, »mit was für einem Vergnügen kannst Du Dir vorstellen.« (v. Gentzkow, 1941:134 und 136)

Sie versucht, sich den Anforderungen ihrer Umwelt zu stellen, sich anzupassen:

»Man nehme mir alles, nur seine Liebe nicht. Ich habe mich auch jetzt mit Philosophie bewaffnet, trage das Unvermeidliche, tue nichts Unrechtes, suche aus Liebe alle Untugenden abzulegen, denn je besser ich werde, je ähnlicher werde ich seiner schönen Seele sein.« (ebd.:139)

Sie beschäftigt sich »den ganzen Tag« mit ihm, möchte ihm ähnlich sein, so nah wie möglich. Die eigene Identität scheint sich aufzulösen, sie ist bestrebt, mit dem Geliebten zu verschmelzen. Die romantisierte Liebe der beiden wird sich nicht erfüllen. Sie werden getrennt. Der Geliebte zieht in den Befreiungskrieg, die junge Philippine rettet sich in eine Pflegephantasie:

»So kommt zu meinem körperlichen Leiden die Angst um Alberts Leben. Oh könnt' ich ihn unsichtbar umschweben, ihn warnen, wenn er sein Leben auf das Spiel setzt oder ihn pflegen, wenn er krank, oder verwundet wird. Gern wollt' ich alle Beschwerden, Gefahren und Mängel mit ihm teilen, könnt' ich nur unerkannt bei ihm sein – ach, mit ihm sterben wär ein beneidenswertes Los!« (ebd.:142)

Sehen wir ab von der Verliebtheit der jungen Frau, so wird für die Leser doch deutlich, was es bedeuten kann, mit einem Soldatenmann liiert zu sein: getrennt zu leben, in der Phantasie zu schweben, in der Sehnsucht zu lieben.

Die eigene Identität der jungen Frau löst sich – mindestens in ihrer Phantasie – zunehmend auf: »unsichtbar«, »unerkannt« möchte sie ihn »umschweben«, das phantasierte gemeinsame Sterben, eine tödliche Verschmelzungsphantasie, erscheint ihr als »beneidenswertes Los«. Das Schicksal schlägt zu, Albert fällt tatsächlich im Befreiungskrieg – wenn auch alleine. Bemerkenswert die beschriebene Reaktion Philippines. Zuerst bricht sie völlig zusammen. Noch Monate später sind ihre Briefe »voll tiefster Schwermut« (von Gentzkow; 1941:147). Doch auch sie nimmt ohne Widerspruch hin, wie sie selber berichtet, daß ihr Geliebter (vor seinem Heldentod) ihrem Vater schreibt:

»Er findet sein Los beneidenswert und ist stolz darauf, als Opfer für sein Vaterland zu fallen ... Der martervolle Tod (sei) einem ehrlosen Dasein vorzuziehen ...« (von Gentzkow, 1941:147).

Für die junge Frau bedeutete das Ergebnis dieser nunmehr geretteten Ehre den Tod des Geliebten. Liane von Gentzkow kommentiert:

»Bei einer so unbedingten Hingabe an ein einziges starkes Gefühl muß natürlich immer wieder die Sehnsucht nach dem Tod durchbrechen ... Jedoch ganz allmählich wächst sie über den persönlichen Schmerz hinaus.« (ebd.:148)

Alleinige Alternative zur unerfüllten Liebe ist nach dieser Deutung »natürlich ... die Sehnsucht nach dem Tod«. Verliebtheit und Tod liegen nahe beieinander. Die Tragik und Trauer um den Tod des gefallenen Verlobten sind in den von Liane von Gentzkow ausgewählten Briefpassagen[25] durchaus zu spüren. Ihr – nicht nachprüfbares – Sortiment läßt den Leser und die Leserin mit der Soldatenbraut mitleiden – es ist ja auch eine Erfahrung, die sie selber hat durchleiden müssen. Die Erfahrung mit dem Tod – eine Grenzerfahrung für jeden Menschen – und die schmerzvolle Reaktion der jungen Frau darauf können auf das Mitgefühl der Leser bauen. Im folgenden wird die Heldin Philippine vom persönlichen Liebesunglück nach dem Soldatentod des Geliebten durch großes Leid hindurch (Kriegswirren, Hunger etc.) zum Glück über den Sieg des Vaterlandes geführt. Aus »mein Glück« wird »unser Glück«. Liane von Gentzkow meint zu wissen, daß die Freude ihrer Protagonistin nun

»nicht mehr dem eigenen Schicksal« gelte, »sie gilt jetzt dem des Vaterlandes«, zitiert sie ihre Heldin. »Gern will ich meine Hände – nicht zum Kampf, das wäre unweiblich – aber zur Hilfe der leidenden Kriegshelden gebrauchen.« (ebd.:149 und 150)

Philippine bringt Opfer für das Vaterland, wird mütterliche Pflegerin aller Soldaten, und auch das letzte Obst wird aus dem Keller geholt – für die Soldaten. Lohn der Heldin ist der

»Triumph, Triumph, ... die gerechte Sache hat gesiegt, der Feind ist überwunden ... Über angehäufte Leichen ist der Feind verfolgt worden ...« Philippine, so resümiert v. Gentzkow, ist »eine Soldatentochter und Soldatenbraut, die verdient, nicht vergessen zu werden.« (ebd.:153 und 154)

Wieder stoßen wir auf eine divergierende Konstellation. Der Soldatentod des Geliebten löst Trauer und Schmerz aus, für die Leser sicherlich verständlich und ein Mitgefühl erregend – dann jedoch werden der Verlust und die Trauer um den soldatischen Geliebten einer Umdeutung unterworfen, ein Kriegsheld wird konzipiert. Aus einem in der Realität sicherlich würdelosen Soldatentod wird ein Heldentod gemacht, dem ein gemeinsamer, für beide Geschlechter tragender Sinn – es wird gestorben in treuer Pflichterfüllung für das Vaterland – zugesprochen wird. Trotz Kennzeichnung der Trauer erfolgt die Idealisierung des soldatischen Helden (»ich habe ihn nie fehlerhaft gesehen«; von Gentzkow, 1941:166). Für die zurückbleibenden Frauen kristallisiert sich zudem eine weitergehende, neue Sinnzuweisung heraus. Die persönliche Trauer wendet sich um in Pflege und Hege für alle Soldaten – *auch* Frauen stehen jetzt im Dienste des Vaterlandes wie die Soldaten. Diese werden gepflegt und verköstigt; solchermaßen beschäftigt kann die Trauer um den Soldatentod des Geliebten abgelegt und kompensiert werden, und die vergesellschaftete, sich aufopfernde und heldische Protagonistin kann am Triumph des Sieges teilnehmen.
Die Sinndeutungen des Soldatentodes, liegen noch ganz in einer im Verlauf des 19. Jahrhunderts mit neuen Bedeutungszuweisungen aufgeladenen Tradition. Die Bruchstelle, an der der Wandel der Bilder zum Soldatentod einsetzte, waren in Deutschland wiederum die »Befreiungskriege«. Klaus Latzel beschreibt, wie sich die Einstellungen zum Soldatentod vom Siebenjährigen Krieg bis zum Zweiten Weltkrieg gewandelt haben. Im Siebenjährigen Krieg bestanden die Heere „über die Hälfte ... aus, mit List wie mit Gewalt, geworbenen ausländischen Söldnern". (Latzel, 1988:23) Zu dieser Zeit war der Soldatenstand nicht sonderlich geachtet, der Soldatentod nichts heldenhaftes oder mit Sinn aufgeladenes. Diese unpathetischen Einstellungen wandelten sich mit den »Befreiungskriegen« 1813-15 grundlegend.[26] Nicht nur wurde der Krieg, wie schon dargestellt, nun als „Interesse des ganzen Volkes" definiert, national wie religiös unterlegt, auch „eine neue Vorstellung soldatischer Ehre (gewann) ... an Gewicht." Mit der religiösen Interpretation des Krieges verbunden war der „Versuch, dem Soldatentod, wie schon dem Kriege, sakrale Weihe beizumessen." (ebd.:34;36;37) Das „Gegenstück" zum Soldaten war, wie schon ausführlicher berichtet, das Bild der „trauernden Witwe" (vgl. Spickernagel, 1989: 308-324). Summa summarum wurde primär den Frauen

der Umgang mit dem Soldatentod überantwortet. Den moralisch erhöhten, trauernden Frauen stand dafür, wie dem Helden, ein öffentlicher Raum zu, in dem sie, nobel, würdevoll und erhaben, „ihre Trauer als bedeutsames Ereignis“ zelebrieren konnten (ebd.: 311). Im deutsch-französischen Krieg 1871 erfuhr der religiöse Patriotismus von 1813 eine Wiederauflage und zusätzliche Aufladung, ging es nun auch noch um den Traum von deutscher Macht und Geltung. Der Soldatentod wurde zum notwendigen Opfer für die deutsche Einheit stilisiert. Im Ersten Weltkrieg verstärkte sich diese Haltung: Die angeblich überlegene deutsche Kultur und die angebliche wirtschaftliche Notwendigkeit deutscher Expansion lösten starke Kriegsbegeisterung bei den Massen aus. Trotz Materialschlachten und Todeserfahrungen in nie gekanntem Umfang veränderte sich das heroische Bild vom Soldatentod nicht wesentlich. „Es entstand eine immer weitere Kluft zwischen den Todeserfahrungen der Soldaten und dem, was in der Öffentlichkeit in der Heimat daraus gemacht wurde ... Besonders augenfällig wird der Bruch zwischen Front und Heimat am Unterschied zwischen dem in der Heimat gepflegten Bild des Heldentodes und der Realität der Fronterfahrung.“ (Latzel, 1988:68) In der Kriegsphotographie beispielsweise erschienen keine Bilder vom Sterben, der Tod wurde verdrängt. In der Dolchstoßlegende wurde „die sinkende Stimmung bei den Soldaten wie in der Heimat ... interpretiert als geistiges und moralisches Versagen des deutschen Volkes“ (ebd.:73). Auf den Kriegerdenkmälern des Ersten Weltkrieges sind häufig die Figuren der trauernden Mütter (der Eltern) zu finden. Der Tod des Soldaten hatte – wenn auch nicht mehr ungebrochen – „weiterhin den Charakter des Opfers für seine Familie, seine Gemeinde, sein Vaterland.“ (ebd.:79)

In der Weimarer Republik wurde am Erscheinen sowohl pazifistischer wie auch kriegsverherrlichender Literatur die unterschiedliche Verarbeitung der Kriegs- und Todeserfahrungen des Ersten Weltkrieges deutlich. Besonders seit der Weltwirtschaftskrise 1929 jedoch „wurde Deutschland von einer wahren Welle kriegs- und todesverklärender Literatur heimgesucht, die auf massenhaftes Interesse stieß“. „Doch erst die Adaption der Opferideologie, erst das Verleihen scheinbar religiöser Weihen für den Soldatentod in Verbindung mit der rassistischen Kämpferideologie macht das nationalsozialistische Bild vom Soldatentod vollständig.“ (ebd.:80 und 84) Insofern sind die hier vorgestellten Bilder der preußischen Soldatenfrauen nicht ausdrücklich nationalsozialistisch[27], sehr wohl aber bedienen sie die von den Nationalsozialisten verwendeten Deutungsmuster zur Rolle der Frau im Krieg und zum Soldatentod: Die „Mythisierung des Todes im Krieg“ (Hüpfauf, 1984:84) und die an dem Soldatentod der Söhne gebundene heroisierte Mutterschaftsideologie sind hier ebenso zu nennen wie die eingeforderten emotionalen Aufträge an die Soldatenfrauen.

Was hat Liane von Gentzkow ihren Lesern nahegelegt? Was sollten die Leserinnen von den literarisch in Szene gesetzten preußischen Soldatenfrauen für den – gerade begonnenen – Zweiten Weltkrieg lernen?

Ich fasse zusammen: Die stets als leidenschaftlich, aber dennoch als liebend beschriebenen Soldatenmänner sind einem als biologisch ausgegebenen Bedürfnis dem »Soldatenblut« unterworfen, das sie unabdingbar zu ihrem Beruf drängt. Das größte Glück finden diese Männer nur »vorn an der Front«, im Krieg, im Kampf. Im Alltagsleben mit der Familie und den Frauen sind diese Soldatenmänner häufig unruhig, manchmal gar ausgesprochen unzufrieden und unwirsch. „Mit den Hufen scharrend", dieses Bild drängte sich mir auf, sehnen sie sich dem nächsten Kriegserleben entgegen. Auf jeden Fall aber gebührt ihnen eine bedingungslos verständnisvolle Soldatenehefrau, -mutter oder (versagen die beiden erstgenannten) eine ebenso geartete Tochter. Über Negativ-Beispiele – es handelt sich meist um die Ehefrau, und ideal präsentierte historische Frauenfiguren sind die Töchter der Soldaten – entwirft Liane von Gentzkow das Musterbild der Soldatenfrau. Aus dem Beruf des Mannes resultierende Unbequemlichkeiten und Einschränkungen nehmen diese idealen Soldatenfrauen bzw. -töchter ganz selbstverständlich in Kauf. Ein konfliktfreier Binnenraum, das harmonische Familienidyll wie auch größtmögliches Verständnis für alle soldatischen Belange und Sorgen, Interesse an den Kriegsbeschreibungen und emotionale Partizipation sind die weiteren Zugaben, die der Soldatenmann für die reibungslose Durchführung seiner sinnaufgeladenen Tätigkeit braucht. Den Soldatenfrauen, denen die Annäherung an dieses Ideal gelingt, wird große Achtung zuteil, daran läßt die Autorin keinen Zweifel. Im gewissen Sinne sind nur sie es, die den Soldatenmännern mindestens ebenbürtig sind. Was auffällt ist, daß auf der anderen Seite der reale Ehealltag oder die (eheliche) Liebesbeziehung der Soldatenfrauen selten gelebt werden kann – die Soldatenmänner sind häufig abwesend, in der Kaserne, im Feld oder im Krieg und die *ideale Paarphantasie* ist ja besetzt mit dem *Soldatenvater und der Soldatentochter*. Für den Verzicht auf den „normalen" bürgerlichen Familienalltag, der den Soldatenfrauen immerhin eine gewisse Eigenständigkeit und Handlungsfreiheit einräumt, werden sie belohnt durch das über den Soldatenmann vermittelte »Miterleben« des heroisierten Kriegsalltags – schließlich beschreiben die Soldaten ihnen die Schlachten ausführlichst. Ohne selbst Hand anlegen zu müssen, partizipieren die von Liane von Gentzkow dargestellten Frauen bzw. Töchter an den kriegerischen Handlungen und der damit verbundenen Erhöhung und affektiven Aufladung.

Die Trauer um den gefallenen Soldaten und die – öffentliche – Kompensation dieser Verluste obliegt den Soldatenfrauen ebenso; herausragendes Imaginé hier insbesondere die *trauernde Soldatenmutter*. Aus der Bereitschaft zur oder der konkreten Opferung des Soldatenmannes oder -sohnes resultiert die öffentliche Erhöhung. Ausklingen läßt Liane von Gentzkow ihr Buch denn auch folgerichtig mit einer solchen überhöhten Soldatenmutter, der »Marie Luise Mackensen« (vgl. v. Gentzkow, 1940:302ff.). Diese Mutter betrachtet, anders als der Ehemann, die »unüberwindliche(n) Neigung des Sohnes für das Soldatenwesen« mit »vollem Verständnis« (ebd.:308), sie ermöglicht ihm den Eintritt ins Soldatenleben. Lebenslang »innig« verbunden, ist sie es, die ihn auf die Höhe seines Lebens geführt hat. Durch ihr Verständnis kann er ein großer – aber zur Mutter aufblickender – Feldherr werden. Liane von Gentzkow läßt Herrn Mackensen sprechen:

»Zu dem Glück, den hehrsten Zweck des Lebensberufes – siegreiche Verteidigung des Vaterlandes – und dessen höchsten Dienstgrad erreicht zu haben, nun noch dieses Glück geteilt zu sehen von der Mutter, von dieser Mutter, deren Gebete mich durch mein ganzes Leben und bis zu dieser Höhe getragen hatten.« (ebd.:318f.)

4.4 Die Aufarbeitung des Ersten Weltkriegs

4.4.1 Soldatische Nationalisten

Nach dem Ersten Weltkrieg erschienen zahlreiche in Romane verpackte, erlebnisorientierte Frontberichte der sich mit dem soldatischen Nationalismus identifizierenden Männer (vgl. Schauwecker, 1927 und 1930; Dwinger, 1929, 1931, 1935; Zöberlein, 1939. Oder auf Tagebüchern basierende Frontromane: Binding, 1929; Jünger, 1922; 1928; u.v.a.m.). Träger dieser nationalrevolutionären Bewegung war die sogenannte »Frontgeneration«, d.h. die Jahrgänge 1890-1905, für die das Kriegserlebnis zum entscheidenden Orientierungspunkt ihrer Lebens- und Gedankenwelt wurde. Die Anhänger dieser recht bekannten Gruppe von Intellektuellen, eine zwar zahlenmäßig kleine, aber einflußreiche Bewegung, orientierten und definierten ihre Identität am soldatischen Kriegserlebnis des Ersten Weltkriegs entlang.
Für den analytischen Zusammenhang der hier vorliegenden Untersuchung sind die »Frontromane« nicht nur aufgrund der in ihnen sehr kraß gezeichneten „Ästhetisierung des Krieges" (Benjamin) von Bedeutung. Auch ihre große Popularität in der Öffentlichkeit (vgl. Altmann u.a., 1978) lenkt unser Interesse auf sie und auf die Tatsache, daß die in ihnen fixierte politische

Botschaft des 'soldatischen Nationalismus' mit einer generellen Zielsetzung der Nationalsozialisten übereinstimmte: der massenwirksamen Idealisierung des Krieges. Da die soldatische Identität mit Sicherheit die vieler Männer Anfang bis Mitte des 20. Jahrhunderts gewesen ist, können wir gewiß davon ausgehen, daß Frauen einer Auseinandersetzung mit den am soldatischen Erleben orientierten Männern nicht aus dem Wege gehen konnten – bis dahingehend, daß sie sich dieser Identität anpaßten bzw. sie in ihr Identitätskonzept integrierten.

Der konkrete Grund, weshalb ich mich also dieser Gruppierung genauer zuwende, ist ihre ideologische Nähe und die Ähnlichkeit in den Identifikationsvorlagen zu denen der Autorinnen, die die Germanen- und Preußenzeit sowie die Erlebnisse des Ersten Weltkrieges literarisch bearbeiteten. Die durch zahlreiche gesellschaftliche Gruppierungen[28] propagierte und verankerte Ästhetisierung und Idealisierung des Kriegserlebnisses wird auch an den zu dieser Zeit lebenden Frauen nicht spurlos vorbeigegangen sein – abgesehen von ihren eigenen Kriegserfahrungen. So war schon „lange vor der nationalsozialistischen Machtergreifung ... der Krieg zum gesellschaftlichen Idealzustand stilisiert, der, so hoffte man, allein der aktuellen Misere gewachsen war.“ (Prümm, in: Denker/Prümm, 1976:140) Eine Vielzahl von Indizien, bspw. der sprunghafte Anstieg der Auflagen der »Frontromane«, spricht dafür, so Wette (1980:260), daß bereits mit dem Jahr 1929 eine „antipazifistische und promilitaristische Trendwende“ in der öffentlichen Meinung Deutschlands vollzogen worden war.

Die hier angesprochene positiven Einstellungen zu Krieg (der Krieg als Bildungserlebnis, als Bewährungsprobe, als ästhetisches Kampf-Abenteuer) sind somit sicherlich nicht nur auf den männlichen Teil der Gesellschaft zu beziehen. „Die kollektive Erinnerung an die unverbrüchliche »Frontgemeinschaft« wurde vielmehr im konservativ-nationalistischen Lager insgesamt kultiviert, wie man auf der anderen Seite ebenso einhellig die Weimarer Republik und die sie tragenden demokratischen Parteien als unheroisch, unkriegerisch, unsoldatisch, pazifistisch und fätistisch angriff.“ (Wette, 1980:246) Komplementär zum »soldatischen Mann« existierte – wie bspw. in der belletristischen Aufarbeitung des Ersten Weltkriegs durch weibliche Autorinnen ersichtlich – das Bild der »heldischen Frau« an der »Heimatfront«. Und auch mit der Stilisierung der Frau als Mutter aller Soldaten wurde in den Romanen und Erzählungen zur Preußenzeit ein Frauenbild vorgestellt, daß sich der »soldatischen Identität« perfekt quasi komplementär anpaßt – ganz zu schweigen vom Bild der germanischen Kämpferin, das für sich eine spezifisch weibliche Kriegsästhetik beansprucht.

Eine ausführliche Analyse zum »soldatischen Nationalismus« legte Karl Prümm vor (Denker/Prümm, 1976:139-164 und Prümm, 1974). Er interpretiert ihn als ein Muster der Schicksalsbewältigung, denn Krise wie Krieg erlebte das Bürgertum als von oben auferlegte Katastrophen. Dem konnte begegnet werden mit den Mitteln der Idealisierung (des Krieges, des Opfers, des Soldatentods), der Verleugnung (der Gefahr) und der Fiktion einer konfliktfreien »Gemeinschaft«, in der die altruistische »Kameradschaft« als oberster Wert verquickt wurde mit einem von Klassenkonflikten freien „emotionalen Antikapitalismus". Nationale Geschlossenheit, die Ich-auflösende Unterwerfung unter gesicherte Autoritäten, Schicksalsgläubigkeit und kämpferische Tugenden standen neben rigiden Feindbildern und begleiteten das „rauschhafte Eintauchen ins Kollektiv" (Prümm, 1976:156). „Der exemplarische Typus des Frontsoldaten hat Solidarität nach innen mit Kampfbereitschaft nach außen, totale Selbstlosigkeit mit totalem Vernichtungswillen widerspruchslos zu verbinden." (ebd.:148) Der Krieg ermöglichte dem „soldatischen Mann" die „rauschhafte Befreiung von allen Restriktionen", ermöglichte den „kollektiven Durchbruch aggressiver Impulse, der alle subjektiven Kontrollinstanzen außer kraft" setzte. (ebd.:142)
Der Krieg stand am Anfang ihres Lebens, er entfremdete sie von der bürgerlichen Welt. „Auf die Vorkriegsgesellschaft blickt das Personal der Romane ausschließlich mit Verachtung zurück. Der Kriegsausbruch bringt ihnen die 'Erlösung' aus der 'Ermattung und Langeweile', des als 'steril' und 'leer' empfundenen bürgerlichen Alltags." (ebd.:142)
Nur in diesem Punkt unternahmen die Nationalsozialisten eine Korrektur am Bild des vom Rest der Gesellschaft isolierten Frontkollektivs. »Heimat« war für die »soldatische Gemeinschaft« konnotiert mit »klein«, »gewöhnlich«, »erbärmlich«, repräsentierte die egoistische Schiebergesellschaft. „Die totale Integration in die Frontgruppe erforderte radikale Trennung von allen primären Bindungen, die 'Heimat' wird nun auch in ihrer Gesamtheit zum Negativprinzip. Dieser 'Riß' zwischen Front und Heimat ist kanonisierter Bestandteil aller Kriegsromane." (ebd.:151)
Dem Nationalsozialismus kam es aber darauf an, das »Volk« in seiner Gesamtheit für den Krieg zu mobilisieren, er konnte die isolierte Perspektive des Frontkollektivs nicht akzeptieren. „Heroismus auf allen Ebenen, die Front ist in den Kriegsromanen nach 1933 überall." (ebd.:158) Genau das werden wir bei der Bearbeitung unserer Textmaterialien wiederfinden.
Theweleit interpretiert die in den Romanen des soldatischen Mannes beschriebene Lust an Gewalthandlungen als einen Abwehrvorgang des Liebesobjekts Frau, als Abwehr (und Ausgrenzung) weiblicher Sexualität und

der damit verbundenen drohenden Entgrenzungsvorgängen (Theweleit, 1977 und 1978). Amberger lehnt sich – trotz einer differenzierten Kritik an Theweleit[29] – an diese Argumentation an. Auch sie interpretiert die männerbündische, soldatische Identität als Abwehr des Weiblichen (Amberger, 1984:181). Sie beschreibt darüber hinaus die soldatische Identität nicht nur als einen Ort für die Einübung der bürgerlichen Arbeitsideologie (Disziplin und Ordnung), sondern auch als sinngebende Erlebnisgemeinschaft (Abenteuer, Chance zur Bewährung).

Entscheidend ist jedoch die ideengeschichtliche Eingliederung, die Bindung, die diese soldatischen Verhaltenscodes (Kameradschaft, Aktivismus, Heldentum) mit den völkischen bzw. national-mystischen Weltanschauungen eingingen. Am Ende des Krieges stand die Apotheose der (deutschen) Nation, entschieden mitprojektiert durch die national-soldatischen Männerbünde. Die »neue Rasse« (Jünger) der heldischen, national-gesinnten Männer, das stilisierte Gegenbild zur modernen Degeneration, waren mit eine Voraussetzung zur sich in den kommenden Jahrzehnten kontinuierlich steigernden Gewaltbereitschaft gegen Juden (Zigeuner, Kommunisten, etc.).

Sehr treffend beschreibt auch Bovensiepen (1985:91-113) den sozialpsychologisch-politischen Hintergrund der soldatischen Identität: „Die Sprache des deutschen Kriegspatriotismus macht einen Kommentar überflüssig, da die Phantasien so unverhüllt ausgebreitet werden. Die Verbindung von Todes- und Destruktionsimpulsen mit Erlösungs- und Wiedergeburtsphantasien entwickelt sich vor dem Hintergund einer bestimmten sozio-kulturellen und historischen Situation. Einer Situation, in der das abendländische Patriarchat durch seinen Glauben an die möglich erscheinende Beherrschung der Natur mit Hilfe der sich rasant entwickelnden Technik in seinem Macht-Komplex bestärkt wurde. In der durch das imperialistische Rivalisieren der europäischen Staaten entstandenen Krise des Ersten Weltkrieges kommt es zu einer erheblichen Erschütterung des patriarchalen Gruppen-Ich, und es entfaltet zahlreiche Abwehrmanöver. Eines davon ist die Projektion einer negativen Natur-Beziehung auf die gesellschaftliche und ökonomische Wirklichkeit, die als sumpfig, zerfallen, faulig, lüstern-dekadent, schwach und krank bezeichnet wird. Diese Metaphern belegen einen negativen Naturbegriff, der aus der Sicht des patriarchalen Bewußtseins das Unbewußte repräsentiert und mit regressiven und negativen Mutterbildern assoziiert wird. Ein anderes Abwehrmanöver schien darin zu bestehen, daß das patriarchale Gruppen-Ich ein intensives Gefühl männlicher Solidarität herzustellen versuchte, in dem der homoerotisch getönte Männerbund beschworen wurde.“ (Bovensiepen, 1985:94)

Auch nach dem Zweiten Weltkrieg erschienen Kriegsromane, darunter von bekannten Autoren wie Heinz G. Konsalik und dem mittlerweile durch alle Medien gegangenen Vorsitzenden der Republikaner, Franz Schönhuber. Personelle Kontinuitäten der Autoren wie auch inhaltliche Kontinuitäten in Form von Romanen, Landserheftchen, Soldatenwochenillustrierten usw. garantierten wie garantieren nach beiden Weltkriegen den „soldatischen Männern“[30] den in der Phantasie ungebrochenen, in der Realität durch zwei Niederlagen gebrochenen Fortbestand ihrer extrem chauvinistischen Identität. Daß die Identität des „soldatischen Mannes“ auch heute noch „salonfähig“ ist, zeigt die Goethe-Preis-Verleihung an den bekannten – und umstrittenen – Autor Ernst Jünger (*In den Stahlgewittern – aus dem Tagebuch eines Stoßtruppführers,* 1922 und *Der Kampf als inneres Erlebnis,* 1928) 1982 in Frankfurt. Die Begründung des Kuratoriums war, Ernst Jünger habe „bei leidenschaftlicher Anteilnahme immer die Unabhängigkeit der Wahrnehmung bewahrt“ (zitiert nach Amberger, 1984:49). Wie diese „leidenschaftliche Anteilnahme“ und „Unabhängigkeit der Wahrnehmung“ aussah, sei hier nur in einem kürzeren – für Kriegsromane dieser Art relativ gemäßigten – Ausschnitt dargelegt:

»Wenn man selbst voll Lust hinterm Maschinengewehr hockt, dann ist das Gewimmel da vorn (gemeint sind die Franzosen, E.d.V.) nicht mehr als ein Mückentanz. Zum Dauerfeuer? Jei wie das spritzt!« (Jünger, 1922:129).

Die »Unabhängigkeit der Wahrnehmung« scheint jedenfalls zu verhindern, Franzosen als Menschen wahrzunehmen (es sind lästige Stechmücken, Insekten), und „Leidenschaft“ ist an zahlreichen Stellen in den Büchern Ernst Jüngers nichts anderes als die affektive, hochbesetzte Lust an der Vernichtung, am Töten.

Daß der soldatische Mann in unserer heutigen Zeit nicht von der Bildfläche verschwunden ist, kann Heinz Bude (1987) in seinem Buch *Deutsche Karrieren – Lebenskonstruktionen sozialer Aufsteiger aus der Flakhelfer-Generation* aufzeigen. Er macht das Festhalten am „Lebenskorsett des ‘inneren Soldaten’“ als eine individuelle Bewältigungsform des „kollektiven Risses von 1945“ aus. „Das symbolische System, das sich um die Figur des ‘soldatischen Mannes’ drehte, war zwar vor seinen Augen zerfallen, aber der Kern des Ganzen blieb in ihm erhalten. Die Disziplin war sein Rettungsanker nach 1945“ (Bude, 1987:180). „Eine ‘innere Motorik’ drückt ‘tot’, was innen und außen sich regt. Das Selbst erhält sich im Kampf gegen sich selbst und gegen die anderen.“ (ebd.:141) Abgesehen von der, wenngleich summa summarum nicht ungebrochenen und wesentlich eingegrenzten, Kontinuität der soldatischen Identität nach 1945 – in den Jahrzehnten davor dürfte sie eine häufig anzutreffende Form der männlichen Selbstfindung gewesen sein. Und: Wie wir sehen werden, hatten sich auch Frauen von den soldatischen Tugenden begeistern lassen, gingen – trotz ebenso vorhandener traditionell-weiblicher Selbstdefinitionen – zur soldatischen Identität ganz bestimmte, positiv besetzte Beziehungen ein, so bspw. in der Heldenverehrung oder mit der Phantasie der Frau als Mutter aller Soldaten, oder übernahmen diese sogar, wie in der Proklamation der kriegerischen Germanin.

4.4.2 Der moderne Antisemitismus

Religiös und wirtschaftlich begründeter Judenhaß läßt sich in der Antike wie auch im Mittelalter und in der frühen Neuzeit wiederfinden – der ungarische Schriftsteller Pál Bodor (1994:55) meint gar, der Antisemitismus sei ewig, dies beweise allein die Tatsache, daß die von den Antisemiten in den letzten zweitausend Jahren verwendeten antijüdischen Vorurteile nicht nur beliebig waren, sondern sich zum Teil sogar scharf widersprachen. Ob der Antisemitismus, wie Bodor befürchtet, mit einem angeblich primären Bedürfnis der Menschheit nach Haß zu erklären ist, ist meines Erachtens fraglich. Eine anthropologische Konstante zu konstruieren heißt, die verschiedenen Formen und Inhalte des Judenhasses bzw. Antisemitismus aus den jeweiligen gesellschaftspolitischen Zusammenhängen herauszulösen und einen enthistorisierenden und damit unpolitisch-beliebigen Standpunkt zu vertreten. Die Disposition des Menschen, seine Fähigkeit zum Haß, bedeutet nicht zwangsläufig, sie auszuleben – geschweige denn sie quasi automatisch auf jüdische Menschen zu richten.

Auf den Antisemitismus der Nationalsozialisten bezogen, ist es nach Claussen (1994:190ff.) zudem fraglich, ob Emotionen wie Haß, immerhin ein Indiz für zwischenmenschliche, wenn auch negativ markierte Bindung, eine wesentliche Rolle spielte. Claussen führt aus, daß vielmehr ein durch „instrumentelle Vernunft“ und aus der kalten Tötungspraxis des Ersten Weltkrieges gespeister, emotionsloser Antisemitismus vorgeherrscht habe, in Hitlers Worten: ein »Antisemitismus der Vernunft«, der jenseits von Spontaneität und Gefühl die systematische, kalte Tötung großer Menschenmassen erst ermöglicht habe. „Die fabrikmäßige Tötung von Millionen Juden gelang nur unter der Abstraktion von dem gefühlsgebundenen Agitationsantisemitismus.“ (Claussen, 1988:40) Für die Tat mußten die Nazis, so die These Claussens, vom modernen Antisemitismus abstrahieren, auch wenn sie sich in der nationalsozialistischen Propaganda der Ideologie und der damit verbundenen psychischen Mechanismen bedienten. Dagegen spricht meines Erachtens, daß mit der Präsentation des Bildes des „vernunft"orientierten Antisemiten, des kalt kalkulierenden, an der Funktionalität ausgerichteten Propagandisten oder Akteurs[31] noch nichts über seine latenten Strukturen und Motive ausgesagt ist, weder individual- noch gruppenpsychologisch. Dennoch ist die Frage, inwieweit sich »Auschwitz« überhaupt auf eine historische, psychische oder gesellschaftliche Struktur zurückführen läßt.

Zwar kann an das Vorfeld nicht ohne das historisch Folgende gedacht werden, dennoch möchte ich einer linearen historischen Kohärenz nicht das Wort reden. Die antisemitischen Ideologien hätten nicht *zwangsläufig* zur Vernichtung führen müssen. Darüber hinaus ist die analytische Unterscheidung zwischen Antisemitismus und »Auschwitz« wichtig.

Wenden wir uns – in aller Kürze und im Rahmen des Themas dieser Arbeit – den historischen Daten zum Antisemitismus zu. Bereits seit dem Frühchristentum hatte sich eine aus dem christlich-jüdischen Religionsgegensatz gespeiste Judenfeindschaft entwickelt. Sie manifestierte sich sowohl in Aberglauben und Gerüchten als auch später in den diskriminierenden Judengesetzen des kanonischen Rechts und dem Zwang zur Ghettoisierung. Schon die Kreuzzügler verübten erste systematische Massaker an Juden. »Taufe oder Tod« war ihre (un-)christliche Alternative. Auch zwischen dem 14. und 16. Jahrhundert wurden Juden in ganz West- und Mitteleuropa vertrieben bzw. in gewalttätigen Progromen getötet (insbesondere in Spanien und Portugal im 15. Jahrhundert). Die Juden ihrerseits widersetzen sich – trotz der Pogrome und der Folter – hartnäckig einer Assimilation. Konsequent hielten sie an ihrer magiefeindlichen und monotheistischen Religion fest. Äußerlich waren sie in Kleidung und Sprache als »Fremde« erkennbar. „Es war im wesentlichen nur die Religion, durch die sich die jüdische von der übrigen Bevölkerung abhob. In der durch und durch vom Christentum geprägten Gesellschaft des europäischen Mittelalters erregte das Festhalten der Juden am Glauben ihrer Väter zunehmend Anstoß." (Berding, 1988:15) Gottestötung, Hostienschändung, Ritualmord, Brunnenvergiftung, so lauteten die Vorwürfe an die Juden.

Freud führte diesen religiösen Judenhaß auf die – späthistorische – Zwangschristianisierung[32] zurück. „Sie haben ihren Groll gegen die neue, ihnen aufgedrängte Religion nicht überwunden, aber sie haben ihn auf die Quelle verschoben, von der das Christentum zu ihnen kam ... Ihr Judenhaß ist im Grunde Christenhaß." (Freud, 1974 [1939]:539)

Als Grund für den unbewußten (auf die Juden projektiv verschobenen) Christenhaß gibt Freud die unbewußten Schuldgefühle an, im Neuen Testament als „Erbsünde" überschrieben, die ihre Ursache im Kulturprozeß selbst, im

„Unbehagen der Kultur“, in der „Untat der Urzeit, der Vatertötung“[33] habe. Anders als das Judentum, das als Gesetzes- und Vaterreligion die Urvatertötung tief verdrängt habe, „phantasiere“ das Christentum die Sühnung der Tat und Erlösung von der Schuld durch die Opferung des Gottessohnes und gehe damit über zur Sohnesreligion.[34] Im Alten Testament dagegen gäbe es kein Paradigma für die Vatertötung, der Vaterhaß sei in der jüdischen Religion tief verdrängt[35]. Der von den Christen an die Juden gerichtete Vorwurf der Gottestötung (die Kreuzigung Christi) ziele darauf ab, die Ursache der Kreuzigung, die Erbsünden der Einzelnen, vergessen zu machen.[36] Beland schreibt in (rezeptiver) Anlehnung an Freud, der bis in die Gegenwart wirksame Vorwurf der Gottestötung sei „jenes Paradigma kollektiver Projektion der christlichen Völker“. „Eine Analyse der dogmengeschichtlichen und politischen Tatbestände ergibt, daß der kirchliche Antijudaismus in allen Gestalten und zu allen Zeiten als Projektion des christlichen Schuldgefühls erkennbar ist.“ Weil der Gottessohn für die Sünden der einzelnen geopfert wurde, steht hinter der Kreuzigung Christi die – unbewußte – „Selbsterkenntnis, daß man ihn umgebracht hätte, hätte man damals gelebt.“ Weil diese Erkenntnis zwar erahnt, aber nicht ertragen werde, komme es zur „paranoiden Reaktion; zur Projektion von Schuld“ (Beland, 1991: 458).
Verstärkt wird nach Freud die kollektive Projektion des Judenhasses durch zwei weitere Gegebenheiten. So mahne einmal die jüdische Beschneidung an die (zu verdrängende, universell gültige) Kastrationsdrohung. Des weiteren betrachte der Antisemit den Glauben an die Erwählung des jüdischen Volkes mit Neid. Gerade letzteres sei im arischen Mythos, so wiederum Beland, besonders ausgeprägt, für Hitler gar der Kern seiner „privaten“ Rassenideologie gewesen. Er zitiert: »Es kann nicht zwei auserwählte Völker geben. Wir sind das Volk Gottes. Besagt das nicht alles?« (Hitler an Rauschning in: Rauschning, 1973:227; zitiert bei Beland, 1991:457). So ist nach Beland für den „Antisemitismus der Bevölkerung ehemals christlicher Nationen“ der unbewußte Glaube an die Erwählung der Juden eine „Quelle narzißtischer Kränkung und der permanenten Abneigung“ (1991:457).
Zahlreiche psychoanalytische Einlassungen fußen auf dem Konzept Freuds (vgl. Simmel, Hrsg. (1946) 1993; Bohleber, 1992). Zusammenfassend meint Beland: „Die unbewußte Struktur des kirchlichen Antisemitismus und des modernen rassistischen Antisemitismus läßt sich in beiden Fällen als (‘christliche’) paranoide Projektion eines unbewußten Schuldgefühls und einer tiefen narzißtischen Kränkung nachweisen.“ (Beland, 1991:463)
Doch ist die traditionelle Judenfeindschaft nicht nur durch die religiösen Motive der „schlecht getauften“ zu charakterisieren. Ein wesentliches Mo-

ment ist auch die Identifizierung der Juden mit dem Geldverkehr. War den Christen im III. Lateranischen Konzil 1179 verboten worden, Zinsen zu nehmen, wurde den Juden damit „ein zweifelhaftes Monopol zugeschanzt: die Geldwirtschaft innerhalb einer agrarischen Traditionsgesellschaft.“ (Claussen, 1988:22) Agrarische Tätigkeit und Waffenrecht wurde den Juden hingegen verwehrt. Waren im Mittelalter Handel und Geldverkehr randständig, rückt die Zirkulationsphäre in der vorbürgerlichen Gesellschaft zunehmend, in der modernen bürgerlichen Gesellschaft ganz ins Zentrum aller gesellschaftlichen Beziehungen. Zwar waren die Juden nicht das einzige Handelsvolk, „aber durch die Geschichte sind sie zu dem einzig identifizierbaren Handelsvolk geworden“. „Gerade weil die Ökonomisierung aller gesellschaftlichen Verhältnisse sich nicht ohne Leiden durchsetzte und darum auch nicht widerstandslos hingenommen wurde, heftet sich der antiökonomische Affekt, wie seit dem Mittelalter Tradition und Vorurteil, an die Juden.“ (ebd.:29) Nach Claussen wurden die Juden vor allem deshalb mit dem Tauschakt identifiziert, weil mit den versachlichten modernen Verhältnissen die Macht unpersönlich wurde. Im Erleben der Zeitgenossen und derjenigen, die der entpersönlichenden Ökonomisierung ausgeliefert sind, sei dies ein psychisch schwer zu ertragender Vorgang. Was Claussen meines Erachtens gut herausgearbeitet hat, ist, wieso eine meiner Nachbarinnen noch heute vom „Jud“ als einem „geldgierigen“ Menschentypen spricht. Denn „mit dem Mittel der Personalisierung setzen die unter Entfremdung und Verdinglichung Leidenden wieder Personen (nämlich die Juden, E.d.V.) an die Stelle versachlichter Prozesse“ (ebd.:30). Claussen verdichtet seine Argumentation, indem er davon ausgeht, daß die Identifikation des Juden mit dem Geld *der* „zentrale Mechanismus des modernen Antisemitismus sei“. Antisemitismus ist nach seiner Auffassung in der objektiven Verfassung der bürgerlichen Gesellschaft begründet (vgl. Claussen, 1994:37). Da der Tauschakt sowohl Trieb- als auch Gewaltverzicht erfordere, in Wirklichkeit aber ein Gewaltverhältnis sei, fixiere sich die unbewußte Wut auf die nicht lustvolle Wirklichkeit und damit auf die, die mit dem Tauschprozeß identifiziert werden: auf die Juden. Claussens am Warenfetisch, also an der marxistischen These orientierte Argumentation stellt *einen* wichtigen Aspekt in der Vorurteilsskala gegenüber Juden dar: die Besetzung des Juden als personalisierter Vertreter des kapitalistischen Geldverkehrs. Er charakterisiert damit sicherlich einen gewichtigen Gesichtspunkt antisemitischer Vorurteile. Den modernen Antisemitismus jedoch als Metamorphose der bürgerlichen Gesellschaft zu verstehen, halte ich nicht nur aufgrund der mit dieser Argumentation verbundenen Reduktion derselben auf ihre ökonomische Basis für

fragwürdig. Aufklärung, Menschenrechte und bürgerliche Rechtsordnung werden damit unterschlagen, sind aber sicherlich nicht belanglos. Zudem drohen sich historische Besonderheiten in der Entwicklung Deutschlands mit der oben dargestellten abstrahierenden Begründung zu verdünnen.
Festzuhalten bleibt, daß es zwei wirkungsmächtige Projektionskreise gab, den religiösen und den ökonomischen Antisemitismus, die sich konkret in den antisemitischen Hetzreden wiederfinden lassen.
So auch bei der hier näher beleuchteten Autorin Rogge-Börner. Sie frönte den oben geschilderten Vorurteilen in ihrer gegen den Dawesplan[37] gerichteten, sehr emotionalen Kampfschrift *Die Lebenden rufe ich! 10 Jahre Kriegsschuldlüge* (1929). Rogge-Börner argumentiert darin, das durch die »Kriegsschuldlüge« und die damit verbundenen Reparationszahlungen geknechtete Deutschland sei eine »Kolonie des internationalen Weltkapitals«. »Zwingherr Weltkapital« war in ihren Augen der Jude, das jüdische

> »Volkstum, das nirgends bodenständig ist ... dem es unter der Hemmungslosigkeit seiner eigenvölkischen Gesetze gelungen ist, bis heute wenigstens drei Viertel allen Goldes und aller Goldwertbestände der Erde in den Händen weniger seines Stammes zu vereinen.« (Rogge, 1929:3)[38]

Die Kleinbürger sah sie entmachtet, die Ausländer sah sie die »sogenannte(n) Reichsbank« beherrschen, Deutschland im gedemütigten, ausgepreßten, »sklavische(n)« Zustand, umzingelt von Juden, die das große Geschäft am Kriege gemacht hätten. Verheerend aber auch die

> »Papstkirche, die von der ›Gleichheit aller Menschen‹ ausgehe« und die bemüht sei, die »volkliche Eigenart der Nationen zu zerbrechen ...«

> »Rom und Juda! In dieser Zange das weltfremde Volk der Denker und Dichter!« (Rogge, 1927:7), schreibt sie entsetzt.

Deutschland im »erschütternden Erlebens- ... und Dämmerzustand«, »restlos verfremdet«, weil nicht mehr reinen Blutes und den »Kriegsschuldlügen« (nicht Deutschland, sondern Frankreich, England und insbesondere Rußland sind „schuld“) sowie einer »geheimen Weltleitung«, »Judas Weltherrschaftsplan«, ausgeliefert. Juden, römische Papstkirche, Freimaurer, Sozialdemokraten, ihnen allen gelingt »mit genau verteilten Rollen« die »Einkreisung ... die Vernichtungsaktion gegen das deutsche Volk«, das sich »plötzlich« der »satanischen Lüge von der absichtsvollen Entfesselung des Weltkriegs« ausgeliefert sieht. Vor allem aber hat die »alljüdische Internationale ... einen Sieg ohnegleichen errungen.« (Rogge, 1929:41, 42 und 43).
Das Beispiel zeigt, daß religiöser Antisemitismus wie auch das antisemitische Vorurteil, wonach der Jude der kapitalistische Weltverschwörer und

-beherrscher ist, vorherrschende Stereotype auch bei Rogge-Börner waren.[39]

Festzuhalten bleibt, daß die Geschichte des traditionellen religiösen wie wirtschaftlichen Antijudaismus mit der Emanzipation der Juden an einen Wendepunkt gelangte. Im 19. Jahrhundert wurden mit der Entstehung und Festigung der bürgerlichen Gesellschaft die traditionellen antijüdischen Vorurteile um die Ideen der politischen Romantik, des Nationalismus und der Rassenmystik angereichert und transformierten *trotz* Aufklärung und Judenemanzipation zum modernen Antisemitismus – nach Simmel (1993/1946) vor allem deswegen, weil mit der Assimilation der Juden dem Antisemiten das für seinen „Triebfrieden" notwendige Objekt geraubt wurde. Ebenso hierzu Ley: „Assimilierung verringert den Haß auf Juden nicht, sondern läßt ihn explodieren." (Ley, 1993:131)

Es waren die alten, bis ins Mittelalter zurückreichenden Legenden, die des jüdisch-rituellen Kindermordes, des ewig wandernden Juden und der jüdischen Weltverschwörung, die in den Jahrzehnten um die Jahrhundertwende wiedererweckt wurden und den Juden zum Prinzip des Bösen schlechthin erhoben (vgl. Mosse, 1978:107ff.). Juden, so hieß es, mordeten angeblich Christenkinder, um deren Blut während des Passahfestes zu trinken. Mit dieser – phantasierten – »Blutschuld« ließ sich in den Juden unter anderem das verkörperte Böse versinnbildlichen. Eine der weiteren Legenden, die des ewig wandernden, heimatlosen Juden, des ewigen Ausländers, geht zurück auf die Geschichte vom Juden Ahasverus, der Jesus zur Kreuzigung hetzte, ihm den Beistand verweigerte und dafür zum ruhelosen Leben als Heimatloser verdammt wurde. Als Gegenbild hierzu wurde der bodenständige arische Bauer stilisiert. Da man ohnehin meinte, Juden seien orientalischer Abstammung und in der Vergangenheit Nomaden gewesen, wurde der ruhelose Jude zum Synonym für die vom gesellschaftlichen Wandel verursachten Desorientierungen, er wurde „zur Verkörperung einer verzweifelten Modernität" (ebd.:108) erhoben. Die traditionelle Legende von der jüdischen Weltverschwörung, die den Juden okkulte und dämonische Kräfte andichtete, erhielt neue Nahrung mit Bekanntwerden der *Protokolle der Weisen von Zion*. In diesen wahrscheinlich in Frankreich unter Mithilfe der russischen Geheimpolizei gefälschten Protokollen wurde das Szenarium eines Judentums entworfen, das alle anderen Völker der Welt unter seine Herrschaft zwingen wolle, notfalls auch mit obskuren Gewaltmethoden. Der solchermaßen angereicherte »Verschwörungsmythos« paßte in die „Ungewißheiten und Ängste des 19. Jahrhunderts und baute eine Brücke über die Kluft zwischen den alten, antisemitischen Legenden und dem modernen Juden in einer Welt dramatischer Veränderungen" (ebd.:111).

Die *Protokolle der Weisen von Zion* wurden im Jahre 1905 erstmals in Rußland veröffentlicht und insbesondere nach dem Ersten Weltkrieg in vielen anderen Ländern verbreitet. Sie spielten – trotz mehrerer Gerichtsurteile, die diese Protokolle als Fälschung entlarvten – in der antisemitischen Propaganda der Nationalsozialisten eine große Rolle. Sie wurden zum schriftlichen Beweis für die angeblichen Pläne des Judentums stilisiert, das Schreckgespenst der jüdischen Weltherrschaft zu errichten. Gleichzeitig wurde im Gefolge der russischen Revolution die jüdische Verschwörungstheorie um die jüdisch-bolschewistische erweitert. Der Jude wurde nun zum Ausbeuter und zum Revolutionär gleichzeitig – nicht ohne erste praktische Folgen, wie die zahlreichen Meuchelmorde nach der Revolution in Deutschland beweisen. Kurz vor und während des Ersten Weltkriegs erfuhren antisemitische Vorurteile eine nicht unbedeutende Verstärkung, insbesondere provoziert durch alldeutsche und völkische Kreise. Nachdem die Kriegsbegeisterung der Enttäuschung gewichen war, konzentrierten sich die Vorwürfe auf die Klischees des »jüdischen Kriegsgewinnlers« – dahinter steht das Muster des ewig geldgierigen jüdischen Wucherers – und auf den angeblichen »jüdischen Drückeberger«. Weitere zentrale antisemitische Themen waren die Ostjudenfrage und die jüdische Dolchstoßlegende. Der Zustrom der Ostjuden im letzten Drittel des 19. Jahrhunderts erweckte das Gespenst der Überfremdung. Die jüdische Dolchstoßlegende klagte die Juden als Anstifter der Friedensresolution und als Drahtzieher der »Verzichtpolitik« an (vgl. Berding, 1988:175ff.). Zu all dem ein Beispiel aus dem Fundus der von Frauen verfaßten Kriegsliteratur. Margareta Schickedanz, eine der Autorinnen, die wir hier noch näher betrachten werden[40], schreibt in ihren Rückbesinnungen auf die Ereignisse im Ersten Weltkrieg:

»Sie verschoben Lebensmittel über ganz Deutschland, oft sogar ins neutrale Ausland, (die) 'Juden und Judengenossen', auch wenn sie den Angaben nach Christen waren. Die 'Neureichs' und 'Raffkes' befriedigten ihre Geldgier um den Preis von rund drei Viertel Millionen Särgen derer, die in der Heimat an Unterernährung starben ... Die zugewanderten Ostjuden stellten die Hauptmasse dieser gewissenlosen Ausbeuter.« (Margareta Schickedanz, 1940:12)

Der Jude wird hier als besonders rücksichtsloser Prototyp des gewinnsüchtigen Händlers, Schiebers und Ausbeuters phantasiert. Was die Textstelle darüber hinaus andeutet, sind die komplexen symbolisch besetzten Begriffe, die den „modernen Antisemitismus" ausmachen: Es ist nicht nur der Jude, es sind die »Judengenossen«, um die es geht, d.h. der im Juden personifizierte Sozialist/Revolutionär. Schimmert hier nicht ebenso das Feindbild der revolutionären Massen der November-Revolution 1918 durch, d.h. die auch in vielen völkisch-national orientierten Schriften beschworene »Dolchstoßlegende«? Diese besagte, daß es die revolutionären Massen[41] gewesen seien, die den im Ersten Weltkrieg heldenhaft kämpfenden Soldaten die schmachvolle Niederlage durch ihren Aufstand an der »Heimatfront« beschert hätten. Und es waren „natürlich" die Juden, die die treibende Kraft dieser Revolution gewesen sein sollten. Weiterhin verwendet Schickedanz den mit Juden assoziierten Begriff »Neureichs«. Damit gemeint ist die neue (letztendlich auf die Industrialisierung um 1850 zurückzuführende) bürgerlich-kaufmännische Klasse und alle damit zusammenhängenden gesellschaftlichen Umwälzungen.[42] Im Begriff »Raffkes« ist eine Unterscheidung angedeutet, nämlich die zwischen 'raffendem' und 'schaffendem' Kapital. „Das 'raffende' Kapital, mit der Sphäre der Zirkulation identifiziert, wird den Juden zugeordnet, während das 'schaffende' Kapital für die Inkarnation vermeintlich reiner Produktion steht und mit dem Ariertum gleichgesetzt wird." (Diner, 1988:49) Und es ist der böse und fremde Ostjude, der in der Hauptsache wegen seiner »Geldgier« für die – drastisch und sehr bildhaft beschriebenen – »drei Viertel Millionen Särge« verantwortlich gemacht wird. Soweit dieses Beispiel für die oben angeführten antisemitischen Stereotype, die im übrigen im Buch der Nationalsozialistin Schickedanz im Kontext von äußerst emotional vorgebrachten, auf funktionales Verhalten von Frauen im Krieg ausgerichteten Einschwörungen stehen.

Nach dem Ersten Weltkrieg nahm der Kampf gegen die angebliche Bedrohung des »Germanentums« durch das »Judentum« konkretere und erste handlungsorientierte Formen an. Mit Hilfe des antithetischen Bildes Arier (Germane) – Jude versuchten rechtsgerichtete Kreise gesellschaftliche Veränderungen durchzusetzen. „Die Juden wurden vor allem aber von jenen als Widerpart benutzt, die die nationale Mystik wiederbeleben wollten, indem sie die Gleichheit unter dem Volk hervorhoben." (Mosse, 1978:113) Die zunehmend gewichtiger werdenden nationalistischen Verschmelzungsphantasien gingen Hand in Hand mit den Ausgrenzungsbestrebungen. Ziel wurde die »judenfreie« »Volksgemeinschaft«.

Zusammenfassend bleibt festzuhalten, daß jüdisches Leben jahrhundertelang Pogromen, Ausgrenzungen und Entrechtungen ausgesetzt war. Kann man daraus aber ableiten, daß die zweifelsohne festzustellenden Kontinuitätslinien des Judenhasses durch die Jahrhunderte hindurch und die Entwicklung des modernen Antisemitismus kein anderes Ergebnis als »Auschwitz« zugelassen hätten? Diese Schlußfolgerung ist zu einfach. Antisemitismus war (und ist) ein gesamteuropäisches Phänomen, »Auschwitz« eine deutsche Realität. Man sollte sich zudem vergegenwärtigen, daß die Alternativen, also aufgeklärt-universalistisches, kosmopolitisches Denken, Bürger- und Menschenrechte, als Ideen und in der Weimarer Republik gegeben und präsent waren. Warum diese nicht trugen, ist eine Frage der ökonomisch-politisch-sozialen Machtverhältnisse und der damit verbundenen projektiven Bewegungen sowie affektiven Besetzungen politischer Ideen und ihrer Auswirkungen.

Der Schritt von der Ideologie zur Tat, zu »Auschwitz« selbst, bleibt als Bruch bestehen. Die industriell betriebene Massenvernichtung war weder eine lange vorausgeplante Tat noch notwendig oder gar ökonomisch sinnvoll. Zweckrationale Deutungen versagen angesichts des Genozids. So bleiben die im folgenden verkürzt wiedergegebenen bislang erstellten Konzepte (vgl. hierzu auch Sofsky, 1994:57ff.) Versuche, das sogenannte zu begreifende Unbegreifliche zu erklären, ohne es letztendlich faßbar machen zu können.

Norbert Elias (1989) betont die historische Spezifität des deutschen Irrweges, der in die Barbarei, in den „Entzivilisierungsschub der Hitler-Epoche" gemündet habe. »Auschwitz« deutet er als deutsches Ergebnis eines mit Macht-, Sinn- und Werteverlust einhergehenden, sich seit dem Mittelalter hin erstreckenden „schleichenden Niedergangs", der einen ganz bestimmten spannungsgeladenen und irritierten deutschen Nationalcharakter formte. Bedingt durch die kumulative Erfahrung der Zersplitterung (der „Vielstaaterei"), einer über lange Zeiträume hinweg nicht erfolgten bzw. gelungenen Nationalstaatsbildung, entwickelte sich auf der einen Seite in Fortsetzung einer gestörten nationalen Identifikation Widerwille gegen die streitbare parlamentarische Demokratie, fand auf der anderen Seite eine Aufladung deutscher Einheitsvorstellungen statt, die ans sakrale grenzte. Beständig wurde das Bild einer großen deutschen Vergangenheit beschworen, symbolisiert im Reichsbegriff. Mir gefällt an Norbert Elias' Konzept der konsequent durchgehaltene Rückbezug auf die konkreten historischen Ereignisse. Dahinter steht die zivilisationskonzeptionelle Aussage, daß die kontinuierliche zivilisatorische Weiterentwicklung durch ungünstige historische Entwicklungen, Brüche und Regressionen, einen „Entzivilisierungsschub" erfahren könne.[43]

Demgegenüber gehen die schon erwähnten anthropologischen Konzepte (vgl. Bodor, Hans-Peter Duerr) von Gewalt als menschlicher Konstante aus; die Zivilisation habe keineswegs eine Veränderung der inneren Konstitution bewirkt, aggressive Ausbrüche seien also jederzeit denkbar. Die Moderne habe allerdings Möglichkeiten der Destruktionssteigerung eröffnet und sei daher für die Entfesselung der absoluten Gewalt historisch notwendig. Dieser Entwurf bleibt vor allem deshalb unbefriedigend, weil ihm durch seine hohe Abstraktion die reale historische Basis zu entgleiten droht.

Zygmunt Baumann stellt sich vehement gegen das lineare Zivilisationskonzept. Er sieht die Zivilisierung des Menschen angesichts ihrer Gewaltgeschichte und insbesondere der Vernichtung überhaupt in Frage gestellt. Für ihn ist der „Holocaust“ ein Produkt der modernen Zivilisation. „Erst die rational bestimmte Welt der modernen Zivilisation macht den Holocaust möglich.“ (vgl. 1992:26ff. und 27) Nach seiner Auffassung entsprang das Konzept wie die Realisierung der »Endlösung« genuin rationalistischen Überlegungen und wurde von einer Bürokratie in Reinkultur produziert“ (ebd.:31), die aufgrund ihres Strebens nach Effizienz ethisch blind und nur auf Funktionalität ausgerichtet ist. Problematisch ist dabei vor allem sein auf die Funktionalität eingeschränkter Begriff von Rationalität und Moderne. Er läßt sämtliche Errungenschaften der Moderne außen vor, die darüber hinausgehen. Laut Baumann hat die „nazistische Weltordnung ... die Vernunft zum Feind der Moral gemacht“ (ebd.:217), er sieht in »Auschwitz« das erfüllte Paradigma der Moderne. Sein Konzept geht nicht davon aus, daß regressive oder antidemokratische Einstellungen mit den demokratischen Kräften um die Vorherrschaft streiten müssen. Sicherlich verweist Baumann zu Recht darauf, daß die Mehrzahl der Vollstrecker des Genozids unter herkömmlichen klinischen Kriterien „normale Menschen“ waren[44], auch mag ihr ideologisches Engagement zweitrangig gewesen sein, vorrangig war der reibungslose funktionale Ablauf der Vernichtung. Rational war die Vernichtung so vieler Menschen, die ja schließlich auch ein wirtschaftliches Potential waren, jedoch deswegen noch lange nicht.
»Auschwitz« hat sich bisher dem Verstehen entzogen, erschließen lassen sich allenfalls Teilbereiche des Geschehens. Im *nachhinein* stellen die Vernichtungspraxis wie der »Weltanschauungskrieg« „jeglichen Sinn von Geschichte und Gesellschaft radikal in Frage“ (Claussen, 1994:3). Neuere Ansätze gehen den induktiven Weg und versuchen, über eine mikroanalytische Untersuchung der absoluten Gewalt in den KZs (Sofsky, 1993) bzw. im „Phänotyp Lager“ (Armanski, 1993) zu übergreifenden Aussagen zu kommen. Warum »Auschwitz« möglich war, bleibt trotz der vielen Forschungsergebnisse, vom deutschen ‘Sonderweg’ bis zum anthroplogischen Erklärungsmodell, in letzter Konsequenz nicht verstehbar – diese spannungsgeladene Lücke auszuhalten ist schwer, strebt der oder die ForscherIn doch verständlicherweise nach „Sinn“deutung oder wenigstens Erklärung gerade dieses historischen Ereignisses. Wer den Blick auf eine Kriegstreiberin und Anhängerin der nationalsozialistischen Rassen- bzw. Antisemitismusideologie richtet, darf nicht hoffen, das darauf folgende konkrete Geschehen ursächlich aufzuklären oder verstehbar zu machen.

Was ich mir ansehen wollte, betraf das Vorfeld des Krieges und der Vernichtung. Wie und auf welche Weise die Protagonistinnen ihre weltanschaulichen Konstruktionen mit Sinngebungen aufluden, mit welchen Versprechungen diese Konstruktionen einer *Radikalisierung* Vorschub leisteten, unter deren Herrschaft Differenz und nicht Gleichheit zum *weltanschaulichen* Programm erhoben werden konnte, scheinen mir durchaus wichtige Fragen zu sein. Ermöglichen sie doch eine mikrosoziologische *Moment*aufnahme affektiver Besetzungen ideologischer Einstellungen, deren Wirkung auf eine Gesellschaft nicht über-, aber auch nicht unterschätzt werden sollte – mehr nicht, denn die Frage, ob und warum sich Weltanschauungen dann letztlich in einer Gesellschaft durchsetzen, führt hier zu weit. Für die antisemitischen Rassenideologen und Kriegsästheten hatten ihre Ideen einen Sinn – Sinn darf hier nicht universell verstanden werden, sondern immanent. Diesem immanenten Sinn nachzugehen kann, so hoffe ich, verdeutlichen, welcher regressiver Mechanismen sich eine Anhängerin nationalsozialistischer Kriegs- und Rassenideologie bediente und wie sie dadurch dazu beitrug, gesellschaftspolitische Radikalisierungen zu verstärken.

4.5 Die Aufarbeitung des Ersten Weltkriegs in der weiblichen Kriegspropaganda

Nicht nur männliche Autoren, sondern auch Autor*innen* haben ihre Erlebnisse aus dem Ersten Weltkrieg in Form von literarischen Berichten, Gedichten oder autobiographischen Abhandlungen dargelegt.[45] Obwohl die Materialgrundlage für eventuelle Forschungen also nicht schlecht ist, sind diese aussagekräftigen Zeugnisse weiblicher Front- bzw. Kriegserfahrung bislang nur unzureichend wissenschaftlich bearbeitet worden.[46] Dieses Desinteresse mag seine Ursache darin haben, daß bei der Betrachtung der Kriegsgeschichte[47] Frauen in der Regel dem heimatlichen Raum zugeordnet und als mit der Familienarbeit (evtl. noch mit Beruf oder Dienstpflicht) Verbundene und damit fast ausschließlich als Opfer der Kriegsverhältnisse, als Hungernde etc. (im Zweiten Weltkrieg als Opfer der Bombardements usf.) vorkommen. Ihnen stehen die männlichen Frontkrieger gegenüber. „Heimatfront und Front erscheinen also als zwei Blöcke, die sich als männlich und weiblich identifizierbar gegenüberstehen und zunehmend voneinander entfernen." (Schulte, 1994:83) Ungeklärt jedoch bleibt, wie und mit welchen inhaltlichen Zuweisungen sich Frauen aus ihrer Sicht zur »Heimatfront« bzw. Front zuordneten und definierten. Auch hier ist der geläufige Ausgangspunkt die Unterstel-

lung, Frauen hätten den Krieg wohl nicht bejaht oder sich freiwillig mobilisieren lassen. Gerade dieses Bild kann krasse Irritationen erfahren, befaßt man sich mit den Erlebnisberichten der »Frontschwestern« oder manch anderen Einlassungen von Frauen zum Ersten Weltkrieg.
Es ist aufschlußreich, sich die konkreten Leistungen der Frauenkriegsdienste im Ersten Weltkrieg vor Augen zu führen, wenngleich hier nur eine kurze Zusammenfassung vorgelegt werden kann: Nach Gersdorff (1969:15-37) gliedert sich der Frauenkriegsdienst im Ersten Weltkrieg in zwei Hauptabschnitte: Bis zum Sommer 1916 etwa begrenzt sich die Frauenkriegsarbeit auf allgemeine Krankenpflege und Wohlfahrtsbestrebungen. Diese gliedert sich ganz in die städtische Verwaltung ein und umfaßt die Arbeitsfelder der Kinder- und Jugendfürsorge, des Wöchnerinnen- und Säuglingsschutzes, der Flüchtlings- und Obdachlosenhilfe, der Arbeitsvermittlung, Beratungen zu Ernährungsfragen und die Einstellung freiwilliger Hilfskräfte. Die direkte Kriegsfürsorge deckt die Gebiete Bahnhofsspeisungen, Lazarette und Krankenpflege ab. Der zweite Zeitabschnitt macht die Ablösung des improvisierten Einsatzes durch einen planmäßigen unabdingbar, denn schon im Sommer 1915 haben sich die Hoffnungen auf eine schnelle militärische Entscheidung zerschlagen. Der Krieg erstarrt zu einem Stellungskrieg mit hohem Materialbedarf; im Frühjahr und Sommer 1916 haben die großen Materialschlachten (Verdun, Somme) stattgefunden (vgl. Mommsen, 1969:272ff.). Die Ankurbelung der Kriegswirtschaft und damit der Einsatz von Frauen in der Kriegsindustrie ist in großem Maßstab erforderlich. Die für die Heranziehung der weiblichen Arbeitskräfte notwendigen Fürsorgemaßnahmen (Schutzgesetze, Kinderkrippen etc.) sind nicht vorhanden und ein großes Hindernis für den so dringend erforderlichen Arbeitseinsatz. Ziel der Frauenarbeitszentrale im Kriegsamt war daher, diese Behinderungen zu beseitigen – um „höchste Produktionssteigerung“ zu erreichen und die „Arbeitsfähigkeit und Arbeitswilligkeit der weiblichen Arbeitskräfte jeder Art (aber vorrangig in der Kriegsindustrie; E.d.V.) zu fördern“ (in: Gersdorff, 1969:23). Der Kriegswinter 1916/17 bringt eine erhebliche Verschärfung der Belastungen: „Der Krieg hatte bereits mehrere Millionen Tote gefordert, es gab fast keine deutsche Familie mehr, die nicht Trauer trug.“ (ebd.:22)[48] Die Kartoffelernte ist mißraten, die Zeiten für Front und Heimat sind sehr hart. Die miserable Lage macht daher eine planmäßige Organisation und die Rekrutierung und Verwendung von Frauen für die Kriegsarbeit notwendig. Insbesondere die in der Kriegsindustrie beschäftigten Arbeiterfrauen werden übermäßig beansprucht. Ab 1917 etwa werden Frauen auch in der Etappe (dem unmittelbaren Fronthinterland), für die »bodenständigen« Formationen (bspw. als Fernsprecherin

oder »Kompanieschreiber«, aber auch für das Ausheben von Munitionsunterständen, als »Erdarbeiterinnen«) eingesetzt. Ab Juni 1918 denkt die Oberste Heeresleitung auch über die Verwendung von Frauen als Nachrichtenhelferinnen nach – sie werden zwar noch in den »Soldatenstand« aufgenommen, aber nicht mehr eingesetzt.
Wie werden diese Ereignisse von Frauen aufgearbeitet? Wie schildern sie ihren Einsatz in der Kriegsarbeit, in der Etappe oder als »Frontschwester«?[49] Wieder möchte ich eine Schrift exemplarisch herausgreifen, um an ihr einige Grundzüge beispielhaft zu verdeutlichen. Es handelt sich um das Buch der NSDAP-Anhängerin Margareta Schickedanz, *Deutsche Frau und deutsche Not im Weltkrieg*, Leipzig/Berlin 1938 (1940 in 2. Auflage). In dieser Schrift hat Schickedanz als Herausgeberin die Zeugnisse verschiedener Frauen in Auszügen wiedergegeben.[50] Mit ihrer Auswahl macht Margareta Schickedanz eine inhaltliche Aussage, denn es sind *diese* bestimmten Sequenzen, die sie als wichtig und bedeutend empfindet. Daher werte ich die Texte der Primärautorinnen als der Herausgeberin inhaltlich genehme Beiträge – häufig verwendet sie die Texte als dokumentarischen Beweis ihrer eigenen Ausführungen. Breiträumig eingefügt sind zudem ihre eigenen interpretativen Bearbeitungen, Zusammenfassungen oder persönlichen Erfahrungsberichte. Inhaltlich schildern die Texte des Buches die verschiedenen Arbeiten der Frauen an der »Heimatfront«. Schickedanz zitiert in Auszügen aus den Autobiographien der »Frontschwestern«, informiert über die Tätigkeiten der Kriegsfürsorgerinnen, beschreibt die Arbeitsbedingungen der Rüstungsindustriearbeiterinnen und Etappenhelferinnen. Das 1938 herausgegebene Buch ist eine verkürzte Zusammenfassung dreier Hefte aus der Reihe *Deutsches Ahnenerbe*, als »Lesestoff« für den Deutsch- und Geschichtsunterricht und »vorwiegend für Mädchenbildungsanstalten« gedacht.[51] Es war in Leinen für 4,80 RM, für die Mitglieder des Nationalsozialistischen Lehrerbunds (NSLB) jedoch bereits für 2,75 RM zu haben. Zielgruppe dürfte also das Lehrerpersonal und die weibliche Schülerschar gewesen sein – Schickedanz als Lyzeumsdirektorin hat ideologische Agitation im Sinn mit Blick auf die »weibliche Erziehung im NSLB«.
Wir haben also zumindest zur Zeit der Abfassung der Schrift 1938 – Schickedanz ist 60 Jahre alt – eine gestandene (parteilose) Nationalsozialistin und Antisemitin[52] vor uns, die allerdings vom Sicherheitsdienst (SD) und von Parteizugehörigen aufgrund einiger Irritationen aus der Zeit vor der Machtergreifung durchaus kritisch betrachtet wurde: von 1920-1924 war M. Schickedanz Mitglied der Deutschen Demokratischen Partei[53] und von 1930 bis zur Selbstauflösung Mitglied des – wohl eher dem rechten, völkischen

Lager zuzurechnenden – Lübecker 'Hanseatischen Volksbundes'[54]. Ab 10.1.1935 war sie Mitglied im NS-Lehrerbund[55], ab 1.11.1936 im NSV[56] und ab 1.6.1937 beim Deutschen Frauenwerk. Direktes Mitglied der Partei jedoch war sie nicht. Dennoch galt sie laut Einschätzung des »Chefs der Sicherheitspolizei und des SD« noch 1941

»als ausgesprochene Frauenrechtlerin und Vertreterin der liberalistischen Gedankenwelt« und sollte »in politischer Hinsicht allgemein mit größter Vorsicht betrachtet werden.« (Siehe: Akte Schickedanz, beim Bundesarchiv Berlin; PA 4900/39).

1933 war M. Schickedanz auf Veranlassung des Lübecker Senats pensioniert worden. Zu diesem Vorgang heißt es in einer Beurteilung über Margareta Schickedanz (von einem stellvertretenden Gauleiter der NSDAP an den Präsidenten der Reichsschrifttumskammer im Jahr 1941):

»So konnte sie nicht als positiv nationalsozialistisch gelten, als die Machtübernahme kam, um ihr weiterhin die Leitung eines Lyzeums anzuvertrauen.«

Doch es heißt auch weiter:

»Heute kann Frau Schickedanz wohl zugebilligt werden, dass sie sich nationalsozialistisch gibt. Sie wird sich schon aus Klugkeit, vielleicht auch aus Überzeugung, nicht gegen den nationalsozialistischen Staat stellen.« (Siehe: Akte Schickedanz beim Bundesarchiv Berlin)

Den Akten ist deutlich zu entnehmen, daß die Nazis der Oberstudiendirektorin a. D. den Wandel von der liberalen Einstellung zur nationalsozialistischen nicht recht abnahmen. Man verzieh ihr ihre liberalistische Vergangenheit nicht. Dem schon erwähnten Brief der Sicherheitspolizei ist beispielsweise zu entnehmen, daß Schickedanz nach der Machtübernahme versuchte, sich dem BDM anzuschließen. Diese

»Verbindung wurde jedoch von Seiten der Reichsjugendführung nach näherer Kenntnis der Person der Schickedanz abgebrochen.« (Siehe Akte Schickedanz beim Bundesarchiv Berlin)

Dennoch verzichtete Schickedanz, wie schon erwähnt, nicht darauf, in diverse NSDAP-Verbände einzutreten. Bei Ausbruch des Krieges 1939 hatte sie sich »sofort wieder zum Dienst gemeldet« und war seit Oktober 1939 an einer Oberschule für Jungen tätig. (Akte Schickedanz; Lebenslauf v. 2,2,41; Bundesarchiv Berlin) Nach 1941, sie ist bereits 63 Jahre alt, verliert sich die Spur von Margareta Schickedanz. Ob sie ein Opfer der nun folgenden verheerenden Bombennächte wurde, wissen wir nicht. Am 28./29. März und am 14. Mai 1942 wurde Lübeck durch Flächenbombardements[57] stark beschädigt, 40 % der Altstadt waren zerstört, 3000 Brände wüteten in der Stadt, über 300 Tote waren zu beklagen (siehe Schreiber, 1982).

Wie ist dieser Wandel von einer liberalen Frauenrechtlerin zur Nationalsozialistin zu erklären? Wollte sie nur ihren „Job“ wiederhaben und biederte sich deshalb den Machthabern an, oder war sie wirklich eine überzeugte Nationalsozialistin?
Wenden wir uns den – spärlichen – biographischen Informationen zu. Margareta Schickedanz wurde am 23.1.1878 in Lübeck als Tochter des »verstorbenen«, wie sie in ihrem Lebenslauf[58] schreibt, Kaufmanns Georg Adam Schickedanz und seiner Frau Anna geb. Gaedertz geboren. Wuchs Margareta Schickedanz ohne Vater auf? Wir wissen es nicht. Jedenfalls kann es um die finanziellen Verhältnisse nicht ganz miserabel bestellt gewesen sein, die Tochter darf zehn Jahre lang eine höhere Mädchenschule[59] und danach das höhere Lehrerinnenseminar[60] besuchen. Ab 1896 arbeitet sie zwei Jahre lang als Hauslehrerin »in einer holsteinischen Gutsbesitzerfamilie« sowie ein weiteres Jahr, »um den Haushalt zu erlernen«. 1899-1901 geht sie zum Unterrichten und zur Vertiefung ihrer französischen Sprachkenntnisse nach Brüssel. Nach ihrer Rückkehr wird sie »sofort in den öffentlichen Schuldienst eingestellt«. »Privatim« erwirbt sie sich die für ein Hochschulstudium notwendigen Lateinkenntnisse und wird zwischen 1906 und 1910 für ein Universitätsstudium (vielleicht im Ausland) beurlaubt. Eine sicherlich ungewöhnliche Karriere für eine im wilhelminischen Deutschland lebende Frau, bedenkt man, daß die Universitäten zu dieser Zeit erst anfingen, ihre Tore für Frauen zu öffnen, so bspw. in Baden im Jahre 1900, in Württemberg 1904 und in Preußen, dem größten deutschen Staat, erst 1908 (vgl. hierzu: Schlüter [Hg.], 1992). Während des Studiums, ihre Fächer sind Französich, Englisch und Religion, macht Margareta Schickedanz auch Auslandsreisen, um »Land und Leute« kennenzulernen und die Sprache zu studieren, ihren Angaben zufolge nach Frankreich, Belgien, England, Schottland, Wales und der französischen Schweiz. Sie lernt also fremde Kulturen näher kennen. Mit dem Spracherwerb wird sie einen vertiefenden Einblick in diese fremden Kulturen gehabt haben. Von 1910-1917 ist sie wieder im Lübecker städtischen Lyzeum und Oberlyzeum[61] tätig. Ostern 1917 übernimmt sie die Leitung eines Privatlyzeums, das 1920 verstaatlicht wird und dem 1927 eine »wissenschaftliche Oberstufe aufgesetzt« wird. 1933 wird Schickedanz auf Veranlassung des Lübecker Senats aufgrund des § 6 des »Gesetzes zur Wiederherstellung des Berufsbeamtentums« pensioniert. Für diese Zwangspensionierung, Schickedanz ist erst 55 Jahre alt, macht sie den »Spar § 6« verantwortlich, weil »man«, wie sie schreibt, »glaubte, die Oberstufe entbehren zu können«. Sie vermeidet also eine allzu offene oder gar emotionale Kritik an dieser für sie gewiß empörenden – und sicherlich politisch motivierten –

Maßnahme.[62] Die Jahre zwischen 1933 und 1939, die Zeit, in der Margareta Schickedanz ihre kurze schriftstellerische »Laufbahn« begann, und auch das hier noch vorzustellende Buch *Deutsche Frau und deutsche Not im Weltkrieg* verfaßte, beschreibt sie in ihrem Lebenslauf, der für die Reichsschrifttumskammer bestimmt war, mit keinem Wort. Erst ab 1939, als sie sich beflissen »sofort wieder zum Dienst« meldet, dokumentiert sie ihren Lebenslauf wieder. Seit Oktober 1939 darf sie offensichtlich wieder unterrichten – an einer »Oberschule für Jungen«.

Soweit die dem Lebenslauf entnommenen Informationen. Das anderthalbseitige Schriftstück[63] macht deutlich, worauf der Schwerpunkt der zeitlebens ledigen Frau Schickedanz lag: auf ihrem Berufsleben. Ihr Lebenslauf schildert daher – nicht ohne Stolz – so gut wie ausschließlich ihren Bildungs- und beruflichen Werdegang. Über ihr politisches Engagement und ihre Parteizugehörigkeiten während der Weimarer Republik sagt sie nichts – vielleicht auch deshalb, um die NS-Machthaber – und sich selbst? – nicht schon wieder an ihre nicht genehme liberale Vergangenheit zu erinnern.

Ich fragte mich beim Lesen des Lebenslaufes, wie diese Frau wohl gelebt haben mag? Hat sie für ihre Karriere als Oberlyzeumsdirektorin durch Nichtverheiratung bezahlen müssen? In der wilhelminischen Gesellschaft, zur Zeit der akademischen Ausbildung und beruflichen Weichenstellung von M. Schickedanz, war das Ideal der Mutterschaft als »natürlicher Beruf« der „normale" vorgezeichnete Weg einer Frau, auch wenn ihn bei weitem nicht alle Frauen gehen konnten. Der Frauenanteil unter Studierenden an Hochschulen lag 1908 bei nur 2% (vgl. Geissler, 1992:240). Die Aussichten dieser Frauen, nach dem Studium einen ihrer Qualifikation entsprechenden Arbeitsplatz zu erhalten, waren ungleich schlechter als die ihrer männlichen Kollegen. Zudem war es nicht unbedingt „prestigeträchtig ..., Studentin oder Akademikerin zu sein, erst recht nicht als unverheiratete Frau" (Einsele, 1992:22). Die gebildete Frau, die »kein ganzer Mann« werden kann und »keine rechte Frau mehr« ist, so eine zeitgenössische Aussage (vgl. Just; 1992:87), war eine weibliche Lebensform, die Ambivalenzen auslöste. Bewunderte Ausnahme vielleicht einerseits, aber Zweifel am „Frau sein" der Akademikerin hegten die Zeitgenossen und -genossinnen andererseits auch. Welche Bilder tauchen auf, wenn man versucht, sich das Leben der Oberlyzeumsdirektorin Schickedanz vor Augen zu führen? Ich stelle mir für die Zeit vor dem Ersten Weltkrieg, also für ihre Ausbildungszeit und beginnende Berufstätigkeit eine durchaus energische, weltoffene Persönlichkeit vor, die zielgerichtet ihre höhere akademische Ausbildung vorantreibt (sie erwirbt die für das Studium notwendigen Lateinkenntnisse »privatim«), die an anderen Kulturen Interesse hat (ihre zahlreichen Auslandsreisen), die aber auch religiös orientiert ist. Ihr drittes Fach ist Religion. Nach Angabe ihres Geburtstages und -ortes und nach Nennung der Namen der Eltern kommt Schickedanz, ganz den formalen Kriterien eines schriftlich zu erstellenden Lebenslaufes entsprechend, sofort auf ihren Glauben zu sprechen. Sie schreibt: »und bin evange.-luth. Bekenntnisses«. Daß sie über ihr »Bekenntnis« schreibt, deutet auf eine religiöse Bindung hin. Zum evangelisch-lutherischen Bekenntnis gehört die autoritative Orientierung an die Bekenntnisschriften Luthers, aber auch die Glaubens und Gewissensfreiheit (vgl. Deppermann, 1992:5ff.). Die Frage, die ich mir hier stellte, war, ob eine eventuell vorhandene christliche Gewissensbildung bei M. Schickedanz ihrer Kriegsästhetisierung nicht hätte widersprechen müssen. Wahrscheinlich nicht, da es in der evangelischen Kirche im Sinne des »Geistes von 1914« eine regelrechte 'Kriegstheologie' gab, die den deutschen Sieg geradezu als eine 'Erfüllung der göttlichen Gerechtigkeit' erscheinen ließ. „In zahllosen Predigten war der Krieg als sittlich reinigende Kraft verherrlicht, als Gericht Gottes über die Völker gerechtfertigt, als religiös verbrämter Kampf von protestantisch-deutscher Kultur gegen westliche Zivilisation ideologisch überhöht worden" (Vollnhals, 1992:160). Eine konservative Zivilisationskritik, eine heftige Ablehnung des Versailler Vertrags und der parlamentarischen Demokratie prägten die Haltung der dominierenden, zunehmend völkisch unterlegten nationalkonservativen Strömung im deutschen Protestantismus. Mit der politischen Polarisierung zu Beginn der 30er Jahre wurden die in den Nachkriegsjahren vertretenen Auffassungen erneut mobilisiert – der Aufstieg der NSDAP ging laut Vollnhals (1992:18) maßgeblich auf evangelische Wählerschichten zurück. Ihre religiöse Orientierung muß, falls sie vorhanden war, also nicht in Widerspruch gestanden haben zur Kriegsverherrlichung.

Zu Beginn ihres Studiums ist Schickedanz bereits 28 Jahre alt und unverheiratet. War sie aufgrund ihres Lebensweges sozial isoliert? Auf jeden Fall hatte sie eine dem »Stellvertretenden Gauleiter« der NSDAP suspekte Freundin, wie dieser am 30. April 1941 in einer Beurteilung über sie schreibt:

»Politisch stand sie zugleich mit ihrer vertrautesten Freundin (auch heute noch) der jetzigen Oberin Frau Wilhelmi vor der Machtübernahme der Deutschen Volkspartei und dem damals in Lübeck bestehenden Hanseatischen Volksbund nahe.« (Siehe Akte Schickedanz beim Bundesarchiv Berlin)

Der Erste Weltkrieg war sicherlich auch für Schickedanz eine einschneidende Erfahrung, ein erhebendes Erlebnis, wie noch zu sehen sein wird – es ist *diese* Zeit, über die sie in ihren anstellungsfreien sechs Jahren zwischen 1933

und 1939 ein Buch verfaßt hat. Wenn sie zu Beginn der Weimarer Zeit in der liberalen Deutschen Demokratischen Partei (1920-24) organisiert war, warum ist sie 1924 ausgetreten? Gewiß hat sie die Gründung des NSDAP-Ortsverbandes Lübeck (am 9.April 1925) registriert – nahm sie auch am ersten öffentlichen »Sprechabend« der Nationalsozialisten (Ende April 1925) mit dem Thema »Das jüdische Gift in unserem Volkskörper« teil? (Vgl. Schreiber; 1983:9) Wie reagierte sie – zwangspensioniert – auf die Wirren und die wirtschaftlich katastrophale Lage insbesondere gegen Ende der Weimarer Zeit und auf die weit vor 1933 in Lübeck sehr heftig und blutig ausgetragenen Kämpfe zwischen den linken Kräften und der völkisch-nationalsozialistischen Front? (Vgl. ebd.:13ff.)
Gewiß ist, daß es die Jahre zwischen 1924 und ca. 1933 gewesen sein müssen, in denen der Wandel von der vielleicht schon völkischen, aber dennoch liberalen Frauenrechtlerin zur nationalsozialistischen Sympathisantin vonstatten ging. Das Bild von Margareta Schickedanz, das beim Betrachten der spärlichen biographischen Daten entsteht, bleibt ein widersprüchliches. Einerseits in ihren (nicht mehr ganz) jungen Jahren berührt von der Frauenbewegung, Pionierin in Sachen Bildungserwerb, immerhin Mitglied einer liberalen Partei, andererseits der Wandel zur antisemitischen Kriegsästhetin, die Mitgliedschaften in den Verbänden der NSDAP.
Doch wenden wir uns den veröffentlichten Schriften von Margareta Schickedanz zu. In ihnen versuchte sie, gezielt Frauen, genauer: Lehrerinnen und vor allem »Mädels« für die in der Kriegswirtschaft notwendigen Aufgaben zu begeistern und zu mobilisieren – daß der »Zukunftskrieg« kommen würde, scheint für Schickedanz bereits relativ klar gewesen zu sein, wie ihrem 1938 verfaßten Nachwort zu entnehmen ist. Sie schreibt mit Blick auf den zweiten Vierjahresplan der NSDAP[64]:

> »in jedem einzelnen von uns (muß) der Wille für die Zukunft gegenwärtig sein ... Der zweite Vierjahresplan ... zeigt eine von Verantwortung getragene Vorsorge, die in die weite Zukunft geplant ist ... Die Erziehung der Männer zu ihrer höchsten vaterländischen Pflicht geschieht im Militärdienst. Die Erziehung der Frau zu ihrer Dienstpflicht muß neue Wege gehen« (Schickedanz 1940:151)

Das Wehrgesetz vom 21. Mai 1935 (in dem die Dienstpflicht auch der Frauen im Kriegsfalle festgelegt wurde) begrüßend, ist das vornehmliche Wunschziel der Autorin der reibungslose Ablauf aller erforderlichen Aufgaben an der »Heimatfront«. Die von Margareta Schickedanz in ihrem Buch vielfach angeklagten Fehler und mangelnden Vorbereitungen der Regierungsstellen[65] im Ersten Weltkrieg insbesondere an der heimatlichen »Front«, sollten sich, so die Hoffnung der Autorin, im kommenden »Zukunftskrieg« nicht wiederholen. In der Zweitauflage des Buches 1940 meint sie, »dankbar auf der ganzen Linie« erkennen zu können, »wie anders die Reichsführung heute uns in allem leitet und für alles vorgesorgt hat« (ebd.:1). Für Schickedanz sind die Frauen das zweite Heer, eben das »Heimatheer« oder wie Lüders[66] es in ihrem Buchtitel formulierte, das »unbekannte Heer«, das genauso seine kriegswichtigen Aufgaben zu meistern hat wie das Heer der draußen agierenden »Feldgrauen« – jene »draußen«, die Frauen »innen«. Auch für die weibliche Zivilbevölkerung beanspruchen diese beiden Autorinnen den aus der militärischen Terminologie entnommenen Begriff „Heer" bzw. »Heimatheer«; auch die Frauen kämpfen an einer „Front", nämlich der »Heimatfront«. Die »Heimat und die Feldgrauen« (ebd.:47), die weibliche, innere Front und die männliche Front »draußen« sind die beiden komplementären Brennpunkte eines Militärorganismus, eben des »totalen Krieges«, der einem großen Ziel verpflichtet ist: der Feindabwehr. Das Verbindungsglied zwischen diesen beiden Fronten sind die von Frauen geschriebenen Briefe und gepackten Päckchen,

> »sie spielten eine gleich große Rolle bei denen in der Heimat und bei denen 'draußen' ... Und keiner war zu arm ... um zu geben an jemanden da draußen im Feindesland ... Ein Volk in Waffen stritt an der Front bis zum bitteren Ende, ein Volk daheim erlitt unblutige Wunden, die Verbundenheit half über die vier Jahre des mörderischen Krieges hinüber.« (ebd.:49f.)

Sicherlich entspricht die Zweiteilung: »Feldgraue« draußen/»Heimatfront« der zu Hause Verbliebenen (die »Frontschwestern« ausgenommen) der Realität. Was uns jedoch daran interessiert, sind die affektiven Besetzungen dieser Zweiteilung. Imaginiert wird eine Verbundenheit, eine Homogenität des Volkes, das gemeinsam einer großen sinnvollen Aufgabe, der Vernichtung der Feinde, dem Sieg, geweiht ist. Die Szenerie an der »Heimatfront« sieht in diesem Drehbuch folgendermaßen aus: Die (sexuell attraktiven) Männer, »Väter, Söhne« oder der »Verlobte«, weilen an der feindlichen Front, nur die Knaben und die alten Männer, die für eine Partnerschaft also noch nicht oder nicht mehr in Frage kommen, bleiben übrig. Die (sexuell aktiven) Paare sind getrennt.[67] Zurück bleibt die Fiktion eines Volkes im Krieg, in dessen Innenleben die Geschlechterspannungen nicht nur als entschärft bzw. neutralisiert imaginiert werden, nein, weit mehr: »Männer draußen« und »Frauen drinnen« werden, zwar körperlich getrennt, auf einer vorgeblich weit höheren Ebene durch den Krieg *geistig* vereint, symbolisiert in dem einen Willen, den eigenen Raum zu erweitern, den Feind zu besiegen. In die vermeintlichen Niederungen des Körperlichen, Triebhaften muß sich keiner mehr begeben. Auch weitere Differenzen im Volk gelten als angeblich aufgelöst – so im

»Burgfrieden« und in der Vorstellung, Klassendifferenzen hätten sich mit der »nationalen Einheitsfront« annulliert.
Über die männliche Front der »Brüder«, die Soldaten, erfahren wir ansonsten nicht allzu viel (1916/17 betrug die Zahl der eingesetzten Soldaten immerhin 7,3 Mio.)[68] Sie werden von Schickedanz (ebenso von Lüders und vielen anderen Autorinnen) die »Feldgrauen« genannt. Manifest mag dies seine Bedeutung haben in der Farbe der Uniform – vor meinem Auge assoziiert sich ein weit entferntes, diffuses Meer graubemützter Köpfe, eine graue Masse ohne erkennbare Gesichter, entindividualisiert. Sie ist reduziert auf die Aufgabe, den von ihnen zurückgelassenen Binnenraum, in dem nun die (gebildeten, bürgerlichen) Frauen einen großen Teil des Regiments übernehmen, an seiner Peripherie zu schützen.

»Wir haben vier schwere Kriegsjahre hindurch unsere Frauenpflichten im Hause, im Beruf und als Stellvertreterinnen der im Felde stehenden Männer erfüllt in dem nie erschütterten Vertrauen, daß diese Männer, unser Volksheer, unsere Grenzen schützen als unbezwingbarer Wall.« (Zitat aus Kundgebung des Bundes Deutscher Frauenvereine, Oktober 1918; in: Schickedanz, 1940:38)

Der Soldat als Beschützer, als Held, bewundernde Ausrufe zu den »Feldgrauen« sind üblich bei vielen Autorinnen, bleiben aber ausgesprochen konturlos. Die wilhelminische Gesellschaft beschränkte sich auf die idealisierende Heldendarstellung. Es hat in diesen hier angesprochenen bürgerlichen Kreisen mit nationalistisch-völkischer Einstellung wohl kein gesellschaftlicher, öffentlicher Diskurs über den grausamen Kriegsalltag stattgefunden. Es scheint in der »Heimat« auch keine Vorstellung existiert zu haben davon, was und wie die konkrete schreckliche Realität des Soldatenlebens – mit Ausnahme des „Gaskriegs“[69] – wirklich aussah. Hier enthält sich Schickedanz, und mit ihr viele andere Autorinnen, einer Beurteilung, einer Nachfrage, auch im Erscheinungsjahr ihres Buches 1938. Man fragt sich, wollten sie es wissen? Jedenfalls bringt sie den »Feldgrauen« eine grenzenlose, euphorische Bewunderung und Dankbarkeit, den Berichten von der Front großes Interesse entgegen:

»Aus welch dankerfülltem Herzen sangen wir unsere Lieder. Endlich wieder voran! Sollten wir wohl unterschätzen, was es für unsere Feldgrauen bedeutet, eine Stellung zu halten? Trotz Trommelfeuer und Gasbomben?« »6. Dezember (1917): 'Extrablatt!' wie elektrisiert einen jedesmal dieser Ruf! Ein voller Endsieg bei Cambrai! Was für eine Nervenprobe sind diese Kampfwochen für unsere Frontkämpfer in Nordfrankreich gewesen! Tankschlacht seit dem 20. November. Das verlorene Gelände von 7 km in der Tiefe unter Hindenburgs Führung wiedergewonnen. Wie müssen unsere Truppen gelernt haben, sich gegen den Riesenеinsatz dieser Ungetüme zu wehren! Und keine Panik! O, Deutschland hoch in Ehren! Welche Freude in allen Mienen.« »Unsere Truppen schlagen sich heldenhaft auf dem Rückzug ... Was für eine Disziplin an der Front, daß der Rückzug kämpfend stattfindet!« » Welche Dankbarkeit erfüllte uns wieder.« »Ihr prächtigen Feldgrauen, jetzt nach fast vier Jahren schafft ihr noch immer, was Hindenburg und Ludendorff[70] und unsere übrigen Heerführer mit euch durchsetzen wollen!« (Schickedanz, 1940:30; 31; 32; 33)

Schickedanz lebte mit den Kämpfern an der Front mit – die spannende Erregung, in der die Autorin zu Zeiten des Ersten Weltkrieges aufgrund der sich überschlagenden Ereignisse lebte, ist deutlich zu spüren. Folgerichtig erfüllte sie das Kriegsende, die meuternden Matrosen, der Versailler Friedensvertrag (sie »hat nur das Gefühl, daß einem ein untragbares Joch aufgezwängt wird, ein harter Griff die Kehle zuschnürt«; Schickedanz, 1940:35) und die Revolution mit »Bitterkeit«, dennoch sind die deutschen Soldaten für sie das »ungeschlagene Heer« (1940:47) geblieben. Neben dem heldischen Soldaten tauchen im Buch von Schickedanz zwei weitere Männerbilder auf: das des schwachen, verwundeten (oder sterbenden, gefallenen) Soldaten, den die »Frontschwestern« betreuen und das des als jüdisch identifizierten (»auch wenn sie Christen waren«) »Kriegsgewinnlers«[71], die mit »raffgieriger Tükke« behafteten »Juden und Judengenossen«, die »Neureichs und Raffkes«, bzw., was in dieselbe Kerbe haut, die vermeintlich »jüdischen Professoren« (vgl. ebd.:6), auf deren Anraten angeblich der »Schweinemord«[72] im Frühjahr 1915 durchgeführt wurde.

Auch die Frauen der bürgerlichen Frauenbewegung[73] spalteten ihr Männerbild auf in den Kriegsgewinnler und den todgeweihten Soldaten, erstgenannter ist hier allerdings nicht mit ‘jüdisch’ infiziert. Nach Ansicht von Prokop läßt sich diese Polarisierung „zurückverfolgen in den Bereich der ‘zivilen Konflikte’. Schon in den Texten der Vorkriegszeit wurden Männer als polarisiert gefaßt.“ (Prokop, 1995:9) Negativ als hemmungsloses Triebwesen – an dieses Bild läßt sich der raffgierige Jude angliedern; positiv als Geistwesen, als der für höhere Zwecke bestimmte Mann – hier erfährt der heldische, todgeweihte Soldat seine Verortung.

Ist dieser Held gefallen, empfiehlt Schickedanz durch Clara Spieß die stille Trauer, die eine dann gezwungenermaßen nicht mehr körperliche und stille Nähe zum toten Soldaten verspricht. Nicht die wütende oder verzweifelte Auflehnung gegen die Gewißheit des tödlichen Ausgangs werden protegiert, sondern die wortlose, stumme Hinnahme. Mit dem Titel des Gedichtes: »Unsre Toten«, einem imagnierten »wir«, dem das »ihr« der gefallenen Soldaten gegenübersteht, wird den Leserinnen nahegelegt, die im Gedicht vorgeschlagene Bewältigungsstrategie kollektiv anzunehmen.

»Unsre Toten
Nicht wenn wir am wehsten weinen,
oder in verzweifeltem Schmerz
an ewig verschloßne Pforten schlagen,
werdet ihr uns nah sein –
Aber in stillen Stunden,
wenn wir in Selbstsucht euch nicht mehr begehren,
werden wir eure stille Nähe spüren
und einen Hauch von eurem Dasein –
und Wege ahnen, die zu euch führen.

Clara Spieß«[74]

Die Endgültigkeit des Abschieds, die Trauer wie auch der immerhin vorstellbare wütende Protest gegen den *Soldaten*tod wird negiert. Ein neuer – körperloser – näheversprechender Weg zum (toten) Mann wird in diesem Gedicht vorgeschlagen. Bemerkenswert und traurig, daß erst das Abtöten des als »Selbstsucht« diffamierten Begehrens und der Mann als toter Soldat einen Weg erahnen lassen, Nähe möglich zu machen scheint. In diesem Imaginé des vom Sinnlichen befreiten Kollektivs der trauernden Frauen, zu dem sich die ledige Schickedanz frank und frei zugehörig fühlen konnte, scheint ein »Hauch« von ebenso imaginierter Nähe zum Kollektiv der toten Soldatenmänner »erlebbar« zu werden. Machen erst die Verleugnung der Trauer und der Todesursache sowie die Negierung des Begehrens in diesem Bild den Weg frei zu einer geschlechterspannungsfreien, nekrophil eingefärbten, kollektiven und quasi geistigen Vereinigung der Frauen mit den Männern?
Komplementär zu den Aufgaben und Pflichten der Männer werden die Frauenpflichten und Stellvertreterinnen-Funktionen an der »Heimatfront« beschrieben. Wie sind diese reflektiert worden?
Vielleicht sollte ich vorstehend darauf hinweisen, daß ich um die unermeßlichen Leiden der Zivilbevölkerung durch die »Hungerblockade«[75], Entbehrungen und Flucht, um die immensen Verlust-, Verwundeten- und Kriegsgefangenenzahlen des Ersten Weltkrieges[76] natürlich weiß. Hilfe war sicherlich an allen Ecken und Enden notwendig, die Nöte waren groß. Der emotionale Duktus jedoch, mit dem die geleisteten Frauenarbeiten des Ersten Weltkrieges reflektiert wurden – Schickedanz ist hierfür nur ein besonders dicht ideologisiertes, aber keineswegs aus dem Rahmen fallendes Beispiel[77] – läßt vermuten, daß mit dieser heroisierenden Bewertung der weiblichen Kriegsarbeit auch andere Bedürfnisse und Absichten abgedeckt wurden als „nur" der Wunsch, anderen Menschen zu helfen. Eine nicht unerhebliche Rolle dürfte das Verlangen nach sozialer Anerkennung und das Eröffnen einflußreicher Handlungsfelder gespielt haben – darüber hinaus aber ging es, wie wir sehen werden, um weit mehr.

Im folgenden wende ich mich den von Schickedanz angeführten Beschreibungen der verschiedenen weiblichen Fronten zu; ich folge dabei ihrer Kapiteleinteilung.
Als erstes geht es um die »Heimatfront«. Beschrieben sind die Auswirkungen der »Hungerblockade« und die kriegsfürsorgerischen Gegenmaßnahmen der Frauenverbände. Das zweite Kapitel umfaßt die Darstellung der Schwesternhilfe und Kriegsgefangenenfürsorge. Das dritte Feld befaßt sich mit der Frauenberufsarbeit im Ersten Weltkrieg, in der Rüstungsindustrie, im Verkehrswesen, der Landwirtschaft und Etappe.
Aus jedem der drei angeführten Bereiche werde ich ein exemplarisches Beispiel anführen, um grundlegende Strukturen deutlich machen zu können.
Margareta Schickedanz beginnt im ersten Kapitel »Der Krieg in der Heimat – Der Totale Krieg« mit einem kurzem Resümee zum Kriegsbeginn. Auch für Schickedanz – wie für die männlichen 'Soldatischen Nationalisten' – scheint der Beginn des Ersten Weltkriegs vor allem eins bewirkt zu haben: die Erlösung aus einem gleichförmigen, erlebnisarmen Alltag. Dieser Befund deckt sich mit den Ergebnissen anderer Untersuchungen (vgl. Bastkowski/Lindner/Prokop, 1980, Bd.II[78] und Prokop, 1995), die sich mit Texten von Autorinnen befassen, die der gemäßigten bürgerlichen Frauenbewegung zuzurechnen sind. „Im Zentrum steht der Wunsch nach Erleben. Es wird ... die Intensität des Gefühls beschworen, die Größe der Leidenschaft, die Bewegtheit des Lebens. Es tritt sofort in den Vordergrund, daß die Ebene des Alltagslebens gerade das ist, was tabuiert wird." (Bastkowski/Lindner/Prokop, 1980:38) Das Aufbrechen der alten Alltagsstrukturen verflüssigt Festgefügtes, macht »Erleben« wieder möglich – allerdings auf einer anderen Ebene, nämlich der des kollektiven »vaterländischen« Rausches[79].

»Als die Mobilmachung am 1. August 1914 bekanntgegeben war, wurde mit einem Ruck das ganze bürgerliche Leben auf ein anderes Gleis geschoben. Dinge des Alltags wurden klein gegenüber dem großen vaterländischen Erleben und dem Einschnitt in das Familienleben.« (Schickedanz, 1940:1)

Die Auflösung im Gemeinschaftserleben wird ergänzt durch die Abgrenzung dieses Bundes nach außen: einer Vorstellung der Umkreisung durch einen äußeren Feind. Auf der politischen Ebene dürften vor dem Ersten Weltkrieg u.a. die weitgehend fehlgeschlagenen Versuche Deutschlands, koloniale Einflußsphären zu erhalten, die 1. und 2. Marokkokrise und die innereuropäischen Spannungen um 1900 diese Abgrenzung nach außen verstärkt haben. Man sprach auch von einem »Ring der Einkreisung«, der der für berechtigt gehaltenen Expansion Deutschlands hinderlich sei[80] (vgl. Altmann u.a., 1978). Von daher konstruierten und realisierten die Frauen, ähnlich der wehrhaften Gemeinschaft der Soldatenkamaraden, eine heroisch-kämpfende Binnengemeinschaft im (nationalen) Dienst der Abwehr gegen den äußeren Feind. In der Realität war dies jedoch „nur" die Verwaltung einer geringfügig zu lindernden, kriegsbedingten existenziellen Not. Auch hier sprechen Texte der bürgerlich-frauenbewegten Gertrud Bäumer und Marianne Weber eine deckungsgleiche Sprache (vgl. Prokop, 1995). Auch hier ist in bezug auf den Kriegsbeginn 1914 vom »Einswerden mit einem größeren Ganzen« (Marianne Weber; 1916) die Rede. Gertrud Bäumer hierzu:

»Die stärkste, allgemeinste, überwältigendste Erfahrung ist die Offenbarung des Volksbewußtseins in uns. Nein, wir sind keine Einzelmenschen ... Wir sind Volk.« (Bäumer, 1914; zitiert bei, Prokop; 1995:4)

Im „Verschmelzen mit dem Kollektiv" kann „das Gefühl von Sinnlosigkeit, Bedeutungslosigkeit" beendet werden, der Kriegsbeginn 1914 „verschaffte das Gefühl zu leben" (Prokop, 1995:7).
Dem Text von M. Schickedanz folgend wird der kriegsbedingte Zerfall der Familien geschildert: »Väter ... Söhne ... Verlobte ... trennten sich« wegen »des großen Geschehens« von ihren Familien, die Frauen und Kinder bleiben zurück, bedrückt und unsicher. Doch siehe da, die Hilfe ist nah: den »großen Frauenverbänden« ließ es keine Ruhe,

»daß in wirtschaftlicher Hinsicht einem starken Optimismus gehuldigt wurde. Aus der Instinktsicherheit und dem Verantwortungsgefühl der Hausfrau und Mutter konnten sie nicht warten, bis die wirtschaftliche Not so groß wurde, daß die Regierung zum Handeln gezwungen wurde. Sie schlossen sich zusammen zur Abhilfe.«

»Die großen Frauenverbände machten praktische Vorschläge und griffen tatkräftig zu.« (Schickedanz, 1940:2 und 6)

Fürsorge und private Kriegshilfen, Bahnhofsdienst, Verwundetenpflege und vieles andere mehr wurde organisiert.
An diesem Anfangsabschnitt läßt sich ein das ganze Buch durchziehendes Muster aufzeigen. Der Schilderung von – kriegsbedingtem – Leid von Frauen und Familien folgt die heroisierende Darstellung der Leistungen der „Helferfrauen", der Frauenverbände, der Kriegs- oder Familienfürsorgerin, der »Frontschwester« usf.

»Frauen helfen Frauen, das war das Gebot der Stunde, als alle wehrfähigen Männer an der Front oder die noch nicht garnisonsverwendungsfähigen meist auswärts im Dienst waren. Und Frauen verstanden ja auch am besten die vielfachen Nöte der Frauen und Mütter«, läßt die Herausgeberin Elisabeth Lüders sprechen. (ebd.:13)

Den „Helferfrauen", d.h. der zumeist bildungsbürgerlichen weiblichen und eben häufig bürgerlich-frauenbewegten Elite kommt im homogenisierten

Volkskörper, in dem von lästigen Spannungen befreiten Binnenraum mit dem Namen »Heimatfront«, eine besondere, sinnaufgeladene Bedeutung zu: Sie werden zu den *Organisatorinnen* der weiblichen Kriegsarbeit. In dieser »Zeit der Bewährung« (Bäumer) können sie ihre Fähigkeiten unter Beweis stellen. Wichtig ist ausschließlich das Funktionieren der Hilfe – eine kritische Aufarbeitung, warum sie geleistet werden muß, ist kein Thema. Tabuisiertes Thema bleiben im ganzen Buch auch Diskurse und Fragen nach den Kriegsursachen oder deutscher Kriegspolitik. Wichtig scheint der reibungslose Ablauf, die Erledigung der notwendigen Aufgaben für die Kriegswirtschaft durch die jeweils dafür zuständige gesellschaftliche Gruppierung: den Arbeiterinnen in der Rüstungsindustrie muß zur Arbeitsfähigkeit verholfen werden, »schmieden« sie doch die notwendigen Waffen für die »Feldgrauen«. Hin und wieder versucht Schickedanz auch zu beweisen, daß die „Helferfrauen" die – biologisch begründet – kompetenteren sind. »Instinktsicher« warten sie nicht erst bis zum Eklat, sie stellen ihre Handlungsfähigkeit praktisch, wie Frauen nun mal so sind, sofort unter Beweis.
Ich konnte mich des Eindrucks nicht erwehren, daß die „Helferfrauen" und ihre Tätigkeiten weniger aus dem Motiv der Betroffenheit über die konkreten Notlagen zur Handlung angetrieben wurden als vielmehr durch die Begeisterung für die Handlungsmöglichkeit selbst, wobei diese gekoppelt ist an die Bedeutsamkeit des gegen den Feind verschworenen deutschen Kollektivs, das sich gegen die »Umkreisung« zu erwehren hatte. Der Blick dieser „Helferfrauen" auf den Rest der Welt, auf ihre jeweilige Zielgruppe: die verwundeten Soldaten, die Mütter mit ihren Kindern, die Arbeiterinnen, stellt fast freudig deren Bedarf an Fürsorge fest. Endlich gibt es einen Ort und eine Möglichkeit, die eigene, so lange unerprobte, unterbewertete und nicht anerkannte weibliche Handlungs- und Führungsfähigkeit unter Beweis zu stellen. Schickedanz läßt Lüders sprechen:

»Kriegsnot, Kriegsaufgabe, Kriegshilfe, die drei standen im Hochsommer 1914 mit einem Schlage auf. Und den Frauen, die helfen wollten, wuchsen die Kräfte. Ihr frauliches Fühlen, ihre mütterlicher Instinkt half ihnen, bisher kaum oder noch nie beschrittene Wege zu gehen und andere zu führen ... Aber die Frauen von der Familienfürsorge wußten immer Rat und Hilfe für alle Nöte ... Erfinderisch waren sie darin, denn es beseelte sie nur der Wille zu helfen, und darin wetteiferten sie mit einer Zähigkeit und Aufopferung, wie sie höchster Einsatzbereitschaft für das Vaterland und die notleidenden Frauen entsprang.« (Lüders, 1936; in: Schickedanz, 1940:13f.)

Wiederum deckt sich diese Darlegung der Ereignisse mit den Texten der bürgerlich-frauenbewegten Bäumer und Weber. Ulrike Prokop resümiert: „Wenn wir die Texte von Bäumer und Weber seit 1908 zur sozialen Frage und später zur Organisation der Heimatfront in der Kriegssituation und dann

in der Weimarer Zeit in tiefenpsychologischer Perspektive betrachten, können wir folgenden Entwurf erkennen: eine weibliche Rettungsphantasie richtet sich auf Fürsorge bzw. sozialarbeiterische Betreuung von weiblichen Opfern ... Die eigene Position ist konzipiert als die des rationalen Eingriffs: kompetent und unbedingt zuverlässig im Dienst der bestehenden Ämter, Bürokratien, Ministerien. Die bürgerliche Frau ist eigenständig – kompetente Zulieferin von Vorschlägen nach oben. Sie tritt ein für Reformen von oben, bei unbedingter Verantwortlichkeit nach oben." (Prokop, 1995:10)
In diesem Sinne schreibt auch Schickedanz:

»Die Fürsorgegebiete erweiterten sich ständig ... Gemeinsam sorgten Behörden und Frauenverbände gleich bei der Mobilmachung für Arbeitsbeschaffung.« (Schickedanz, 1940:17)[81]

Entscheidend ist: die Autorin, die Organisatorinnen der Kriegsarbeit erleben sich als kompetente, fast schon gleichberechtigte Trägerinnen der Regierungsarbeit, sie erleben sich „als rechte Hand des Staatsapparates" (Prokop, 1995:11). Auf der einen Seite stehen also die zu rettenden, in der Regel weiblichen Fürsorgebedürftigen, auf der anderen Seite die „Helferfrauen", die sich auf die Seite des (Vater)-Staates schlagen und definieren. „In tiefenpsychologischer Perspektive läßt sich diese Position so fassen: Es geht um Rettungsphantasien, die sich auf weibliche, bzw. verweiblichte, sozial ohnmächtige Figuren richten. Die Unterwerfung unter eine Ordnungsmacht wie den Staat oder den Repräsentanten einer Idee (wie den großen politischen Führer) stellt die andere Seite des Szenariums dar. Die verinnerlichte Autorität trägt Züge eines Vaterbildes. Diesem internalisierten Anderen stellt sich das Ich dar, um Anerkennung zu finden. Vor dem Hintergrund dieser inneren Einheit mit dem idealisierten Männlichen erfolgt die Abwertung von realen Männern als Liebespartner. Vor diesem Hintergrund erfolgt aber auch die Abwehr des alltäglichen, bevormundenden Patriarchalismus, denn diese Frauen haben sich zum Teil des mächtigeren (geistigen) Männlichen gemacht und können im Schatten dieser Autorität jeden konkreten Mann erfolgreich bekämpfen." (Prokop, 1995:12)
Im Falle von Schickedanz ist diese „innere Einheit mit dem idealisierten Männlichen" bereits vollkommen aufgegangen: als Nationalsozialistin kann sie die Arbeit der Behörden im Ersten Weltkrieg im Jahre 1938 durchaus kritisch sehen. Gleichzeitig idealisiert sie die Vierjahrespläne, das Wehrgesetz, die Kriegsplanung der NSDAP und deren Repräsentanten. Der kritische Blick auf die Arbeit der Behörden und Regierung während des Ersten Weltkrieg wird sicherlich seine Energie auch aus einer herben, enttäuschenden Erfahrung bezogen haben, der die im Krieg mobilisierten Elitefrauen nach

1918 unterworfen waren: der Demobilmachungsverordnung 1918.[82] Die Identifizierungen und Idealisierungen sind daher vom Vater-Staat des Ersten Weltkriegs, der nun ob seiner schlechten Planung und frauenelitefeindlichen Haltungen kritisiert werden kann, abgezogen und auf die nationalsozialistischen Kriegsplaner übertragen worden.

Eine emotionale Betroffenheitsäußerung zur Not der Menschen im Ersten Weltkrieg erscheint in den Textpassagen von Schickedanz nur selten, sehr kurz und beziehungslos und unkommentiert neben den heroisierenden Berichten. Schickedanz über das erste Kriegsjahr:

»Es war ein geradezu erschütterndes Bild von Not und Arbeitslosigkeit.« (Schickedanz, 1940:18) (Aber, wie wir wissen, die Rettung nahte ja in Form der Zusammenarbeit zwischen Behörden und Frauenverbänden.)

Und allgemein:

»'Ersatz' und immer wieder 'Ersatz' regierte in der Küche.« (Schickedanz, 1940:21)

Relativ ausführlich gibt Schickedanz medizinische Berichte wieder (ebd.:22-28), die den schlechten Gesundheitszustand, die höhere Krankheits- und Sterblichkeitsrate in der Bevölkerung, Gewichtsabnahme der Stadtbevölkerung, Erschöpfungszustände, Anstieg von Todesfällen als Folge der schlechten und mangelhaften Ernährung, Zunahme der Tuberkulose, Verminderung der Geburtenziffern usf. veranschaulichen. Ursache dafür war nach Ansicht der zitierten Mediziner die chronische Unterernährung, eine Folge der »Hungersperre« Englands. Hierzu gibt es jedoch keinen einrahmenden Kommentar, auch keine Zusammenfassung von der Autorin. Vielmehr ist ein Bruch im Darstellungsfluß zu erkennen. Denn die Autorin geht nach den erschreckenden medizinischen Berichten direkt über zu ihren eigenen, betont optimistisch gehaltenen Tagebucheintragungen »einer Lyzeumsdirektorin«[83] aus dem Jahre 1917 und 1918. Woher dieser Optimismus rührt, ist nicht zu verstehen, wenn man weiß, daß in Lübeck die Ernährungslage sogar für Angehörige des Bürgertums – dem die Autorin zuzurechnen ist – in den späteren Kriegsjahren nicht immer gesichert war (vgl. Boettcher, 1988:90). In den euphorischen Tagebucheintragungen von M. Schickedanz regiert trotzdem die freudige Aktion. Zahlreiche durchgeführte Sammlungen werden aufgezählt:

»Aufruf zur Sammlung von Goldmünzen und Schmuck ... U-Boot-Schulsammlung ... Obstkernsammlung ... Sammlung von ausgekämmtem Frauenhaar. Wieder ein 'Ersatz'stoff. Soll für Treibriemen, Filz, Isolierplatten, wichtige marinetechnische Zwecke verwendet werden.« (Schickedanz, 1940:29)

Goldsammlungen, Wäschesammlungen, Geldsammlungen, Nadelarbeiten und andere Handfertigkeiten, Weihnachtspakete für das Feld, Theateraufführrungen (vgl. ebd.:29-31) – alles für die Kriegsarbeit. Die Lyzeumsdirektorin und ihre Schülerinnen waren beschäftigt, unter der Devise: »Ichgefühl überwinden, Einzelinteresse dem großen 'Wir' unterordnen«. Durch die mit den Sammlungen verbundenen neuen Sinngebungen befindet sich Schickedanz »in nette(r) frische(r) Stimmung«:

»3. September (1917): Schon mehrere Male klassenweise Sammlung von Arzneipflanzen: echte Kamille, Schafgarbe usw. Auch Blätter von Himbeere, Erdbeere für deutschen Tee. Nette frische Stimmung, Freude, mit den Mädeln zweckvoll zu wandern und sich um eine Aufgabe zu scharen.« (ebd.:29)

Woher rührt der optimistische Aktionismus, der aus dem Textauszug von Schickedanz trotz der, wie wir wissen, trostlosen Lage vieler Menschen an der »Heimatfront«[84] herauszuspüren ist? Ganz offensichtlich haben die zahlreichen Aktivitäten im Dienste des großen »Wir« einen entlastenden Effekt. Ulrike Prokop (1995) macht in ihrer hier schon angeführten Textanalyse eine moderne Form von weiblichem Autoritarismus[85] aus, der meines Erachtens auch für Schickedanz gilt. Prokop nennt diese Form den „agierenden weiblichen Autoritarismus[86] und beschreibt den Typus folgendermaßen: „Das Erleben kreist um die Phantasie der Vollstreckung eines überpersönlichen und über das alltägliche Leben weit erhabenen Geschicks. Die Phantasien kreisen um schicksalhaftes Verhängnis. Schicksal heißt, Teil einer zeitübergreifenden ewigen Kette zu sein, etwa der Generation eines Volkes. Diesem idealisierten, heroisch konnotierten Anteil des Weiblichkeitsentwurfes kontrastieren die niederen, triebhaften, sexuell konnotierten Elemente von Weiblichkeit. Diese werden – wie nicht anders zu erwarten – nach außen projiziert“ auf ein äußeres Objekt. Als diese fungieren „andere Frauen. Sie werden Gegenstand aggressiven Zugriffs, d.h.: es wird verfolgt bzw. 'erzogen'.“ (ebd.:16f.) Schickedanz resümiert hierzu passend:

»Die Erziehung der Frau zu ihrer Dienstpflicht muß neue Wege gehen. In der Verantwortung der Hausfrau gegenüber der Volkswirtschaft, im Samariterinnendienst, im zivilen Luftschutz, im Landjahr, im Arbeitsdienst und im freiwilligen Frauenhilfsdienst sind Ansätze vorhanden ... Und damit Hand in Hand geht die seelische Gleichsetzung aus völkischen Notwendigkeiten. Sie schafft für den Kriegsfall auch in der Frau die Grundlagen für Opfersinn und Einsatzbereitschaft für Volk und Vaterland.« (Schickedanz, 1938:151f)

An der Spitze dieser Aktivitäten steht die weibliche Elite. Adressat dieser Frauen und ihrer inneren Inszenierung ist ein strenger, gerechter und strafender männlicher Partner – die „Konstellation hat etwa die Gestalt des Vaters und seiner von ihm erwählten Tochter“ (Prokop, 1995:17). Die Mütter wären hier die Besiegten, bzw. diese kommen – es sei denn als Erziehungsobjekt – gar nicht mehr vor. Das Schickedanz-Modell kennt tatsächlich nur die Regierungsebene, die mit dieser zusammenarbeitenden „Elite-Helferfrauen", ihre verschiedenen Erziehungsobjekte und die »draußen« befindliche Soldatenfront. „Es ist eine Identifikation mit dem Vater-Imago, zu deren Teilobjekt die Frau in der Phantasie wird. Sie ist also in der Phantasie Vollstreckerin des väterlichen Willens, nichts sonst und allein dadurch herausgehoben. Das Sexualtabu hat die inzestuöse Vereinigung sozusagen vergeistigt." (ebd.:17) Da das Verdrängte, die hinter dieser Konstruktion liegenden Wünsche jedoch wiederzukehren drohen, ist die „innere Dynamik des *agierenden weiblichen Autoritarismus* ... durch ... die Furcht vor Leere" gekennzeichnet. Trotz dieser Angst vor „Depression, Schmerz, Verlustgefühl" kann „der Gegenstand des Verlorenen" aber nicht gefaßt werden. (ebd.:17) Das Verlorene und/oder fremd Gebliebene – das Erleben einer egalitären Beziehung zwischen Mann und Frau, damit auch das Andersgeschlechtliche, die weibliche Sexualität und die Wünsche nach körperlicher Verschmelzung – muß, da unrealisierbar, abgewehrt, verdrängt und nach außen projiziert werden. Hierzu wieder Schickedanz:

»Unserer deutschen Frauenart entspricht es, mit Einsatz aller Kräfte und voller Hingabe uns für jegliche Abwehr bereitzuhalten, uns in die Schanze zu schlagen für alle, die unserer Hilfe bedürfen, Leben zu bewahren, Güter zu schaffen und zu pflegen. Bereit sein hierfür ist alles. Und damit wird auch der Wille zur Wehrhaftmachung der deutschen Frau äußere Notwendigkeit und innere Verpflichtung.« (Schickedanz, 1938:152)

Die »wehrhaft« gemachte weibliche Kampfgemeinschaft, bereit für »jegliche Abwehr« nach außen, im Binnenraum gegliedert in starke „Elite-Frauen" und (weibliche) Hilfsbedürftige, hat damit ihr sinnaufgeladenes Arbeitsfeld gefunden. Dem können sich die Autorinnen im Buch von Schickedanz wie diese selbst mit »voller Hingabe« und unter »Einsatz aller Kräfte« widmen. Die »Wehrhaftmachung« geht dabei weit über die eigenen Körper- und Landesgrenzen hinaus und scheint einem im gesamten gesellschaftlichen Raum vorhandenem Bedürfnis entgegen zu kommen. Vielleicht muß man sich – neben der sexualfeindlichen Praxis und der Sprachlosigkeit zwischen den Geschlechtern rund um 1900 – auch die intellektuelle Sozialisation dieser Frauen noch einmal vor Augen führen. Sie gehörten zu den ersten regulär immatrikulierten Universitätsstudentinnen[87], auf jeden Fall aber zur weiblich-bürgerlichen Bildungselite. Nach Gabi Förder-Hoff war die Studienmotivation dieser Frauen auch auf die „Breitenwirkung der Politik der bürgerlichen Frauenbewegung und die von ihr vorgebrachten Berufsbilder" (Förder-Hoff, 1992:153) zurückzuführen. Die bürgerliche Frauenbewegung

hatte Tätigkeitsfelder für Frauen gefunden, die die männlichen Erwerbsdomänen nicht angriffen und dennoch ein Machtversprechen beinhaltete: so bspw. das der Fürsorgerin[88]. Der Erste Weltkrieg eröffnete diesem Berufsfeld ungeahnte Räume: Fürsorgerinnen wurden in der Kriegsfürsorge gebraucht wie nie zuvor. Der dafür notwendige und mit den mächtigen Regierungsstellen dann auch geschlossene Bund, dessen Repräsentanten in der Regel gewiß so gut wie ausschließlich männlich (und älter) waren, die Zusammenarbeit mit dem »vaterländischen« Staat, der Bund mit dem idealisierten Vater-Imago, in dessen Dienste sich die Elite-Frauen, die Organisatorinnen der Kriegsfürsorge- und Krankenpflegearbeit stellten, versprach die ersehnte väterliche bzw. männliche Anerkennung und verhieß einen Ersatz für Wünsche nach Einfluß und Macht und für nicht vorhandene egalitäre zwischengeschlechtliche Nähe. Zumindest für die Dauer des Krieges konnten sich, oberflächlich betrachtet, zwar neue Spielräume für Frauen ergeben, ich erinnere an die schon im Ersten Weltkrieg bestaunten (und danach wieder »demobilisierten«) Straßenbahnschaffnerinnen. Für das in der wilhelminischen Gesellschaft erstarrte Geschlechterverhältnis aber ergaben sich neben den Verschiebungen auch neue Fixierungen: das Festschreiben der Frauenberufe auf fürsorgerische oder pflegerische Bereiche.
Im folgenden möchte ich mich nun dem zweiten Abschnitt (Schickedanz, 1940:56-98) zuwenden, in dem es um die Darstellung weiblicher Kriegsarbeit an der Front, um die »Schwesternhilfe« in Frontlazaretten und bei Kriegsgefangenen geht.
Die Realgeschichte dieser Art von institutionalisierter Frauenkriegsarbeit reicht bis ins 19. Jahrhundert zurück. „Während der verschiedenen Kriege des 19. Jahrhunderts entstanden in allen deutschen Staaten Frauenvereine, die im Krieg Erste Hilfe leisteten, in der Krankenpflege arbeiteten und mit Geld- und Materialsammlungen die Soldaten im Feld unterstützten." (Grundhewer, 1987:139) Ursprünglich waren die Vereine zumeist auf das Betreiben von adligen Frauen initiiert worden. Im Zentrum dieser Gemeinschaften standen die Vaterlandsliebe und ein damit verbundenes altruistisches Aufopferungsideal. Ab Mitte des 19. Jahrhunderts organisierten auch bürgerliche Frauen – hauptsächlich aus der Mittelschicht – »Vaterländische Frauenvereine«, die Pflegerinnen ausbildeten und sich zum Ziel setzten, in Friedenszeiten wie im Kriegsfalle die entsprechende notwendige Hilfe zu leisten. Aus diesen Frauenvereinen gingen die später unter dem Roten Kreuz zusammengefaßten, nichtkonfessionellen Schwesternschaften hervor, die – ähnlich der traditionsreichen konfessionellen Ordenspflege – in hierarchisch strukturierten, paramilitärisch organisierten Mutterhäusern zusammenlebten (vgl.

ebd.:29ff. und 138ff.). Bei Kriegsbeginn 1914 wurde die Kriegskrankenpflege in die Hände des Roten Kreuzes, längst zur mitgliedsstärksten und einflußreichsten Organisation angewachsen, gelegt.[89] Diese konnte auf „ein riesiges Angebot an freiwilligen, nur kurz ausgebildeten und unentgeltlich arbeitenden Kräften" (Schulte, 1994:86) zurückgreifen. Trotz der nicht gerade qualifizierten Ausbildung (ab 1906 betrug die ansonsten uneinheitliche Ausbildungszeit in Preußen ein Jahr) und trotz der zum Teil schweren und schmutzigen Arbeit bei schlechter Entlohnung rekrutierten sich die Schwestern häufig aus der Gruppe der alleinstehenden Frauen aus der Ober- und Mittelschicht (vgl. Grundhewer, 1987:140 und Schulte, 1994:86) – gesichertes empirisches Material hierzu liegt allerdings nicht vor. Die Arbeit der Schwestern stand unter den Geboten der unbegrenzten Einsatzbereitschaft, der Nächstenliebe, der Selbsthingabe und Aufopferung – über allem jedoch stand der Dienst am Vaterland. Die Schwestern, die sich 1914 freiwillig zur Kriegskrankenpflege meldeten, waren begeistert vom Kriegsanfang. Sie erhofften sich, wie die soldatischen Kriegsfreiwilligen auch, einen Aufbruch aus der Erstarrung des Alltags. „Die immer wiederkehrende Formel, die sie mit den Soldaten teilten, nämlich daß sie 'ins Feld' drängten, legt nahe, daß sie heraus wollten aus der städtischen Zivilisation und aus der routinisierten Unterwerfung unter die blockierende Disziplin der Mutterhäuser und Anteil nehmen wollten am Ausbruch der Soldaten in eine Welt der Koinzidenz der Erfahrbarkeit von Realität und Bedeutung, in der Blut um höherer Zwecke willen sinnhaft vergossen und zum Opfer dargeboten würde und das sie stillen und trösten würden. Ihre Aufgabe ragte nun plötzlich ins Archaisch-Phantastische. Die Realität der Kriegsmaschine kannten sie ja noch nicht." (Schulte, 1994:89) Während der Kriegszeit wurden die Schwestern auch als die »Soldaten ohne Waffen« bezeichnet und waren nicht nur in Deutschland „unersetzbarer Bestandteil des industriellen Massenkriegs" (Riesenberger, 1992:80). Nach Riesenberger stellte das Rote Kreuz in Deutschland 92.094 weibliche Hilfspersonen zur Verfügung (ebd.:80).

Einige der Kriegskrankenschwestern hatten im Laufe der folgenden Jahrzehnte ihre zwischen 1914 und 1918 gemachten Erfahrungen schriftlich niedergelegt. Aus diesen autobiographischen Erlebnisberichten hat M. Schickedanz einige zum Großteil kriegsbejahende[90] Schriften ausgewählt.[91] In einer einführenden Zusammenstellung zählt sie zuerst die geleisteten Arbeiten der Kriegskrankenpflege auf:

> »Von den 27,18 Millionen in Feld und Heimat ärztlich behandelten Verwundungen und Erkrankungen kam ziemlich die Hälfte, nämlich 13,4 Millionen, in Lazarettbehandlung.« (Schickedanz, 1940:56)

Die Zahl der eingesetzten Krankenschwestern im Krieg wird von Schickedanz (1940:56ff.) zwischen 92 000 und 117 000 angegeben. – Mit der relativ ausführlichen Darstellung der imposanten Zahlen gelingt es der Autorin beim Leser Bewunderung hervorzurufen. Diese scheinbar objektive und fast wissenschaftliche Darstellungsform strebt an, das Gewicht der von Frauen erbrachten Leistungen in der Kriegskrankenpflege zu untermauern. Ein paar Seiten weiter faßt Schickedanz das hinter den Zahlen stehende Anliegen in Worte. Die Kriegskrankenpflege der Schwestern, von der Autorin als »warmherzige Frauenhilfe« umschrieben, sei von »ausschlaggebender Bedeutung« gewesen. Wenngleich dies sogar stimmen mag, sind die auf diese Bedeutsamkeit projizierten ideologischen Botschaften doch unübersehbar. Herausragendes Destillat der Erinnerungen der »Frontschwestern« ist das auch der Autorin imponierende Erlebnis der – idealisierten – Kameradschaft:

»Von Frontkämpfern wird immer wieder als ihr schönstes Erlebnis aus dem Felde ihre Kameradschaft betont. Aber nicht nur Fronterleben erzeugte herzliche Kameradschaft. Auch Ärzte, Schwestern und Sanitäter, die gemeinsam ihre Großkampftage hinter der Linie erlebt hatten, wuchsen zu festen Kameradschaften zusammen, die oft den Krieg überdauerten.« (Schickedanz, 1940:78)

Hierzu läßt Schickedanz auch Helene Mierisch sprechen:

»Es ist nicht nur das gewaltige Erleben des Weltkriegs, das uns so fest verbunden hat, denn Millionen haben das wie wir erlebt und sind sich doch nicht so nahe gekommen. Es ist auch nicht die tiefe Liebe zum Vaterland, die sitzt jedem echten Deutschen zutiefst im Herzen, ohne eine so feste Gemeinschaft herbeizuführen. Es ist die Kameradschaft dieser Art der Arbeit, das rückhaltlose Einsetzen im Dienst helfender Menschenliebe und Menschenpflicht, der schwere Kampf um die Erhaltung kostbarer Menschenleben.« (Mierisch, 1934; in: Schickedanz, 1940:79)

Die Gemeinschaft der »Frontschwestern« beansprucht für sich, wie die Brudergemeinschaft der Soldatenmänner, den Begriff der Kameradschaft. Die »Frontschwestern« wollen als Gleichwertige angenommen werden, die ebenso wie die Gemeinschaft der männlichen Frontkämpfer ihre »Großkampftage« erlebt haben – dieser Begriff kennzeichnet das Eindringen in einen für Frauen eigentlich verbotenen, dem männlichen Krieger exklusiv vorbehaltenen Raum. Damit kommt in den Berichten eine weitere, durch die Bearbeitung der konkreten Fronterfahrung gestützte und „auf die Ebene archaisierter Familienbezüge übersetzte“ (Schulte, 1994:92) Phantasie zur Sprache. Deren Kern besteht darin, nachzuweisen, daß die Frau als »Frontschwester« dem heldischen Krieger nicht nur eine gleichwertige »Kameradin« ist, sondern auch eine „Schwester von Brüdern“ (ebd.:93). Legitimiert wird diese Phantasie durch die imaginäre Gleichwertigkeit der Frauenkriegsarbeit mit

der soldatischen Kriegsarbeit. „Was ihnen in der Spielwelt der Kinder schon früh verweigert wurde, schien die Gemeinschaft der Front für sie, die Ehelosen, bereitzuhalten – eine Gleiche unter Gleichen zu sein.“ (ebd.:93)
Daher begrüßt Schickedanz die neue Einstellung der NS-Führung, die nunmehr auch den Frauen nicht nur ein »Kreuz für Kriegsteilnehmer«, sondern gar das »Ehrenkreuz für Frontkämpfer« zugesteht:

»Der Weltkrieg ist auch in dieser Hinsicht ein Lehrmeister gewesen. Die Männer, die draußen waren, haben es selbst miterlebt, wie viele Frauen „Tapferkeit vor dem Feinde“ bewiesen haben ...
Wir begrüssen jeden einzelnen Fall (der Verleihung, E.d.V.) mit herzlicher Anteilnahme ... Die Empfängerin ... hat doch ein Gefühl stolzer Freude, auch durch ein äußeres Zeichen in das große Heer derer eingereiht zu sein, die für Volk und Vaterland alle Kräfte eingesetzt haben.« (Schickedanz, 1940:81)

»Anerkennung« findet im »militärischen Leben«, so Schickedanz (1940:80), »häufig seinen Ausdruck in Auszeichnungen«.[92] Die Anerkennung und Auszeichnung, die Einreihung in das »große Heer« hatte zwar einen Preis, nämlich schwer erträgliche Arbeitsbedingungen (vgl. ebd.:68f.). Doch auch auf Margareta Schickedanz scheint die Teilhabe am militärischen Leben trotz dieser Einschränkungen aufgrund des damit verbundenen Zugewinns an Bedeutsamkeit attraktiver gewirkt zu haben als der status quo ante.
Einen imposanten Eindruck der hektischen Arbeitsverhältnisse dieser »Frontschwestern« erhalten wir durch die Autorin Suse von Hoerner-Hintze[93], aus deren Schrift *Mädel im Kriegsdienst* (1935) auch Schickedanz eine längere Passage zitiert. Um eine Impression zu vermitteln, hier eine stark gekürzter Auszug aus diesem Abschnitt mit dem Titel »Großkampftage in der Operationsbaracke«:

»Grete und ich sind dienstfrei ... Plötzlich sagt jemand: ‘Sieben Schwerverwundete sind oben!’ Wir rennen los und hinauf ... Sieben Tragen mit stöhnenden Menschen stehen herum und müssen sofort behandelt werden ... ‘Zwanzig neue sind da’ ... ‘Fünfzig Zuwächse’ ... Zwei Stunden Schlaf. Dann Klopfen. Nochmals Klopfen ... ‘Vierzig neue sind da.’ Das ist eine Hochflut von Transporten ... 48 Zuwächse ... 70 ... 32 ... 25 ... Leichtes Kreisen ist dann im Kopf und Herzklopfen wegen Verbandszeug ... da schreit ein Bauchschuß nach Wasser ... vor uns liegt schon wieder ein anderer, von Granatverletzungen Rücken, Gesäß, Arme, Beine, Gesicht so wie ein Sieb geöffnet ... ‘Granatverletzung gestorben.’ Das stirbt einem so unter den Händen weg – aber man kann kaum daran denken ... ‘Sie schaffts schon – hat sie gesagt’. Ach Gott – ich denke, manchmal sind deine Menschen herrlich ...
Man kommt kaum zur Besinnung – es ist gut so, da sieht man nicht leidende Menschen. Da sieht man bloß Arme, Beine und Bauch – ... man sieht eine Unterlippe ... man denkt nur an die Nähte, die da notwendig sein werden. ... sekundenlang sieht man das: Grete steht in vollkommener Ruhe und Sicherheit mit der Tropfflasche in der Hand

und macht Narkose. Hört nichts anderes, sieht nichts anderes, ist still konzentriert auf das eine: Narkose. Wir wissen kaum mehr, ob Tag oder Nacht, das Gefühl für Zeit und Stunde ist nicht mehr da .... Weiter, weiter – Amputation und Trepanation ...« (von Hoerner-Hintze, 1935; in: Schickedanz, 1940:61-65)

In der Nähe des Todes, durch die Realität zu blindem Aktionismus verpflichtet, erwächst eine geradezu verschworene Gemeinschaft der Lebenden. Die Soldaten werden im Angesicht des Andrangs und des Grauens zu Zahlen und zu einzelnen – verwundeten – Körperteilen. Der Soldat als Individuum, sei es als Verwundeter oder als Kriegsgefangener, existiert in diesem Gefüge nicht. Aus weichen jungen »Mädels« werden durch die Kriegsarbeit Frauen »fest wie Eisen« und mit der Ausdauer von Pferden

»Einmal muß ich so wie ein Blitz an die Zeit unserer Ausbildung denken – als Grete immer halb ohnmächtig an der Wasserleitung saß – jetzt ist sie fest wie Eisen geworden und hat Ausdauer wie ein Pferd ... Und manchmal blicke ich sekundenlang auf und sehe die Gesichter der Kameraden an.« (ebd.:65)

Die Versicherung, zur Kameradschaft der so Gestählten zu gehören, bedarf nur sekundenlanger Augenblicke. Und doch gibt es eine Verunsicherung, die aber durch die Zwänge der Realität im nachhinein weggewischt werden kann.

»Ist manches so wie ein Traum – Ober schreit: 'Naht', habe die Naht schon bereit und denke so weiter –: Götter – sind eure Menschen heute schön! – Fragt eine Stimme in mir: und muß dazu erst der Krieg – – ? Sagt eine andere Stimme in mir: das ist die gute Seite am Krieg, aber das muß nicht nur der Krieg – – etwas sagt deutlich in mir: das kann auch ganz etwas anders sein – was denn – da seh ich, das Jod geht bald aus, ich rufe:« (ebd.:66)

Das Erspüren der Schönheit des Lebens und der eigenen lebendigen Existenz scheint im Angesicht einer alltäglichen Erfahrung menschlicher Verwundbarkeit und Sterblichkeit möglich, gar intensiviert zu werden. Suse von Hoerner-Hintze, deren Leben in der Weimarer Zeit durch Brüche gekennzeichnet ist, hat eine Ahnung davon, daß Lebensintensität auch auf anderem Wege als durch diese vermeintlich »gute Seite am Krieg« erfahrbar sein könnte. »Etwas sagt deutlich in mir: das kann auch etwas ganz anderes sein – was denn«, sagt bzw. fragt sie sich. Sie kann aber die Frage nicht beantworten. Sie erliegt dem Sog der Hektik des Alltags einer Kriegskrankenschwester und der deutlich aus dem Text herauslesbaren Abenteuerlust noch im Jahre 1927/28, dem Zeitpunkt der Niederschrift ihrer Erinnerungen[94], und fährt fort mit der Darstellungsweise ihrer Erlebnisse.
Ihre Selbstbestätigung entnehmen die Frauen der Erfahrung »unabkömmlich« zu sein, gebraucht zu werden.

»Zwischendurch hören wir, daß ... wir hier als unabkömmlich erklärt sind ... Wir haben nicht die Zeit, darüber nachzudenken, aber als der Doktor das Wort 'unabkömmlich' sagt, da heben wir unsere Augen einmal von der Arbeit auf, Grete und ich blicken uns lächelnd an.« (von Hoerner-Hintze, 1935; in: Schickedanz, 1940:66)

Das Anheben der Augen und darauffolgende Anlächeln der beiden »Frontschwestern« macht deutlich, daß es diese »Unabkömmlichkeit« ist, die die beiden Frauen mit Stolz und einer der Sprache nicht bedürfenden Verbundenheit erfüllt.
Daß die »Frontschwestern« sich auch als Mütter und ihre Schutzbefohlenen als ihre Kinder betrachteten (vgl. Schulte, 1994:93f.), kommt in den von Schickedanz verwendeten Texten nur in der Betrachtung der Frauenkriegsarbeit bei den Kriegsgefangenen heraus. Fürsorgeobjekt dieser Frauen ist der geschlagene und schwache Krieger. Das Heldische in diesen geschilderten Szenen haben die dem Feind unterlegenen Soldaten zwar nicht ganz verloren, ein großes Stück dieser Anerkennung jedoch geht auf die mutigen Schwestern über. Die Kriegsgefangenen bekleiden die unterlegene Position in dieser Phantasie.

»Mit nassen Augen streckten sie uns die Arme entgegen, im Nu streifte man ihnen ein warmes Hemd über, legte ein fertiges Bündel, von jedem Artikel ein bis zwei Stück enthaltend, zu ihnen, und eine freundliche Schwester erbot sich, sie anzukleiden. Selbst waren sie ja zu verstümmelt, zu schwach oder stark fiebernd, zu nichts imstande.« (Hoerschelmann, 1921; in: Schickedanz, 1940:86)

Diese Beschreibung der Soldaten als (kranke) Säuglinge, die von den guten Müttern versorgt werden, steht im seltsamen Kontrast zum ansonsten in der bürgerlichen Öffentlichkeit gepflegten Bild des Mannes und des Soldaten als unbeugsamer Kämpfer. Höchstens im familialen Raum ist, wenngleich nicht in diesen Ausmaßen, dem Mann Regression gestattet. Daher erinnern die Ausführungen an den „Intimraum der bürgerlichen Familie, ... in dessen Zentrum Mütter und Söhne stehen“ (Schulte, 1994:94). Unter den Blicken der mütterlichen Schwestern ist die Regression gestattet:

»Aber all ihre Herbheit schmolz dahin, wenn man nun zum Schluß zu ihnen kam, sie anlächelte und ihnen zunickte, die ganzen Reihen entlang, es waren ihrer ja nie viel, und fühlte, wie von einem brennenden Herzen das brennende Naß dabei in die Augen stieg.« (Hoerschelmann, 1921; in: Schickedanz, 1940:87)

Aus „Armeegeist, Ordenshierarchie und dem unantastbaren Muttermotiv“, so Grundhewer, war das Berufsbild der Krankenschwester entstanden. Wurde der Mann des wilhelminischen Deutschland als Korpsstudent, Offizier oder Beamter bestätigt, „wurden ihre Frauen in den blütenweißen Schwesterntrachten geadelt. Wie aus dem Mann erst im Feld ein wahrer Kämpfer wurde, fanden auch die Frauen erst dort zu ihrer wahren, einzigartigen Bestimmung: Mutter zu sein, Mutter für alle, für das ganze Vaterland" (Grundhewer, 1987:148), einer Phantasie, der wir schon bei Liane von Gentzkow (vgl. Kapitel 4.3) begegnet sind.

Konsequent fährt Schickedanz mit einer Lobeshymne auf die wohl bekannteste Schwester der Kriegsgefangenen, Elsa Brandström, fort. Vielleicht um die Bewunderung der männlichen Kriegsgefangenen zu beweisen, bemüht sie hierfür den soldatischen Nationalisten Dwinger (1929). Sie schließt das Kapitel zur »Schwesternhilfe« mit einem weiteren männlichen Autor, Pfarrer Juhl (1938), ab, der sogar vom Tod einer Schwester, die Kriegsgefangene betreute, zu berichten weiß. Eine mehr – eine deutsche Frau unter den Toten des Weltkriegs. Der endgültige Beweis der Gleichheit und der Ernsthaftigkeit des Einsatzwillens der Kriegskrankenschwestern ist damit erbracht. Auch sie – wie die Soldaten – sind »gefallen« für das Vaterland.

Im dritten Kapitel wendet sich Schickedanz dem Thema der »Frauen in der Kriegsarbeit« zu. Es finden sich Schilderungen von Landfrauen und Fabrikarbeiterinnen, die die Männerarbeiten übernehmen: Im Bericht der Fürsorgerin Irmgard Fischer, deren (bislang unveröffentlichtes, so Schickedanz) Manuskript den bemerkenswerten Titel *Frau in Eisen. Kriegs- und Grenzlandtagebuch einer Fürsorgerin* (1933) hat, hört sich diese Übernahme der Männerarbeit durch die Frauen regelrecht leichtfüßig an.

»Ein kleiner Zug kommt schnell heran, hält an, eine Rangiererin, sehr adrett in ihrer Uniform, springt ab, stellt Weichen, springt wie ein Knabe zur Lokomotivführerin auf den abfahrenden Zug.«
»Und ich sehe Arbeiterinnen in luftiger Höhe: die Kranfahrerinnen ... Wohin ich blikke, Mädchen bei schweren Arbeiten.«
»Hier geht es emsig zu wie in einem Bienenschwarm, denn die Granaten eilen. Da ist die Presserei der Rohlinge mit Glut und Hitze, aber die Mädchen stehen ihren Mann. ... – und an jeder Drehbank Mädchenhände, die ihre Arbeit bewältigen.« »Da stehen die Arbeiterinnen wie Männer in ihren blauen Hosen mit ihrer Erzschippe in der Hand ... Koksschipperinnen ...«
»Überall Frauen. Wohin man blickt, bei schwerster und bei leichtester Arbeit. Überall ist die Frau in die Bresche gesprungen, den kriegsführenden Mann in der Heimat zu vertreten.« (Fischer, 1933; in: Schickedanz, 1940:113-116)

Frauen können »wie Männer« aussehen und arbeiten, so lautet die schlichte Botschaft, überall, auch bei den schwersten Arbeiten »stehen (sie) ihren Mann«. Fast hat man den Eindruck, dahinter stünde die Vorstellung einer Übernahme der Gesellschaft durch die Frauen. Da die Frauen ohnehin dasselbe können »wie Männer«, steht dahinter die latente Frage: Brauchen wir die Männer eigentlich überhaupt noch? Zwar wird diese Phantasie ein wenig eingeschränkt durch die nachfolgenden Darstellungen über die Mißstände (Gefahren, wenig Schlaf, schlechte Ernährung, Doppelbelastung etc.) und über die sozialen und körperlichen Folgen der Schwerstarbeit. Dieser Abhandlung jedoch schließen sich zwei stark affektiv aufgeladene Gedichte an, erstes von einem Mann, zweites von einer Frau verfaßt. Beide Gedichte sind symptomatisch für den Entwurf einer Kriegsgesellschaft. In beiden kommt die gleiche Phantasie zur Sprache. Ich konzentriere mich hier auf das Gedicht der Frau.

»Deutsche Munitionsarbeiterinnen

August 1917
Daß Friede werde, laßt uns Waffen schmieden!
Und jede Hand, die jetzt nicht Arbeit tut,
ist wie ein dürrer Zweig
für Axt und Feuer reif.-
Wer jetzt daheim im festen Haus,
der denk der Männer, die uns schirmen,
mit ihren Füßen stehen sie im Blut,
Mit ihren Leibern decken sie die Grenzen.-
Wir aber, Frauen, wollen ihnen Panzer schweißen
aus Stahl und Eisen.

Tag und Nacht bereit,
soll unser Arm nicht lasch noch müde werden;
in weiten Sälen, wo Maschinen dröhnen,
laßt zarte Finger ebenso wie grobe Hände schaffen.
Ob aus Palästen, ob aus niedrer Kate,
kein Unterschied ist mehr, der trennt!
In deutscher Not erstand die deutsche Frau,
sie schützt mit ihrer Arbeit ferne Brüder,
und tausend Tränen bleiben ungeweint.-

Die Männer draußen
und wir Frauen drinnen,
ein Leib, ein Herzschlag und ein Wünschen,
ein Wort, ein Wille:
Durch zum Sieg! Irmgard Höfer-Sommer«[95]

Die Anspielung auf eine friedliche Zukunft in der ersten Zeile des Gedichtes »Daß Friede werde« führt sich nach heutigem Verständnis ad absurdum durch die Fortsetzung der Zeile: »laßt uns Waffen schmieden!«. Im Fortgang des Gedichtes ist alles auf den zweiten Teil dieser ersten Zeile ausgerichtet: auf die Herstellung von Waffen – durch Frauen. Das Gedicht sucht nach der öffentlichen Anerkennung für die als wichtig erachtete Arbeitsleistung die-

ser Frauen. In der ersten Strophe wird eine Verkehrung der Geschlechterstereotype vorgenommen. Denn es sind die Frauen, die arbeiten gehen, es sind die Männer, so die zweite Strophe, die »mit ihren Füßen ... im Blut (stehen)«. – Meine Assoziationen hierzu waren: Die Frauen befinden sich in einer vormals der Männerwelt exklusiv vorbehaltenen Sphäre (der Arbeitswelt), die Männer werden in ein befremdliches Szenarium hineinkatapultiert. Blut, in Friedenszeiten eher den Frauen zugeordnet (Menstruation und Gebären), gehört nun zur Männerwelt, das Blut der feindlicher Soldaten/die Wunden/die Menstruation/das Innerste (das lebensnotwendige Blut) wird vermengt zu einem Komplex und wird nach Außen verlagert. Auch die sich ergänzende geschlechtsspezifische Arbeitsteilung, die in den letzten Zeilen der ersten Strophe vorgenommen wird, weist auf diese Umkehrung hin: Die Männer übernehmen einen direkt auf die körperlich-passive Präsenz ausgerichteten Beitrag, sie »decken« mit ihren *Leibern* die Grenzen. Die Frauen erledigen die traditionell den Männern vorbehaltene *Arbeit*, sie »schweißen die Panzer ... aus Stahl und Eisen«. Da es um den Schutz von Grenzen geht, fragt man sich: welche? Sicherlich, vordergründig sind damit die nationalen Grenzen gemeint. Anders formuliert geht es um eine aggressive, waffenstarrende Abgrenzung gegenüber dem, was als das Fremde definiert wird und an dessen äußerstem Rand die Soldaten positioniert sind.
An dieses Bild eines notwendigen Grenzschutzes heftet sich eine weitere Spaltung, nämlich die zwischen den Geschlechtern. Da von der Abschirmung der im Binnenraum befindlichen Frauen die Rede ist, taucht die Frage auf, ob es in dieser Inszenierung nicht auch um den für beide Geschlechter dringlichen Schutz vor Sinnlichkeit geht, also um den Schutz vor einer sinnlich-körperlichen Begegnung. Alle männlichen Personen des Gedichtes befinden sich in der Ferne, körperliche Beziehungen sind damit unmöglich. Sehnsüchte und Wünsche nach einer erfüllten sinnlichen Beziehung, nach Anerkennung, nach Partnerschaft etc., müssen und können, beliebig ausgeschmückt, in der Phantasiewelt „gelebt" werden. Genau auf dieser Ebene fährt das Gedicht fort. Sowohl die erste als auch die zweite Strophe sind gekennzeichnet von einer weiblichen Machtphantasie, in der die Frauen den Raum der Männer eingenommen haben. Die Arbeit dieser Frauen, die keine Klassenunterschiede mehr kennen, ist hart, derbe Maschinenarbeit. Sie erfüllt einen bedeutenden Zweck: den Schutz der zu Brüdern transformierten Männer. Die heldische Diktion mit der die Frauenkriegsarbeit konnotiert ist, erhöht die »Tag und Nacht bereiten« »deutschen Munitionsarbeiterinnen«. Ist in der ersten Strophe noch von »Männern« die Rede, werden diese in der zweiten entsexualisiert und zu »Brüdern« gemacht, die von »deutschen Frauen« ge-

schützt werden durch ihre Arbeit. Nachdem geklärt ist, wer die wichtigen Arbeitsleistungen an der »Heimatfront« erbringt, kann die finale Vision ausgesprochen werden. In der dritten Strophe des Gedichtes sind die »fernen Brüder« zwar wieder zu »Männern« geworden, aber sie sind endgültig »draußen«. Dennoch läßt die Redeweise dieser Strophe an das körperlich-seelische Erleben im Akt einer gelungenen Vereinigung denken. Hier jedoch ist diese eine Aufteilung der Geschlechter gleichzeitig implizierende und über die Imagination des Kriegsschicksals definierte „Vereinigung" eine *geistige*, also keine körperliche. Die Geschlechter sind zwei komplementären Räumen zugeordnet, »Männer draußen«, »Frauen drinnen«, gehören aber dennoch einem Organismus (»ein Leib, ein Herzschlag«) an. Definiert ist die Einheit dieses Organismus durch den einen – geistigen – Willen (»ein Wünschen, ein Wort, ein Wille«): »Durch zum Sieg!«.

Der Vollständigkeit halber sollte erwähnt werden, daß das Gedicht den Ausführungen über die Hilfsarbeiten »von Studentinnen und Frauen der bürgerlichen Kreise in der Munitionsfabrik« vorgestellt ist, in denen die Kriegsarbeit der aus diesen Schichten stammenden Frauen in den höchsten Tönen gelobt wird. Sie »'leisten mehr' als der Durchschnitt der Arbeiterinnen« (Schickedanz, 1949:123f.), heißt es zum Beispiel. Die bürgerlichen Frauen, dieser Schicht ist auch Schickedanz zuzuordnen, also sind es, die das im Gedicht formulierte Ansinnen besonders gut erfüllen.

Aus der Gesellschaft der tüchtig arbeitenden Frauen sind die Männer herauskatapultiert. Das zeigen auch die folgenden Kapitel auf, in denen noch einmal arbeitende Frauen in traditionellen Männerberufen vorgeführt werden. Ob »Briefträgerin«, »Paketausträgerin«, »Kutscherin«, »Schaffnerin, »Heizerin« oder gar »Spionin«, Frauen verrichten die Arbeiten zur Zufriedenheit aller. Doch sogar an die „Arbeitswelt" der an der Peripherie tätigen Soldaten tasten sich die arbeitsfähigen Frauen heran. Auch in der »Etappe« übernehmen sie die »Schanzarbeiten«, heben Unterstände und Gräben aus – keine ungefährliche Arbeit.[96] Zum letzten symbolischen Akt allerdings kommt es (noch) nicht:

> »wir dürfen zusehen, wie die dicke Granate hineingeschoben, das Rohr gerichtet wird, aber abziehen, nein, das dürfen wir nicht, sondern dann nur noch Ohren zuhalten und Mund aufsperren.« (Dr. Marie Busch im Abschnitt »Studentinnen schanzen hinter der Front«; in: Schickedanz, 1940:143)

Auch die Forderung nach »völlig(er) militärische(r) Einreihung der Etappenhelferinnen« (Schickedanz, 1940:147) geht nicht in Erfüllung. So wird mit den letzten Kommentaren der Autorin Schickedanz deutlich, was sie anstrebt. Sie zitiert im Wortlaut eine am »3. Oktober 1918 über (die) Bildung des Weiblichen Nachrichtenkorps«[97] erlassene Verfügung, mit der »eine neue Entwicklungsstufe eingeleitet« wurde. Margareta Schickedanz ist ihrem Ziel ein Stück nähergekommen:

»Durch diese Verfügung konnte die Frau als Helferin und Kameradin des Frontkämpfers, mit ihm und in einer ihr angepaßten Weise militärisch eingereiht, der Verteidigung des Vaterlandes dienen. Hierdurch gehörte sie der kämpfenden Truppe an.« (Schickedanz, 1940:150)

5 Diskursive Zusammenhänge II: Die Vorläufer – Ideologien und Kriegspropaganda der Germanenkultlerinnen

5.1 Der rassistische Germanenkult

In der völkischen Bewegung existierte neben den Vertretern des »Nordischen Gedankens« eine Fraktion der Anhänger des Germanenkults. Rassistisch und gegen das Christentum eingestellt, orientierten sie sich am Bild des »unvermischten«, »heidnischen« und kriegerischen Idealgermanen. Dieser Germanentypus fungierte als eine der Vorlagen für deutsche Identität.
Nun versucht sich jede Kultur, jede Gesellschaft auf eine Genealogie zu berufen – Ursprungsmythen und die Vorstellung der gemeinsamen Abstammung spielen eine große Rolle bei der Entstehung des Nationalbewußtseins (vgl. Poliakov, 1977:97ff.). Da sich der Germanenmythos jedoch außerhalb von Deutschland (in Skandinavien) abspielte, war er nur bedingt für die Bildung eines nationalen Identitätsgefühls geeignet.

Tacitus

Fast alle germanophilen Gesinnungen bezogen sich auf eine antike Quelle, auf die Tacitus-Schrift *Germania*. Es ist informativ, einen genaueren Blick auf das Original zu werfen. Mit hoher Wahrscheinlichkeit hat die uns hier interessierende Autorin Rogge-Börner Tacitus gelesen, ihr Studiengang (Altskandinavische Geschichte) legt dies nahe. Ich möchte überprüfen, inwieweit sich Bildentwürfe und Argumentationsfiguren aus der Tacitus-Schrift in ihrem Denken wiederfinden.
Nach Poliakov ist „das Zeugnis des Tacitus ... die wichtigste 'Realitätsparzelle'..., um die herum sich in neuerer Zeit der deutsche Größenwahn bildete“ (Poliakov, 1977:109). Auch wenn vielleicht schon zu Zeiten Rogge-Börners klar war, daß die Tacitus-Schrift nicht als historische Quelle genutzt werden kann, da es sich um eine Art „Roman“ handelt, hatten die von Tacitus entworfenen Bilder zweifelsohne Einfluß auf das Denken der germanophilen Zeitgeister.[1]
Bereits im 15. Jahrhundert richteten die Humanisten der Renaissance, wie beispielsweise Konrad Celtis[2], ihr Germanenbild nach dem von ihnen wiederentdeckten römischen Geschichtsschreiber Tacitus[3] aus (vgl. Voss, 1981). In seiner um 98 n. Chr. verfaßten Schrift *Germania* beschrieb Tacitus ein

idealisiertes Germanenbild, das von einer primitiven, aber unverdorbenen, weil in der Rasse »unvermischten« germanischen Kultur sprach (vgl. Tacitus, 1982:76). Dem setzte er die angeblich überzivilisierte und dekadente, sittlich verfallene Kultur der Römer gegenüber. Dieses antithetische Bild zog sich in den folgenden Jahrhunderten durch die gesamte Rezeptionsgeschichte. Auch die angebliche rassische Reinheit der Germanen ist eine durch die Jahrhunderte immer wieder auftauchende Behauptung, mit der letztlich sogar die nationale Eigenständigkeit und germanische bzw. deutsche Charaktereigenschaften chiffriert wurden. „Erst viel später gibt dieser Gedanke der völkischen Unvermischtheit seine gefährliche ideologische Stoßkraft zu erkennen, nämlich in dem Augenblick, in dem sich die Germanen-Ideologie der naturwissenschaftlich-biologischen Betrachtungsweise bemächtigt." (von See, 1970:16)

Einige Historiker meinen, in Tacitus' Schrift das Bestreben zu erkennen, die eigenen Machthaber und Gesellschaftsstrukturen zu kritisieren. Dafür brauchte Tacitus ein positiv besetztes Gegenbild, den barbarischen Germanen – ein Phantasieprodukt. Der Kontrast, typisch für die antike Ethnographie, ist nicht zufällig. Nach Lund (1986:53-87) war es in der Antike gängig, Asien mit Europa, den Norden (= Germanen) mit dem Süden (= Römer) zu vergleichen.

Identitätsstiftung – insbesondere die in Deutschland ohnehin verzögerte Ausbildung einer nationalen Identität – dürfte das tragende Motiv für das starke Interesse an Tacitus bzw. den Germanen gewesen sein. Darüber hinaus ist ein antithetisches Bild insofern entlastend, als es sich für Projektionen beliebiger Art anbietet. Es ist einfacher, ein positives und somit identitätsstiftendes Selbstbild zu kreieren, wenn man ein Gegenstück hat, auf das man die negativ besetzten eigenen Anteile projizieren kann. Diesem in antithetischen Bildern strukturierten Denken begegnet man auch im Gegensatzpaar Arier – Semit.

Gespeist durch die historische Quelle erfuhr das Germanenbild eine klischeehafte Verfestigung der Charaktereigenschaften: „kriegerisch gesinnt und dabei offenherzig und bieder ... bäuerlich-bodenständigen Sitten verhaftet, von keuscher, schlichter Ehrbarkeit in der Achtung der Frau, ... auf die persönliche Treuebindung zwischen Gefolgsherr und Gefolgsmann (bauend)" (von See, 1970:9). Nach Tacitus hatten die Germanen

»wild blickende, blaue Augen, rötliches Haar« und waren »nur zum Angriff kräftige Gestalten, während sie nicht so leicht Anstrengung und Arbeit aushielten« (Tacitus, 1982:76).

Diese Beschreibung fand in den Ideen der späteren Rassentheorien ihren Widerhall.

Neben der »Unvermischtheit« hebt Tacitus die kriegerische Kraft und den Freiheitswillen der (West-)Germanen sowie deren

»gute Sitten« hervor. Nach Tacitus begnügen sie sich »mit einem Weib«[4] und »jeden nährt seine eigene Mutter an ihrer Brust« (in: Heine, 1986:31). Könige wählen sie »nach dem Adel, Feldherren nach der Tapferkeit« (Tacitus, 1982:78).

Den breitesten Raum jedoch nehmen die Beschreibungen über kriegerische Eigenschaften, Kampftechniken und Schlachtordnungen der Germanen ein. Dabei geht Tacitus auch auf die Beteiligung der Frau am »Kriegswesen« ein. So bringt bei der Eheschließung die Germanin ihrem Manne

»ein Waffenstück«, »damit sich nicht die Frau von allen Gedanken an männliche Tugenden und von allen Kriegsschicksalen ausgeschlossen wähne« (Tacitus, 1982:83).

Daß die Germanin aus kriegerischen Handlungen ohnehin nicht ausgeschlossen ist, beschreibt Tacitus folgendermaßen:

»Zu den Müttern, zu den Gattinnen kommen sie mit ihre Wunden, und diese scheuen sich nicht, sie zu zählen und zu untersuchen ... Es wird erzählt, daß manche schon weichende und wankende Schlachtordnung von Weibern wiederhergestellt worden sei durch Beharrlichkeit ihres Flehens, durch das Entgegenhalten ihrer Brust, durch ihre Hinweisung auf nahe Gefangenschaft, deren Gedanke sie um ihrer Weiber willen weit empfindlicher noch peinigt, so daß diejenigen Gaue sich stärker gebunden fühlen, von denen man unter den Geiseln auch edle Jungfrauen fordert. Ja sie sehen in ihnen sogar etwas Heiliges und Prophetisches, verschmähen deshalb weder ihren Rat, noch lassen sie ihre Aussprüche unbeachtet.« (Tacitus, 1982:78)

Nach von See (1994:92ff.) ist die Eingängigkeit eines Geschichtsmythos abhängig von einigen Vorbedingungen: Abgesehen von einer „vertrauten Topographie" ist eine „möglichst stabile, kanonisch gewordene Form der Verbildlichung", insbesondere aber auch eine „längere, kontinuierliche Entwicklung" notwendig, damit ein Geschichtsmythos zum populären Gemeinbesitz werden kann. Gerade dieses im Laufe der Rezeptionsgeschichte der Germanen zum Klischee verfestigte Bild der kämpferischen Germanin hatte offensichtlich auf viele sowohl mit der Frauenbewegung als auch den Nationalsozialisten sympathisierende Autorinnen außerordentlich starke Anziehungskraft.
Insgesamt entspricht das von Tacitus dargestellte Germanenbild der antiken Typologie für Barbarenvölker, die auch bei anderen Autoren seiner Zeit zu finden ist. Überfluß und Luxus – konnotiert mit Zivilisation – führten nach antiker Anschauung letztendlich zur Degeneration der ursprünglichen Natur und zum Untergang eines Volkes. Tacitus konstruierte das Bild des barbarischen Germanen, der durch einfache Denkweise, Wildheit, Freiheitsliebe, Kriegslust, eine durch nichts zu brechende Führertreue und durch fehlendes Interesse an materiellen Werten gekennzeichnet war – es waren gerade

diese Charakterisierungen, die das Germanenbild für alle folgenden Zeiten prägten.

Tacitus spielte zweifellos eine große Rolle in der Rezeptionsgeschichte des Germanentums, doch erst die romantische Germanen-Rezeption leitete die verhängnisvolle Identifikation der germanischen mit der der altnordischen Kultur ein. Denn erst „nachdem der enge religiöse Blickwinkel aufgegeben und das Gewicht auf den 'Geist der Nation' gelegt ist ..., ist der Weg frei für den Gedanken, daß die skandinavische Überlieferung der Ausdruck eines Volkstums sei, dem die Deutschen in gleicher Weise angehören wie die Skandinavier selbst" (von See, 1994:77).

Romantik

Klaus von See beschreibt in seinen Büchern *Deutsche Germanen-Ideologie* (1970) und *Barbar Germane Arier* (1994) die Wandlungsprozesse, denen die Rezeptionsgeschichte des Germanentums unterlag. Nach von See wird – abgesehen von der „skandinavischen Renaissance" im 17. Jahrhundert (von See, 1994:89)[5] – mit Paul Henri Mallet ab 1755 ein „europäisches Publikum mit der geschichtlichen Kultur Skandinaviens vertraut" (von See, 1970:28) gemacht. 1796 beschreibt Herder in seinem Aufsatz *Iduna oder der Apfel der Verjüngung* die Tugenden der alten Skandinavier und erläutert, was von ihnen erlernt werden sollte: der „'Geist der Nation im Verstande, den Sitten, dem Gebrauch der Sprache, der Dichtung soll uns anwehen'" (zitiert nach: von See, 1970:35). Die sich in dieser Zeit durchsetzende Auffassung war, jedes Volk, jede Nation brauche seinen Mythos.[6] Da Tacitus aber für die Begründung eines Nationalmythos auf die Dauer zu schwach war, entdeckten die Germanenkultler die altnordischen Sagen. Sie entlehnten von den Skandinaviern die nationale Vergangenheit und das nationale Kulturbewußtsein (vgl. von See, 1970:36). Dabei störte es die Germanenkultler (oder Nordisten) offensichtlich nicht, daß damit Zeugnisse einer mittelalterlichen skandinavischen Kultur „in einem merkwürdig schwebenden geschichtslosen Zustand" (ebd.:36) erschienen. In der tiefenhermeneutischen Interpretation wird eine solche Autorin, Sophie Rogge-Börner, vorgestellt werden. Sie bezieht sich genau im oben beschriebenen Sinne auf jene altnordischen Quellen – die Edda[7] und altnordische Literatur[8] – und mobilisiert sie für ihre ideologischen Theorien und Lebensentwürfe.

Der erste Höhepunkt der „Germanenschwärmerei" ist um den Zeitpunkt der »Freiheitskriege« herum zu datieren. Napoleonische Kriege und französische »Fremdherrschaft« aktivierten vor allem das (alte) Ideal des freiheitsliebenden Germanen – als Widerstandspotential gegen die Franzosen in der Betonung des Eigenen. In der Zeit der Romantik wandte man sich dem deutschen »Volkstum« zu, dessen »Wesenheit«, Gebräuche, »Volkssittlichkeit« man ergründen wollte. Schon sehr früh also entwickelte sich ein imaginiertes Eigenes in Abgrenzung zum bedrohlichen Fremden. Im weiteren Verlauf, insbesondere im Gefolge der gescheiterten Revolution 1848 verstärkte sich dieses gegensätzliche Bild. Im zweiten Viertel des 19. Jahrhunderts breitete sich in Deutschland eine „Germanomie", als Stichwort sei der Wagner-Kreis erwähnt, bis in die gebildeten Schichten aus – im Schlepptau erste antisemitische Einfärbungen. Auch um die Jahrhundertwende erlangte die „Germanenschwärmerei" große Popularität, im Dritten Reich wurde sie „regelrecht institutionalisiert" (Lutzhöfft, 1971:23).

Sprachwissenschaften

Eine große Rolle spielten in dieser Entwicklung die Sprachwissenschaften (vgl. Römer, 1985). Im Gefolge der Kolonialisierung der Welt von Europa aus begann die wissenschaftliche Erforschung der Völker und der Sprachen. Die Erschließung des pazifischen Inselraumes und Indiens führte zur Entdekkung der indogermanischen Sprachenfamilie (1788) durch William Jones; Anthropologen, Ethnologen, Linguisten, Archäologen und Rassentheoretiker entfalteten rege Forschungen. Irrtümlich setzten viele Wissenschaftler die Zugehörigkeit zu einer Sprachfamilie mit der zu einem Volk und später der zu einer Rasse gleich. Die meisten Indogermanisten des 19. Jahrhunderts waren zudem davon überzeugt, es müsse ein einheitliches indogermanisches Urvolk gegeben haben, von dem, so nahmen sie an, alle Kultur ausgegangen sei. Der Streit um die Herkunft dieses indogermanischen Urvolks, das entweder im Norden Europas als bodenständiges Bauernvolk gesiedelt haben[9] oder als arische Nomaden aus Asien nach Europa eingewandert sein sollte, konnte mangels Beweisen nicht entschieden werden. Mehr Anhänger fanden jedoch im Laufe der Zeit die Verfechter der »Bodenständigkeit«.
Auf die Indogermanistik folgte die Disziplin der Germanistik. Die Germanen wurden „zu dem ältesten, eigentlichen, echtesten indogermanischen Volk aufgewertet, ja zur Keimzelle" (Römer, 1985:90) alles Indogermanischen. Mit dem Sprachforscher und sogenannten „Vater der Germanistik" Jacob Grimm fand der indogermanische, germanische oder auch „arische Mythos"(Poliakov) einen einflußreichen Fürsprecher. Unter Bezugnahme auf Tacitus und die beiden Edden wertete er die »vaterländische Frühzeit« poetisierend auf.

Gobineau

Der Autor, der dem »Arier« zur großen Berühmtheit verhalf, war der französische Rassenanthropologe Joseph Arthur von Gobineau (1816-1882) mit seinem Buch *Versuch über die Ungleichheit der Menschenrassen* (4 Bde., 1853-55). Wie schon der Titel zeigt, ging Gobineau von der Ungleichheit der Rassen aus. Hatte die Französische Revolution das Gleichheitsprinzip formell eingeführt, so gab es – insbesondere von adligen Intellektuellen formuliert – zahlreiche Gegenreaktionen, die sich gegen dieses Phänomen der bürgerlichen Gesellschaft wandten. Ungleichheit, vordem auf ständische Herkunft zurückgeführt, wurde nun mit der *Biologie* des Menschen, mit seiner *rassischen Herkunft* erklärt. Gobineau unterschied zwischen drei großen Menschenrassen, der weißen (kaukasischen, semitischen, japhetischen) Rasse, der schwarzen (hamitischen) Rasse und der gelben (altasischen, finnischen, tartarischen) Rasse. Die weiße Rasse stehe an der Spitze der Menschheit, zeichne sich aus durch »überlegte Tatkraft ... tatkräftigen Sinn«, sei »mutvoller, höher, kühner, idealer«, habe einen »ausgesprochenen Freiheitssinn«, sei »auf dem Gebiet des Geistigen« überlegen; überhaupt würden »alle Zivilisationen von der weißen Rasse« abstammen. (Gobineau, 1935:135ff.). Aus der weißen Rasse sei – außer den Hamiten und Semiten – die Grundrasse der Arier, die »Ehrenhaften«, wie Gobineau ihren Namen deutete, als herausragender Zweig hervorgegangen. Germanen seien neben den Indern, Römern, Griechen ein Zweig des europäischen Ariers[10]. Vom germanischen Arier zeichnete Gobineau ein kriegerisch-kühnes Bild; Arier wußten sich zu nehmen, was ihnen angeblich gebührte.
Da die ehrbare Stellung der Germanin bei den nationalsozialistisch orientierten Autorinnen in den verschiedensten Variationen einen so hohen Stellenwert besaß und sowohl die Germanenschwärmer wie die Rassenhygiene und die Nordismus-Bewegung, bei allen Verschiedenheiten untereinander, von den Rassentheorien Gobineaus maßgeblich beeinflußt worden sind, wenden wir uns der Textstelle über die germanische Frau bei Gobineau etwas genauer zu.
Über das Leben der germanischen Frau wußte Gobineau nur Gutes zu berichten. Den Begriff Kurtisane kannten laut Gobineau die Germanen nicht, denn ihre »Sitten (waren) im allgemeinen so rein«. Die Germanin erschien als das »Urbild von Würde« (Gobineau, 1935:635). Dennoch hieß das nicht, daß

»die Vorrechte der Frauen nicht ihre Grenzen gehabt hätten. Wenn auch in mehr als einem Fall Frauen am Kriegshandwerk teilnahmen, so hielt sie doch grundsätzlich das Gesetz für unfähig, das Land zu verteidigen.« (ebd.:637)

Er meinte, das Ansehen der Frauen

> »sei einer der sichersten Beweise für das Vorhandensein arischer Elemente innerhalb einer Gemeinschaft. Man kann sagen: Je stärker ihre Macht geachtet wird, desto näher steht die betreffende Rasse den wahren Instinkten dieser edlen Art ... Die Frau war (also) in den Augen der ältesten Arier in erster Linie die Mutter, der Quell der Familie, des Stammes. Dem entspricht die Verehrung, die sie genoß. Für die beiden anderen Menschenrassen und für viele im Verfall begriffene, obgleich stark zivilisierte Mischrassen ist die Frau nur das Weibchen ... Die germanischen Sprachen sind reich an Bezeichnungen für die Frau, und alle sind dem Edelsten und Höchsten entlehnt, was es im Himmel und auf der Erde gibt ...« (ebd.:634-636)

Allein in diesem Zitat finden sich einige Stereotype wieder. Nicht wenige davon sind uns aus nationalsozialistischer Zeit bekannt. Verehrung der Frau ist »in erster Linie« verknüpft mit der Frau als Mutter. Ihre Machtstellung wird biologisch über »Instinkte« definiert. Verfall ist konnotiert mit Zivilisation und Rassenmischung. In seiner pessimistischen Geschichtserklärung sah Gobineau in der Rassenmischung die Ursache für den Niedergang der Kulturvölker. Den Untergang des Ariers hielt er aufgrund seiner zu starken Vermischung mit anderen, niederen Rassen für unaufhaltsam. Die letzten verbliebenen arischen Rassenanteile machte er in England und Norddeutschland aus.

In Deutschland wurde Gobineau von Ludwig Schemann (1852-1938), der zum Bayreuther Wagner-Kreis gehörte, am wirksamsten rezipiert. „Wagner und sein Bayreuther Kreis trugen entscheidend zur Verbreitung von Gobineaus Schrift und ihrer völkisch-rassistischen Botschaft bei." (Weingart u.a., 1988:94)[11] 1898-1901 gab Ludwig Schemann die deutsche Übersetzung von Gobineaus Schrift heraus. In seiner Interpretation gab Schemann dem Werk eine im Unterschied zu Gobineau antisemitische Richtung. Auch leistete er der Identifikation der Deutschen mit den Germanen vorschub, die bei Gobineau so eindeutig nicht aufzufinden ist. Ein radikaler Transmitter der deutsch-nationalen Rassenideologien war der 1891 gegründete *Alldeutsche Verband* (ADV), der neben kolonialistischen und großdeutschen Ambitionen (Errichtung eines mitteleuropäischen Reiches unter Führung Deutschlands) die »Weckung und Pflege des Bewußtseins der rassenmäßigen und kulturellen Zusammengehörigkeit aller deutschen Volksteile« (zitiert nach Fricke, 1984:23) propagierte. Nordische und deutsche Rasse, also: Deutsche, waren für die Alldeutschen höherrassig. Sie traten im Ersten Weltkrieg für ein extremes Annexionsprogramm und für die Erweiterung des »deutschen Lebensraums« ein. Sowohl gegen die Revolution 1918 wie gegen die Weimarer Republik kämpfend, forderten sie die Errichtung einer »völkischen Diktatur« und – mit stark antisemitischem Bezug – die Zurückdrängung »fremden Volkstums«. Selbstverständlich war der ADV auf das tiefste entrüstet über die vorgebliche »Kriegsschuldlüge« im Versailler Vertrag. In der sogenannten »Kampfzeit« unterstützte der ADV die NSDAP, die Machtübernahme begrüßte er. 1939 wurde der Verband mit der Begründung, er habe sein Programm erfüllt, aufgelöst. (Vgl. Schödl, 1978). Radikalste Gruppe der Alldeutschen waren die Vertreter des Pangermanismus mit ihren kriegerischen und machtpolitischen Forderungen nach Annexion angrenzender Staaten. (Vgl. Römer, 1985:94ff.)

Houston Stewart Chamberlain (1855-1927), Verehrer Wagners und mit dessen Tochter Eva verheiratet, vertrat in seinem populären und in zahlreichen Auflagen erschienenen Hauptwerk *Die Grundlagen des 19. Jahrhunderts* (1899) eine völkisch-mystische Ideologie, in dem er die Germanen an die Spitze der Wertskala stellt. Der „Prophet des Ariertums“ (Poliakov) übernahm Denkweisen sowohl von Darwin (geschlechtliche Zuchtwahl, Modell der Tierrassenzüchtung) wie von Gobineau. Obwohl seine Theorien unter starkem Einfluß des letzteren standen und er dessen Betonung der Ungleichheit der Rassen übernahm, verspottete er seinen pessimistischen Mythos vom Untergang der Welt durch Rassenmischung. Vielmehr hielt er eine »Regeneration durch Rassenzucht für möglich. Chamberlains Gedankengänge sind durchzogen von aggressiven antisemitischen Feindbildern. Die jüdische Rasse habe es nach Chamberlain verstanden, Europa ihren Willen aufzuzwingen, sowohl religiös (semitischer Monotheismus) wie wirtschaftlich (Herrschaft des Geldes). Für hunderttausende Deutsche wurde ab der Jahrhundertwende das Werk Chamberlains zur neuen Bibel.

Auch der Nordist Alfred Rosenberg (geb. 1893, hingerichtet 1946), auf den wir noch näher eingehen werden, der „Philosoph der Nazipartei“ (Poliakov), hat sicherlich sein Werk nicht ohne Grund *Der Mythus des 20. Jahrhunderts* (1930) genannt. Beide, Chamberlain und Rosenberg, dienten – trotz gewisser Differenzen insbesondere zu Rosenberg – Hitler als Fundament seines Rassismus.

5.2 Nordischer Gedanke

Maßgeblichen Einfluß auf den nationalsozialistischen Rassismus hatte eine in der völkischen, glaubensgenossenschaftlichen und bündischen Ideenwelt verankerte rassenbiologisch und -anthropologisch orientierte Ideologie, die von seinem führenden Vertreter Hans F. K. Günther ihren Namen bekam: der »Nordische Gedanke«.

Organisiert war die »Nordische Bewegung« in der 1921 in Lübeck gegründeten »Nordischen Gesellschaft«. 1933 wurde sie zu einer »Reichsorganisation«, was nichts anderes bedeutete als Gleichschaltung. Namhafte Vertreter des NS-Regimes saßen im »Großen Rat« der »Nordischen Gesellschaft«: Darré, Himmler, Rosenberg, von Trotha, Blunck. Die Tätigkeit der »Nordischen Gesellschaft« umfaßte neben der Propagierung des »Nordischen Gedankens« die Anknüpfung und Pflege von Beziehungen zu den nordischen Ländern. Hierfür wurden vor allem kulturpolitische Veranstaltungen (Konzerte, Ausstellungen) durchgeführt. (Vgl. Lutzhöfft, 1971:55-69 und Becker, 1990:293ff.)
Zwar hatte der »Nordische Gedanke« nicht über die ganze Zeit der nationalsozialistischen Herrschaft eine tragende Bedeutung. Ab 1940 verlor er erheblich an Einfluß, „vom Nordischen Gedanken ist seit 1940 nicht mehr die Rede" (Lutzhöfft, 1971:25), auch gab es nicht *die* verbindliche nationalsozialistische Rassenlehre. Dennoch waren namhafte NS-Größen wie bspw. Darré, Frick und Rosenberg Nordgesinnte, lieferte der »Nordische Gedanke« rassistische Argumentationsgrundlagen für die nationalsozialistischen Rassenideologien. Darüber hinaus kann der »Nordische Gedanke« als Transmitter rassistischer und rassenhygienischer Ideen für breitere Bevölkerungskreise angesehen werden. Für ihn stehen vor allem vier Männer, die sich ihm mit unterschiedlichen Gewichtungen verschrieben hatten: Hans F. K. Günther, Ludwig F. Clauß, Bernhard Kummer und Alfred Rosenberg. Gilt Alfred Rosenberg als der Hauptideologe der nationalsozialistischen Partei[12], kann Hans Friedrich Karl Günther (1891-1968) als der führende Ideologe des »Nordischen Gedankens« bezeichnet werden.

Günther

Günther rezipierte in seinen Theorien sowohl die Rassenhygieniker (Bauer/Fischer/Lenz) als auch die schon fast obligate Rassenanthropologie (Gobineau). Die in seinem Hauptwerk *Rassenkunde des deutschen Volkes* (1922)[13] vorgenommenen Rasseneinteilung und Benennungen der europäischen Rassen sind von 1922 bis 1945 an führend. Günther ging zuerst von fünf, später von sieben Rassentypen aus[14], von denen er die nordische Rasse für die auserwählte, für wertvollste und die führende Rasse hielt.

»Die führenden Völker der Erde sind die Völker mit stärkerem nordischen Einschlag.« (Günther, 1922:169; zitiert nach: Becker, 1990:239)

»Nordischer Gedanke«, das hieß für Günther: Mehrung der höherwertigen Erbanlagen der im deutschen Volk vertretenen »nordischen Rasse«[15], die von

ihm als schlank, langschädlig, hochgewachsen, blauäugig, blond und (selbstverständlich) weiß typisiert wurden. Doch nicht nur das Phänotypische hatte für Günther Gewicht, auch die »Rassenseele« war Ausdruck des »Rassenwesens«. Seelische Eigenschaften des nordischen Menschen waren nach Günther »Urteilsfähigkeit, Wahrhaftigkeit ..., Tatkraft, ... Ritterlichkeit« (zitiert nach Becker; 1990:237f.). „In der idealisierenden Darstellung der nordischen Rasse meint man gelegentlich den Anklang norddeutscher Heimatdichtung herauszuhören ... Die Züge, welche Günther der nordischen Rasse zugeschrieben hat, waren großteils auch die Ideale des Adels, etwa Ritterlichkeit, Tapferkeit, Zucht, Treue und Verantwortungsgefühl." (ebd.:239) Dabei deckte sich das »seelische Erbbild der Nordrasse« weitgehend mit dem Idealbild der Germanenkultler. Beide hielten den nordischen Menschen bzw. den Germanen für zäh, treu, gebieterisch, kühn, mutig und vor allem für kämpferisch. Zwar wies die »nordische Bewegung« die Germanenschwärmereien weit von sich, gemeinsame Grundlagen sind jedoch unleugbar.
Nach Günther waren Rassenmischung, Vererbung und Auslese die Faktoren, die die »Völkerschicksale« bestimmen. Einen wesentlichen Schwerpunkt legte er auf die Darstellung des angeblich drohenden Untergangs der Nordrasse. Leider sei die »nordische Rasse« schon schwer durch den zu starken Rasseneinschlag der minderwertigen Rassen degeneriert, »Entartung« und »Entnordung« befänden sich also schon im weit fortgeschrittenen Stadium. Daher gälte es, die Nordischen im deutschen Volk zum »Geburtenkampf« aufzurufen. »Auf- bzw. Wiedervernordung« sei wichtigste Aufgabe aller Deutschen, nur sie könne den drohenden Untergang der nordischen Rasse aufhalten. Dabei blieb Günther durchaus aristokratisch, denn das meiste nordische Blut vermutete er in den oberen Schichten. Vermehrten sich die unteren Schichten zu stark, bräche laut Günther die »vorbildlose Zeit« an (Günther, 1925:85, vgl. Lutzhöfft; 1971:150; Becker, 1990:273f.).[16] An Günthers noch zu züchtendes nordisches »Rassenwesen« knüpfte sich die mythisch-reaktionäre Utopie des neuen (nordisch-adligen, bäuerlichen[17] Menschen. „Für das Leitmotiv seiner Interpretation der Gegenwart und seiner Hoffnung auf die Zukunft schuf sich der Rassismus Mythen: Mythen, die er dann in die Wirklichkeit umzusetzen suchte." (Mosse, 1978:3) In seiner negativen Polung erzeugte der Rassismus den Mythos der jüdischen Verschwörung, der die germanisch-nordische Rasse bedrohe (vergleiche das Kapitel 'Antisemitismus'). Auf der anderen Seite stehen positiv besetzte, utopische Rettungsphantasien, die angestrebte Züchtung der »nordischen Gesellschaft«.
Nichts ist einfacher, als bereits aus Günthers Jugendwerk *Ritter, Tod und Teufel* (1920) die antiliberalen, antiaufklärerischen, rassistischen, männer-

bündischen und misogynen Klänge herauszufiltern. Die Gegenwart ist auch für Günther wie für viele Rassentheoretiker eine in Verfall und Auflösung begriffene Zeit. Weil die Ideen der Aufklärung und der bürgerliche Liberalismus, diese, wie er verächtlich sagt, »Mittelstandsweltanschauungen«, den Verlust der »Gesittung« bewirkt hätten, sei der »unheldischen Gesinnung« zum Durchbruch verholfen worden. „Günthers Antiliberalismus erwächst aus der Feindschaft gegen das emanzipierte Individuum, gegen die Massendemokratie und gegen den Kapitalismus. Letztlich ist es die industrielle Gesellschaft, die er, ständig Ursache und Wirkung verwechselnd, wie alle Völkischen literarisch bekämpft.“ (Lutzhöfft, 1971:70) In erster Linie geht es Günther um die allumfassende Ablehnung liberaler Ideen allgemein. In ihrem Gefolge ist die Einstellung Günthers zur emanzipierten Frau zu sehen, denn mit dem »Freiheits- und Fortschrittsgeschrei« sei auch die »Emanzipierte« aus allen bürgerlichen Schranken ausgebrochen. Liberale, emanzipierte Frauen werden als »Fessellose« gedacht (vgl. Becker, 1990:230f. und Lutzhöfft, 1971:28ff.). Überhaupt schreibt Günther dem »Weib« einen »Hang zum Grenzverwischen« zu, männlicher Geist dagegen sei synonym mit Gestaltung – ähnliche Gedanken sind, wie wir noch aufzeigen werden, bei Alfred Rosenberg zu finden. Auch für Günther ist das »Mannestum« immer mehr im Schwinden, daher beschwor er die »heldische Rasse«, ruft nach dem »deutschen Staat nordischer Rasse«, damit germanische Männer wieder an den »Anmut und Liebreiz« der germanischen, heiligen, gesitteten Frauen glauben können.

Das verwirrende bei der Betrachtung der Protagonisten des »Nordischen Gedankens« liegt in der gleichzeitigen Proklamation der misogynen-männerbündischen Argumentationen – denn nur dem nordischen Mann wurden die hochverehrten staatsmännischen Begabungen zugetraut – und der aus der Geschichtsrezeption der vorgeschichtlichen Germanenzeit herausdestillierten überhöhenden, mystischen Verklärung der angeblichen Würde und des Ansehens der germanischen Frau. Denn auch Günther vertrat neben seinen männerbündischen und heldischen Ambitionen die These von der »Entwürdigung der Frau« (Günther, 1935:223) durch das Christentum. Dieses habe der Frau den Ursprung der Sünde zugeschrieben und statt der germanischen Ordnung, in der der Frau das Hüten des »Rassenerbes« zukam und in der aufgrund dessen »leiblich-seelische Gesundheit als ein hohes Gut geschätzt« wurde, die »Abtötung der Sinne« befohlen und damit den »Sinn der Ehe«, »die Zeugung wohlgearteter Kinder« (ebd.:221) untergraben.

»Für die Rassenpflege der Germanen bewirkten die mittelalterlichen Kirchenlehren außer der Aufhebung der Rassenschranke zwischen Frei und Unfrei (letztere waren keine Germanen, sondern laut Günther minderwertige unterworfene Rassen, E.d.V.) vor allem die Entwürdigung der Ehe, die innerhalb der göttlichen Ordnung des Indogermanentums etwas besonders Verehrungswürdiges dargestellt hatte ... Mit der Entwürdigung der Ehe war folgerichtig verbunden die Entwürdigung der Frau.« (ebd.:223)

Um diese Verbindung von Antiliberalismus und Antifeminismus – in den weitergehenden geistesgeschichtlichen Gedankengängen noch mit Antisemitismus verknüpft – zu verstehen, ist der Blick hinter die Kulissen nicht zu umgehen. Bastkowski, Lindner und Prokop (1980) deuten die antifeministischen Ressentiments der Wilhelminischen und Weimarer Zeit als eine projizierte Angstphantasie, in deren Vorstellung die Frauen den Männern die Macht entreißen wollen. „Darunter liegt die Phantasie: letztlich wollen die Frauen die Männer zu Abhängigen machen, zu unmündigen Kindern über die sie verfügen können ... Mit der Rollenteilung, die der Frau das Haus, die Emotionalität, die Sexualität, das Naturhafte zuwies und den Mann zum Machthaber der äußeren Welt, zum Vertreter des Gesetzes und der Vernunft bestimmte, war von Anfang an die Angst verbunden, die Frau könne sich auf geheimnisvolle Weise rächen; sie könne den Mann beherrschen, ohne daß er es merkt, sie könne ihn verführen, an das Triebhafte fesseln, ihn seiner Freiheit berauben. Was hier von Männern auf die Frau projiziert wird, ist vor allem die Angst des Mannes vor der eigenen, verbotenen, verleugneten, unbewußten Emotionalität, Weichheit, Passivität." (Bastkowski u.a. 1980, Bd.2:92)
Die Industrialisierung, der die männlich-militärisch definierte Identität schwer erschütternde Ausgang des Ersten Weltkriegs, Revolution, die sexuelle Liberalisierung, der Einbruch der Frauen in die Universität, Politik, Öffentlichkeit und in die Berufswelt, all das könnte diese Angst vor der verschlingenden Triebhaftigkeit der Frau verstärkt haben. Als Symbol für die hier geschilderte Entwicklung stand der von den Rechtskonservativen vielgeschmähte »moderne Geist«, der mit Frauenemanzipation, Liberalismus, Kapitalismus und im weiteren Verlauf zunehmend mit »jüdisch« gleichgesetzt wurde und eine ebenfalls zunehmend negative, destruktive Besetzung erfuhr.
Eine antisemitische Wendung und Konnotation in der Einschätzung des »modernen Geistes« nimmt bspw. auch Günther 1925 vor: Der »moderne Geist«, dem der »Geist der Großstadt« entspricht, ist »jüdisch geprägt«. Von ihm geht »tiefste Gefährdung« aus, denn Juden sind ein »artfremdes Vorbild« und fördern die »Entartung« (Günther, 1925:78 und 79). Es sei hier festgestellt, daß die antisemitischen Ausfälle in Günthers Gesamtwerk einen relativ kleinen Raum einnehmen – im Gegensatz zu Hitlers *Mein Kampf*. Lutzhöfft ist der Auffassung, daß Günthers Werk zwar „voll von Rassenvorurteilen", aber „keine Anleitung zum Rassenhaß" sei. (1971:33, 35 und 145.

Vgl. auch Becker, 1990:265 und 282) Dennoch ist eine antisemitische Prägung nicht zu übersehen. Auch wenn die Schriften mancher Rassenmystiker im wissenschaftlichen Vokabular verfaßt und affektive Ausfälle selten sind, sollte meines Erachtens nicht vom Sprachduktus auf die Wirkung geschlossen werden. In seinen Erläuterungen nimmt Günther denn auch Bezug auf einen um die Jahrhundertwende ausgesprochen populären, sehr scharf formulierenden Theoretiker: Otto Weininger. Kein anderer hat antifeministische und antisemitische Ressentiments so konsequent miteinander verbunden. Nach Weininger ist es vor allem der arische Mann, der die Klarheit des Denkens beherrscht, der für Heldentum, Schlacht und Kampfeslust steht. Die Frauen (jeglicher Rasse) seien personifizierte Unklarheit, die Fähigkeit zu logischem Denken spricht er ihnen ab, sie seien kompromißlerisch und stünden für das liberal-demokratische Prinzip. Die Juden hätten die gleichen Eigenschaften wie die Frauen. Materialistisch und anarchistisch, emotional, gierig, zu einer Persönlichkeit nicht fähig, bar jeden Nationalgefühls und jeder Geistigkeit, hätten sie keine Vorstellung von Staat (vgl. Mosse, 1978:101ff.). Den Juden Weininger und sein Werk *Geschlecht und Charakter* (1903), der sich in Konsequenz seiner eigenen Weltanschauung umbrachte, als Extravaganz am Rande der Ideengeschichte abzutun, ist nicht nur nach LeRider, sondern auch nach meiner Auffassung eine Verkennung. Man schöbe beiseite, daß Weiningers Theorien ihre soliden Entsprechungen sowohl in der wissenschaftlichen, philosophischen und literarischen Tradition wie auch unter seinen Zeitgenossen und darüber hinaus hatten. (LeRider, 1984:147 und 244)[18] Sein Buch hatte eine außerordentliche Resonanz. „Die Art und Weise, wie Weininger den Problemen der Sexualität und des Unbewußten nachging, folgte genau den Kraftlinien der damaligen Ideologie und bediente sich der herrschenden Frauenfeindlichkeit sowie des damit assoziierten Rassismus und Antisemitismus; die gesellschaftlichen Voraussetzungen der ganzen Problematik wurden zum Verschwinden gebracht.“ (Erdheim, 1982:156f)[19]

Kummer

Auch der Nordist Bernhard Kummer, der das Buch *Midgards Untergang, Germanischer Kult und Glaube in den letzten heidnischen Jahrhunderten*, Leipzig 1927 (1935, 1938, 1972) verfaßte und auch Diskussionsbeiträge in den NS-Monatsheften veröffentlichte, meinte, man müsse die »germanisch-deutsche Geschichte ... neu« schreiben. Er glaubte, das »Licht der Heiden« sei verfälscht worden durch die dem »jüdischen Sittengesetz« gehorchenden kirchlich-christlichen Interpretationen (Kummer, 1927/1972:246). Der vermeintlich verheerende jüdisch-orientalisch-christliche Einfluß auf das reine, »germanisch-heidnische Wesen« und »Sittenleben« hätten eine »schwere Schädigung unseres wertvollsten Rassenerbgutes« zur Folge gehabt. Bernhard Kummer spricht das „laut aus, was die Mehrheit seiner Gesinnungsgenossen denkt: die christliche Religion ist ein Produkt jüdischen Geistes." (Lutzhöfft, 1971:130) Nach ihm war das Christentum eine den Germanen von oben aufgezwungene Religion. Mit der Christianisierung seien die Germanen von ihren ursprünglichen heidnischen Sitten und Gebräuchen entfremdet worden. Mit der Bekehrung Hand in Hand seien »Verrohung«, »Zügellosigkeit«, ein »Niedergang der alten Kriegerethik«, eine Zerrüttung der alten Moral und damit vor allem: eine Entwürdigung der Frau gegangen. Denn nach Kummer war »der weibliche germanische Mensch frei und groß« gewesen und hatte gleichrangig neben dem germanischen Mann gestanden; die Ehe sei ihnen heilig gewesen, da sie den Fortbestand der »artreinen Rasse«[20] garantiert habe.

Wir finden also eine unauflösliche Verknüpfung vor. Die hoch gewertete germanische Rasse (Blut) bedingt geschlechtliche Gleichstellung, germanischen Sittenkodex (im Grunde: bürgerliche Sexualmoral) und kämpferischen Heroismus. Eins beeinflußt das andere. Wird der germanischen Rasse »fremdes Blut« beigemischt, ist der Niedergang der germanischen Rasse vorprogrammiert, die Kirche faßt Fuß, »Geschlechterspaltung« und »Sittenverderbnis« sind die Folge, germanische Kampfbereitschaft erlischt etc.

Oberflächlich betrachtet könnte man vorerst einen Widerstand gegen den beengenden christlichen Sündenbegriff vermuten. Doch es geht Kummer um etwas anderes. Er ist der Ansicht, mit der Christianisierung hätten die ungeschriebenen, die germanische Frau schützenden heidnischen Gesetze ihre Wirkung verloren. Der Grund, warum die »hohe« Stellung der Frau mit der Christianisierung der Germanen so tief fiel, war nach Kummer in der »Entsittlichung«, sprich: einer Bereitschaft, sich beliebig mit »niederen Rassen zu vermischen« begründet, die der Christianisierung auf dem Fuße folgte. Das »Sittengesetz« war in seiner Ideenwelt an »Rasse« gebunden und »deshalb je nach Rasse verschieden«. Das Christentum habe sich

»in seiner Auffassung der Ehe und des Geschlechterlebens im Ganzen dem Judentum angeschlossen« (Kummer, 1935:501),

und aus

»der Entheiligung der germanischen Frau und Mutter ... der Umwertung aller heidnischen Sittengesetze« folge die »bewußte Zerstörung des heidnischen Sippenlebens ... sittliche Verrohung und Haltlosigkeit.« (Kummer, 1927/1972:224f.)

Ist der konstruierte Gegensatz *christlich* (synonym gedacht mit körperfeindlich; zügellos; Zerstörung des »Rassebewußtseins« durch das christliche Gleichheitspostulat) – *germanisch* (synonym gedacht mit rassebewußtem, „körperfreundlichem“ Vererbungsbewußtsein und einer auf das Biologische reduzierten Sexualität, hier benannt mit »Sittlichkeit«) erst auf die Ebene des als antagonistisch geschilderten Gegensatzpaars *jüdisch – germanisch* transportiert, kann sich der Kreis schließen: Die verschiedenartigsten rassistischen, antiliberalen, antisemitischen, sexualfeindlichen Ressentiments *und* Fragmente der neuen gesellschaftspolitischen, d.h. lebensreformerischen, antikapitalistischen und frauenbewegten Triebkräfte können vereinigt werden und sich zu reaktionären Utopien verschweißen. Schon um die Jahrhundertwende ist die „Hinwendung zu den Germanen mehr oder weniger eng mit Tendenzen des Rückzugs aus der Zivilisation – mit dem Bedürfnis nach Lebensreform und nach religiöser Erneuerung – verbunden“ (von See, 1994:194). Im Denken der hier angesprochenen antisemitisch-rassistischen Nordisten war die Gegenwart (insbesondere die der Weimarer Republik) geprägt von undurchschaubaren parteipolitischen Kontroversen, vom angeblich »gleichmacherischen« bindungslosen, großstädtisch-eigensüchtigen (liberalen, jüdischen) Individualismus, gezeichnet vom dumpfen Massenmenschen. Die Sehnsucht nach einem erklärenden Geschichtsbild und nach Orientierung wurde nach 1918 auch deshalb so virulent, weil die Niederlage (eines angeblich so hochentwickelten Kulturvolkes) und die damit verbundene tiefe Kränkung des nationalen Ehrgefühls einer Erklärung bedurfte. Man griff zurück auf eine „Geschichtsidee, in der das ‘Schicksal’ die höchste Instanz ist“ (von See, 1994:193). Zu dieser Schicksalsvorstellung gehörte der Held – bei Rogge-Börner ist dies die Held*in*. Der Sinn der Geschichte liegt nach diesem (»germanischen«) Verständnis „in nichts anderem als in der Formung eines Menschentums, das sich dem unerbittlichen Schicksal entgegenstellt und sich selbst noch im Untergang durch die heroische ‘Tat’ bewährt“ (ebd.:193).
Auch nach Auffassung Sophie Rogge-Börners sah es, was den gegenwärtigen Zustand des »nordisch-germanischen Rasseguts« betrifft, nicht gut aus, da nur noch ein »Bruchteil ... in jedem wirklichen Deutschen« (1930:6) davon vorhanden sei. Verantwortlich gemacht für den diagnostizierten, angeblich so betrüblichen Zustand der germanischen Rasse in der Gegenwart, die »immer erschreckender erkennbar werdende(n) leibliche(n) und charakterliche(n) Wertminderung der Gesamtheit der Deutschen« (ebd.), wurde neben der Rassenvermischung mit »niederen Rassen« und Ständen (»hinsiechen«, »überwuchert«, »verwirrt«, »zersetzt« sind hier die verwendeten Verben[21]) auch von Sophie Rogge-Börner die Christianisierung, dem nordi-

schen Menschen von minderwertigen Elementen aufgezwungen (dafür stehen dann viele zur Auswahl: negative rassistische Abgrenzungen kreisen um den Christen, den Juden/Semiten, um die orientalische Denkweise, um Römer oder um den Sklaven). Die hier entwickelte Denkweise geht zurück auf den »Rassenpsychologen« Ludwig Ferdinand Clauß[22], der der Auffassung war, eine »Rassenseele« verändere im Laufe der Zeit ihren Stil in einer »artfremden« Umwelt. Auch Sophie Rogge-Börner meinte,

»der Aufartungsgedanke (muß) ... also zumindest a u c h von der geistig-seelischen Seite der Erbmasse aus gesehen werden« (1930:39).

So wird verständlich, daß es dem verderblichen Einfluß der Kirche zu verdanken ist, daß sich die Germanen noch bedenkenloser mit niederen Rassen und Ständen vermischten und damit neben ihrer biologischen Reinheit ihre germanischen vorbildlichen seelischen Charaktereigenschaften verloren. Schlimmste Folge der Bekehrung ist auch nach Sophie Rogge-Börner die Abwertung der Stellung der Frau:

»Nehmen wir die nordische Rasse als höchststehende unter allen Arten an, so ist alles fremde Blut für uns niedergeartet; und es fällt uns sofort augenfällig auf, daß die andern Rassen eine scharfe Spaltung des Menschen in zwei ganz verschieden gewertete Hälften kennen, daß das Weib dort eine weniger hohe, weniger maßgebliche, weniger natürliche ... Stellung einnimmt. Mit dem fremden Blute aber sickerte auch die fremde Geschlechterauffassung in unser Wesen ein; mit der fortschreitenden Rassenmengung schritt auch die Herausbildung eines minderwertigen, schließlich falschen Ideals der 'Männlichkeit' und der 'Weiblichkeit' fort ...
Durch diese biologische Zersetzung wurde die geistig-seelische Zersetzung des nordischen Art-Inbilds in höchstem Maße erleichtert und gefördert. Ursprung und fortdauernder Nährboden für diese aber ist die Schicksalsverkettung der germanischen Stämme mit einem bearbeiteten, mosaischen Christentum, das als feindselige Macht, als etwas ausgesprochen Wesensfremdes in die Geisteswelt unserer Vorfahren sich eindrängte ... Mit dem jüdisch-römischen Christentum drang nun vor allem die ganze niedergeartete Sittlichkeit des Alten Testaments, die unselige Geschlechterspaltung orientalischer Rassen in den Gedanken und Gefühlsstrom unserer Vorfahren und bildete mit der Zeit eine Lebensauffassung heraus, die den Mann zum allein führenden und bestimmenden, das Weib zum untergeordneten Geschlecht stempelte ... Der Tiefpunkt dieser Abwärtsentwicklung liegt dort, wo Kirchenfürsten 'wissenschaftliche' Religionsgespräche darüber führten, ob das Weib überhaupt eine Seele habe und zu den Menschen zu rechnen sei.« (Rogge-Börner, 1928:5f.)

Zwar argumentierte Rogge-Börner in der zwei Jahre später verfaßten Schrift gegen die »Aufartung der Rasse ... nur durch Menschenzüchterei«, wie von Willibald Hentschel versuchsweise durchgeführt[23] und von dem von ihr vehement angegriffenen Walter Darée[24] geplant, doch die biologische Argumentationsweise, konzentriert auf den „Trägerstoff" der Rasse schlechthin:

das Blut, ist deutlich aus ihren und aus den Abhandlungen der ihr gleichgesinnten Autorinnen herauszulesen. Zum bestimmenden Moment für un- oder gleichrangige Behandlung der Frau wird die *Rasse* und nicht etwa – wie in der Praxis um die Jahrhundertwende und in der Weimarer Republik neben der Klassenzugehörigkeit gewiß maßgeblich die Lebensverhältnisse prägend – das *Geschlecht*. Was Rogge-Börner in ihren Einlassungen zur angeblich gleichen Stellung der Germanenfrau implizit ausdrückt und in ihren späteren Romanen immer weiter verfestigend vertritt, ist eine in der Phantasie vorgenommene, allerdings auf die Vergangenheit verschobene Leugnung der Geschlechterdifferenz. Wofür sie diese benötigt, werden wir in der Interpretation näher beleuchten können.
Welchen Argumenten folgt Sophie Rogge-Börner hier? Es sind in der Hauptsache – neben denen des Nordisten H. F. K. Günther – die des nicht sehr einflußreichen[25] Nordisten Bernhard Kummer mit seinem romantisch-bürgerlich geprägten Germanenbild. In Differenz zu den anderen Nordisten thematisierte er zudem allen voran die Frage nach dem Ansehen der Frau in der germanischen Gesellschaft und wies immer wieder auf ihre »einflußreiche Stellung ... am Vorabend der Mission« hin. Sicherlich ganz im Interesse der auch mit frauenrechtlerischen Fragen befaßten und auf die Stärke der Frau pochenden Sophie Rogge-Börner. Die Art und Weise allerdings, *wie* sie diese proklamierte Stärke der Frau ausbaut, erinnert eher an den männerbündischen Kummer-Rivalen Otto Höfler[26], der das bedingungslose Kriegertum propagierte und für den der Prototyp des Germanen „nicht mehr der unfanatische, religiös indifferente, beherrscht-vornehme Islandbauer, sondern der 'ekstatische', kultisch gebundene Krieger einer frühzeitlichen, 'primitiven' Kultur“ (von See, 1994:203) ist. Wie wir in der Interpretation sehen werden, transformiert Rogge-Börner den (männerbündischen) Krieger in das Bild der unter Umständen in kriegerische Männerbünde integrierten, häufig aber auch einsam ihren Kampf kämpfenden heroischen Krieger*in*. Unter Beschwörung von »Sippengedanken« und »Volksgemeinschaft«, den tragenden Kategorien der romantischen Germanenschwärmer, bringt sich Rogge-Börner mit ihren Phantasien und Theorien in den elitären Kreis der Krieger ein und damit auch, wie dies neuere männerbündisch orientierte Germanenideologien implizierten, in den Kreis der staatstragenden Entscheidungsträger. – Wie Rogge-Börner die Fiktion der heldischen Krieger*in* ausschmückt, mit welchen latenten Entwürfen diese gekoppelt ist, wird in der Interpretation zu erörtern sein.

Rosenberg

Im Jahre 1925 veröffentlichte der als »Philosoph« der Nationalsozialisten betitelte Alfred Rosenberg sein Buch: *Der Mythus des 20. Jahrhunderts – eine Wertung der seelisch-geistigen Gestaltungskämpfe unserer Zeit* (München). 1937 erreichte es bereits eine Auflage von 500.000. In ihm sind Gedankenwelten dokumentiert, in denen *Orientierungslosigkeit* und, damit verbunden, *Wünsche nach homogenen Weltbildern* ausgesprochen deutlich werden. So macht Rosenberg den Lesern schon in der Einleitung (1930, 3.Aufl.) klar, daß es um einen

»inneren Zusammenbruch« geht. Er spricht von einer »wertlos gewordenen Epoche«, von »Chaos«. »Eingestürzt« seien »bereits a l l e Staatssysteme von 1914 ... Zusammengebrochen ... aber auch soziale, kirchliche, weltanschauliche Erkenntnisse und Werte« (Rosenberg, 1930:1)

Diese Aussagen, aus denen die grundlegende Erschütterung nur so herausspringt, hatten sicherlich einen Grund in den in vieler Hinsicht entgrenzenden Erfahrungen aus dem Ersten Weltkrieg. Für viele Deutsche – so auch für Rosenberg – waren die Gefallenen des Ersten Weltkriegs »Märtyrer«, sinnlose »Opfer« einer katastrophalen, nicht verarbeiteten und niemals anerkannten Niederlage. Aber auch die bedrohlich erlebte Revolution 1918 und die als chaotisch erduldete Weimarer Republik, Symbol für die abgelehnte Moderne, trugen zur tiefen Zerrissenheit bei. Für Rosenberg war mit dem Ersten Weltkrieg sehr viel untergegangen:

»Der Zusammenbruch 1918 hatte uns bis ins Innerste zerrissen« (Rosenberg, 1930:85)

Sowohl die Gehalte und der Glaube des Christentums wie die Werte der Französischen Revolution waren für ihn mit den »Weltkriegserlebnissen«, hier wird ein einschneidender Bruch formuliert, »begraben worden«.

»Endziel war einst die 'Verchristlichung der Welt' und ihre Erlösung durch den wiederkehrenden Christ. Als ein anderes Ziel erschien der Traum als 'Humanisierung Menschheit'. Beide Ideale sind im blutigen Chaos und in der Neugeburt des Weltkriegserlebnisses begraben worden.« (Rosenberg, 1930:21)

Doch nicht die grausame Realität des gnadenlosen Gaskriegs, das »blutige Chaos«, wie er es immerhin noch kurz benannte, wurde zum Gegenstand seiner Betrachtungen. Der Schwerpunkt Rosenbergs lag vielmehr, ganz der 'soldatischen Identität' entsprechend, auf der als Erlebnis verklärten Kriegserfahrung: Es wurde etwas »erlebt«, man wurde »neugeboren«, eine neue »Weltanschauung« entstand aus diesen Erfahrungen. Die Neuorientierung jedoch wurde definiert als Identifikation mit dem Kriegserleben selbst, was hieß: Kampf als Selbstzweck, der kameradschaftliche Männerbund, die soldatisch-nationalistische Identität.

Kirchlich-christliches Mitleid und das christlich-jüdische Gleichheitsversprechen *aller* Menschen vor Gott waren für den Rassisten und Antisemiten Rosenberg ohnehin unannehmbar.

»Aus dem Zwangsglaubenssatz der schrankenlosen Liebe und der Gleichheit alles Menschlichen vor Gott einerseits, der Lehre vom demokratischen, rasselosen und von keinem nationalverwurzelten Ehrgedanken getragenen 'Menschenrecht' andererseits, hat sich die europäische Gesellschaft geradezu als Hüterin des Minderwertigen, Kranken, Verkrüppelten, Verbrecherischen und Verfaulten 'entwickelt'. Die 'Liebe' plus 'Humanität' ist zu einer alle Lebensgebote und Lebensformen eines Volkes und Staates zersetzenden Lehre geworden ... Eine Natur, deren Mittelpunkt Ehre und Pflicht darstellte, würde nicht Faule und Verbrecher erhalten, sondern ausschalten.« (ebd.:169)

Wir wissen, mit welcher furchtbaren Genauigkeit diese Worte umgesetzt wurden, wie sehr sie zur traurigen Wirklichkeit wurden mit der „industriellen Massenvernichtung" (Diner).

Gleich am Anfang verspürte ich beim Lesen dieses Buches den explosiv-affektiven Druck hinter den weltanschaulichen Postulaten Rosenbergs, der mich als Leserin zwar an den Text fesselte, der mir aber unangenehm war. Daß Gottesglaube und Humanismus im »blutigen Chaos« des, im übrigen erstmals mit industriellen Mitteln geführten Weltkrieges untergegangen waren, das kann man sich durchaus vorstellen. Doch nicht Erschrecken, Trauer oder Besinnung waren die Reaktionen, sondern das grauenvolle Weltkriegs*erlebnis* wurde umgedeutet in eine identitätsstiftende »Neugeburt«. Nun ging es Rosenberg darum, einen neuen »Glauben« lebendig zu machen: die »rassistische Geschichtsbetrachtung« einzuführen. »Rasse statt Klasse« war die Parole, es sollte die »Rassenseele zum Leben« erweckt werden, das »chaotische Durcheinander« sei nur dadurch zu bändigen.

In seinem Vorwort zur 3. Auflage erklärte Rosenberg, worum es sich »heute« nach seiner Auffassung zu handeln habe, nämlich,

»neben der Begründung der rassistischen Geschichtsbetrachtung die W e r t e der Seele und des Charakters der verschiedenen Rassen und Völker und Gedankensysteme einander gegenüberzustellen, eine für das Deutschtum organisierte Rangordnung dieser Werte zu begründen, der W i l l e n haftigkeit des Germanentums auf allen Gebieten nachzugehen. Das Problem ist also: gegen das chaotische Durcheinander eine gleiche Seelen- und Geistesrichtung herbeizuführen, die V o r a u s s e t z u n g e n einer allgemeinen Wiedergeburt selbst aufzuzeigen.« (Rosenberg, 1930:14)

Rasse hatte in den Anschauungen Rosenbergs, über die körperlichen Merkmale hinaus, seelisch-geistig-charakterliche Eigenschaften zum Inhalt. Der Text ermöglichte dem Leser immer wieder ein Aufatmen, denn es wurde eine

(Er-)Lösung versprochen, es gab einen Neubeginn, der alle (Arier) umfassen konnte – wenn denn nur gewollt werde. Die innere Zerrissenheit wurde umgelenkt in eine fast hysterisch anmutende Kraft für den homogenen Neubeginn, insofern wurde Hoffnung versprochen. „Die negative Utopie des Nationalsozialismus heißt rassische Homogenität." (Claussen, 1994:4) Der im Text enthaltene aggressive Wille, der mir als Leserin bei der Lektüre entgegenschlug, mag ein Indiz sein für die Stärke der Verunsicherungen, mit denen der Autor und seine Zeitgenossen konfrontiert waren – doch dieser Gedanke ist mir schon zuviel an Verständnis. Mich ließen die Spekulationen Rosenbergs fassungslos zurück. Mein „Ja, aber ..." verhallte ungehört und prallte an den Inhalten ab, denn für die Leser ist nur *ein* Weg vorgezeichnet, wie mit dem Er- und Gelebten umgegangen werden soll: Den Krieg als den Bruch wahrzunehmen, der er war, wurde verleugnet und verschoben auf das unmittelbar Vergangene und Gegenwärtige, mit dem nun gebrochen werden sollte zugunsten einer imaginierten, anderen, neuen – germanisch-arischen – Vergangenheit und Identität und einer neuen – rassistisch-antisemitischen – Art und Weise der Anschauung von Welt. »Rasse« wurde so die zentrale Kategorie für die Geschichts- und Realitätsbetrachtung, *der* Jude im Gefolge als *der* Verursacher für allen Niedergang ausgemacht. Das muß entlastend gewesen sein, denn neben den drängenden Spannungen, die Säkularisierung und Industrialisierung, also die Moderne, ohnehin schon aufgeworfen hatten, konnte damit die Resignation und Trauer abgewehrt werden, die einen hätte befallen können angesichts dessen, was Menschen einander angetan hatten – der Erste Weltkrieg blieb als „Gaskrieg" international im Gedächtnis hängen. Bereits auf den ersten Seiten seines Vorworts überschlagen sich die antimarxistischen, antisozialistischen, antikirchlichen und antipazifistischen, aber vor allem die antisemitischen Stellungnahmen. Rosenberg greift die (evangelische) Kirche an wegen der »Verherrlichung des Judentums«, die,

»bei Freiwerden der jüdischen Triebhaftigkeit, uns jene Verlumpung unserer Kultur und unserer Politik beschert hat.«

Zu plump waren hier die Zuschreibungen (»amoralische Geistesanlagen, ...gierig, ... immer lügend« usf.; Rosenberg, 1930:265), die ich nur als lächerlich empfinden konnte, deren Aggressivität allerdings offensichtlich ist. Was ich mich ungläubig fragte, war, inwieweit die hier vorgestellten Auffassungen geglaubt wurden. Doch sie wurden geglaubt, denn mit der anvisierten »Neugeburt« einher ging die imaginäre Auslagerung des als Böse definierten. Und wenn nicht geglaubt wurde, blieb (bleibt) nicht doch etwas hängen? Die *Projektion – der triebhafte Jude*, der für alle Übel verantwortlich ist – ist nach Grunberger (1988) der „irreduzible Kern" des Antisemiten. Eigene

Triebimpulse werden auf den Juden projiziert, der nun das – mit allen Mitteln zu bekämpfende – Triebhafte schlechthin ist. *Spaltung* (in gut/böse; in: eigene Rasse/feindliche, fremde Rasse) und *Idealisierung* (der nordischen/germanischen Rasse) sind die beiden regressiven Bewältigungsmechanismen, die sich hinzugesellen und unter deren Zuhilfenahme die inneren Konflikte, das »Chaos« aufgelöst werden sollen. Wir werden auf den Mechanismus der Projektion sicherlich noch häufig zu sprechen kommen – um Wiederholungen zu vermeiden, fahren wir fort.

Große Bedeutung maß Rosenberg dem »Gesetz des Blutes« bei. Ganze Völker seien abgestiegen, weil sie nicht auf ihre »Rassereinheit« geachtet haben. Auch die nordische Rasse müsse nun umkehren und sich ihrem ureigenen Lebenssaft zuwenden, wenn sie nicht untergehen wolle. Gar blutig geht's hier zu, ich assoziierte den Krieg, aber auch: Innen. Die Hinwendung zur »Reinheit« des eigenen Blutes kann als das Synonym für die *Eingrenzung des imaginären Eigenen* (der arisch-nordisch-germanischen Rasse) und, daraus folgend, für die *Ausgrenzung des imaginären Fremden* (des Juden usf.) gelesen werden. Der Begriff »Reinheit« verweist natürlich auch auf die sexuelle Konnotation, rein von Schmutz, rein vom Triebhaften. Mit der Fiktion auf das »Blut« wird sehr deutlich darauf verwiesen, daß es sich um einen inneren Vorgang handelt, der einer Erweiterung bedarf: Im eigenen Volk ist – wie beruhigend – das »Einzelwesen« in einen Blutkreislauf quasi biologisch eingebunden, was eine Orientierung durch und über das Blut leicht macht. »Das ganze Volk bildet im Grunde eine Blutsgemeinschaft.« (ebd.:377) Wer jedoch aus den »Banden des Blutes« ausbricht, so die Drohung, obliegt dem Verfall und dem Niedergang. Als »Einzelwesen« (»vereinsamtes Ich«), ohne Einbindung ins »Gesetz des Blutes«, kann der Mensch nur Opfer des christlich-jüdischen »Absolutums« werden. Gleichzeitig wird kräftig biologisiert: Blut betrachtete man als »Träger guten oder bösen Erbguts« (Trübners, 1939:377). Dem »Gesetz des Blutes«, daß alle Handlungen bestimmt (und rechtfertigt), kann schließlich nicht widersprochen werden, es ist biologisches Gesetz.

Rosenberg beschreibt zahlreiche arische Kulturen: Früh-Indien, Persien, hellenische Griechen, Alt-Rom – alle sind sie untergegangen durch »Rassenvermischung«. Er wettert mal gegen Amazonen, mal gegen Bachofen, mal (bezeichnenderweise) gegen die etruskische Kultur – immer werden polare Gesamtbilder entworfen: Demokratie (= Vorherrschaft des jüdischen Bankiers), Geld, Handel, Gleichheit, Männermord, Mutterrecht, Mischehe, Rassenvermengung, Verbastardisierung, Untermensch, Untergang, Christentum einerseits sind negativ assoziiert – Blut, Rasse, Vaterrecht, Freiheit, Ehre, erhöhter Kampfwille, Artverbundenheit, innere Unabhängigkeit und noch vieles mehr werden auf der anderen Seite zu einem Idealbild verwoben. Auf weitere Einzelheiten kann ich hier leider nicht mehr eingehen – dies wäre eine Arbeit für sich. Ich greife hier nur noch Rosenbergs Einstellung zu den Frauen heraus. Um es kurz zu machen: misogyn bis in die Knochen. Nicht nur, daß für Rosenberg »ein grundsätzlich zugestandener, dauernder staatlicher Einfluß der Frau Beginn des offenkundigen Verfalls« (Rosenberg, 1930:494) ist, für ihn ist die Frau in erster Linie »lyrisch«, der Mann »architektonisch« Die »Polarität der Geschlechter« ist für ihn ebenso ein Faktum wie die Notwendigkeit der Männerbünde:

»Der Frau sollen alle Möglichkeiten zur Entfaltung ihrer Kräfte offenstehen; aber über e i n e s muß Klarheit bestehen: Richter, Soldat und Staatslenker muß der Mann sein und bleiben.« (ebd.:512)

Die Zahl der Textstellen zu dieser Thematik ließe sich beliebig vergrößern. Jeder Kommentar erübrigt sich. Die Frau hatte für Rosenberg dennoch erhebliche Bedeutung, denn »heiligste und größte Aufgabe der Frau« sei die »Reinerhaltung der Rasse«, als Gebärerin arisch-nordischer Kinder waren Frauen Rosenberg durchaus genehm. Die viel zitierte Textstelle:

»Das Weibchen ist Weib Kraft einer gewissen Fähigkeitslosigkeit« (ebd.:483),

setzt dem Ganzen nur noch die Krone auf. Kurzum: Mit Rosenberg – und seinen zahlreichen Gesinnungsgenossen – wurde ein Kreis geschlossen: Rassismus und moderner Antisemitismus waren eine unheilbringende Allianz eingegangen, an deren Ende »Auschwitz« die äußerste Konsequenz markiert.

5.3 Eugenik und Rassenhygiene

Bis Ende des 18. Jahrhunderts wurde der vorwissenschaftliche Begriff »Rasse« mit Abstammung (von einer Familie; einem »Geschlecht«) gleichgesetzt und fand keine völkerkundliche Anwendung. In seiner relativ jungen Wortgeschichte wandelte sich die Bedeutung des Begriffs »Rasse« jedoch über naturgeschichtliche und naturwissenschaftlich-anthropologische Vereinnahmungen zu einem politisch gefüllten Kampfbegriff, der in seiner extremsten Konsequenz für die Nationalsozialisten das Ordnungsprinzip und strukturierende Element für die Realitätsdeutung und -schaffung schlechthin wurde. Etwa Mitte des 18. Jahrhunderts wurde »Bevölkerung« als eine ökonomisch bedeutsame Ressource entdeckt; die Demographie, ein neues Wissensgebiet, entstand als neue Disziplin. Gut 100 Jahre später richtete sich die Aufmerksamkeit nicht nur auf die Quantität, sondern auch auf die *qualitative* Zusammensetzung der Bevölkerung. Die Begründung für die neue Suche nach der Erbqualität lag nach Argumentation ihrer Anhänger in der differentiellen Geburtenrate, d.h. der vergleichsweise hohen Geburtenrate der unteren und niedrigen Geburtenrate der höheren Schichten. Des weiteren machte man sich sorgenvolle Gedanken um die fallenden Geburtenraten und fürchtete die »Degeneration«, unter der man die von Generation zu Generation vererbten degenerativen Merkmale (ganzer Rassen) verstand, primär aber wurden die Eigenschaften ausgegrenzt, die nicht der Mittelstandsmoral entsprachen, so beispielsweise die angeblich angeborene Kriminalität, Alkoholismus, Irrsinn oder Dummheit – aber auch bestimmte sexuelle Verhaltensweisen und Armut. Alle diese »Abweichungen« wurden als Kennzeichen für die Zugehörigkeit zu einer minderwertigen Rasse gedeutet. Die »Degenerierten« selbst wurden so Ursache für ihre schlechten Lebensverhältnisse, soziale Probleme mit eugenischen Deutungsmustern biologisiert. Latent gekoppelt war der Begriff der »Degeneration« mit dem auf Rousseau und Nietzsche zurückgehenden Begriff »Dekadenz«[27]. Die modernen, in der Bedeutung mit stetigem Verfall aufgeladenen und negativ bewerteten Zivilisationseinflüsse standen einem naturschwärmerischen Biologismus gegenüber. Hohe Geburtenraten hielten die Eugeniker auch für wichtig, um die militärische Stärke Deutschlands zu erhalten. Für die sinkende Geburtenrate der rassisch hochbewerteten Schichten machten viele Eugeniker und Rassenhygieniker die Emanzipationsbestrebung der Frauen verantwortlich – mit ihr wurde also der Niedergang der Rasse konnotiert. Um die »Erbgesundheit« zu erhalten, schien für die Eugeniker die einzige Lösung in der von Menschenhand gelenkten Evolution zu liegen. Es sollte Eugenik betrieben werden zugunsten der überlegenen Rasse – die Eugeniker sahen sich als Reformer.

Als deren Begründer gilt der britische Naturforscher, Arzt, Anthropologe und Darwinist Francis Galton (1822-1911). Galton hielt geistige Fähigkeiten und Intelligenz ebenso wie körperliche Eigenschaften für erblich. Mit seinen biographisch-genealogischen Untersuchungen herausragender viktorianischer Persönlichkeiten versuchte er, dies nachzuweisen (1865: *Hereditary Talent and Character*). Darüber hinaus stellte er eine Reihe von Erbgesetzen auf (Galton-Regel, Daktyloskopie) und begründete die Zwillingsforschung. Galton dachte an die Kontrolle, sprich: Verbesserung, der menschlichen Evolution durch die Anwendung des darwinistischen Selektionsprinzips.

In Deutschland wurde Galton zwar mäßig rezipiert, dennoch entwickelten sich unabhängig davon rassenhygienische bzw. eugenische Ideen auch hier in den neunziger Jahren des 19. Jahrhunderts. Eine wichtige Rolle spielte

dabei die Veröffentlichung von Charles Darwins Hauptwerk[28] 1859. Der in Darwins Theorien enthaltene Evolutionsgedanke[29] hatte eine geradezu revolutionierende Auswirkung, war doch nun der Mensch seiner Sonderstellung im Schöpferplan beraubt und Gott als Lenker und Walter des Weltgeschehens entthront, ein Säkularisierungsschub, der viele in eine Desorientierung stürzte: „Mit dem Rückzug des naiven religiösen Glaubens, daß Gott letztlich alles zum Guten wenden werde, waren in weiten Kreisen Fatalismus und Nihilismus aufgekommen." (Becker, 1990:599) Diejenigen, die sich diesem nihilistisch-pessimistischem Zeitgeist nicht unterwarfen, meinten, der Mensch selbst sei nunmehr verpflichtet, lenkend in die Evolution (des Menschen) einzugreifen. Die im Werk Darwins formulierten Vorstellungen vom »Überleben des Tüchtigsten« und der »natürlichen Auslese«, die auf Tiere bezogen waren, wurde von einigen Zeitgenossen begehrlich, aber in Form einer verzerrenden Rezeption, aufgenommen. Mit der Darwinschen Theorie glaubte man zudem, das Instrument gefunden zu haben, das die antidemokratische und antisozialistische Programmatik naturwissenschaftlich begründen konnte.
Zu unterscheiden sind zwei Strömungen in der Eugenikbewegung. Die eine, die *Rassenbiologen*, bezogen sich auf wissenschaftliche Methoden und erstellten praktische Pläne zur Kontrolle des rassischen Erbguts (Sterilisation, positive Eugenik) und zur Verbesserung der Rasse. Viele ihrer Anhänger teilten zwar die Menschen in Rassen ein, bewerteten diese auch nach rassischen Kriterien, waren aber nicht dezidiert antisemitisch. Die *Rassenmystiker* ergänzten das eugenische Programm durch ihre Kulturkritik, nach der nur der Sieg der »Rassenseele« (der höherstehenden Rasse) die Kultur erlösen könne. Sie waren meist dezidiert antisemitisch. Im Kampf der Arier als der höherstehenden Rasse gegen die rassisch minderwertigen Juden sah man einen Kampf auf Leben und Tod. Nach Mosse (1978:172) war für die tiefe Verankerung des sogenannten »Mysteriums« der Rasse der Erste Weltkrieg aufgrund der mit diesem Krieg einhergehenden Verstärkung nationalistisch-völkischer Ideen mitverantwortlich. Erst die Nationalsozialisten führten die beiden Strömungen der Rassenbiologen und der Rassenmystiker, in ihrer Ideologie zusammen. Dies führte zunächst zum »Gesetz zur Verhütung erbkranken Nachwuchses« vom 28. Juni 1933, später zu Euthanasie und Zwangssterilisationen (vgl. Weingart, 1988:464ff. und Bock, 1986), letzthin zur Vernichtung.
In Deutschland schrieb 1891 der Arzt Wilhelm Schallmeyer (1857-1919) der »drohenden körperlichen Entartung« »der zivilisierten Menschheit, der »Degeneration«, eine Schlüsselstellung zu. 1904 wurden in Deutschland das

»Archiv für Rassen- und Gesellschaftsbiologie« und 1905 die »Deutsche Gesellschaft für Rassenhygiene« (beide von Alfred Ploetz) gegründet.
Ein Vertreter der noch weiterführenden »Deszendenztheorie« (Abstammungslehre und Evolutionstheorie) ist Ernst Haeckel (1834-1919), ein deutscher Zoologe und Philosoph, der in seinen Theorien den Menschen (im Gegensatz zu Darwin, der dies nur zögerlich gemacht hatte) sehr konsequent in das Evolutionsgeschehen einbaut. Die Juden sind für ihn eine minderwertige Rasse, die die christliche Lehre in ihrem Sinne verfälscht hätten. In Haeckels Weltbild sind die Rassen streng voneinander getrennt. Die Untüchtigen seien auszumerzen – dafür macht er sogar praktische Vorschläge. Waren „die Rassenbiologen ... eindeutig nur indirekte Vorläufer der Nazi-Euthanasie", kann Haeckel hingegen „als direkter Vorfahre genannt werden." (Mosse, 1978:84)
Eugenische Ideen, allerdings nicht die des konservativ-reaktionären Flügels, fanden auch Eingang in den radikal-feministischen, 1904 gegründeten »Bund für Mutterschutz« – trotz dessen radikal-reformerischen, nach dem Ersten Weltkrieg gar pazifistischen Ausrichtung. Ann Taylor Allen versucht in ihrem Beitrag mit dem Titel *Feminismus und Eugenik im historischen Kontext* (1991:46-68), die von den Historikern bislang häufig negativ bewertete Verbindung der Radikalfeministinnen des Mutterschutzbundes mit eugenischen Theorien neu zu beleuchten. Sie meint, die Rezeption der eugenischen Ideen durch die Feministinnen könne nicht als Ausdruck konservativer oder gar reaktionärer, vorfaschistischer Einstellung gelesen werden, zumal die Eugenik hier immer mit radikalen Reformideen und demokratisch-pazifistischen Überzeugungen verbunden war. Tenor der Erörterungen Allens ist, die radikalen Feministinnen hätten die Eugenik „benutzt", um mit ihren frauenspezifischen Reformkonzepten wahrgenommen zu werden. Frauen müßten „oft in einem von Männern definierten Idiom sprechen", um gehört zu werden (Taylor Allen, 1991:62). Allen schränkt diese Interpretation allerdings insofern ein, als sie darauf hinweist, daß die „Radikalen" wissenschaftliche Fehlkonzeptionen, „die später ein für den Nationalsozialismus empfängliches kulturelles Klima schufen", mit den Eugenikern geteilt hätten. Trotzdem betont sie deutlich die Unterschiede zu konservativen Positionen: „Ihre Kritik an der patriarchalischen Familie, ihr Glaube an die Möglichkeit, Beruf und Mutterschaft zu verbinden, und ihre Vorstellung von weiblicher Individualität trennen sie dennoch sowohl von der in jener Zeit vorherrschenden Eugenikbewegung als auch von den Nationalsozialisten." (ebd.:64) Sicherlich ist es richtig, auf Unterschiede nachdrücklich hinzuweisen und den vereinfachenden Zuordnungen, die die Differenzen negieren, entgegenzutreten.

Daß die Radikalfeministinnen die Eugenik jedoch lediglich als Mittel zum Zweck benutzten, trifft meines Erachtens nicht zu. Ich denke, sie standen ebenso ernsthaft hinter ihren eugenischen Ideen wie die Eugeniker selbst. Bei aller Differenz und pazifistischer Einstellung protegierten sie Entwürfe, die von »Bevölkerungsqualität« und »Untauglichen« sprachen und damit dem ab- oder aufwertenden, dem aus- oder eingrenzenden Blick auf Menschen Vorschub leisteten.
Gerade das Beispiel des »Bundes für Mutterschutz« zeigt, daß eugenische Ideen ihren Wirkungskreis weit über die unmittelbaren Anhänger hinaus entfaltet hatten. Der Schlüssel hierzu liegt meines Erachtens in einer Einstellung, die das Allgemeine dem Individuellen übergeordnet sehen möchte, was offensichtlich einem tiefen Bedürfnis der Menschen entsprochen hat. „Ganzheit (war) das Zauberwort, um die kulturell-zivilisatorische Zersplitterung und Entfremdung zu bannen." (Becker, 1991:505) Viele Eugeniker waren Anhänger der um 1900 immer zahlreicher auftretenden Reformbewegungen. Ganzheit war das Gegenstück zur drohenden »Degeneration«, zur »Dekadenz«, zum »Verfall« (der Rasse, der Kultur, der Gesellschaft usf.). Bei den Nationalsozialisten mündete dies in die Parole: »Gemeinnutz geht vor Eigennutz«.

5.4 In welche politische Debatten brachte sich Sophie Rogge-Börner ein?

Die Germanenkultlerinnen – und Sophie Rogge-Börner wohl am pointiertesten – stellen mit ihrem mißglückten Griff nach konkreter Macht einen „Sonderfall" dar. Es ist daher nicht uninteressant, zu verfolgen, in welche gesellschaftspolitischen Debatten Rogge-Börner verwickelt war. Was ich damit über die ideologischen Suggestionen hinweg verdeutlichen will, ist die Einbindung und Beeinflussung durch gesellschaftspolitische Diskurse und die Art und Weise der Bearbeitung durch die Autorin.

5.4.1 Sittlichkeit und Doppelmoral

Aufgebracht greift Rogge-Börner in ihrer 1930 im Adolf Klein Verlag[30] veröffentlichten Schrift *Nordischer Gedanke und Verantwortung* (1930) Behauptungen Walter Darrés über die angeblich »vom nordischen Weib« anerkannte »Doppelmoral« an, die nach Darré dem Manne auch mehrere Nebenfrauen erlaube. Sie schreibt dazu:

»d i e s e s Mannestum ist es nur noch wert ausgerottet zu werden! D i e s e s Mannestum hat uns pazifistisch und zu Sklaven gemacht! Es ist unheldisch durch und durch!« (Rogge-Börner, 1930:57)

Auch widerspricht sie der Behauptung des Blut- und Boden-Fanatikers Darré, bei den Germanen sei es

»'üblich' gewesen, dem geehrten Gast die eigene Frau oder Tochter zur Nacht 'zur Verfügung zu stellen'« (ebd.:12).

Dafür fänden sich weder

»bei den alten Schriftstellern noch in der jüngsten Quellenforschung Anhaltspunkte« ebd.:13).

In der Doppelmoral sieht Rogge-Börner vielmehr den Beweis der in der Gegenwart herrschenden »rassischen Verkommenheit« (14), sittliches Denken ist der germanischen Rasse über ihre Wesensart automatisch zugeschrieben. Scharfe Front nimmt sie gegen die polygamen »Zuchtgedanken« Darrés ein, der nach ihrer Auffassung den »Sippengedanken« erschlägt. Polygamie ist nach Rogge-Börner gleichbedeutend mit Zersetzung der Familie und der Sitten und geht auf die Ideenwelten des alten Testaments, des orientalisch-römischen Rechts, der jüdisch-christlichen Religion zurück.

Die Diskussion um »Sittlichkeit« (der Frau) und um »Doppelmoral« der Gesellschaft/des Mannes war um die Jahrhundertwende, also dreißig Jahre vor Rogge-Börners Auseinandersetzung mit Darré, beherrschendes Thema der Gesellschaft – und gewiß hatte diese Kontroverse auch auf Rogge-Börners Einstellung nachhaltigen Einfluß. Theresa Wobbe (1989) hat in ihrer Arbeit zu den politischen Strategien der Frauenrechtlerinnen um die Jahrhundertwende ausführlich belegt, daß es in diesen Debatten sehr wohl *auch* um berechtigte Forderungen ging. Nicht nur, daß das Gebot der Sittlichkeit bezogen war auf Vorstellungen vom Normalverhalten im geschlechtlichen Leben, es war auch eng verknüpft mit Vorstellungen zur Unselbständigkeit oder Fähigkeiten zur Selbständigkeit allgemein. Der Frau wurde eine eigene, selbständige Sittlichkeit abgesprochen, was auch hieß, daß sie nicht selbständig arbeiten und leben könne. Eine Frau ohne Mann war „vogelfrei". „Die Verletzungen der Sittsamkeit von Frauen waren eng konnotiert mit ihrem Auftreten in der Öffentlichkeit ohne männliche Begleitung." (Wobbe, 1989:23) Eine wichtige Forderung der Frauenbewegung war daher das „Recht für Frauen auf Entwicklung einer Persönlichkeit, die wie der Mann zu einer 'selbständigen Sittlichkeit' fähig sei." (ebd.:24) Denn die zur Sittsamkeit fähige Frau kann auch einer eigenständigen Erwerbstätigkeit nachgehen – sie braucht das männliche Geleit nicht mehr.

In der Forderung nach »Sittlichkeit« steckt sicherlich eine ehrliche – zum Teil berechtigte – Empörung. Ganz gewiß beinhaltet sie aber auch einen gegen Sinnlichkeit gerichteten Anteil. Die Frauenrechtlerinnen forderten die »sexuelle Abstinenz« der Männer, Erziehung zur Sittlichkeit sowie gleiche Moral für beide Geschlechter. (Vgl. Wobbe, 1989:66ff.). Die Debatten rund um das Thema 'Sittlichkeit': die Diskussion um Prostitution, die medizinisch-hygienische Kontrolle der Prostituierten und, damit verbunden, die Zunahme der Geschlechtskrankheiten[31], können nicht getrennt werden von den realpolitischen Ereignissen um den in den 20er Jahren ins Abseits gedrängten radikalen Flügel der bürgerlichen Frauenbewegung – mit ihren Forderungen nach der »freien Liebe« wurden sie vom bürgerlichen Flügel der Frauenbewegung heftig bekämpft. Ganz sicher waren Sophie Rogge-Börner diese Kontroversen geläufig. Die aus ihnen gezogenen Schlußfolgerungen allerdings hat sie bedingungslos ihrem ihr bürgerliches Weltbild beherrschenden Begriff der »Rasse« untergeordnet.

5.4.2 Die Frauen-Gleichberechtigungsdebatte

Eine starke Fraktion der germanophilen intellektuellen Frauen lehnte männerbündische Gesellschaftsmodelle ab. Rassistische, völkische bzw. nationalsozialistische Argumentationsmuster zu adaptieren und gleichzeitig (bürgerlich) frauenbewegt zu sein, schien ihnen in keinem Widerspruch zu stehen zu ihren Forderungen nach „Gleichheit", die allerdings eine eingeschränkte, nur auf sogenannte arisch-germanische Frauen bezogene und damit Ungleichheit automatisch einbeziehende Gleichheit war.

Nach Rogge-Börners Meinung war der Staat der Gegenwart »männlich« und durch »orientalische Sittlichkeit« geprägt, die Frauenbewegung einzig und allein aus »letzter Notwehr« entstanden. Für Sophie Rogge-Börners rassistisches Denkgefüge ist es daher kein Zufall, daß die (bürgerliche) Frauenbewegung des 19. Jahrhunderts

> »ihren Ausgang nahm von den noch am stärksten nordisch bestimmten Nationen. Damit beweist sich auch die innere, rassegebundene Folgerichtigkeit der Frauenforderung, teilzuhaben an den seelsorgerischen, richterlichen, künstlerischen ärztlichen und allen sozialen Berufen und vertreten zu sein in den gesetzgebenden Körperschaften; das Wesenhafte einer vor zehntausend Jahren noch reinen, ungebrochenen Artgruppe hat sich noch einmal an die Oberfläche des Bewußtseins gedrängt und sucht seinen d e r h e u t i g e n G e s e l l s c h a f t s f o r m e n t s p r e c h e n d e n Ausdruck.« (Rogge-Börner, 1930:38)

Die Behauptung Rogge-Börners, die Frauenbewegung sei von den »am stärksten nordisch bestimmten Nationen« ausgegangen, verdeutlicht nur einmal mehr, daß für sie der Begriff der »Rasse« alleiniges Beurteilungskriterium ist: Da sie einige Ansinnen der bürgerlichen Frauenbewegung für berechtigt hält, kann in den Anhängerinnen dieser Forderungen nur nordisches Blut fließen. Sowohl Sophie Rogge-Börner als auch Irmgard Reichnau[32] meinten, die »einseitig Mann-bestimmte Gesellschaftsordnung« führe zum endgültigen Verfall des Germanentums. Beide Geschlechter sollten gleichberechtigt an Herrschaft beteiligt sein, so ihre Forderung.

»Es ist tödlich für ein Volk nordischen Blutes, wenn 'der Geist des Mannes über das Weib herrscht', ebenso wie das umgekehrte tödlich ist.« (Rogge-Börner, 1930:54)

»Aus der Verbindung 'Herr und Sklavin' k a n n kein Herrenmensch, sondern nur ein Bastard hervorgehen.« (ebd.:67)

Nach Sophie Rogge-Börner nahm »die nordische Frau eine hochgeachtete, dem Manne gleichgeordnete Stellung ein«. Sie verwendete viel Sorgfalt darauf nachzuweisen, daß Frauen nach ihrer Auffassung im germanischen Recht in der Regel »überwiegend« bzw. »vollständig« gleichgestellt gewesen seien (ebd.:17). Diese im Prinzip politischen Argumente führt sie 1930 an. 1932 erscheint ihre Veröffentlichung *Zurück zum Mutterrecht*. Auch hier eine Diskussion um Rechte, allerdings schon deutlich mit mythologischem Einschlag. 1935 erscheint ihre Studie *Der neue Mensch aus deutschem Artgesetz*. Ab 1935/36 jedoch drehen sich ihre Abhandlungen nur noch um *mythische* Frauenfiguren. Bereits 1930 kündigt sich dieser Rückzug von der politischen Auseinandersetzung hin zur affektiv hochbesetzten Fiktion an:

»Ungerufen treten einem eine ganze Reihe prachtvoller, im besten Sinne herrischer Frauengestalten der Saga vor Augen, die in selbstverliehenem Führertum auf dem Meere kreuzen, fremde Küsten anfahren ... und überhaupt im weitesten Ausmaß die Geschichte ihres Landes machen.« (ebd.:35)

Hier kündigt sich in der Wortwahl das in den folgenden Jahrzehnten vorherrschende Reaktionsmuster an: Gewähren die männlichen NS-Führer den »Kämpferinnen« der ersten Stunde, für Rogge-Börner ist dies die weiblich-germanische Elite, keine Führungspositionen, verleihen sie sich diese selbst. Die Flucht in das mythische Material kann es zulassen, daß Rogge-Börner ihre Phantasien immer weitgreifender ausbaut. Die 1938 erschienene Schrift *Die innere Gestalt der nordischen Frau – Eine seelenkundliche Untersuchung* repräsentiert das Ende dieser Entwicklung. Sie erlaubt, an dem Frauenbild der heldisch-eigenständigen Germanin, an der Phantasie der gleichberechtigten (oder die Männer gar beherrschenden) Kriegerin festzuhalten. Von den grundlegenden rassistisch-antisemitischen Gesinnungen der Nationalsozialisten löste sich Rogge-Börner nicht – vielleicht konnte sie deshalb trotz ihrer Differenzen mit den männlichen NS-Theoretikern ihre Schriften weiter veröffentlichen.

5.5 Realpolitische Ausgrenzungen

Der positiv-identifikatorische Bezug der nationalsozialistisch orientierten Autorinnen auf die germanische und preußische Kriegsgeschichte ist von den NS-Machthabern sicherlich nicht ungern gesehen worden. Heroisierende Kriegsgeschichte konnte sich in den gesetzten Rahmen der nationalsozialistischen Kriegs- und Rassenlehre problemlos einfügen. Die eventuell vorhandenen „feministischen" Klänge der mit der bürgerlichen Frauenbewegung verbundenen Propagandistinnen der Kriegsästhetik allerdings paßten den eher männerbündisch ausgerichteten Rassenkundlern[33] und Nazis wohl weniger ins Konzept. In der konkreten Praxis schlug sich dies – neben den ohnehin misogynen Einstellungen der Nazis – hinsichtlich der Besetzung von Machtpositionen für die entsprechenden Frauen negativ nieder. Langfristig gesehen wurden die Nationalsozialistinnen oder Sympathisantinnen der »Kampfzeit«, die sogenannten »alten Kämpferinnen«, zu denen bspw. auch Sophie Rogge-Börner zählte, nicht toleriert. Mit zahlreichen Beiträgen hatten sie versucht, auf die Realpolitik und auf die Positionierung von Frauen Einfluß zu nehmen – im großen und ganzen erfolglos (ausführlich dargestellt bei: Koonz, 1991). Auch von einer weiblichen nationalsozialistischen Elite, wie von mancher Anhängerin des Germanenkults/des Nordischen Gedankens angestrebt, konnte man nicht sprechen. Zu dominant waren die frauenfeindlichen Impulse der NS-Männer, an denen die männlichen Wortführer, insbesondere Rosenberg und Darré, sowie die Realitäten im übrigen auch keine Zweifel ließen. Sogar „Parteigenossinnen (wurden) nach den Zielen des Männerbundes ausgewählt und konditioniert ... Selbst Nationalsozialistinnen, die wie Sophie Rogge-Börner und Leonore Kuhn wirklich elitär waren, (wurden) von jeder Verantwortung ausgeschlossen, ... weil sie ein Minimum an Autonomie und das Recht auf Kritik gefordert hatten" (Thalmann, 1987:107) Das allerdings hinderte die nationalsozialistischen Kämpferinnen der ersten Stunde nicht daran, an ihren Entwürfe und Interpretationen germanischer Geschichte festzuhalten. Und in diesen waren eine gleichwertige Stellung der »arischen/germanischen« Frau und Führerinnen in Machtpositionen vorgesehen.

Christine Wittrock (1983) macht in ihrer Untersuchung *Weiblichkeitsmythen, Das Frauenbild im Faschismus und seine Vorläufer in der Frauenbewegung der 20er Jahre* deutlich, daß es frauenbewegte, „faschistische[34] Frauen (gab), die sich ein zukünftiges Drittes Reich durchaus antipatriarchal dachten“[35] (Wittrock, 1983:1) Sie bezeichnet Rogge-Börner als „oppositionelle Faschistin“. Sie möchte mit dieser Bezeichnung wahrscheinlich deutlich machen, daß erhebliche inhaltliche Differenzen bestanden in der Einschätzung der Stellung und Rolle der Frau zwischen Nazis und den „oppositionellen Faschistinnen“ – sowohl in der Theorie wie in der Realpolitik. Spätestens 1937 mit dem Gestapo-Verbot der Zeitschrift Rogge-Börners[36] wurden die hier benannten germanophil-nordischen Nationalsozialistinnen der »Kampfzeit« kaltgestellt. Im Kernpunkt allerdings waren sich die „oppositionellen Faschistinnen“ (Wittrock) mit den männlichen nationalsozialistischen Theorieträgern einig. Auch sie vertraten antisemitische und rassistische Ideologien und propagierten eine „Ästhetisierung des Krieges“. Es ist daher zu fragen, ob der Begriff der „Opposition“ angebracht ist.

Leila Rupp (o.J.) benennt den hier angesprochenen Frauenkreis mit „Nazi feminists“. Sie meint, die Einschwörung auf die nationalsozialistische Frauenideologie und -politik sei nicht bruchlos vonstatten gegangen. Dennoch habe sich die Kritik der Nazi-Frauen auf das Einklagen einer größeren Rolle beschränkt und sei schon vor 1937 zum Erliegen gekommen. (ebd.:25ff.) In ihrer Arbeit *Mobilizing Women for War, German and American Propaganda 1939-1945* dokumentiert sie bspw. eine im »Völkischen Beobachter« geführte Diskussion zwischen Alfred Rosenberg und Irmgard Reichenau (ebd.:20-24). In dieser trat Reichenau ein für eine Frauen-Karriere unter dem Gesichtspunkt, talentiertes, schöpferisches Potential von gebildeten, »germanischen« Frauen nicht brachliegen zu lassen. Der Frauenkreis um Reichenau und Rogge-Börner begründete seine Forderungen allerdings häufig auch ganz im Rahmen der den (»arischen«) Frauen vom Nationalsozialismus zugeteilten Frauenrollen. „They insisted that talented women with careers would make better mothers than full-time mothers ... Reichenau warned that unused talents often broke out in other directions, as in hysteria neuroses, or domestic tyranny.“ (Rupp, o.J.:22) Die Mutter als Gebärerin und Erzieherin zukünftiger, tüchtiger Soldaten war sicherlich eine der favorisierten Frauenbilder, und genau auf dieser Ebene argumentierten auch die „Nazi feminists“.

Nicht nur aufgrund dieser Tatsache scheint es mir ein wenig problematisch, in diesem Zusammenhang von „feminism“ – allerdings eine geläufige Bezeichnung für den Frauenkreis um Rogge-Börner (vgl. Hermand, 1984:548 und Crips, 1990:128ff.) – zu sprechen. Ich kann allerdings die Bezeichnung gut nachvollziehen, hinterlassen manche Teile der Texte der hier angespro-

chenen nationalsozialistisch orientierten Frauen einen regelrecht radikalfeministischen Eindruck. Das macht auch die Irritation aus, begründet einen Teil der Faszination, die die Texte dieser Frauen (auch heute) bei oberflächlicher und erster Lektüre auslösen.
Liliane Crips bezeichnet die Theorien Sophie Rogge-Börners und ihrer Sympathisantinnen als „'Nationalfeminismus'“ (vgl. Crips, 1990:128ff.). Der Begriff faßt Rogge-Börner als (deutsch)nationalistische(-feministische) Autorin. Da er nicht den explizit völkisch-nationalsozialistischen Kern der Rogge-Börnerschen Thesen bezeichnet, halte ich ihn für irreführend[37]. Nach meiner Einschätzung handelt es sich bei Rogge-Börner um eine – bei allen Widersprüchlichkeiten – explizit nationalsozialistische Autorin, auch wenn sie nicht in der Partei war. Den Inhalt der Schriften Rogge-Börners auf das Nationalistisch-Feministische einzuschränken – was Liliane Crips in ihrem informativen Beitrag ansonsten nicht macht –, heißt, die elementaren nationalsozialistischen Kernfragmente in der Theorie Rogge-Börners, Rassismus, Kriegsästhetik und insbesondere ihren Antisemitismus zu gering zu bewerten. Diese Kernfragmente jedoch gehören zum Gedankengebäude des hier benannten völkisch-nationalsozialistischen Frauenkreises dazu.
Deutlich wird an den Einlassungen der Frauenforscherinnen zu Rogge-Börner und ihren Gesinnungsgenossinnen die Ambivalenz, die die Schriften dieser Frauen auslösen können. Ich denke, dies hat seine Begründung darin, daß hier Frauen uns bekannte Forderungen stellen[38], bspw. Machtteilhabe[39] verlangen. Letztlich ist damit eine aktuelle, scheinbar banale Frage berührt, die, so meine ich, längst nicht klar und schon gar nicht unbedeutend ist: an *welcher* Macht wir denn teilhaben wollen.
Doch zurück zu Sophie Rogge-Börner. Ihre Einlassungen zu den männerbündisch orientierten männlichen Träger des »Nordischen Gedankens« spiegeln die Ideen eines aus dem – zumeist protestantischen – intellektuellen Milieu stammenden bürgerlichen Frauenkreises wider, der in der „kämpferischen Germanin“ die Fiktion einer selbstbewußten Frau aufgehoben sah. Zu ihm gehörten die schon erwähnt Irmgard Reichenau und bspw. Dr. phil Leonore Kühn, Dr. phil. Mathilde Kelchner u.v.a.m., fast alle zwischen 1870 und 1890 geboren, wie Sophie Rogge-Börner übrigens auch, die Jahrgang 1878 ist. Sie repräsentieren die Generation der Frauen aus dem Bildungsbürgertum, die für eine bessere bzw. überhaupt eine Ausbildung kämpften und die ihren Protest „hauptsächlich gegen das männliche Machtmonopol“ (Thalmann, 1987:84) richteten.[40] Die hier angesprochenen Frauen gehörten also zum ersten Jahrgang, der ein offiziell anerkanntes Hochschulstudium (in Deutschland) für Frauen abschließen konnte. „Die Gruppe um Pia Sophie

Rogge-Börner bestand aus gebildeten Frauen des nord- und ostdeutschen Bürgertums, es handelte sich um Lehrerinnen, Ärztinnen, Juristinnen." (Crips, 1990:129) Ihr Eintreten für Reformen im Bildungswesen und die Forderungen nach Gleichwertigkeit entsprachen ihren Interessen. Auch aufgrund dieser politischen Vorgeschichte mutet es (von heute aus gedacht) befremdend an, daß diese Frauen kein Hindernis darin sahen, sich an konservativer Moral und rassistischen Ideologien zu orientieren.
Liliane Crips (1990:129f.) verweist auf die Parallelen von Rogge-Börners Ideen mit denen der »Kosmischen Runde«, einer um die Jahrhundertwende auftauchende Denktradition um Alfred Schuler (vgl. Schuler, 1940) und Ludwig Klages (vgl. Klages, 1974). „Die Jünger Schulers sahen im Judentum und dessen Vorstellung von Gott-Vater den Ursprung des Patriarchats und der Zivilisation; beides wurde von der »Kosmischen Runde« heftig abgelehnt: dem öden bürgerlichen Leben, erstickt von den Zwängen des Privateigentums, der Arbeitsteilung, des Rationalismus, des naturzerstörerischen Fortschritts, der patriarchalischen Macht, stellten die Kosmiker den dionysischen Rausch in unberührter Natur entgegen sowie die Rückkehr zum nordischen Heidentum und die Befreiung von der patriarchalischen Unterdrückung." (Crips, 1990:129) Bachofens Schrift zum Mutterrecht rezeptierend[41], beschworen die »Münchner Kosmiker« das „Weiblich-Emotionale und Göttlich-Urhafte gegen das Rationalistisch-Moderne" (Hermand, 1984:543). Gegen die Moderne wurde das Bild der Großen Mutter gesetzt. „Solche Thesen gingen in den späten zwanziger Jahren allmählich in das allgemeine Vokabular der neokonservativen Bewegung ein, die sich im Zeichen des Irrationalen, Kultischen, Mütterlichen gegen die fortschreitende »Bolschewisierung« oder »Amerikanisierung« des Lebens, das heißt die sogenannte »Emanzipation« wandte. Auch viele der bürgerlichen Frauenrechtlerinnen schlossen sich dieser Bewegung an, ..." (Hermand, 1984:545) Von Rogge-Börner werden die Ideen der »Kosmiker« zum Teil wieder aufgegriffen und in ihr Konzept eingearbeitet. Von den Nationalsozialisten wurden die matriarchalisch-mütterlichen Konzepte wie auch Rogge-Börners Gedanken nicht völlig verworfen, konnte die Propagierung des Mythisch-Geschichtslosen, der rassistisch-nordisch-antisemitischen Ideologeme und der Kriegsästhetik doch auch ihren Zwecken dienen.
Dennoch: Rogge-Börner stieß mit ihren Theorien (wie der sie umgebende Frauenkreis) immer wieder auf Widerstand. Bei heftigen theoretischen „Experten"-Auseinandersetzungen (wie bspw. mit Darré, vgl. Kapitel 5.4.1) blieb es bei weitem nicht, vielmehr ging Rogge-Börner mit ihrem Anliegen zumindest zu Beginn der Machtergreifung durchaus offensiv um und veröf-

fentlichte ihre Forderungen. Im März 1932 und im Januar 1933 wenden sich Sophie Rogge-Börner und ihre Mitstreiterinnen in einer »Denkschrift«[42] an Hitler und die NSDAP-Führung mit dem Versuch, selbige daran zu erinnern, daß die »nordische Blutsgemeinschaft« nicht einseitig von Männern geleitet werden könne. Fast schon verzweifelt beschwor sie die angeblich rassisch-nordische Einheit von Mann und Frau und versuchte damit, ihre Wünsche nach Macht einzuklagen.

»Eine Volksgemeinschaft germanischen Blutes k a n n auf die Dauer nicht einseitig männerrechtlich geführt und gelenkt werden ...
Mann und Frau stellten (in d. Überlieferung, E.d.V.) eine unbedingte Lebens-, Schaffens- und Kampfgemeinschaft dar ...
Und wenn irgend ein Gebiet des Einsatzes der befähigten Frau bedarf, so ist es das der Politik, der I n n e n – wie A u ß e n p o l i t i k.« »Das Volk hat unveräußerliches Recht auf Führung durch die besten Deutschen beider Geschlechter.« (Rogge-Börner, verschiedene Textstellen in der »Denkschrift« in: Reichenau, 1933:7-13)

So schwärmte Rogge-Börner „von einer vergangenen Zeit der 'Geschlechterharmonie' oder 'Grundharmonie', in der die Menschen noch begriffen hätten, daß 'Mann und Weib einer Rasse' und 'von einem geistig-seelischen Stiltypus' seien" (Koonz, 1991:116). Vergeblich.

Der Männerbund

Sowohl Thalmann (1984) als auch von See (1994) weisen darauf hin, daß sich die Nationalsozialisten zunehmend eines wichtigen Elements bedienten, das Ansprüche auf Geschlechtergleichheit unweigerlich ausschloß: des Männerbundes. Thalmann beschreibt die Nationalsozialisten als einen „reinen Männerbund" von Anfang an – ohne Ambitionen zu Familienleben oder festen Beziehungen zu Frauen (1984:73ff.). Die Behauptung Hitlers, nur der waffenerprobte Mann könne Staatsbürger sein – die Frau sollte Zivilrechte nur durch Heirat oder einen Verwaltungsakt erhalten können – weist auf den frauenfeindlichen Charakterzug der männerbündischen Nazis hin. Der Frau wurde lediglich die Rolle der – allerdings wichtigen – Hüterin der »Rassereinheit« zugeteilt, oder sie kam als den Soldaten unterstützende Soldatenfrau vor. Auch gegen diese Auffassung wehrt sich Rogge-Börner.

»Die artdeutsche Frau wird auch niemals einen deutschen Staat, welche Form er sich auch geben möge, anerkennen, der zwei Klassen von deutschen Menschen unterscheidet, Staatsangehörige und Bürger, und den Mann als Bürger und die Frau als Staatsangehörige kennzeichnet, die erst durch die Ehe Bürgerin wird!"« (Rogge-Börner, 1928:30)

Nach der Machtergreifung kehrten die maßgeblichen Nationalsozialisten den nordischen Traditionen zunehmend den Rücken.[43] Erst die Arbeiten von Lily Weiser[44] (*Altgermanische Jünglingsweihen* und *Männerbünde*, 1927) und darauf folgend Otto Höfler (*Kultische Geheimbünde der Germanen*, 1934) hatten überhaupt ein – neues – Germanenbild entworfen, das für das Dritte Reich verwertbar wurde. Lily Weiser arbeitete darauf hin, wie Rogge-Börner auch, daß die Sagen und Mythen keine »Gebilde der Phantasie« seien, sondern Reflexe »wirklichen und zwar religiösen Lebens« (zitiert nach: von See, 1994:228). In „Abwehr des Fortschrittsgedankens" und unter „zivilisationskritischem Aspekt" (ebd.:228) hob Höfler in Fortsetzung die völkische Eigenwertigkeit der Germanen hervor. Was Weiser und Höfler etablierten, war ein völlig neues, ekstatisch-religiöses und männerbündisches wie kriegerisches Germanenbild. (Vgl. ebd.:228ff.) Dem Selbstverständnis des Nationalsozialismus als einer emotional-ekstatischen „Bewegung" kam dieses Höflerische Germanenbild weit mehr entgegen als der germanische Edelmensch Bernhard Kummers. Entscheidend auch, so von See, ist die mit dem Kult des Männerbundes verbundene „emotionale Kraft, aus der heraus sich Führung und Gefolgschaft konstituieren" konnte. Seine Realisierung fand der Kult des Männerbundes in SA, SS, Hitlerjugend usf. So heißt es bei Alfred Bäumler, einem weiteren Männerbündischen, in einem Vortrag 1930:

> »Der Männerbund der Frühzeit, aus welchem der ursprüngliche Staat hervorgeht, ein Gebilde von ungeheurer Mächtigkeit und Kraft« (zitiert in: von See, 1994:230)

Die Entwicklung zur männerbündisch orientierten Germanenideologie wird auch an Sophie Rogge-Börner nicht vorbeigegangen sein, ihr jedoch standen solche Bünde nicht zur Verfügung. Dennoch hat sie versucht, gerade die emotional-ekstatischen Aspekte – unter Beibehaltung der auf Bernhard Kummer fußenden Germanen-Elite-Theorie – für ihre Bilder zu aktivieren. Rogge-Börners Germaninnen sind alles andere als unpathetisch. Durchaus mit Gespür scheint sie, vielleicht sogar bewußt, wahrgenommen zu haben, an welchem gesellschaftlichen Ort und vor allem wie sich die zukünftigen Machthaber definiert haben. Es ist das männerbündische Kriegerkollektiv, der kriegerische Held, dem die staatenbildende Kraft gebühren sollte. Gegen männerbündische Orientierungen *scheint* sie in ihren politischen Protestschriften aufzubegehren. In ihren Mytheninterpretationen integriert sie die „kriegerische Germanin" in das männerbündische Kriegerkollektiv. Gegen das Bild des heldischen Kriegers, ob männlich oder weiblich, opponiert sie ohnehin nicht.

6 Die tiefenhermeneutische Interpretation der mythischen Bilder –Zur Phantasie der »freien, rassebewussten, kriegerischen Germanin«

Methodische Vorbemerkung

In meiner tiefenhermeneutischen Interpretation beziehe ich mich exemplarisch auf ein Buch von Sophie Rogge-Börner[1], Die innere Gestalt der nordischen Frau – Eine seelenkundliche Untersuchung, Berlin 1938.
Bei dieser Schrift handelt es sich um eine mythenimmanente Interpretation, in der mehrere »nordische« Frauenpersönlichkeiten (aus der Islandsaga[2] und der Edda[3]) vorgeführt werden.[4] Der Text ist gegliedert in:

- eine Einführung,
- die »Saga-Gestalten« (fünfzehn »Frauenschicksale« werden geschildert),
- eine kurze Zwischenbemerkung,
- die »Edda-Gestalten« (vier Kurzerzählungen) und das
- »Ergebnis«.

Die insgesamt neunzehn zusammengefaßten und interpretierten Lebensgeschichten der Frauen sind bis auf eine (Gudrun mit neunzehn Seiten) zwischen einer und sieben Seiten lang, also relativ kurz.
Die szenische Betrachtung und Interpretation meinerseits befaßt sich sowohl mit den Einzelgeschichten als auch mit dem Erzählverlauf des Gesamttextes, daß heißt mit dem Zusammenhang der Geschichten untereinander. Die Konzentration liegt auf den strukturellen – in mehreren Geschichten vorkommenden – Ähnlichkeiten. Das Ziel ist die Entschlüsselung der latenten Gehalte.
Methodisch gesehen ist die hohe Zahl und erzählerische Dichte der Chroniken für die Interpretation ein verkomplizierender Sachverhalt. Nach mehrmaligem Lesen der Materialien jedoch verdeutlichte sich mir die sich kontinuierlich steigernde Spannungskurve des *Gesamt*textes, die in der Figur der kriegerischen Germanin kulminiert. Schrittweise erfolgt der Abbau der Hemmschwelle gegenüber aggressiv-destruktiven Affekten, um am Ende die Germanin als die im soldatischen Männerbund integrierte Kriegerin vorzuführen. Daher folge ich in meiner Deutung im wesentlichen dem dynamischen Gefüge und der Chronologie der aufeinanderfolgenden Themenfelder des Gesamttextes.
Die Interpretation des Textmaterials verläuft also eng am Textgebäude entlang. Psychoanalytische Empirie fließt dabei mit ein. Die Übertragungsproblematik der individualpsychologischen Erkenntnisse auf kollektive Deu-

tungsprozesse wird – wie bereits ausgeführt – nicht unberücksichtigt gelassen: „Sie kann nur in Form der Analogie geschehen." (Nicklas, 1990:80; vgl. auch Bauriedl, 1986:192ff.)
Eine weiterer und erschwerender Umstand im Umgang mit dem Material betrifft die Textgattung. Der Text setzt sich zusammen aus einer Vielzahl von literarischen Geschichten, verwoben mit ideologischen Interpretationen. Wie schon erwähnt, konnte daher die Betrachtung der Vorläufer-Ideologien (vgl. Kapitel 5.1-5.4) nicht unterbleiben.
Biographische Daten der Autorin sind in die Interpretation eingearbeitet. Verfahrenstechnisch jedoch hierzu folgende Anmerkung: Zuerst habe ich mich bewußt *nicht* mit der Biographie Sophie Rogge-Börners befaßt, sondern mich ausschließlich den Irritationen, den Assoziationen zum Text und der Interpretation zugewandt. Erst im fortgeschrittenen Stadium der Bearbeitung habe ich weitere biographische, sozialpsychologische, soziologische und zeitgeschichtliche Informationen hinzugezogen und mit den Ergebnissen der Interpretation konfrontiert. Gegen Ende erfolgte die abschließende Bearbeitung unter Einbeziehung aller Daten.

Erzählweise: Von der politischen Auseinandersetzung zum Mythos

Sophie Rogge-Börners Buch befaßt sich also mit der Interpretation der germanischen Mythen. Interessant ist, daß für sie diese Mythen »historisch zu werten« sind.

»Mythische Bilder und mythische Dichtung sind keine Märchen und Erfindungen, sondern seelisches Rückerinnern auf gelebte Wirklichkeiten« (Rogge-Börner, 1938:84).

»... der Nordlandmensch (verehrte) in den „Göttern" seine eigenen frühen Ahnen« (Rogge-Börner, 1938:93).

Nichts wäre dagegen zu sagen, wenn sie, neben den überpersönlichen Gehalten, die mythischen Überlieferungen im weiteren Sinne als Ausdruck kollektiver Sinninterpretationen und kodiertes Protokoll gesellschaftlicher Widersprüche einer bestimmten, vergangenen Zeitepoche sähe. „Denn 'Mythos'- ist das nicht das vorgeschichtliche und vorwissenschaftliche Bewußtsein? Eine symbolische Phantasie, deren faszinierende Schöpferkraft unbestritten, aber doch (für uns) vergangen ist?" (Weimann, 1977:310)
Rogge-Börners Anliegen hingegen läuft darauf hinaus – insbesondere im Falle der Edda – die mythischen Bilder und Personen zu »geschichtlichen Gestalten« (Rogge-Börner, 1938:84) zu erklären, das heißt, sie konstruiert aus ihrer Mytheninterpretation vermeintlich authentische und aktualisierte,

weil für ihre *Gegenwart* bedeutende *Realgeschichte*. Nicht für literarisch bearbeitete, symbolisierte *oder* im Symptom repräsentierte Realität und damit für das Verdrängte, aus der Realität Ausgeschlossene steht hier der Mythos. Vielmehr wird das mythische Material von der Autorin als direktes Abbild von historischer Realität aufgeladen – für Rogge-Börner, in Anlehnung an Johann Jacob Bachofen[5], hat der Mythos einen hohen Wirklichkeits- und Wahrheitsgehalt, ist wahrhaftige Geschichtsquelle (vgl. Weimann, 1977: 315ff.). Sie steht damit ganz in der Tradition der Mythologie der deutschen Klassik, für die der Mythos ein wahrer Ausdruck urhafter Volkssprache war. Auch von den hier bereits erwähnten »Kosmikern«, unter deren Einfluß Rogge-Börner gestanden hat, wird der Mythos „zur metaphysischen Notwendigkeit unserer Epoche (erklärt); Klages (Ludwig Klages, E.d.V.) sah darin den willkommenen Verbündeten gegen die zu bekämpfende ratio, den verhaßten 'Widersacher der Seele'" (Weimann, 1977:322).

Wirft man einen Blick auf alle schriftlichen Erzeugnisse Sophie Rogge-Börners[6], bekommt die Beschäftigung mit dem mythischen Material noch einmal ein besonderes Gewicht. Wie schon kurz erläutert: Ende der 20er und in den frühen 30er Jahren setzte sich Sophie Rogge-Börner noch mit realpolitischen Fragen auseinander (vgl. Rogge-Börner, 1928; 1929), konfrontierte sich mit den misogynen Äußerungen von NS-Größen (vgl. Rogge-Börner, 1930). Doch schon ab 1925, verstärkt in den beginnenden 30er Jahren befaßt sich Sophie Rogge-Börner theoretisch und ideologisch gelegentlich mit mythischen Materialien. Sie setzte sich bspw. mit den Mutterrechtsthesen von Bachofen, die sie befürwortete, auseinander. Für Bachofen war die Trennung von Mythos und Geschichte undenkbar, der Mythos war für ihn eine »wahre, durch hohe Zuverlässigkeit ausgezeichnete Geschichtsquelle« (Bachofen, zitiert in: Weimann, 1977:323). Den in gleicher Tradition stehenden, aber anders argumentierenden Mutterkultler Ernst Bergmann dagegen verwirft Rogge-Börner (vgl. Rogge-Börner, 1932): Bergmann meinte[7], daß nach einer langen Periode des Übergewichts der männlichen ratio die Rückkehr zu den Urgründen des menschlichen Lebens, dem von Bachofen entdeckten 'Muttergeist', vonnöten sei. Er trat ein „für Konzepte wie 'Mutterreligion', 'Mutterehe' und 'Muttersozialismus'" (Hermand, 1984:547), rief deutschbewußte Frauen zur Gründung einer »Frauen- und Mutterpartei« auf und trat für äußerst konsequente Rassenhygiene ein, »strengste(n) Zuchtwahl« und Unfruchtbarmachung aller »schlechten Erbträger« (zitiert nach ebd.:548). Rogge-Börner (1932) dagegen wehrt sich gegen diese »Zuchtgedanken« insofern, als sie die »deutsche« Frau nicht zu einem reinen Muttertier herabgewürdigt sehen will. Entscheidend für unsere Betrachtung ist:

In den Jahren zwischen 1928 und 1937 ist Rogge-Börner nicht ausschließlich rezeptiv/interpretierend auf das mythische Material fixiert. Sie *argumentiert politisch,* benutzt die aus den Mythen destillierten Erkenntnisse zum germanischen Frauenleben allenfalls zur Unterstützung ihrer politischen Forderungen.[8] Dies ändert sich in späteren Jahren (ca. ab 1935/6). Sie greift – wie auch viele andere Autorinnen[9] – ausschließlich auf das mythische Material zurück und beschäftigt sich mit dessen Aufarbeitung, genauer: der literarischen Nacherzählung, Interpretation und Untersuchung der germanischen Frühgeschichte. Zwar setzt sich Rogge-Börner in diesen späteren Abhandlungen in den 30er Jahren mit der gesellschaftlichen (Macht-) Stellung der germanischen Frau auseinander; auch hier finden wir argumentierende Textpassagen. Doch hauptsächlich werden Geschichten (nach)erzählt, in die die Interpretationen eingewoben sind, die aber immanent bleiben – sie überläßt den Lesern, was diese mit den Auslegungen anfangen sollen, und vertritt keine dezidiert politischen Positionen oder Forderungen mehr. Ihre Einlassungen kreisen um einzelne, hochgradig stilisierte und deutlich affektiv idealisierend besetzte »germanische Frauengestalten«, die die angestrebten Maximen stellvertretend personifizieren. Ab 1939 wendet sie sich gar ganz dem Genre des Romans, der Fiktion, zu (siehe: Rogge-Börner, 1939; 1942; 1943; 1944)[10], ihre Materialbasis bleiben allerdings immer noch die Mythen. Wie ist diese Hinwendung zum mythischen Material und dessen Aufladung zu erklären? Was konnte damit formuliert werden?

Als erstes müssen wir noch einmal auf einen politischen Diskurszusammenhang verweisen, in dem viele der Germanenkultlerinnen und „Nazi femists“ standen: den der bürgerlichen Frauenbewegung.[11] Ab 1920 schon wandte diese sich zunehmend dem völkisch-national-konservativen Gedankengut zu. Ab 1928 übernahm die völkische Fraktion im *Bund Deutscher Frauen* (BDF) die Leitung. 1933 löste sich der *Bund Deutscher Frauen* selbst auf – damit umging man immerhin die drohende Eingliederung in NS-Verbände. Dennoch kann man in diesem Zusammenhang von einem *realen Entpolitisierungsvorgang* sprechen, der sich allerdings weit vor 1933 anbahnte.[12] Ich denke, daß dieses soeben beschriebene Geschehen selbstverständlich nicht spurlos an den hier betrachteten Autorinnen als Sympathisantinnen dieser politischen Bewegung vorüberging, bzw. daß sie von diesem Prozeß ebenfalls betroffen waren. Ein Forum zur Einforderung auch nur der geringsten frauenrechtlerischen Reformen gab es nach den Gleichschaltungen nicht mehr. Und auch an der öffentlich-politischen Macht waren, wie ja schon dargestellt, weder vor noch nach 1933 die »alten Kämpferinnen« der NS-Bewegung, die sich in der »Kampfzeit« vor 1933 leidenschaftlich für den

Nationalsozialismus eingesetzt hatten, und zu denen sich Sophie Rogge-Börner – auch wenn sie kein Parteimitglied war – im weiteren Sinne zählte, beteiligt. „1933/34 litten die alten Aktivistinnen unter dem Chaos des Frauenbereichs. Die Phantasien über ihre Zukunft im Nationalsozialismus zerschlugen sich ... Der neue Staat dachte gar nicht daran, die unabhängigen, dynamischen Frauen für die langjährige Unterstützung, die sie Hitler erwiesen hatten, zu belohnen, sondern rekrutierte neue Kader aus etablierten Mittelschichtskreisen. Die »alten Kämpferinnen« sahen sich plötzlich von neuen Führerinnen abgelöst, die viel Gemeinschaftsgeist, aber keinen ideologischen Standpunkt mitbrachten und neue Anhängerinnen lediglich über praktische Aufgaben mobilisierten." (Koonz, 1991:180/1) Der gesellschaftspolitische Ort, den diese Frauen versucht hatten einzufordern, wurde ihnen versagt.
Die NS-Größen, die ohnehin noch nie einen Hehl aus ihrer aggressiven Ablehnung der bürgerlichen (und erst recht der radikalen) Frauenbewegung gemacht und ihre misogynen Äußerungen mitnichten zurückgehalten hatten, schoben die alten Aktivistinnen aufs politische Abstellgleis.[13]
Für uns bleibt festzuhalten, daß sich die geschilderte Wendung zum mythischen Material auf der soeben geschilderten realpolitischen Folie entwickelt haben muß. *Aus politischen Forderungen wurden Phantasien und Wünsche, die auf von der Realität des Alltagslebens entfernte Gedankenräume projiziert wurden.*
Die Mythen hatten für Sophie Rogge-Börner unmittelbare Bedeutung:

> »Damit liegt zugleich ebenso offen zutage, in wie lebensnahem Zusammenhang die in der vorliegenden Untersuchung betrachteten Persönlichkeiten noch immer mit dem Leben und Streben unsrer gegenwärtigen Zeit stehen und wieviel W e s e n t l i c h e s sie uns – und heute erst recht wieder – zu sagen haben.« (Rogge-Börner, 1938:103)

Die von Projektionen durchwobene, mit phantasievollen Interpretationen ausgeschmückte Auseinandersetzung mit den »Persönlichkeiten« werden in das »Leben und Streben« der Gegenwart gehoben. Die *Phantasie ersetzt das wirkliche Leben*. Der eigene Lebensentwurf: als politische Persönlichkeit, als Subjekt der Geschichte wirken und walten zu können, ist gescheitert. Das eigene Ideal kann nur noch literarisch verarbeitet und „ausgelebt" werden; ein repressiv-regressiver Ausweg aus einem Konflikt. Damit brauchen Alternativen nicht entworfen oder experimentell eingesetzt zu werden, nichts und niemand muß sich mehr an der politischen Praxis – bspw. die zur Zeit des Erscheinungsjahres 1938 bereits zahlreich erlassenen Rassengesetze der Nationalsozialisten – messen lassen. „Auf der Ebene des Mythenschaffenden und Literarischen haben sich die meisten dieser Maßnahmen (die der Rassengesetze, E.d.V.) kaum ausgewirkt. Hier blieb man lieber im Nebelreich der

grauen Vorzeit, als sich in das unerbittlich helle Licht der tatsächlichen Verwirklichungen solcher Hirngespinste zu begeben." (Hermand, 1988:245)
Doch neben dem soeben geschilderten Sachverhalt (nach 1933 an der politischen Macht nicht beteiligt worden zu sein) treten weitere, hier schon häufig dargestellte, aus der Vorgeschichte des Dritten Reiches stammende Faktoren, die meines Erachtens auch nach 1933 bedeutend waren für die kollektiv-deutsche – männliche *wie* weibliche – „Seelenlage": die Niederlage des Ersten Weltkriegs[14], der „Aufstand (der Konservativen Revolution) gegen die Moderne" in der Weimarer Republik (vgl. Reichel, 1991:68ff.) und die wirtschaftliche Depression 1929 usf. Die Lebenserfahrungen und -erinnerungen waren von diesen Erschütterungen geprägt. Eine ohnehin nur relative – denkt man an die ungeheueren Umwälzungen der Industrialisierung – Stabilität wurde durch zahlreiche Wirren gebrochen bzw. zerstört.
Die Weimarer Republik kann darüber hinaus als die Zeit bezeichnet werden, in der sowohl der Gesellschaftsentwurf als auch die Geschlechterrollen und -stereotype neu verhandelt wurden – in verschärfter Gangart. Die Säkularisierung erfaßte zudem immer mehr Menschen, insbesondere Frauen. Die Weimarer Republik ist die historische Zeit, in der die Spannung zwischen der – durch Wissenschaft und Industrialisierung erheblich in Frage gestellten – Tradition und Moderne auch den letzten Winkel der Gesellschaft erfaßte. Am augenscheinlichsten verdichtete sich die Auseinandersetzung über die Geschlechterrollen in den Bildern der Frau: Das traditionell orientierte Hausfrauenbild kollidierte mit dem berufsorientierten Bild der „Neuen Frau".[15] Die nunmehr durch die mit den neuen Berufsbildern (der Tippse, dem Bürofräulein etc.) verbundene Häufung der offiziellen Entlohnung der berufstätigen Frauen[16] nötigte die Frauen zu einem neuen psychostrukturellen Entwurf. Dieser konnte sich zwangsläufig nicht am traditionellen Weiblichkeitsentwurf (Mutterschaft und Hausfrau) festhalten. Für einige Frauen mag es daher keine Identitätsvorlagen gegeben haben. Ihnen blieb die Orientierung am väterlichen Imago[17] – das nicht selten an der soldatischen Identität entlang strukturiert war. War die „Lösung" dieses Konfliktes und Kampfes um den neuen psychostrukturellen Entwurf für einige Frauen damit nur möglich um den Preis des Verrats an der weiblichen Identität und einer Übernahme der soldatischen? Zur Erinnerung: Angesprochen ist hier der konservativ-deutschnational-völkisch eingestellte, gleichzeitig aber auch frauenbewegte, bürgerlich-intellektuelle Frauenkreis, wie er sich um Rogge-Börner scharte. Wie sind diese Frauen, vorausgesetzt meine Hypothese stimmt, mit dem Aufprall ihrer am väterlichen Imago orientierten Identität und mit der enttäuschenden gesellschaftlichen Realität, die ihnen bei weitem nicht die er-

träumten Positionen zugestand, umgegangen? Welche Reaktionsmuster standen Anfang bis Mitte des 20. Jahrhunderts einzelnen Menschen/Gruppen/Völkern überhaupt auf die kumulativ-traumatisierenden, destabilisierenden und desorientierenden Erfahrungen mit der gesellschaftlichen Realität der Weimarer Republik zur Verfügung?[18]

Henry Lowenfeld machte bereits 1935 hierzu interessante Anmerkungen: „In solchen Zeiten wirtschaftlicher Katastrophen (wir würden einfügen: nationaler und politischer Niederlagen und der Desorientierung der Geschlechterrollen; E.d.V.) tritt leicht die Wendung zum Irrationalen ein. Die Enttäuschung an der Realität, die Verzweiflung an der Möglichkeit realer Befriedigung führt zur Flucht aus der Realität ... Diese Tendenz zum Irrationalen in Zeiten wirtschaftlicher Not und Enttäuschung legt eine Rückkehr vom Denken des Erwachsenen, der gelernt hat, reale und rationale Maßstäbe anzulegen, in die Welt des kindlichen Denkens, wo Wunschwelt und Realität noch nicht scharf getrennt sind, in die Welt des magischen Denkens, der Märchen- und Phantasiebildung, nahe. Wir kennen in der Psychoanalyse den wichtigen Begriff der Regression, der etwa bedeutet, daß der Mensch, der im Leben starke Versagungen erlebt und nicht imstande ist, diese gut zu verarbeiten, die Neigung hat, in seinem Innenleben in frühere Zeiten und Denkweisen zurückzuflüchten, in die Kindheitswelt zu regredieren, frühere, seit der Kindheit bekannte Wege der Befriedigung aufzusuchen. In der Psychologie der Massen findet man die gleichen Vorgänge: Ein ganzes Volk flüchtet aus der enttäuschenden Realität in die Mystik“ (Lowenfeld, 1977:566/7).

Die „Wendung zum Irrationalen“, die Flucht aus der „enttäuschenden Realität in die Mystik“ und in einen irritierenden Entwurf der weiblichen Identität läßt sich bei Sophie Rogge-Börner in ihren kühnen Interpretationen der germanischen Mythen leicht wiederfinden.

Festzuhalten bleibt, daß mit der Wandlung der Erzählweise – von der politischen Auseinandersetzung zur Interpretation mythischen Materials – nach meiner Auffassung bereits ein verändertes Verhältnis zur Realität mit dem Ziel der Verleugnung chiffriert wurde. Die in der Realität erfolgten Niederlagen konnten so verdrängt und brauchten nicht mehr bearbeitet zu werden. Der Geschlechterkonflikt, der Konflikt um einen neuen Weiblichkeitsentwurf und das Ungelebte müssen nicht mehr thematisiert werden. Unter diesen Umständen könnten kollektive Wunschphantasien und Größenillusionen verlockender gewesen sein als die Wut und Trauer um den realpolitischen Bankrott. Konfliktvermeidung und die Identifikation mit der idealisierten Grandiosität der Frauenschicksale war die von Sophie Rogge-Börner vorgetragene „Lösungs“strategie.

Doch das ist nicht alles. Eine in eine geschichtliche Erzählung eingebettete mythische Figur läßt natürlich weit mehr Spielraum für phantastische Ausschmückung als die enttäuschende Auseinandersetzung mit der Realität oder die trockene theoretische Konfrontation mit Rassentheorien. Wenngleich es auch letzteren Arbeiten nicht an Dramatik und an symptomhafter Verdichtung fehlt, so läßt sich in einer Erzählung der Spannungsbogen doch besser aufbauen und auf Höhepunkte konzentrieren. In der Phantasie können unbewußte Affekte und regressive Bestrebungen einen größeren Platz finden. – Sie können aber auch ein weitergehendes *Eigenleben* führen, sich zu Symptomen verdichten. Es können aggressive Bestrebungen untergebracht werden, die unter anderen Lebensumständen vielleicht nie ans Tageslicht gekommen wären.

In gewisser Weise haben mich die Texte von Rogge-Börner an die Strukturen erinnert, die Frigga Haug für Tagträume herausfand (Haug, 1984:681ff.). Nach Haug sind Tagträume „bewußte Konstruktionen". Sind das die literarisch gefaßten Interpretationen von Rogge-Börner im weiteren Sinne nicht auch? Tagträume sind „*wissentliche Konstruktionen eines Imaginären*" (Haug, 1984:683), besonders geeignet für das Unterbringen utopischer Dimensionen. Auch hier eine Parallele zum Produkt von Rogge-Börner. Des weiteren sind Tagträume laut Haug eine „typisch weibliche Handlungsweise" (ebd.:684), in der Phantasien zum Ausdruck kommen können, die der Realität nicht entsprechen. So wie im literarischen Konstrukt Rogge-Börners sind auch in den Tagträumen, die Frauen mächtig, haben die Handlung im Griff, treten als Schützende, Rettende, Erfahrene, Souveräne auf. Und auch hier figurieren die Männer den abhängigen, hilflosen Part. „Die eigene Größe ist ein wichtiger Bestandteil des Dramas. Sie wird unter anderem durch Einsamkeit, durch Einzelkämpfertum herausgehoben." (ebd.:689) In Ergänzung zu Freud, der im weiblichen Tagtraum den Ausdruck erotischer Wünsche aufgehoben sah, sind die Inhalte der weiblichen Tagträume, so Frigga Haug (691), „ausgezeichnet durch eine doppelte Verkehrung: Umgekehrt ist das Mann/Frau-Verhältnis, und verkehrt ist die Abhängigkeit von gesellschaftlichen Mächten in die individuelle Verfügung für die Inszenierung von Geschlechterverhältnissen." Ein weiteres Kennzeichen für den weiblichen Tagtraum also ist die Verkehrung der Verhältnisse. „Gegen Blochs hoffnungsvolle Auffassung halten wir fest, daß die Wünsche (oder Tagträume, E.d.V.) nicht einfach Sehnsüchte nach einem besseren zukünftigen Leben sind, sondern selber formiert, Produkt der Verhältnisse, unter denen die Menschen leben. So sind ... im Fall unserer Frauen ... die Wünsche gegen Unterdrückung und Glücklosigkeit selbst in der Ermächtigung noch *Träume für Unterdrückung.*" (Haug, 1984:693)

Die Konstruktionen Rogge-Börners weisen mit dem Tagtraum einige identische Strukturen auf. Auch hier werden – wie im Verlauf der Interpretation deutlich werden wird – die *Sehnsüchte nach weiblicher Autonomie und Macht formuliert in Form einer Verkehrung der Verhältnisse.* Auch Rogge-Börners Germanenkriegerinnen haben die Macht, den Männern obliegt der Part der Unfähigeren, der Unterlegenen. So sind die in den mythischen Geschichten dargestellten Bilder ein Angebot an die Leserinnen und die Autorin selbst, einen ganz bestimmten Weg einzuschlagen. Hier ist es der Weg zu einem destruierenden Frauenbild, das der kriegerischen Germanin. Der mentale Beitrag zur Kriegsbereitschaft, der damit geleistet wird, sollte nicht unterschätzt werden.
Erste Fragen tauchen auf.

- Welche *Sehnsüchte und Wünsche,* aber auch *destruktiven Bestrebungen* konnten in den Rassentheorien und in den mythischen Frauenfiguren untergebracht werden? Und darüber hinaus: Wurden die destruktiven Strebungen – aus welcher Quelle sie auch rühren mögen – projektiv auf äußere Feinde (Nicht-Germanen, nicht-kriegerische Frauen, Männer) gerichtet, weil das innere (weibliche wie kollektiv-nationale) Selbstbild einen nicht zu kittenden Bruch erlitten hatte?
- Wie wurde das *Bedürfnis nach Achtung* und Würdigung der Frau und ihre Gleichstellung mit dem Mann übertragen auf die rassistische Denkschablone, auf die urgermanische (deutsche) Sittengeschichte?
- War das *Begehren* der Frauen *nach (öffentlicher) Macht* versteckt hinter anderen Entwürfen/Weltanschauungen; einmal definiert als Vormachtstellung über andere Rassen/Völker, des weiteren begründet mit den als höher erachteten germanischen »sittlichen« und kriegerisch-heldischen Charaktereigenschaften?
- Oder waren es die aus der Realität stammenden Bestrebungen nach beruflicher, gesellschaftlicher und rechtlicher Gleichbehandlung der Frauen, die im Bild der kriegerischen Germanin verdichtet, aber eben nur noch sinnbildlich eingefordert werden? Deren kriegerische *Handlungsfähigkeit* wurde herausgestellt und dem Manne mindestens gleichgestellt, wenn nicht gar übergeordnet. Was heißt: Frauen sollten nicht nur Mütter (zukünftiger Soldaten) sein, sondern darüber hinaus aktiv, kriegs- und handlungsfähig, führungskräftig etc. sein bzw. sogar *mächtiger* sein.
- Was konnten die zumeist qualifiziert ausgebildeten Frauen mit ihrer Befähigungen in der Realität anfangen?
- Kurzum: War die positive Identifikation mit der kriegerischen, rachedürstigen Germanin vielleicht eine – freilich mörderische – *Verschiebung* ei-

nes durch die Realität gebrochenen Wunsches nach Gleichheit und Gleichstellung mit dem Mann, aber auch – auf anderer Ebene – nach nationaler (großdeutscher) Identität?

– War diese Identifikation mit der germanischen Kriegerin jedoch nicht auch eine in der Phantasie vorgenommene, radikalisierte Umkehrung der realen Geschlechterverhältnisse?

Im folgenden werden wir uns bemühen, die ideologischen Gedankengebäude zu entschlüsseln, mit deren Hilfe Sophie Rogge-Börner versucht hat, ihre (äußere) Realität zu bewältigen. Unsere Anfangsthese ist, daß der Rückgriff auf *diese* ideologischen Inhalte ein Mittel verkörpert, gesellschaftliche Konflikte und Brüche – in diesem Falle regressiv/repressiv – zu bearbeiten.

Begeistert verschreibt sich Rogge-Börner dem Rassismus (dem »Nordischen Gedanken«), dem Krieg und der »Völkergemeinschaft«. Im Hintergrund dieser drei Gedankenkreise stehen, wie aufgezeigt werden wird, vor allem zwei affektive Motive: die *regressive Flucht in Verschmelzungswünsche hinein* und *Vermischungsangst.* Denn auch die „Macht der Begeisterung für eine Idee oder ein Ideal erweitert das Selbstgefühl ungemein, erzeugt Zustände von Verschmelzung und bringt die Grenzen zwischen Selbst und Realität, Ich und Ideal erlebnismäßig zum Verschwinden“ (Bohleber, 1992:703).

An einer Auflösung der Grenzen zwischen Selbst und Realität, zwischen Ich und Ideal wird Sophie Rogge-Börner großes Interesse gehabt haben, war es doch so möglich, den realen Auseinandersetzungen und vor allem den Niederlagen zu entfliehen. Als Lösung, als Ausweg aus der verunsichernden Realität werden die verschiedensten Verschmelzungszustände bei paralleler Abspaltung des nicht homogenen herbeiphantasiert: gleiche Rassezugehörigkeit scheint Einheitsgefühle zu wecken *und* die gleiche Einstellung zur sozialen Organisationsstruktur (Familie, Stellung der Geschlechter zueinander) in der Gesellschaft zu garantieren. Diese auf die deutsche Romantik[19] zurückgehende Auffassung meint, aus biologisch-rassisch-»blutlich« gleicher Abstammung eines Volkes ließen sich *soziale* Gesetzmäßigkeiten ableiten, ja gar politische Ziele legitimieren. Eins sein in der »Rassenzugehörigkeit«, der »Volksgemeinschaft« oder in der ehelichen »Schicksalsgemeinschaft« steht ganz oben in der positiv besetzten Werteskala, korreliert aber – wie wir sehen werden – immer mit der kriegerisch-aggressiven Abwehr(-bereitschaft) gegen vermeintliche Feinde der mächtigen Familienclanführerin, der germanischen Gemeinschaft, der Rasse.

Spannungskurve

Was also erwartet den Leser?
Rogge-Börner eröffnet ihre Schrift *Die innere Gestalt der nordischen Frau – Eine seelenkundliche Untersuchung* (Berlin, 1938) mit einer Einführung, in der sie von der Disharmonie der Welt spricht und ihre rassistische Einstellung kundtut. Sie fixiert dann die Bilder, die nach ihrer Auffassung Bürgen für Orientierung und Einklang sind: »Rassereinheit«, »Volksgemeinschaft« und »Sippe«. Im folgenden versucht sie zu verdeutlichen, wer den Zusammenhalt dieser harmonischen Gemeinschaften garantiert: eben die rachebewußte, wilde Männer zähmende Germanin. Nach diesen Offerten geht Rogge-Börner dazu über, die Grandiosität der Germanin auszubauen. Sei es, daß diese verständnisvoll dem Sohne die Waffe reicht, sei es, daß sie als Herrin und Frau mit überdimensioniertem Willen präsentiert wird – die Germanin steht für Stärke, Festigkeit und: für die Fähigkeit zur Destruktivität.
Im Schlußteil geht Rogge-Börner dann – inhaltlich folgerichtig – zum Bild der Germanin als der Kriegerin über, Sinnbild für die konsequent aggressiv-destruktiv agierende, aber eben mächtige Frau.
Inwieweit die Tiefenhermeneutik zu weitergehenden Erkenntnissen führt, werden wir sehen.

6.1 Rasse – Auf der Suche nach der »inneren Harmonie«

Wir beginnen mit dem dreiseitigen Einleitungstext unseres Untersuchungsgegenstandes (Rogge-Börner, 1938:5-7), weil in ihm der erste Grundkonflikt des Werkes benannt und verhandelt wird.
Bereits der erste Satz – der analog der Bedeutung des „settings“ im psychoanalytischen Prozeß gesehen werden könnte – beinhaltet ein durchgängig im gesamten Text immer wieder auftauchendes *Erklärungsstereotyp:*

»Daß es gelingen konnte, die Mitbestimmung der mütterlichen Kräfte voll und ganz herauszustoßen aus der Lenkung der Völkerschicksale, muß in tiefliegenden und wesentlichen Ursachen ruhen; und das neu erwachte Rassebewußtsein geht wohl nicht fehl, wenn es diese Ursachen für den weißen Menschen in schweren rassisch bedingten Störungen seiner inneren Harmonie, seines geistig-seelischen Gleichgewichts sucht.« (ebd.:5)

In der hier vorliegenden Sequenz springt der Rassismus deutlich ins Auge. Da wir als Leser heute mit dem Wissen über die NS-Zeit und »Auschwitz« ausgestattet sind, ist es mit Widerwillen verbunden, die Vorläufergedanken zur Tat hinzunehmen, sich damit so nah zu befassen. Der Widerstand beim Lesen

und Interpretieren mobilisiert sich allerdings nicht nur aufgrund der persönlichen Ablehnung dieser Geisteshaltung, sondern auch, weil die Beschäftigung mit rassistischen Texten die Frage nach den eventuellen eigenen – unbewußten – rassistischen Vorurteilen aufwirft. Der Text wirbt mit einem Sammelsurium von angesprochenen Sehnsüchten und versprochenen Gratifikationen. Wer wünscht für sich keine »innere Harmonie«! Sind Homogenisierungswünsche nicht auch für uns als Leser verführerische Strategien zur Bewältigung von Desorientierung? Daß sich hier eine Autorin gegen die Ausgrenzung von Frauen wendet, bewirkt zudem eine gewisse Sympathie. Die Vermengung dieser Positionen – oberflächlich betrachtet: der rassistischen und der feministischen – verwirrte mich zu Beginn. Es war eine Lernerfahrung zu sehen, daß sich diese Anschauungen nicht ausschließen müssen, wie ich zuvor dachte.
Für Sophie Rogge-Börner sind Frauen – hier populistisch und nicht zufällig als »mütterliche Kräfte« umschrieben[20] – aufgrund »rassisch bedingten Störungen« aus der »Lenkung« der »Völkerschicksale« ausgeschlossen. Nach ihrer Auffassung ist das die Ursache für die gestörte »innere Harmonie«. Ein *rassistisches Argumentationsmuster* wird für die Erklärung eines *gegenwärtig*-beklagenswerten Zustandes bemüht: der *Ausgrenzung* der *Frauen* aus der öffentlich-politisch-staatlichen Machtsphäre.
Beschrieben wird auf der literarischen Ebene, so könnte man „übersetzen", die reale Erfahrung der »alten Kämpferinnen« mit dem NS-Staat.[21] Doch der Konfrontation mit dem realexistierenden Geschlechterkampf[22] – und als solchen kann er zu diesem historischen Zeitpunkt (1938) trotz fragmentarischer Annäherungen der Geschlechter während der Weimarer Republik (und die ist zu diesem Zeitpunkt ja auch schon Vergangenheit) nur bezeichnet werden – weicht Sophie Rogge-Börner aus. Die Ursachen für die Ausgrenzungen werden nicht mehr an realen Personen[23], ideologischen Positionen oder politischen bzw. geschlechtsspezifischen Machtverhältnissen festgemacht. Ursachen sind für Rogge-Börner die »rassistisch bedingten Störungen«, die das »geistig-seelische Gleichgewicht«, die »innere Harmonie« des »weißen(!) Menschen« in Unordnung gebracht haben. Daß es hier um einen tiefsitzenden, eben „inneren" Konflikt geht, wird deutlich. Rogge-Börner benennt, wenngleich allgemein gefaßt und auf die Geschichte (seit) der Germanenzeit bezogen, den aktuellen gesellschaftlichen Konflikt (die Frauen sind aus der öffentlichen Machtpolitik und, entgegen ihren Hoffnungen, auch aus der NS-Politik ausgeschlossen). Sie verdeckt aber diesen realpolitischen Vorgang, indem sie das Geschehen literarisch auf einen anderen historischen Zeitpunkt verlagert. Sie verschiebt die Problematik auf eine das soeben geschilderte reale Geschehen damit anders deutende, mythisch verklärte Ideo-

logie. Ihre Phantasie ist: der »reinrassige« (nordische)[24] »weiße« Mensch hätte die »mütterlichen Kräfte« (nicht Frauen; Mütter!) an der »Lenkung der Völkerschicksale« beteiligt. Dabei geht es ihr durchaus um öffentliche, nicht um die ins private verwiesene Macht. Sophie Rogge-Börner fährt fort:

»Es ist eine heute nicht mehr umstrittene, sondern jedenfalls vom Deutschen schmerzlich erkannte Tatsache, daß fremde Einströmungen sowohl geistiger wie blutlicher Art ihm die Leib-Geist-Seele-Einheit erschüttert und die Geschlossenheit seines Artbildes getrübt haben.« (Rogge-Börner, 1938:5)

Die Subjekte der Geschichte, die Sophie Rogge-Börner kennzeichnet, sind die »mütterlichen Kräfte«, dann der »weiße Mensch« und zu guter Letzt der »Deutsche«. Die Differenzierung, besser: Aufteilungsskala, die im Dienst der Welterklärung aufgestellt wird, verläuft vom bereits gespaltenen Begriff des eigenen Geschlechts (Mütter/Frauen) über die rassistische Einteilung (fremd/eigene Art) zur nationalistischen Definition: deutsch/nicht-deutsch. Positiv konnotiert ist damit die mütterliche, deutsche, eigene (d.h. germanische) »Art«, negativ das Fremde schlechthin.

Nur allzu deutlich die offensichtliche Desorientierung: Eine »Einheit« ist »erschüttert«, eine »Geschlossenheit ... getrübt«, ein »geistig-seelisches Gleichgewicht« gestört. Für den Verlust der »inneren« Harmonie, eine »schmerzlich erkannte Tatsache«, macht Rogge-Börner »fremde Einströmungen sowohl geistiger wie blutlicher Art« verantwortlich. „Rassismus könnte", so Uli Bielefeld (1991:100), „verstanden werden als Fremdenfeindlichkeit ohne Gefühl, ohne Ambivalenz, ohne Innen. Als ein nach außen gekehrtes Innen. Es ist die Kälte zu sich selbst, nach außen getragen und als ein 'Drittes' ('die' Natur, 'die' Kultur, 'die' Wissenschaft) verkleidet." Die Suche nach der inneren Harmonie veranlaßt Rogge-Börner dazu, das Fremde, „Vermischte", bereits in den Körper »eingeströmte« Bedrohlich-Äußere abzuspalten mit dem Ziel, die imaginierte Rassengemeinschaft herzustellen bzw. wiederaufzurichten.[25] Eine starke, tief aus dem Inneren stammende, durchaus organisch (»blutlich«) zu bezeichnende Vermischungsangst (»Rassenmengung«) spricht aus den Gedankengängen. Dabei wird die aus den Zeilen Rogge-Börners herauszuspürende Angst daher rühren, daß nach ihrer rassentheoretischen Schablone »das Fremde« bereits in den »Volkskörper« eingedrungen ist. Nach Erdheim ist das Fremde psychogenetisch gesehen zunächst eine frühe Repräsentanz. Der Säugling macht sich allmählich nicht nur ein inneres Bild seiner Mutter, sondern auch einer „Negation davon, die Vorstellung der 'Nicht-Mutter'. Diese nenne ich die Repräsentanz des Fremden." (Erdheim, 1988:258) Ob sich diese Fremdenrepräsentanz zu etwas Anziehendem (Exotismus) oder zu etwas Bedrohlichem (Xenophobie) entwickelt, ist mit dem Gelingen bzw. Mißlingen des Erwerbs des Urvertrauens verbunden. Immer jedoch haftet an der Repräsentanz des Fremden „die Erinnerung an die ursprüngliche Trennung von der Mutter." (ebd.:259) In die Bilder einer Kultur über das Fremde können nun jene frühkindlichen Phantasien einbezogen werden. „Wie einst das Mutterbild vom Unangenehmen entlastet wurde[26], so nun das des Vaterlandes: Das Böse ist draußen." (ebd.:260) Darüber hinaus stehen die in einer Kultur gültigen Bilder des Fremden immer auch „in einem bestimmten Verhältnis zur Geschichte und zum Kulturwandel. Xenophobie heißt nicht nur Angst vor dem Fremden, sondern auch Angst vor der Geschichte und ihren Wandlungen." (ebd.:261) Auch aus diesen Gründen wird Rogge-Börner die anachrone Beschwörung des Vergangen bevorzugt haben.

Doch ist mit dem »Inneren« damit nicht auch der Körper, die Sinnlichkeit gemeint? Die verderblichen »Einströmungen« waren laut Rogge-Börner ja nicht nur »geistiger«, sondern auch »blutlicher« Art. Die dahinter stehende Phantasie ist, mit einer »Reinheit des Blutes«, frei von fremden »Einströmungen«, sei die »Harmonie« wiederherstellbar. Nach Lowenfeld ist die sexuelle Konnotation zur Wortschöpfung »Rassereinheit« unverkennbar. „Das Wort 'Rassereinheit', das eine so große Rolle spielt, hat den ... Doppelsinn: 'Reinheit' der eigenen Rasse, wobei das Wort einen asexuellen, moralischen Sinn bekommt und die anderen als unreine, schmutzige, sexuelle Tiere hinstellt. Der Kampf für die Rassereinheit, gegen die Vergiftung des Blutes, ist ein Kampf gegen die Sexualität überhaupt." (Lowenfeld, 1977:573) Nach Neubauer ist die Sehnsucht nach der Rassereinheit ein „Ausdruck des Bedürfnisses, das Vertraute, das für bedroht gehalten wird, zu konsolidieren" (Neubauer, 1992:132). Die Vernichtung alles Fremden ist „logische" Schlußfolgerung, da die angestrebte symbiotische Einheit (der Germanen untereinander) die Differenz nicht dulden kann. Unreinheit war demnach die Gefahr, das Fremde mußte vernichtet werden.[27]

Im weiteren Verlauf ihrer »Einführung« beschwört Rogge-Börner »das Naturgesetz«, daß »Mann und Weib eine Schöpfungserscheinung« seien, die »in Ganzheit ... das innere und äußere Erdengeschehen« meistern sollten. Gleich darauf weist sie dann erneut auf die »verhängnisvolle Rassenmengung« hin, die die vorstehend als harmonisch geschilderte Geschlechtergemeinschaft zugrunde gerichtet habe. Rasse ist die Kategorie, die Gleichheit oder Ungleichheit, Harmonie oder »Störung« definiert: Die »Rassenmengung« habe die politisch gemeinsam verantwortliche »Geschlechter*gemeinschaft*« zugrunde gerichtet. Auf die Klagen über die fehlende Stabilität und die Geschlechter-Ungleichheit folgt also eine (die damit verbundenen Spannungen wieder glättende) Konflikt"lösungs"strategie. Das Angebot lautet, es gäbe einen historisch vergangenen Ort, wo die Welt noch in Ordnung war: die Welt der alten Germanen. Mit entsprechenden Maßnahmen (dem Erhalt der »Rassereinheit«) seien die in dieser Welt vorherrschenden Werte und Harmonie auf die Gegenwart übertragbar, wäre die Zerrüttung und Desorientierung der Gegenwart aufhebbar.

»Überzeugend« meint Rogge-Börner nachweisen zu können, wo ihre Ideale noch erhalten seien: in den Islandsagas und in der Edda, dort, wo sich das »natürliche Artbild ... relativ ungetrübt erhalten konnte«. Aus ihnen werde sich »von selbst offenbaren, welches Charakter- und Seelengut der Frauenmehrheit der germanischen Völker seitdem verloren gegangen« (Rogge-Börner, 1938:7) sei.

Fassen wir zusammen. Benutzt werden:

- zum einen rassistische Erklärungsmuster in Form von Schuldzuweisungen für den angeblich miserablen Zustand der Rasse und damit des Geschlechterverhältnisses. Als Lösungsstrategie bietet Rogge-Börner die Ausgrenzung des »Fremden« an und formuliert den Herrschaftsanspruch des »Eigenen«, der germanischen Rasse.
- Zum anderen Idealisierungsstereotypen, nämlich die Erzeugung von Einheitsgefühlen aller Art, sei es in der »Volksgemeinschaft«, oder, wie noch aufgezeigt werden wird, der Sippe, der Ehe, der Geschwisterbeziehung, dem Mutter-Sohn-Verhältnis.

Verdeutlichen wir vor allem den ersten Punkt – das rassistische Erklärungsmuster – nochmals genauer:

»Aus der Verletzung des Gesetzes der kreisenden Mitte (daß 'Mann und Weib ... eine Schöpfungserscheinung (sind)' und sich durch ihre 'polare Berührung ... schöpferische Energien' entwickeln; E.d.V.) m ü s s e n sinnverwirrende Unheilswirkungen im Erdengeschehen folgen. Daß die durch Ausstoßung der weiblich eigenständigen Kräfte aus der Führung des Volksschicksals geborene Verletzung aus einer verhängnisvollen Rassenmengung und dem gleichzeitigen Eindringen fremder Geistesmächte hervorgegangen sein kann, läßt sich für u n s e r e Artgruppe vielleicht nicht überzeugender beweisen als durch eine seelenkundliche Untersuchung und Deutung nordischer Frauenpersönlichkeiten einer noch nicht allzu weit zurückliegenden Vergangenheit.« (Rogge-Börner; 1938:6)

Zweimal geht es um »Verletzung«. Wieder beklagt sie zuerst den Zustand des in punkto Gleichberechtigung gestörten Geschlechterverhältnisses, die »Ausstoßung der weiblichen eigenständigen Kräfte aus der Führung des Volksschicksals«, um erneut als Ursache für die »Verletzung« die »verhängnisvolle Rassenmengung« und das »Eindringen fremder Geistesmächte« (damit meint Sophie Rogge-Börner übrigens: »geistig-seelische Zersetzung« durch das »jüdisch-römische« Christentum[28]) verantwortlich zu machen.

Überhaupt wird mit fast jedem der folgenden Sätze klar, daß es um eine starke Verunsicherung, Verletzung, um einen Verlust geht. Die »Leib-Geist-Seele-Einheit ist erschüttert«, die »Geschlossenheit des Artbildes getrübt ... zerstört«, es geht darum, »wiederherzustellen ..., innere Harmonie wiederzufinden«. Etwas scheint verschwunden zu sein: das »Charakter- und Seelengut der Frauenmehrheit der germanischen Völker (ist) seitdem verloren gegangen«. Der »Deutsche« sucht »nach seinem eigenen *In*(!)bild«. Wieder werden zwei Linien nachgezeichnet und in der Gefühlslage miteinander verknüpft: Es geht um »die« Frau und »den« Deutschen, eben die *deutsche* Frau, die ihre Identität verloren habe und – wie Sophie Rogge-Börner noch beschreiben wird – ganz bestimmte Eigenschaften besitzt. Verletzung, Störung, Schmerz, Verlust, Fremdheit sind die beschriebenen Gefühle, mit der die Suche nach der verlorenen Harmonie verbunden ist; »Gleichgewicht«, »innere Harmonie«, »Einheit«, »Geschlossenheit«, »Inbild« sind die Begriffe, die die starke *Sehnsucht nach einer Ganzheit* symbolisieren, die offensichtlich so schmerzlich im politischen Leben wie im persönlichen Alltag vermißt wurde. Die Enttäuschungen aus der Realität: die Zerstörung des eigenen, auf die Zukunft des NS-Staates projizierten Ich-Ideals, das der selbständigen, politisch-mächtigen, gleichberechtigten (weißen Mittel- und Oberschichts-) Frau, scheinen umfassend gewesen zu sein. Dagegen scheint nur das verkrampfte Festhalten an einer totalitär-rassistisch-imaginären Harmonie zu helfen. Was steckt hinter diesen Homogenisierungsbestrebungen? Ohne hier in platte Analogien zu verfallen: Fühlen wir uns nicht, die Frage darf erörtert werden, an frühkindliche Verhaltensmuster erinnert?

Nach Mahler (1979) durchschreitet jeder Mensch bestimmte – störanfällige – Entwicklungsstufen bis hin zu seiner Individuation. Für das Neugeborene gehört in den ersten drei Monaten Bedürfnisbefriedigung zu seinem normalen autistischen Umkreis. In der darauffolgenden Phase geht der Säugling eine „normale Symbiose" mit seiner Mutter ein. Diese Einheit wird als allmächtiges System erlebt, unlustvolle Wahrnehmungen werden hinausprojiziert, es existiert eine illusorische Vorstellung einer gemeinsamen Grenze. Ein „Reizschild" wird um den symbiotischen Kreis gebildet. Erst allmählich werden innen und außen als unterschiedlich wahrgenommen, ein Körper-Ich („Selbstgefühl"), Anfangsstadium des Ichs, der Identität, kann errichtet werden. Voraussetzung dafür ist eine ausreichend positive rückversichernde Spiegelung des Kindes durch seine Mutter. Nur dann ist Trennung und Individuation möglich.

Es geht hier nicht darum, Sophie Rogge-Börner selbst Entwicklungsstörungen o.ä. nachzuweisen, denn wir kennen sie als Person nicht. Wonach wir

fragen können, ist: Welche Argumentationsmuster und Mechanismen favorisieren Menschen, hier: Frauen, wenn gesellschaftliche Verhältnisse oder Krisen sie elementar – kollektiv (!) – destabilisieren? Wie reagieren sie auf die gesellschaftlichen Wandlungsprozesse? Mario Erdheim meint hierzu: „Die Angst vor dem Fremden und Andersartigen steigt im gleichen Maße, in dem eine Gesellschaft Schwierigkeiten mit dem Wandel bekommt. Das Fremde kann nicht assimiliert werden, und die Angst davor breitet sich aus. Die Fremdenangst, die Xenophobie, erweist sich zudem als ein wesentliches Hindernis, sich mit Geschichte auseinanderzusetzen. Die negativen Bilder des Fremden, zum Beispiel des 'Juden' oder des 'Erbfeindes', des 'Kommunisten' etc., absorbieren das, was von der Geschichte nicht verstanden werden darf." (Erdheim, 1990:93)
Nach Erdheim (1992) kommt der Fremdenrepräsentanz in der Psychohygiene eine elementare, spannungsneutralisierende Bedeutung zu, und zwar sowohl auf individueller wie auf kollektiver Ebene. Die beschleunigten Kulturwandelprozesse der „heißen Kulturen"[29], die die traditionellen Identitätformen zerstört haben, „setzen Angst frei: Orientierungslosigkeit, Sinnverlust, Verunsicherung, Ohnmacht breiten sich aus" (ebd.:739). Eine Zustandsbeschreibung, die in Rogge-Börners Texten ganz sicherlich auffindbar ist. Im weiteren Verlauf des Konfliktes infantilisiert die Angst usf. die Individuen, sie greifen auf frühere Modelle zurück: „Durch Spaltungsmechanismen werden die negativen eigenen Anteile auf das Fremde projiziert."
Dem gestörtem »Inbild«, eine, wie ich meine, aktuelle, subjektive Zustandsbeschreibung der Verhältnisse durch Rogge-Börner, stehen in ihren Konstruktionen die »fremden Einströmungen sowohl geistiger wie blutlicher Art«, das »Eindringen fremder Geistesmächte« gegenüber. Das angestrebte *Homogenisierungsideal* (die unvermischte, germanische Rasse, unbeeinflußt von »geistigen Einflüssen«, das »edelste und reinste Blut«) läßt die Flucht in die regressiv gewendeten – präödipalen – Verschmelzungswünsche bereits erahnen. Regressiv gewendet deshalb, weil der Wunsch nach Geschlechterfrieden (sexueller Vereinigung) *und* kultureller (nationaler) Identität zwar als verborgene Triebfeder nicht ausgeschlossen werden sollte, die mit dem übersteigerten Homogenisierungsideal verbundenen aggressiven rassistischen Ausgrenzungen aber auf die Verdrängung dieser – vielleicht unerfüllbar erscheinenden – progressiven Wünsche schließen lassen. Bis ins Organische hinein (das »reinste Blut«) muß das Böse (»Fremde«) ausgelagert und auf die anderen Rassen und ihre damit verbundenen »fremden Geistesmächte(n)« projiziert werden. Der (kollektive) regressive Rückgriff auf eine frühere Entwicklungsstufe erinnert uns an die von M. Mahler beschriebene „norma-

le Symbiose". Unlust wird nach außen verlagert, eine illusorische Grenze – die zwischen den Rassen – herbeiphantasiert, Allmacht – die Größe der eigenen Rasse und seine Herrschaft über alles – angestrebt.
Nach Grunberger (1988) ist für den Rassisten (wie für den Antisemiten) die Projektion des Bösen auf die fremde Rasse (bspw. den Juden) der *irreduzible Kern* seines Konflikts. Projektion ist der zentrale Abwehrmechanismus, der ihm zur Verfügung steht. Der Rassist, wie auch der Antisemit, lebt im und regrediert zum Primärvorgang, indem die Realitätswahrnehmung gestört und das Über-Ich ein prägenitales, pseudomoralisches und von autoritären Strukturen geprägtes ist. Das »Fremde« wird zu dem Sinnbild, das das Eigene sowohl im Selbstgefühl (»innere Harmonie«, »Inbild«) als auch in der (damit offensichtlich fehlenden) Abgrenzung nach außen (die bedrohliche »Rassenmengung«) stört. Bohleber argumentiert: „Der Drang nach Zugehörigkeit duldet keine Differenz in der Nähe. Das Fremde, als das projizierte heterogene Eigene, muß draußen bleiben, damit es Zugehörigkeitsgefühle und grenzenloses Einssein nicht bedroht. Der Fremde wird auf diese Weise leicht zum paranoid verfolgten Feind." (Bohleber, 1992:698)
Das Bild dessen, was als fremd *empfunden* wird, ist – abgesehen von historischen Traditionen – relativ beliebig. Den Juden mußte ein gelber Stern aufgenäht werden, um ihn überhaupt als den »Fremden« zu erkennen. Die imaginäre Trennungswahrnehmung muß stabilisiert werden durch Homogenisierungsdefinitionen, um dem eigenen orientierungslosen Ich eine Heimat zu geben. Daher auch die hochgradige Idealisierung der eigenen Volksgruppe:

> »Gerade der isländische Mensch erscheint als der stärkste Kronzeuge; denn es war das edelste und reinste Blut, das unter Harald Schönhaar aus Norwegen nach Island[30] auswanderte, der wahrhaft freigeborene und freiheitsbesessene Mensch, der dort eine völkische Gemeinschaft gründete. Daß seine Freiheitsliebe die äußere und die innere Freiheit, nämlich die des Gewissens umgriff, wird die hier unternommene Betrachtung zeigen.« (Rogge-Börner, 1938:6)

»Freigeborene«, »freiheitsbesessene«, »Freiheitsliebe«, »äußere und innere Freiheit« – Begriffe aus dem bürgerlichen, gar aufgeklärten Wertekanon. Sophie Rogge-Börner war mit den Nordisten der Auffassung, daß der Zustand der »nordischen Rasse« auf Grund der »Rassenmengung« mit anderen Rassen im Argen lag. Für sie war es offensichtlich, daß das »Charakter- und Seelengut der Frauenmehrheit der germanischen Völker seitdem verloren gegangen ist«. »Rechtsbräuche« und »Geschlechterordnung« entsprachen nicht mehr der germanischen »Gesamtgesittung«. Die »innere Freiheit« sei damit dahin, die »äußere« mit der Niederlage im Ersten Weltkrieg ohnehin.[31] »Frei« hat sich Sophie Rogge-Börner sicher nicht gefühlt. Für sie ist »Rassenzugehörigkeit« und »Rasseninstinkt« (1938:85) – und nicht die Geschlechtszugehörigkeit – das Auschlaggebende für »heroisches« Verhalten:

»Das altnordische Leben bringt wie unser gegenwärtiges Leben wieder und wieder den Beweis dafür, das nicht 'der Mann' ein Held und 'die Frau' kampfscheu und unheroisch ist, sondern daß einer R a s s e das Heroische oder Unheroische eignet in beiden Geschlechtern und nur einzelmenschliche Grad-unterscheidungen vorkommen.« (1938:29)

Einige Anmerkungen zur Primärquellenauswahl durch Sophie Rogge-Börner

Sophie Rogge-Börner hat sich in ihrer Interpretation auf die 'altnordische' Literatur (beinahe gleichbedeutend mit 'altisländischer' Literatur) als Primärquelle gestützt. Sie unterwirft die Sagas dabei einer rigorosen Szenenauswahl – um unter Zuhilfenahme dieses selektiven Blicks im Sinne ihrer ideologischen Ausrichtung die entsprechenden Aussagen machen zu können. Die aus dem 13. Jahrhundert oder späterer Zeit stammenden isländischen Handschriften sind wahrscheinlich um 1100 erstmals niedergeschrieben worden. Sie greifen auf die Zeit und deren historische Personen zurück, die uns als Vikingzeit[32] bekannt ist. Dennoch sind die Sagas nicht als authentische Stimme der Vikinger aufzufassen, haben sich doch bereits die Ansichten der mittelalterlichen Aufzeichner unweigerlich verwoben mit dem Ursprungstext. „Nachdem lange Zeit geglaubt wurde, daß sie auf echte historische Überlieferungen zurückgehen, neigt man jetzt dazu, diese Sagas als Ergebnisse der Vorstellungswelt des 13. Jahrhunderts zu betrachten; sogar die, die zugeben, daß ihre Ursprünge auf mündliche Überlieferungen zurückgehen, schenken der historischen Wahrheit dieser Überlieferungen nicht viel Glauben." (Jesch, 1993:17) Gerade die Isländersagas werden „üblicherweise als bewußte Fiktion gesehen ... Trotz dieser modernen Betonung ihres fiktiven Charakters bleibt es eine Tatsache, daß die isländischen Sagas vorgeben, sich mit historischen Personen und realen Ereignissen zu beschäftigen" (ebd.:271). Wie ich bereits herausgearbeitet habe, verwendet Rogge-Börner die Sagas als wahre, reale Geschichtsquelle. „Keiner dieser Texte kann jedoch als direkter Beleg für die Geschichte und Kultur der Vikingzeit verwendet werden." (ebd.:270). Dennoch üben die Sagas unzweifelhaft auch auf unser Bild von den Vikingern großen Einfluß aus. „Wenn moderne Leser und Leserinnen überhaupt ein Bild von den Frauen der Vikingzeit haben, dann ist es das von den willensstarken, freien, dominanten Frauen, die ihnen aus den Isländersagas bekannt sind. Dieser Mythos ist der Spiegel, durch den wir die Frauen der Vikingzeit unvermeidlich ansehen." (ebd.:271)

Die Frage nach dem wahren Kern der Sagas muß nach Maßgabe dieser Erkenntnisse wohl erst einmal unbeantwortet bleiben.
Dagegen haben die archäologischen Funde der 70er und 80er Jahre zu einer Differenzierung im Urteil über die in der Regel als ausgesprochen kriegerisch eingestuften Vikinger geführt. Demnach waren die Vikinger in erster Linie Händler und Kaufleute, erst in zweiter Linie Krieger und Eroberer. Frauen sind in den Grabbeigaben vor allem durch Schmuck und die Arbeitsgeräte gekennzeichnet, die für die Herstellung von Textilien benutzt werden können, Männer durch ihre Waffen und weitere zum Kriegshandwerk gehörende Gegenstände (vgl. Jesch, 1993:31ff.). Nur in sehr wenigen Fällen gab es weibliche Bestattungen mit Waffen – ob dies jedoch, wie Jesch (39) richtig anmerkt – „wirklich das frühere Leben der Toten repräsentiert, oder ob nicht einige davon in Wahrheit eher symbolische Bedeutung haben könnten", muß ungeklärt bleiben. Aus den archäologischen Funden läßt sich des weiteren ableiten, daß Frauen zwar in der Vikingzeit einen hohen Rang einnehmen konnten[33], daß eine matriarchalische Prägung der Vikingkultur jedoch eher unwahrscheinlich ist. Zusammenfassend und bezogen auf den hier zu erstellenden Zusammenhang läßt sich zu den Vikingfrauen allerdings schon sagen, daß „auch Frauen bei der Expansion der Vikinger ihre Rolle zu spielen hatten", daß aber „in vielen Gebieten der Welt ... nur wenige Belege dafür (existieren), daß Frauen die skandinavischen Männer auf Unternehmungen mit hauptsächlich kriegerischem Charakter begleiten." (Jesch, 1993:56)
Die Auffassung, daß in der Viking-/der Germanenzeit ein „Beinahe-Matriarchat" bestanden habe, ist jedoch nach wie vor verbreitet. Richard Fester (1979:41ff.) meint, zwar seien die Vikinger „von Haus aus Bauern" gewesen, doch ihre auch vorhandenen „Orlogfahrten"[34] in ferne Länder hätten häufig lange Zeiten der Abwesenheit des Patrons und seines männlichen Gefolges zur Folge gehabt. Die Höfe der Vikinger waren aber sehr groß, die damit zusammenhängenden Aufgaben mußten erledigt werden, „das Vieh (mußte) versorgt und die Aufgaben des Gemeinwesens wahrgenommen, etwaige räuberische Überfälle anderer Piraten abgewehrt werden. Da übernahm die Bäuerin das Regiment ... Aus solcher Frauenherrschaft auf Zeit entstand jedoch ein unmittelbares Mitspracherecht (ebd.:51).
Wie es denn wirklich war, ist jedoch nicht zu entscheiden. Festzuhalten bleibt, daß aus heutiger Sicht gesehen sowohl die archäologischen Befunde wie auch der fiktive Charakter der Isländersagas den Interpretationen Rogge-Börners widersprechen.

6.2 Verschmelzung I: die »völkische Stammesgemeinschaft« und die »Sippengemeinschaft« unter der Führung von Frauen

Ein nationalsozialistischer Begriff, in dem die Verschmelzungssehnsucht einen deutlichen Ausdruck findet, ist der der »Volksgemeinschaft«. Auch bei Sophie Rogge-Börner ist er – ein wenig variiert – als »völkische Stammesgemeinschaft« zu finden. Mit der Differenz zwischen »Volk« und »völkisch« und der Verstärkung durch »Stamm« erfährt der Begriff Sophie Rogge-Börners eine zusätzliche, rassentheoretische Akzentuierung. Das Wort »völkisch« kam nach Brackmann/Birkenhauer (1988:194) um 1875 als Verdeutschung von „national" auf, mit der weitergehenden rassistischen Bedeutung aufgeladen. Der Zusatz »Stamm-« deutet nochmals verstärkt auf die *Ab*stammung (»Blutsgemeinschaft«), also auf den rassentheoretischen Hintergrund des Begriffs hin. Die »völkische Stammesgemeinschaft« ist also eine über Blut, Abstammung und Rasse miteinander verschweißte Vereinigung. Sie symbolisiert das in die Vergangenheit oder auf eine erwünschte Zukunft hin projizierte Ideal einer Gemeinschaft (relativ) Gleicher. Ungleich, ausgegrenzt sind die »fremdrassigen«, die nicht »blutmäßig« Zugehörigen.
Schon in der »Einführung« entdeckten wir, eingebettet in die rassistischen, die Geschlechtergleichheit beschwörenden Botschaften, bei Rogge-Börner diese von den Nationalsozialisten so häufig benutzte Kampfparole der »Volksgemeinschaft«. Der »isländische Mensch«, so hieß es, sei der »wahrhaft freigeborene und freiheitsbesessene Mensch«. Die von Norwegen nach Island ausgewanderten Isländer hätten dort »eine neue völkische Gemeinschaft« gegründet. Diese wird am Beispiel ihrer ersten Figur, »Unn, die Siedlerin«, illustriert. Rogge-Börner beginnt ihre Einlassung zu den Sagas in den ersten drei Geschichten (Unn, die Siedlerin; Gudrun, die Osvifrtochter und Aud, Thords Frau; vgl. Rogge-Börner, 1938:10-42) mit Frauengestalten aus der *Laxdoela saga*[35], *Die Geschichte von den Leuten aus dem Lachswassertal* (vgl. Thule Bd. 6; 1963). Diese Saga fällt insofern aus dem Rahmen aller anderen isländischen Sagas, als in ihr Frauenfiguren besonders häufig eine bedeutende Rolle spielen. „Diese Saga ist nicht nur von mehr Frauenfiguren bevölkert als alle anderen, sie sind in ihr auch so dominant, bestimmen so sehr das Geschehen und sind in dieser Saga mit ihren zahlreichen, stets wiederkehrenden Männerfiguren so deutlich als Individuen gezeichnet, daß vermutet wurde, die *Laxdoela saga* sei, wenn schon nicht von einer Frau geschrieben[36], so doch zumindest für eine überwiegend weibliche Zuhörerschaft verfaßt worden." (Jesch, 1993:288)

Laut Rogge-Börner ist Unn[37], die »Tiefkluge«, eine »überragende politische Führernatur«. Sie ist allerdings mit einem Seeräuber-Sohn geschlagen, der ihre ganze Sippe in Schwierigkeiten stürzt. Unn muß mit ihrer Gefolgschaft von Norwegen über Schottland nach Island auswandern. Der Sohn Thorstein wird während der Reise von den Schotten auf Grund seiner »hemmungslos ... wilden Neigungen« umgebracht – die Autorin kommentiert:

»Den politischen Sinn, der ihm (dem Sohn, E.d.V.) völlig abgeht, hat seine Mutter Unn; sie schreitet ohne Zögern zu der politischen Tat, die sie alle rettet. Zahllos auf allen Wegen der Weltgeschichte begegnen wir Männern, die in der gleichen Weise wie Thorstein Geschichte machen. Hätte überall an ihrer Stelle eine Ganzheit gestanden, ein Mann und eine Frau als gemeinsam Lenkende und gemeinsam Verantwortliche, die geschichtlichen Taten wären weniger ich-bezogen, mehr gemeinschaftsbedacht gewesen, und die Geschicke der Völker hätten sich sinnvoller gestaltet.« (Rogge-Börner, 1938:14)

Soziales Handeln der Männer ist für Rogge-Börner nur denkbar, wenn diese in der Gemeinschaft mit einer – das wilde Wesen des Mannes zähmenden – Frau als »Ganzheit« stehen. Frauen alleine aber können ohne weiteres zur für die Gemeinschaft sinnvollen »politischen Tat« schreiten:

»Ihrer Familie dient Unn mit allen Kräften ihres weitblickenden Verstandes und ihrer warmherzigen Menschlichkeit. Für jedes weibliche und männliche Familienmitglied sucht sie den Ehegefährten aus. Über die ganze ausgebreitete Sippe, die bald schon zu einer völkischen Stammmesgemeinschaft wird, herrscht sie unumschränkt und wacht bestimmend über dem persönlichen Schicksal aller Männer und Frauen. Nebenbei bemerkt: das beweist einwandfrei, daß der ungebrochene Norden zu Ende des 9. Jahrhunderts noch immer kein reines Vaterrecht kannte.« (Rogge-Börner, 1938:14)

Eine Mutter mit »politischem Sinn« schreitet zur »politischen Tat«. Unüberhörbar ist die Identifikation der Autorin mit ihrer weiblichen Figur. Demgegenüber steht das »wilde Leben« des Sohnes, das »Sippe und Gefolgschaft der Verfolgung und Todesgefahr« aussetzt, vor der Mutter Unn letztere erretten muß. Warum ist es für Rogge-Börner so »reizvoll« Sohn Thorstein, dem im Original der Saga nur wenige Sätze gewidmet sind (siehe Thule Bd. 6, 1963:30), neben Mutter Unn vergleichend zu betrachten?
Der Sohn wird erweitert auf »Männer«, die »zahllos« durch ihr »Räuberleben« »Geschichte machen« – ihnen werden negativ bewertete Gewalttaten (es wird, wie wir sehen werden, auch noch Formen von positiv bewerteter Gewaltausübung geben) zugeschrieben, da diese nicht dem germanischen Ehrenkodex entsprechen. Rogge-Börner beschwört dagegen eine Geschlechterharmonie, die ihr als Garantie für die sinnvolle Gestaltung der »Geschichte der Völker« zu gereichen scheint. Idiome wie »Ganzheit«, »gemeinsam Lenkende«, »gemeinsam Verantwortliche«, »weniger ich-bezogen, mehr

gemeinschaftsbedacht« gipfeln in der »völkischen Stammesgemeinschaft«, über die allerdings die »selbständig denkende und gebietende Persönlichkeit« Mutter Unn »unumschränkt herrscht« und »bestimmend wacht«. Auch wenn Rogge-Börner ihre Identifikationsvorlage mit »warmherziger Menschlichkeit« ausstattet, so steht am Ende der Lebensgeschichte dieser Heldin eine *allumfassend unumschränkt kontrollierende Muttermacht*, die bis in die Partnerwahl hinein regiert – alles ganz im Sinne der »Gefolgschaft« selbstverständlich. Die Mutter-Frauen sind es, die an die »Gemeinschaft« denken, sie sind die *besseren Führerinnen*, von dieser Größenphantasie wird die Erzählung getragen. Es ist zu vermuten, daß Sophie Rogge-Börner die Thesen des nordischen Matriarchatspropagandisten Herman Wirth (1931) kannte, der in den »göttlichen Mütter« der germanischen Urzeit die eigentlichen Führerinnen der Völker sah.[38] Sie schreibt:

»das Leben dieser Frau (Unn, E.d.V.) wird durch und durch bestimmt von dem immer wachen Bewußtsein, verantwortlich zu sein für die Gemeinschaft, für sie handeln und einstehen zu müssen. Wäre sie lediglich für ihre engere und eigene Familie eine tüchtige Hausfrau und Mutter gewesen, so wäre nach Ketils (Unns Vater, E.d.V.) und Thorsteins (Unns Sohn, E.d.V.) Tode die ganze zahlreiche Sippe in Kriegswirrnis, Rachegang und Heimatlosigkeit verschollen und verkommen.« (Rogge-Börner, 1938:13)

Vor meinem Auge entstand bei der Lektüre zu dieser Frauengestalt eine aufgerichtete, große, kräftige, ca. 40-50jährige und vollbusige Frau mit mütterlichen, aber festen Zügen. Die Augen dieser Übermutter überblicken die Szene kontrollierend. Mein Blick, der auf dieses Bild der „Stammutter" Unn[39] fällt, ist von unten nach oben gerichtet, also der Blick aus einer Kleinkindperspektive. Diese Kleinkindperspektive ist meines Erachtens auch der Blickwinkel, in den der Leser durch die affektiv-bewundernde Darstellungsweise der Unn durch die Autorin hineinkatapultiert wird. Die Wirkung des Bildes der Übermutter Unn besteht jedoch nicht nur im kontrollierenden Aspekt. Unn verspricht mir nicht nur, daß sie mächtig ist, sie ist auch erfolgreich und läßt mich als Leserin in gewisser Weise auch „geborgen" zurück, sie sorgt für jeden und alles. Zwar legt es auch die Saga im Original nahe, Unn als eine mächtige und bedeutende Frau wahrzunehmen, sie ist aber viel nüchterner. Die Gegenüberstellung (Mann-)Sohn und (Frau-)Mutter steht bei weitem nicht in der Weise im Vordergrund, wie dies Rogge-Börner herausarbeitet. Ihr Ziel ist es nachzuweisen, daß Frauen die »Stammesgemeinschaft« eigentlich besser führen können.
In welchem weiterem Spannungsfeld bewegt sich die vorgestellte Mutter-Frauenfigur? Die Dynamik liegt zwischen der Heldin Unn als Retter*in*, der

mütterlichen Frau als der gemeinschaftsbedachteren und der Frau als der besseren Führer*in*. Damit greift Rogge-Börner eine allgemein durchaus verbreitete *Errettungsphantasie* auf: Bereits in den Nachkriegsjahren des Ersten Weltkrieges verarbeiteten sowohl die »Neue Rechte« als auch die »Völkischen« die Niederlage, den »Schmachfrieden«, die hohen Reparationskosten, den Verlust der Kolonien (der Großmachtträume) etc. durch die Hoffnung auf einen neuen, starken – normalerweise männlichen – Führer und formulierten dies bspw. in vielen deuschnationalen Zukunftsromanen (vgl. Hermand, 1988:103ff.). „Nach der Katastrophe, nach Niederlage und Kaiserabdankung (bestanden die Romanstoffe) vorzugsweise aus Erlöser- und Erneuerungsphantasien. Jetzt ging es um die ‘deutsche Weltmission’, ja um den Herrschaftsanspruch der ‘weißen Rasse’ überhaupt, natürlich unter deutscher Führung. Dafür wurden charismatische Retter- und Führer-Figuren verlangt.“ (Reichel, 1991:146/147) Für Rogge-Börner sind die Führer-Figuren die Mutter-Frauen, die mit ihrem »wachen Bewußtsein« verantwortlicher als die Männer im Sinne der Gemeinschaft handeln. Sie formuliert mit diesem Entwurf aber auch zwei wesentliche – feminisierte – Elemente des nationalsozialistischen Weltbildes: es geht um die als harmonische Einheit gedachte »Volksgemeinschaft« und um den heroischen Führerkult. „Diese Leitbilder waren der Bevölkerung seit den späten Tagen des Kaiserreichs vertraut. Damals, in den Augusttagen 1914, schien die Geschichte die Träume von Größe und Harmonie einzuholen, schien aus der Klassengesellschaft eine Gemeinschaft aller Deutschen zu werden, schienen nationaler Mythos und Wirklichkeit zur Einheit zu verschmelzen.“ Diese Hoffnung war nicht in Erfüllung gegangen, „aber sie blieb lebendig“. (Reichel, 1991:114)
Die Irritation, die sich beim Lesen des Textes einschleicht, liegt lediglich darin, daß Rogge-Börner die Führerschaft so konsequent mit dem weiblichen Part besetzt. Folgerichtig wird die Heldin Unn fast ausschließlich als aktiv handelnde – und zwar auch für andere Personen – beschrieben. Sie »gründet eine Siedlung, ... vermählt Töchter, ... verheiratet Enkelinnen, ... läßt sich einen Hof bauen«, ist verantwortlich, frei, mutig, würdevoll, stolz, ist »selbständige Landnehmerin«[40]. Es ist also der Versuch, auch weibliche Personen in einen nordisch-germanisch-heroischen Volksführerkult einzuweben, dessen historische Wurzeln bis in die romantisch-konservative Vorstellungswelt des frühen 19. Jahrhunderts zurückreichen. „Dem demokratischen Herrschaftsmodell der Französischen Revolution stellte sie (die konservative Vorstellungswelt, E.d.V.) das deutsch-germanische heroisierte Volksführertum entgegen. ... Um die Jahrhundertwende (war in der) ebenso erwartungsvollen wie gelangweilten und verunsicherten wilhelminischen Gesellschaft

... das Verlangen nach Erweckung und Erneuerung, nach Führung, Identifikation und Faszination groß." (Reichel, 1991:146) Diese Hoffnung auf Führung, deren Qualitäten die Autorin für einige durch ihre natürlichen Fähigkeiten ausgewählte Frauen glaubte beanspruchen zu können (vgl. Rogge-Börner, 1938:31/2; 46; 49;55; 77; 80; 94; 104), und auf Identifikation – sowohl mit der Macht (Führung) als auch mit der harmonischen »Volksgemeinschaft« – ist bei Sophie Rogge-Börner bruchlos lebendig.
Am Anfang der zweiten Geschichte wird von einer zwiespältigen Heldin gesprochen: »Gudrun, Osvifrtochter«[41] ist zwar »schön, klug, vornehm, mächtig, freigiebig«, besitzt eine »ganz starke, geschlossene Menschlichkeit«, ist aber mit »einer fast *modernen* Problematik« behaftet:

»ihr Schicksalsweg ist mehr vom Ich-Erlebnis als vom Gemeinschaftserlebnis bestimmt, steht unter unholden Sternen, löst sich niemals aus der tragischen Umklammerung.« (Rogge-Börner, 1938:16)

Das Gegensatzpaar »Ich-Erlebnis«, »ichbezogen« und «Gemeinschaftserlebnis«, »gemeinschaftsbedacht«, erstes als nicht erstrebenswert, zweites als erstrebenswert konnotiert, versinnbildlicht anschaulich, worum es geht: Hier spricht Rogge-Börner deutlicher das aus, was in der Inszenierung der Massenaufmärsche der Nationalsozialisten ihre Realisierung fand. Es geht – ganz »modern« – um ein *Erlebnis* in der Gemeinschaft, um das Einswerden in der Masse. Dieses *Bedürfnis nach Erleben im Kollektiv* verweist auf das *reale* Defizit: „Verschmelzen mit dem Kollektiv beendet das Gefühl von Bedeutungslosigkeit" (Prokop, 1980:180) und das Gefühl der Sinnlosigkeit im Alltagsleben. Die idealistische Vorstellung, die gleiche Zugehörigkeit zur »Rasse«, zum »Volk«, zur »Gemeinschaft« könne, unter Ausschluß aller nicht dazugehörigen »Fremdrassigen«, Garant sein für die Harmonisierung aller gesellschaftlichen Gegensätze – sei es der Klassenantagonismen[42], sei es der Geschlechterdifferenz –, war eine „ideologisierte Gleichheitseuphorie" (Wette, 1991:199). Die reale Grenzen in Gesellschaft, Wirtschaft, in der Politik und für Frauen konnten mit Hilfe dieser „idealisierten Gleihheitseuphorie" verdrängt werden.
Die dagegen negativ abgesetzte »Ichbezogen(heit)« erinnert an eine Diskussion, die bereits Ende des 19. Jahrhunderts (insbesondere verbunden mit dem Soziologen F. Tönnies, 1935/1887[43]) begann und die sich in der Weimarer Republik zugespitzt hatte: »ichbezogen«, »Ich-Erlebnis« (erweitert; aber zugehörig: »Verschwendungssucht«, die »Neigung, kostbaren Schmuck und vornehme, reiche Kleidung zu tragen«; Rogge-Börner, 1938:16/17) standen metaphorisch für Individualität (assoziiert mit Stadt, Kapitalismus, Weimarer Republik/Demokratie) und ein Verhältnis des Individuums zur Gesell-

schaft, das angeblich ausschließlich von egoistischen Zielen gekennzeichnet war. Die »Zivilisation« hatte nach der Auffassung Rogge-Börners die »Entartung« ohnehin beschleunigt, Stadtfrauen waren in ihren Augen »ein verbildetes und verlogenes Zuchtprodukt« (Rogge-Börner, 1928; zitiert in: Crips, 1990:130). Dagegen hält sie die Fahne der germanischen Sippeneinheit hoch, denn es ist das

»Bewußtsein der nie endenden Zugehörigkeit zur eigenen Sippe ..., das der Frau in der Ehe eine so feste und unabhängige Stellung gibt« (Rogge-Börner, 1938:43).

Die im Zentrum der ganzen Schrift Rogge-Börners stehende »Sippe« kann auf verkleinerter Ebene als familialisierte Fortsetzung der »völkischen Stammesgemeinschaft« gelesen werden. Die »Sippe« ist die *mythische* Gemeinschaft verschiedengeschlechtlicher Individuen, die aufgrund der unauflöslichen Bindung untereinander bedingungslos zueinander halten. Verletzung des Ehrgefühls und »Rachepflicht« stehen damit im Zusammenhang. Durch den Rückhalt, den Frauen bei ihrer eigenen Sippe haben, ist es ihnen ein leichtes, sich von unliebsamen Ehemännern zu lösen. Eindringlichstes Exempel ist hierfür die zwölfte Chronik, deren kurzer Bericht Rogge-Börner zu einem langen Kommentar provoziert und die wir hier aufgrund der strukturellen Ähnlichkeit vorziehen. Dargestellt ist die Geschichte der Thordis, Schwester des in Acht lebenden und dann ermordeten Gislis. Auch die Gislisaga (vgl. Thule, Bd. 8, 1964) fällt auf durch die besondere Rolle ihrer Frauenfiguren. Diese zeigen den Versuch einer selbständigen Rachenahme. Thordis ist, wie immer, schön, klug, viel umworben, läßt sich Zeit, wählt schließlich selbst ausgerechnet den Mann aus, der den Auftrag zum Mord an ihrem Bruder gab. Bei einem Besuch des eigentlichen Mörders ihres Bruders versucht sie, diesen zu töten. Ihr Mann muß eine Geldbuße zahlen, sie läßt sich scheiden, verläßt ihren Mann und gründet einen »eigenen Hof«. Für Sophie Rogge-Börner ist die Chronik trotz ihrer Kürze Projektionsfolie für mehrere Auslegungen.

Als erstes macht sie darauf aufmerksam, daß die »nordische Frau« nach eigener Entscheidung »von der Waffe Gebrauch« mache. Sie sei eben »noch (!) nirgends gebrochen«, besäße »noch die volle Selbstachtung«. Spricht sie hier im Hinblick auf die aktuelle Lage der (gebrochenen) Frauen?

Außerdem beweise die Geschichte, daß bei »innerer Konfliktlage« die

»Gebundenheit und Verpflichtung an die eigene Sippe stärker ist als die an den Ehemann« (Rogge-Börner; 1938:66).

Die geschwisterliche Bindung«, laut Rogge-Börner von fast »magischer Wirkungskraft«, dient als Beweis für die stärkere Anbindung an die Sippe.

Daher sind die »Beispiele für Geschwisterrache, die die Überlieferung bietet ... zahlreich«. Die Geschichte der Thordis, die versucht, ihren Bruder zu rächen, und die ihren Ehemann ohne große Umschweife verläßt, ist für Rogge-Börner der Beweis für die »Vernebensächlichung des Ehemanns«, ein Beleg, daß »der Norden zu jener Zeit noch kein Vaterrecht kannte«. Die »leichte Lösung vom Ehemann, die dagegen »schicksalshaft starke geschwisterliche Bindung« sprechen vielmehr für »Abklänge vergangener 'mutterrechtlicher' Zuständlichkeit«.[44] Da aber – wieder einmal – »übermächtige fremde Einströmungen geistiger und biologischer Art« die Entwicklung gestört haben, sei es nicht zur »Vollendung der wirklichen Geschlechtereinheit« gekommen. Wieder finden wir das Argumentationsmuster vor. Weil die eigene Rasse sich mit dem Fremden vermischt hat, ist auch die Gleichstellung der Frau mit dem Mann zuungunsten der Frauen verlorengegangen. *Das Fremde also trägt die Schuld für die unterlegene Stellung der Frau.* Wäre das Eigene unter sich, gäbe es »wirkliche Geschlechtereinheit«. Als Lösung aus der verwirrenden Ungleichheit schwebt Rogge-Börner immer wieder die mythische, alle Differenzen auflösende Einheit vor. Bürge dafür ist die eigene »Rassereinheit«.

Die in der »Einführung« von Rogge-Börner formulierte Sehnsucht nach »innerer Harmonie«, ihre Vorwürfe und Verunsicherungen und ihre darauf folgenden rassistischen Erklärungsstereotypen verdichten sich im zweiten Abschnitt ihrer Arbeit zu einer zweigleisigen Strategie:

– die der mythisch verklärten *Verschmelzungsphantasie* der »Rasse«, der »Volksgemeinschaft« und der »Sippe«, die mit dem Wunsch nach Ausgrenzung des »Fremden« verknüpft ist, aber auch als Garant für die Unabhängigkeit der Frau phantasiert wird
– und die der *Größenphantasie*, daß angesichts der »wilden« undisziplinierten und damit Unglück über die Gemeinschaft bringenden Männer in Wirklichkeit die *Frauen* aufgrund ihrer fast mystischen Bindung an die Gemeinschaft, an die Sippe, *die besseren Führerinnen und die konsequenteren Rächerinnen seien.* Die schützende Geborgenheit und Orientierung versprechende Gemeinschaft wird nach außen hin mit allen Mitteln verteidigt: auch mit Waffengewalt, und, wie wir im Folgenden sehen werden, in erster Linie in Form von Rache.

Daß Rogge-Börner einem weiblichen Elitegedanken anhing, läßt sich übrigens auch der *Denkschrift* entnehmen. Sie schreibt:

»Wenn wir gewillt sind, den neuen Staat nach unserm nordischen Artgesetz zu ordnen, m ü s s e n die berufenen und befähigten F r a u e n sich jetzt mit einschalten in den Staatsorganismus, und zwar in all seinen Bezirken. Niemand denkt daran, die Masse der Frauen in die Öffentlichkeit zu drängen; sie werden ihre Lebenserfüllung wie bisher im Hausfrau- und Mutterberuf finden, wie die Masse der Männer in der Arbeit und in der Vaterschaft. Die Masse Mann ist für jegliches Führeramt und für selbständiges Denken genau so ungeeignet wie die Masse Frau.« (Rogge-Börner, 1933. Zitiert in: Kuhn/Rothe, 1987:73)

Für die »Masse Frau« ist also eine Berufstätigkeit oder eine Änderung der traditionellen Frauenrolle nicht vorgesehen! Warum also von Rogge-Börner sprechen, als sei sie eine Feministin?

6.3 Rache – Die Germanin als »Wahrerin der Sippenehre«

Auffällig sind in der Auswahl des Materials und in den Interpretationen von Rogge-Börner die zahlreichen Fälle, in denen Frauen Rache nehmen. Sei es aus Liebe, Treulosigkeit des Ehemannes oder weil ein Familienmitglied getötet wurde – häufig handelt es sich dabei um den Sohn einer Mutter oder den Bruder einer Frau. Immer jedoch sind es die Frauen, die, stärker als die Männer, die Kränkungen nicht vergessen können und unter Umständen die meist mörderische Rache selbst vornehmen. Sicher, häufig geht es ganz „weiblich" um enttäuschte Liebe, häufig um familiäre Verstrickungen und nicht um kollektive, über die Familie hinausgehende Gewalttaten (Krieg). Doch immer sind es die Frauen, die zur Rache bis zur mörderischen Ausführung aufstacheln oder sie selbst ausführen. Und sind die Männer schon längst rachemüde, so sind es die unbeugsamen Frauen, die wieder dazu antreiben. Ganz sicher war Sophie Rogge-Börner nicht die einzige Autorin, die gerade diese Thematik, die der Rache der Germaninnen, wiederholt aufgriff.[45] Wir können also fragen, welches kollektive Lebensgefühl der »Rachedurst« der Protagonistinnen für die Autorinnen, symbolisierte.
Befassen wir uns mit der folgenden, längsten Erzählung der »seelenkundlichen Untersuchung« Rogge-Börners (1938), mit Gudrun, der Hauptperson der *Laxdoela saga*. Tatsächlich ist die Geschichte Gudruns ungewöhnlich, „denn sie erzählt die tragische Geschichte einer unerfüllten Liebe, und sie erzählt diese Liebesgeschichte vom Blickwinkel der Frau aus" (Jesch, 1993:296).[46]
Die Germanin Gudrun ist schön, klug, vornehm, redegewandt, freigiebig.[47] Leider ist sie jedoch auch etwas habgierig. So hat sie eine Vorliebe für vornehme Kleidung.[48] Die Interpretin entnimmt hieraus, »daß diese Neigung sogar bis zur Verschwendungssucht ausartet« (Rogge-Börner; 1938:17).

Diese offensichtlich irritierende Eigenschaft, die aus dem Vorlage-Material nicht wegzudiskutieren zu sein scheint, löst sie mit dem Hinweis auf, daß

»Menschen gleicher Rasse und Seelenbedingtheit individuell sehr verschiedenartige und mannigfaltige Begabungen und Eigentümlichkeiten aufweisen können, ohne daß dadurch das Typische, die große Grundlinie ihrer Wesensart gestört würde.« (Rogge-Börner, 1938:16)

Es geht um eine widersprüchliche, aber »starke« Heldin, die dennoch typisch ist für die »Wesensart« der (»nordischen«) Rasse. Die »große Grundlinie« ist jedenfalls nach Rogge-Börner durch die Widersprüchlichkeit nicht »gestört« und wird, wie wir noch sehen werden, im Verlauf der Darstellung umgedeutet werden. Als weitere These ist diesem Abschnitt eingewoben, daß die Zugehörigkeit zur gleichen Rasse eine strukturelle Ähnlichkeit der Seele bedingt. Es wird etwas gemeinsames Typisches angenommen, dem sich die individuellen Ausprägungen unterordnen.

Trotz dieser Hinweise kommt Rogge-Börner zu der Einschätzung, auch bei Gudrun handele es sich um eine »starke, geschlossene (!) Menschlichkeit«. Dennoch steht das »mehr vom Ich-Erlebnis als vom Gemeinschaftserleben« gezeichnete Leben der Heldin »unter unholden Sternen, löst sich niemals aus der tragischen Umklammerung« (ebd.:16). Sophie Rogge-Börner protegiert den am »nordischen« Rassenkollektiv orientierten Lebensentwurf. Das »Ich-Erlebnis« stellt sie dem »Gemeinschaftserleben« konträr gegenüber, ersteres ist mit Tragik konnotiert, letzteres davon deutlich positiver abgesetzt.

Schauen wir uns näher an, worin die Tragik der Heldin besteht. Gudrun *wird* – eine Ausnahme, wie Sophie Rogge-Börner betont[49]- von ihrem Vater 15jährig verheiratet mit einem Ehemann, der ihr nach Aussage des Vaters wohl »nicht ganz 'ebenbürtig'« (so auch die Wortwahl im Originaltext) ist. Noch während dieser Ehe »unterliegt (ihre Jugend) der Versuchung, da sie neben einem nicht gewollten Manne lebt« (Rogge-Börner, 1938:18) – Gudrun hat einen Geliebten. Nach einem »Schlag ins Gesicht« durch ihren Ehemann, eine schwere »Beleidigung«, läßt sie sich scheiden.

»Der Stolz dieses ganz jungen Frauenwesens erträgt es nicht, daß sie gegen ihren Willen verheiratet wurde« (Rogge-Börner, 1938:18).

Die Vater-Tochter-Beziehung wird von Rogge-Börner als Gewaltverhältnis beschrieben, der Vater habe die Tochter aus niederen Beweggründen (»aus Habgier für seine Sippe«) zur ungewollten Ehe gezwungen. Dies ist dem Originaltext in dieser Form übrigens nicht zu entnehmen. Zwar heißt es, bei der Ehevermittlung wurde Gudrun »nicht gefragt«, der Vater jedoch handelte einen ihrem Stand angemessenen und vorteilhaften Ehevertrag aus – was man auch als Fürsorglichkeit auslegen könnte. (Vgl. Thule 6, 1963:106) Rogge-Börner interpretiert diese Textstelle jedoch negativ und legt ihre eigenen Maßstäbe zur Bewertung an. Fragen könnte man natürlich auch, inwieweit die negative Bewertung des Gudrun-Vaters nicht auch etwas über ihr Verhältnis zu ihrem Vater aussagt?

Es folgt eine mit Verständnis bewertete »Versuchung« von Gudrun. Es waren »die Jugend« und die aufgezwungene Ehe, die die Heldin zum Ehebruch veranlaßten[50], ein Verhalten, das für Rogge-Börner deutlich nach einer Rechtfertigung verlangt. »Stolz« und »Wille« der Tochter konnten jedoch nicht gebrochen werden. Mit dieser kräftigen einleitenden Beschreibung wird dem Leser die weibliche Hauptfigur vorgestellt. Die Attribute »Stolz« und »Wille« lassen eine hochaufgerichtete Frau vor dem geistigen Auge entstehen – die Kombination erinnert an Heroismus. Was geschieht weiter? Gudrun ist nun reicher als vorher, da ihr die Hälfte des Ehe-Vermögens gehört. Sie heiratet ihren Geliebten[51], wird aber kurz darauf Witwe, da ihr zweiter Mann auf See in einem schweren Sturm umkommt. Der Tod ihres Mannes trifft sie schwer – den von ihm gezeugten Sohn übergibt sie einem Verwandten zur Erziehung. Die mütterlichen Qualitäten sind keinerlei Zweifel unterworfen, die Entbindung von ihren Pflichten ganz selbstverständlich als Befreiung unterstellt. Eine Perspektive des Kindes gibt es nicht. Und: Wenn die Weggabe des Kindes als Befreiung ausgelegt wird, ist dann „Mutter sein" nicht als Last definiert? Wir erfahren also: Am Ende ihrer zweiten Lebensetappe ist die Protagonistin »reicher« und »wieder völlig frei«. Fahren wir fort.

Mit dem dritten Mann, Kjartan, der in Gudruns Leben tritt, nimmt das Unglück seinen Lauf: Die »Macht der großen Leidenschaft« wird »schicksalsbestimmend« für beide Beteiligte. »Sie ist von Anfang an tragisch überschattet.« (Rogge-Börner, 1938:19) Gudrun wirbt sogar um Kjartan (aus dem Original nicht zwangsläufig zu entnehmen) – ganz normal bei den Germanen. Rogge-Börner kommentiert:

> »die Geschlechterbeziehungen standen unter naturgebundenen sittlichen Gesetzen, ohne theoretische Einengungen, weil beide Geschlechter sich noch so stark und sicher fühlten, daß keins das Übergewicht des andern zu fürchten brauchte.« (ebd.:21)

Gudrun wird von Kjartan zurückgewiesen, da dessen Vater aufgrund einer bösen Ahnung die Heirat seines Sohnes mit Gudrun fürchtet, vielleicht, so vermutete Sophie Rogge-Börner, weil »sein Sohn ... Wesensart und Anlagen einer so übermächtigen, klugen und selbstherrlichen Frau wie der Gudruns« nicht gewachsen sei. Der Leidenschaft selbst wird eine Macht zugeschrieben, die die Beteiligten unentrinnbar fatalistisch überfällt. Dem Leser werden große Gefühle versprochen. Der Hinweis auf das mit dieser Leidenschaft verquickte *tragische* Schicksal verweist aber auch sofort auf das Nichterfüllbare dieser zwischengeschlechtlichen Empfindung. Weil Gudrun eine so »übermächtige« (»kluge«, »selbstherrliche«, »starke«, »willensstarke«) Frau ist, versetzt sie die Männerwelt in Angst und Schrecken – andererseits wird deutlich, daß die Autorin nur eine solche Frau der Leidenschaft für fähig hält. Der Geliebte Gudruns zögert also und macht eine »Auslandsreise«[52] mit seinem Ziehbruder Bolli. Ihre Bitte, mitreisen zu dürfen – und damit ihre Werbung anzunehmen –, lehnt Kjartan, der sich von seinem Vater hat verunsichern lassen, ab.

»Von starker, unbedingt sicher in sich selbst ruhender Wesensart muß Kjartan in der Tat nicht gewesen sein, sonst hätte er sich nicht so leicht beeinflussen lassen« (Rogge-Börner, 1938:20).

Die Vater-Sohn-Beziehung wird geschildert als eine Abhängigkeitsbeziehung. Der Sohn richtet sich nach den Ratschlägen eines ängstlichen Vaters und übernimmt die Sichtweise seines Vaters ohne Widerrede. Angst hat dieser Vater vor einer selbstbewußten Frau.: Gudrun wird beschieden, drei Jahre auf Kjartan zu warten – sie lehnt ab.

»Davon fühlt sich ihr Stolz nicht weniger tödlich getroffen als ihre Liebe.« (vgl.:21)

Die geschlechterpolarisierenden Bilder, die Sophie Rogge-Börner zu Beginn des sich abzeichnenden Dramas nachzeichnet, sind klar. Eine stolze, *übermächtige* Frau steht zuerst ihrem eigenen habgierigen Vater, dann einem leicht beeinflußbaren Mann/Sohn und einem ängstlichen Schwiegervater gegenüber. Stolz und Wille dieser Germanin lassen sich jedoch nicht brechen. Liebe und Stolz der starken und treuen Frauenheldin sind »tödlich« getroffen, weil schwankende, schwache Männer nicht auf sie eingehen wollen. Die beiden (Ehe-)Männer, die sich auf sie einlassen, laufen ob ihrer Unbedeutsamkeit im Text am Rande nebenher – Gudrun kennt nur eine „große Liebe".
Ziehbruder Bolli kehrt nach mehreren Jahren allein zurück und berichtet der wartenden Gudrun von der »großen Freundschaft« ihres Erwählten mit einer norwegischen Königstochter – nicht uneigennützig, denn er will Gudrun heiraten. Abermals ist Gudrun gedemütigt:

»Und doch wird dieser herrischen Seele die Demütigung schwer zu ertragen gewesen sein. Immer wieder ergreifend ist die innere Sicherheit und Freiheit dieser Frau, die es klar ablehnen kann, sich für drei Winter äußerlich zu binden ..., die aber gerade deshalb stark genug ist zu jeder Treue, weil sie wirklich liebt, und die aber auch mit freimütigem Stolz sich zu ihrer Liebe bekennt. Vom Gretchenverhältnis zum Manne, von hingebender Demut klingt in diesen Frauen noch nichts, gar nichts an.« (ebd.:22)

Durchweg verhaltenssicher beschreibt Rogge-Börner ihre Germanin – der Gegensatz zu den männlichen Verhaltensmodi springt ins Auge. »Innere Sicherheit und Freiheit« – das mag für den Leser/die Leserin ein verlockendes Projektionsangebot in einer als unsicher erlebten Zeit gewesen sein: Rasse als Garant für Seelenqualitäten, die den weiblichen Wunschvorstellungen und Sicherheitsbedürfnissen entgegengekommen sein dürfen. *Wirklich* lieben, *leidenschaftlich* lieben, *treu* lieben, *stark* sein, *sicher* sein, *stolz* sein, sich zu seinem Gefühl bekennen, das sind Versprechungen, die scheinbar keine Entfremdung kennen. Scheinbar, weil die Heldin im Verlauf der Erzählung keineswegs „frei" agiert, vielmehr sklavisch fixiert und verbissen an ihren Gefühlen festhält. Ihre Liebe ist »tödlich getroffen«, aber sie bleibt liebend – das ist ein Widerspruch.

Die im Originaltext ausgiebig beschriebene Christianisierung von Kjartan und Bolli in der Fremde – und daraufhin von Island insgesamt (vgl. Thule 6, 1963:123-137) – und die freundschaftliche Beziehung Kjartans zum christianisierten norwegischen König erwähnt Rogge-Börner übrigens nur in einem sehr knappen Satz:

»Die Isländer, auch Gudrun, waren inzwischen Christen geworden.« (Rogge-Börner, 1938:31)

Den im Original herauszulesenden Wandel Kjartans von einem Mann, der nur auf sein Schwert vertraut, zum nachgiebigen Christen[53] greift sie gar nicht auf. Auch der im Originaltext vorhandene Kontrast zwischen Zauberei, übernatürlichen Erscheinungen, dem „heidnischen" Glauben der Germanen also, und der Christianisierung ist für sie nicht der Erwähnung wert. Mag sein, daß die Christianisierung der germanischen Helden ihr nicht ins Konzept paßt, ist Rogge-Börner doch der Auffassung, das Christentum habe die so hochgelobten germanischen Sitten verdrängt, ja vernichtet. Der Schwerpunkt ihrer Interpretation liegt – man könnte sagen: ganz weiblich – eindeutig auf dem Beziehungsgeflecht Kjartan-Bolli-Gudrun, pointiert darin auf der Person Gudruns. Die hier eingeführte dritte Person, Bolli, führt zur klassischen Dreieckssituation – ähnlich der Brynhildsaga. Und auch hier wird der geliebte Mann (Kjartan) später durch Bolli, aufgehetzt durch Gudrun, getötet werden.[54] Fahren wir fort.

Gudrun meint, aufgrund der Berichte Bollis zu wissen, daß Kjartan für sie unerreichbar geworden ist. Zum zweiten Mal geht sie »mit großem Widerwillen« und auf Drängen ihrer Familie eine ungewollte (ihre dritte) Ehe ein – mit Bolli, unkommentiert von Rogge-Börner. Währenddessen hat die norwegische Königstochter eingesehen, daß sie Kjartan nicht halten kann. Sie schenkt ihm ein »kostbares Tuch« als Hochzeitsgabe für Gudrun. Als Kjartan nach Island zurrückkehrt und dort eine bereits verheiratete Gudrun vorfindet, trifft ihn der »Donnerschlag«. In seiner »Hoffnungslosigkeit« verheiratet er sich mit einer anderen Frau. Im Originaltext heißt es dagegen:

»Er erfuhr nun von Gudruns Verheiratung und schien sich das wenig anfechten zu lassen.« (Thule 6, 1963:141)

Daraus kann geschlossen werden, daß es für Rogge-Börner wichtig ist, die von ihr geschilderte Szene affektvoller auszukleiden, als im Original dargestellt. Kjartan darf nicht gleichgültig werden – das wäre eine zu große Kränkung gewesen für die Heldin Gudrun, mit der sich Rogge-Börner identifizierte. Das kostbare Tuch, das eigentlich für Gudrun bestimmt war, das nun aber Kjartans Ehefrau erhalten hat, gibt den Ausschlag: zuerst zur Tat, zur Entwendung des Tuches, dann zur Rache:

»Mit zwingender Notwendigkeit wandelt sich die große und standhaltende Liebe der tödlich getroffenen Frau in einen ebenso großen und reinen Haß, der nur noch auf Sättigung der Rache sinnt.« (Rogge-Börner, 1938:24)

Die Textstelle verdeutlicht sowohl die innere Logik des Zwanghaften – es gibt nur *einen* gangbaren Weg, den der Rache. Destruktivität ist *die* Lösungsstrategie: weil die Liebe so unbeweglich fixiert, »standhaft« ist, ist die Liebende tödlich getroffen« und zum »großen und reinen Haß« *gezwungen.* »Sättigung« wird zum Ausgleich eingeklagt – ein Wort, daß nicht zufällig auf die Oralität verweisen mag. Sehen wir weiter.
Gudrun will das »kostbare Kleidungsstück« (das Tuch der Königstochter) besitzen, doch nunmehr nicht aus »Verschwendungssucht«, sondern aus »dem ihr eingeborenen Rechtssinn« heraus. Den Diebstahl verklärt Rogge-Börner zur »Tat der Selbsthilfe«. Es folgt die Rachetat.

»Die große Leidenschaft, die über Jahre und Raumferne hin die Zusammengehörigkeit von Gudrun und Kjartan nicht zerreißen ließ, hat sich bei Gudrun in todwunden Haß verkehrt, der sein Opfer fordern muß... Es kann nur so kommen, wie es kommt. Gudrun ruht nicht, bis ihre Brüder und Bolli ihr den Willen tun und Kjartan auflauern[55]. Der Kampf ist ungleich. Lange wehrt sich Kjartan heldenhaft gegen die Übermacht. Dann gibt Bolli ihm die Todeswunde.[56] Mit Worten tiefer Befriedigung empfängt Gudrun ihren Mann, als er zurückkommt von dieser Tat.« (ebd.:25)

Soweit die – von Deutungen durchwobene – Erzählung bis zur zentralen Stelle. Es folgt eine zusammenfassende Interpretation Rogge-Börners:

»Erschüttert steht man vor dieser Genugtuung befriedigter Rache, die nur dem verständlich wird, der sich einem Charakter von so absoluter Unbedingtheit noch irgendwie menschlich nahe fühlt. Einer flächigen Empfindung ist Gudrun nicht fähig. Alle ihre Gefühle gründen im Tiefsten, reifen bis in die letzte Folgerichtigkeiten, werden niemals in äußeren Ausbrüchen und Klagen sichtbar, sondern nur in zielsicher und unbeirrbar vorbereiteten Handlungen, die jedesmal in jähem Aufriß den Blick freilegen in eine von gigantischen Leid zermarterte Seele. Die einzige, große und immer groß gebliebene Liebe ihres Lebens ist Kjartan.« (ebd.:25-26)

Welche Gedanken, Ideen, Phantasien löst gegen Ende die Geschichte aus? Wovon wird hier gesprochen? Noch nach mehrmaligem Lesen des Textes ist man durch die im Text beschriebenen »gigantischen« Gefühle schier erschlagen (der Thule-Originaltext ist weitaus nüchterner verfaßt). Es verschlägt einem die Sprache, was auch heißt, daß es sehr schwer ist, sich diesem Text interpretativ zu nähern. Dies hat mehrere Gründe. Es wäre zu kurz gefaßt, schöbe man alles auf die Trivialität des Textes. Dieser löste bei mir als Interpretin eine bunte Gefühlsmischung aus: Erstaunen – über die beschriebenen starken Gefühle, Neugier – ob es noch dramatischer wird, Distanzierung – so ausgeliefert möchte ich nicht sein, aber auch eine Art von Mitleid, geht es doch um eine so »tief getroffene Frau«. Mit welchem Recht sollte ich, die Leserin/Interpretin diese Betroffenheit der Heldinnen oder der Autorin anzweifeln können? Das Drama, das hier entfaltet wird, präsentiert dem Leser eine »todwunde Frau«. Die Werbung um Identifikation mit der Heldin umschleicht Gefühle, die rund um die Erfahrung von Zurückweisung und enttäuschter Zuwendung angesiedelt sind – wer kennt das nicht? Und, vom »Gretchen-Verhältnis« wirklich keine Spur – auch das ist sympathisch. Doch die archaische Rache der Heldin sollte dem modernen Rechtsempfinden entgegenstehen: jene zerstört das enttäuschende Liebesobjekt, dieses agiert auf der Basis geregelter, den Aggressor nicht vernichtender Bestrafung.[57] Für Sophie Rogge-Börner sind die beschriebenen archaischen Handlungen »Folgerichtigkeiten«. Sie ist zwar »erschüttert«, fühlt sich aber bspw. ihrer Heldin Gudrun doch »menschlich nahe«.
Geschildert wird, symbolisiert in der Gestalt der Gudrun, das in den Isländersagas immer wiederkehrende Klischee der Anstifterin. „Die meisten Sagas folgen einer ziemlich normalisierten Formel bei der Entwicklung ihrer Fehdegeschichten, und einer der feststehenden Bestandteile dieser Formel ist die Anstifterin." (Jesch, 1993:282f) Ganz offensichtlich ist für Rogge-Börner die Anstiftung eine Möglichkeit für Frauen, an der Macht teilzuhaben. Die Anstifterin Gudrun ist im letzteren Teil der Geschichte gar die eigentlich Mächtige. Sie ist es, die die Handlungen immer wieder vorantreibt und provoziert. Nach Jesch sind die „Anstifterinnen der Sagas ... literarische Klischees" (ebd.:282), ein literarischer Ausdruck der Ängste und Sorgen der isländischen Menschen des 13. Jahrhunderts, die sich mit einer rücksichtslosen und

gewalttätigen Welt, der Blutrachegesellschaft, konfrontiert sahen. „Jemand mußte daran Schuld sein, und die willensstarken, fest in der Vikingvergangenheit verankerten Frauen der Sagas wurden zu Sündenböcken. Die Anstifterinnen der Sagas hatten damit eher die Funktion ihrer literarischen Vorläuferinnen, der Walküren. Sie waren ein nützlicher und farbenfroher Mythos, der die Schrecken der Gewalt erklärt und die Schuld dafür von den männlichen Schultern nimmt." (ebd.:284) Dies mag eine Erklärung sein, die für die Gesellschaften des 13. Jahrhunderts zutrifft. Aber eine Erklärung für die Faszination Rogge-Börners ist es nicht, denn sie lebte zwar in einer patriarchalen, aber nicht in einer Blutrachegesellschaft. Sind also darüber hinaus in den Rachefrauen, den Anstifterinnen und den sogar selbst Hand anlegenden Germaninnen, denen wir auch noch begegnen werden, nicht noch andere Aspekte symbolisiert?

Trotz ihres Rachezwangs wird „unsere" »schöne, kluge, vornehme«[58] Gudrun als »*geschlossene* Menschlichkeit« beschrieben – eine zweideutige Signatur: Verweist diese Geschlossenheit auf etwas, was unter Verschluß gehalten werden muß, oder geht es nur um einen Charakter mit konsequenter Orientierung? Orientierung wohin? »Schicksalshaft« kommt zwar »die Macht der Leidenschaft«, der Trieb über die Hauptfiguren, aber nur tragisch und unerfüllt kann der Fortgang des Geschehens gedacht werden. Der Mann flieht ins Ausland, die Frau verschließt sich im Inneren, allerdings stets bereit zur rächenden Tat. Einige Seiten weiter schreibt Rogge-Börner, Gudrun bleibe »immer unverrückbar sie selber« (1938:26). Die Starrheit, die aus dieser Beschreibung spricht, fügt sich ein in den Handlungsablauf. Mit »zwingender Notwendigkeit« steht der Protagonistin nur eine Handlungsoption zur Verfügung: Haß und, daraus resultierend, Rache. Zwar stimmt der Kern der Nacherzählung dieser Saga durch Rogge-Börner mit dem Original überein: Gudruns Eifersucht und Rache stehen tatsächlich im Zentrum, und die Saga bewegt sich auch im Original im Spannungsfeld von Liebe, Freundschaft, Eifersucht und Blutrache. Das im Original neben dem Eifersuchtsmotiv stehende Neidmotiv Gudruns (auf das kostbare Tuch) kommt bei Rogge-Börner eher am Rande stehend zur Sprache. Sie beschreibt jedoch nicht Kjartans Wandel vom Krieger zu einem relativ großzügigen, nicht nach Kampf dürstenden Mann. Sie geht, wie schon dargestellt, auch nicht weitergehend ein auf die Christianisierung, vor deren Hintergrund vielleicht auch Kjartans Wandel zu sehen ist. Rogge-Börners Germanen sollen ihrem Wunsch-Imaginé entsprechen. – Im wesentlichen springt jedoch die ungeheuere affektive Aufladung durch die Autorin ins Auge, die mich als Leserin auch ungewollt aufwühlt; das Original dagegen erscheint geradezu als nüchterne Schilderung.

Wie hat diese zweite Geschichte auf mich gewirkt? Gudrun ist eine vor Wut schnaubende, eifersüchtige, neidische, zähnefletschende und verräterische Gudrun. Dennoch wird diese Frauengestalt mir als Vorbild präsentiert. *Diese* Gudrun, mit der all diese Affekte verknüpft sind, wirkt auf mich furchterregend, und zwar in der Hauptsache deshalb, weil die Kernbotschaft der ausgesprochen grandiosen Rache-Heldin folgendermaßen lautet: *Was ich nicht kriege, zerstöre ich.* Dieser Frau möchte ich nicht begegnen, dachte ich, zu sehr fürchte ich ihre destruktive Kraft. Andererseits ist Gudrun, ihre Kraft, Leidenschaft und destruktive Klarheit auch faszinierend. Sie ist nicht nur wichtig, die Hauptperson der Geschichte, sie kontrolliert auch deren Verlauf. Heißt das, wie Jesch – neben den schrecklichen Bestandteilen, die sie auch benennt (1993:282) – von Gudrun meint: Selbstachtung vor Liebe? (ebd.:298) Oder wird hier nicht vielmehr auf das ödipale Drama verwiesen?
Welche Motive werden für die Vernichtung des leidenschaftlich geliebten Objekts Kjartan im Text angegeben? Es ist von einer »großen und standhaltenden Liebe« und einer damit im Zusammenhang stehenden schwer zu ertragenden »Demütigung« die Rede. Durch die Kränkung, die darin besteht, daß sich das Objekt dieser großen Liebe zuerst entzieht und dann an eine andere vergibt, wird die Hauptfigur Gudrun »tödlich« getroffen, ihre Liebe »verkehrt« sich in »todwunden Haß«, in »großen und reinen Haß«, der auf »Sättigung« durch »Rache sinnt«, der »seine Opfer (Mehrzahl!) fordern muß«. Und das, obwohl sie *vorher* gegen ihren Willen – trotz ihrer angeblichen Stärke und Willenskraft – selbst geheiratet hat, was Rogge-Börner zu keiner Kritik bewegt. Veranlaßt durch den, von ihr hineininterpretierten, »Donnerschlag« und die »Hoffnungslosigkeit« angesichts der bereits verheirateten Gudrun, wendet sich Kjartan einer anderen zu – diesen falsch geschilderten Umstand übergeht die Autorin nicht. Damit ist es auch die resignierende Haltung des schwachen Mannes Kjartan, die zum Desaster führt. Hätte er nur an der »reinen« Liebe (ist das nicht die Liebe zwischen Vater und Tochter?) festgehalten, wäre das Liebespaar vielleicht doch noch zusammengekommen. Aber dies ist unmöglich (Inzesttabu?). Schuld ist Kjartan, denn er hat Gudrun verlassen (er gehört einer anderen Frau). Da Gudrun aber nicht bereit ist, ihre erste Liebe aufzugeben, wählt sie die Vernichtung. Die Kombination, die angeboten wird ist: „große, standhaltende, wirkliche Liebe/Leidenschaft" und „großer, reiner, »todwunder« tödlicher Haß/Rache"- kurz: *festhaltende Liebe und Vernichtung.* »Genugtuung«, Befriedigung und »Sättigung« bringt nur noch die Zerstörung des Liebesobjekts.
Gudrun liebt. Sie liebt nicht irgendwie, sie liebt „groß, standhaltend", leidenschaftlich, d.h. auch sinnlich. Die Erfüllung ihrer Liebe und Sinnlichkeit

zerbricht vordergründig zunächst am Wankelmut und der leichten Beeinflußbarkeit eines Mannes. Ein Mann, der die Flucht ins Ausland wählt und der seinem Vater nichts Eigenständiges entgegensetzen kann, dessen Vater mit der Mächtigkeit einer Frau, seiner eventuellen Schwiegertochter, nicht fertig wird. Gudrun liebt dennoch weiter, unverrückbar. Die Liebe, die hier beschrieben wird, ist eine Liebe, die des Objekts eigentlich gar nicht mehr bedarf, denn es ist unerheblich, wie sich das Objekt der Liebe, Kjartan, verhält. Gudruns Liebe spiegelt sich beziehungslos in der eigenen Gefühlsintensität. Die *narzißtische Kränkung* – das Objekt entzieht sich endgültig – muß nach außen sichtbar gemacht werden und fordert »ihre Opfer«: Kjartan muß beseitigt werden. Wenn nicht sie, dann keine. Denn nach allen dramatischen Ereignissen bleibt eine »von gigantischem Leid zermartete Seele« zurück, eine gebrochene, enttäuschte Frau, die die Kränkung, das Liebesobjekt an eine andere verloren zu haben, nicht mit ihrem eigenen Größen-Ich (immer geliebt zu werden, egal wie sie sich verhält) vereinbaren kann. Gudrun schreit nach Rache. Erst mit dem Tode Kjartans kann dann die Vereinigung – freilich ideell, daß heißt körperlos/unsinnlich und tragisch – vollzogen werden. Kjartan ist »die einzige, große und immer groß gebliebene Liebe ihres Lebens« – in ihrem Inneren verbleibend.

Was haben wir in der Quintessenz vor uns? Schwache Männer (ängstlicher Schwiegervater, leicht beeinflußbarer Sohn, Männer, die zur Rache angetrieben werden müssen) und eine starke, »zum Herrschen geborene«, aber tragische, weil um Sinnlichkeit und Liebe, um die ersehnte Geschlechterharmonie betrogene und aufgrund dessen »von gigantischem Leid zermarterte« Frau, vor der die Männer (und Frauen) sich nur fürchten können. Einerseits weil sie so stark ist, andererseits aber auch, weil sie an ihren Gefühlen und Prinzipien eisern festhält und nur einen Ausweg kennt: Haß – Rache – Vernichtung. Abgesehen von diesem recht unüblich polarisierten Geschlechterbild und einem sehr eingegrenzten Bild von Liebe als der narzißtischen, d.h. alles auf sich beziehenden und daher Kränkung nicht duldenden Liebe begegnen wir einem im Zentrum des Textes stehenden (und in den folgenden Kapiteln noch wiederholt auftauchenden) Affekt: der Rache.

Vor diesem intensiven leidenschaftlichen Gefühl der Rache liegt die schwere narzißtische Kränkung, nach Auffassung der Autorin ein Unrecht, das an der Protagonistin ausgeübt wurde. Jene ist gedemütigt, in ihrer Bedeutung nicht ausreichend gewürdigt worden. Aufgrund des unbeugsamen Charakters versucht die stolze, herrische Germanin jedoch diese Verletzung zu vergelten. Das Unrecht soll und wird durch eine Rachetat gesühnt werden.

Was erklärt das starke Interesse – es ist ja das längste Kapitel im Buch – der Autorin an den rächenden Germaninnen und ihre positive Identifikation mit ihnen? Warum fühlte sie sich ihnen »menschlich nahe«, warum fand sich Rogge-Börner darin wieder? Rufen wir uns ins Gedächtnis, was wir in den vorherigen Kapiteln erörtert haben. Literatur haben wir mit Lorenzer als eine Chance begriffen, das Unbewußte, die aus der Realität ausgegrenzten Lebensentwürfe zu bearbeiten – oder aber als Möglichkeit, den Rezipienten in die gegebene Ordnung einzubinden. Es können neue Symbole gefunden oder aber Symptome bekräftigt bzw. neugebildet werden. Was also hat Rogge-Börner in ihrem Vorlagematerial abgebildet gesehen, und welche Lösungsstrategien bzw. Phantasien hat sie konstruiert?

Wenn wir uns erinnern, was auf der Bühne des realpolitischen Lebens nach 1933 vor sich ging – eine andere Ebene also – so können wir *Neid* (auf die öffentlich-politische Vormacht der Männer) und *Wut* (auf die Zerstörung aller utopischen, auf den nationalsozialistischen Gesellschaftsentwurf gerichteten Hoffnungen) vermuten: Weder Rosenberg noch Darré noch andere NS-Wortführer nahmen von ihren frauenfeindlichen Äußerungen, ihrer konkret-misogynen Politik Abschied, weder den angepaßten noch den frauenbewegten NS-Frauen wurden entscheidende Machtpositionen übertragen. Die Frauenbewegung, mit der die Germanenkultlerinnen sympathisierten, ehemals durchaus Forum für Forderungen nach öffentlichem, politischem Einfluß für Frauen, war entmachtet. Nichts konnte verwirklicht werden. Was blieb, war unausgesprochene Wut und Neid auf die politischen, männlichen „Führer“figuren, die den Zugang zur Macht verstellten; weiterhin, diese Wut in der Rache der Germaninnen zu versinnbildlichen, das realpolitische Scheitern zu verleugnen und umzudeuten in die Angst des Mannes vor der mächtigen Frau, womit natürlich auch ein wahrer Kern getroffen ist. Erich Fromm spricht – dies nur als Anregung eingefügt – von der Rache als einer „magischen Wiedergutmachung“ (1973:247).

Im Text finden wir schwache Männer und starke Frauen, in den *Phantasmen* der Lebensrealität starke Männer und schwache Frauen. Eine Umkehrung also? Die permanente Thematisierung des »Rachedursts« der Germaninnen verweist jedenfalls auf ein beachtliches Wutpotential. Die Stärke dieses Potentials und die in der Geschichte dargestellte Dreiecksbeziehung – Kjartan/Bolli/Gudrun – deuten auf die regressive Mobilisierung einer ödipalen Wut hin. Diese kann als Instrument und stellvertretender Ausdruck benutzt werden. Mit ihr kann die Wut auf die realen Verhältnisse und der unaufgelöste ödipale Konflikt abgebildet werden. Mit der machtlosen Mutter brauchen sich die Autorin und die Leserinnen dann nicht mehr zu identifizieren. Nicht zuletzt deshalb sind die Rachetaten der Germaninnen extrem besetzt mit Machtphantasien. »Menschlich nahe« hat sich Sophie Rogge-Börner diesen Charakteren, also Frauen, die etwas darstellen, »von so absoluter Unbedingtheit« sind, gefühlt. Die an die Ereignisse anschließende Rache ist für sie nur folgerichtige Machtdemonstration. Damit muß das Leiden, die Trauer um das verlorene Objekt – man könnte, bezogen auf die Ebene der Realität, sagen: um die verlorenen Hoffnungen auf Macht (über den Vater, in den realen Verhältnissen) – nicht mehr angesprochen, kann verdrängt werden. Schließlich wird das Leid »niemals in Ausbrüchen und Klagen sichtbar«. Bis zur Explosion, bis zu den »zielsicher und unbeirrbar vorbereiteten Handlungen«, bis zur Rachetat. Die muß nimmermüde wiederholt werden. Die Geschichte hat noch kein Ende gefunden!

Der dritte Ehemann, Bolli, wird von den Kjartanbrüdern in einem weiteren Rachegang ermordet. Auch wenn sich Gudrun nicht viel daraus macht – »Ehegewohnheit« weckt nun mal keine »Liebe«, Rache muß trotzdem sein:

»Und wirklich wächst in der Folgezeit Gudruns Gestalt zu mythischer Größe. Von der ersten Stunde an hat es bei ihr festgestanden, daß der ungeliebte Bolli, der aber ihr Gatte gewesen, gerächt werden muß ... Zwölf Jahre lang läßt sie ihre Rachepflicht gegen die Bollimörder nicht kalt werden ... über allem Persönlichen steht die Ehre, und die ist noch nicht bereinigt.« (Rogge-Börner, 1938:27)

»Unverschiebbares Willensziel« Gudruns ist es, ihre Söhne »zur Rache zu reizen«(!). Erst danach – die Tat wird nicht näher beschrieben – geht sie ihre vierte Ehe mit einem reichen, berühmten Mann aus guter Familie ein. Nach einer »Kraftprobe« bereits am ersten Tag des Hochzeitsfests, Gudrun kann ihren Willen »wieder ganz planmäßig« durchsetzen, wird es eine »gute Ehe«. Der Gatte erkennt die »Überlegenheit« seiner Frau an,

»der sich entgegenzustemmen doch nichts nützen würde«, denn einem so »großen und willensstarken Frauenwesen unterordnet sich eben der nordische Mann genauso wie gleichgearteten männlichen Persönlichkeiten.« (vgl.:31)

Auch dieser Ehemann kommt – ebenso wie der zweite – im Sturm um – somit sind alle drei „gewollten“ Männer tot.

Nunmehr rückt etwas in den Mittelpunkt, das noch häufig in zahlreichen Variationen ermüdend wiederholt werden wird, nämlich die übergreifende (»über allem Persönlichen« stehende) Begründung für die »Rachepflicht«: der Erhalt der reinen Ehre. *Rache und Ehre sind ein zusammengehörendes Paar*. Ohne Ehrverletzung wäre die Rache nicht notwendig, keine Pflicht. Doch wenden wir uns vorerst noch einmal dem Racheakt selbst zu.

Alltagspraktische Vorannahmen sprechen von der Rache als einer ausgleichenden Gerechtigkeit. „Auge um Auge, Zahn um Zahn“ heißt es in der alt-

testamentarischen Bibel. In der Aussage „Rache ist süß“ ist des weiteren benannt, daß es mit der Rache nicht nur um eine Katharsis geht, nicht nur um eine Erlösung von innerer Qual, sondern um einen Lustgewinn. Laut Ulrich Sachsse sind „Rachephantasien und -wünsche ... wichtige innerseelische Kompensationsmöglichkeiten zur Restitution bei schweren narzißtischen Kränkungen“ (Sachsse, 1990:58). Er unterscheidet zwischen „destruktiver und konstruktiver Rache“. Kann der konstruktive Rächer, weil er durch den Kampf mit seinem Feind an Stärke gewonnen hat, gar irgendwann auf die Vergeltung verzichten und wird damit der ethisch Überlegenere, geht es bei der destruktiven Rache um ein anderes Ziel: „Destruktive Rache beschränkt sich darauf, so stark und mächtig wie der Täter zu werden und ihm das heimzuzahlen, was er einem angetan hat – möglichst noch erheblich mehr. Destruktive Rache ist gesellschaftlich schädlich und entwicklungshemmend und ist in den meisten Kulturen abgelöst worden durch Instanzen, denen das Recht auf Rache, Vergeltung und Wiedergutmachung in Form von Strafen übertragen worden ist.“ (ebd.)
Ganz im Sinne der destruktiven Rache steht Gudrun am Ende der Geschichte als starke, mächtigere Frau da. Daß sich die Autorin Sophie Rogge-Börner mit der Heldin Gudrun besonders identifiziert, wird nur allzu deutlich in ihrem abschließendem Resümee:

»Welch ein Mensch! Eigenwillig, selbstherrlich, zum Herrschen geboren, nicht zum Dienen, schroff bis zur scheinbaren Herzlosigkeit und doch von tiefer Güte und Hingabefähigkeit, wo sie Liebe zu empfinden vermag« (Rogge-Börner, 1938:32).

Das rachelüsterne Verhalten wird bei Sophie Rogge-Börner von der individuellen Ebene der Person Gudruns auf eine allgemeingültigere Stufe gehoben:

»Dieses Frauenleben wirft auch ein helles Licht auf das allgemeine Gesittungsbild des Nordens um die Jahrtausendwende. Der Verpflichtung, die Sippenehre rein zu halten, kann sich niemand entziehen; gehen auch manchmal im Zuge eines Rachegangs ganze Geschlechter zugrunde: oberstes Sippengesetz ist die Ehre.« (ebd.:33)

Nun sei darauf hingewiesen, daß im germanischen Altertum die Ehre für die Freien tatsächlich als lebensnotwendig vorausgesetzt wurde. „Ihre Verletzung erforderte die Wiederherstellung“ (Meyers Lexikon, Bd. 6, 1987:47) durch die Rache. Doch geht es nicht um die historische Verifizierung. Was wir herausfinden wollen ist, was für die Autorin so attraktiv an diesem Verhaltenskodex war. Ihr standen zum Zeitpunkt der Niederschrift schließlich eine ganze Reihe von zivilisatorischen Institutionen zur Verfügung. Ihr Rückgriff auf das archaische Modell ist erklärungsbedürftig.

In nahezu allen großen Religionen wird empfohlen, persönliche Vergeltungswünsche zu überwinden. Die Germaninnen der Sophie Rogge-Börner jedoch leben nicht nach diesen religiösen Grundsätzen oder gar nach den bürgerlichen Gesetzen, in denen Bestrafung, Wiedergutmachung usw. geregelt ist und die der Autorin geläufig waren.
So könnten wir bspw. die zehnte Chronik unter das Motto „Kompensation oder archaisches Gesetz?" stellen. In ihr wird von einer Germanin mit Namen Thorgerd (vgl. auch: Thule 3, 1963:198 und 224ff.; Thule 6, 1963:38 und 79) berichtet, die dem Vater, welcher gebeugt vom Schmerz über den Tod zweier Söhne und der nicht mehr weiterleben mag, zwar die Kompensation des Verlustes durch Dichten vorschlägt, selbst aber in ihrer Angelegenheit das archaische Rachemodell bevorzugt. Interessant ist in dieser Geschichte, daß den männlichen Mitspielern das »friedliebende Wesen« zugesprochen wird, die im Mittelpunkt der Chronik stehende Thorgerd gleichwohl auf einen »Rachegang« besteht. In welche Szenen sind diese Ereignisse eingebettet? Thorgerd wird als eine nach innen gekehrte »Natur« vorgestellt, aber natürlich von nicht minder zielbewußter Willensfestigkeit. Sie heiratet einen Germanen trotz dessen unehelicher Herkunft, da sie seinen »artlichen Wert« erkennt.[59] Thorgerd ist »Gutsherrin großen Stils« und führt eine »gute und kinderreiche Ehe«. Als ihr (zweiter) Bruder zu Tode kommt, wird sie auf den Hof des Vaters, des Skalden[60] Egil, gerufen, der sich, seines Lebens müde, in eine Kammer eingesperrt hat. Nur »ihr« öffnet er die Kammer. Eine Mutter kommt als Konkurrentin der Tochter gar nicht vor.[61]

»Sie geht ganz auf seine Gedanken ein und legt sich in das andere Bett, um mit ihm zu sterben.« (Rogge-Börner, 1938:58)[62]

Zum Schein. Denn durch eine List gelingt es ihr, den Vater zur Kompensation des Verlustes durch eine »ergreifende Totenklage« zu bewegen. Man kann die Kammerszene mit dem Vater als inzestuös gefärbte Geschichte interpretieren, wenngleich in der Anlage schon der Vernichtung preisgegeben durch die Intention des gemeinsamen Todes – oder einer ins Jenseits verlängerten Vereinigung. Tatsächlich aber wird eine unaufgelöste ödipale Beziehung geschildert. Zwar legt sich »Thorgerd Egilstochter« nicht in das gleiche Bett mit dem Vater, die ödipale Beziehung wird also nicht auf der sexuellen Ebene verhandelt. Aber auf der geistigen: Tochter Thorgerd ist eins mit dem Vater, sie geht »ganz auf seine Gedanken ein«, will sogar »mit ihm sterben«. Sie bringt den Vater dazu zu trauern, statt sich selber umzubringen.
Es folgt die zweite Szene[63], die uns zeigen wird, daß Thorgerd in der Folge die Stelle des männlichen, starken Vaters übernimmt. Beschrieben wird, wie

Thorgerd mit dem Verlust ihres Sohnes umgeht (vgl. Thule 6, 1963:168ff.). Ihr Sohn (es ist Gudruns Kjartan) ist von ihrem eigenen (»dankvergessenem, treulosen«) Ziehsohn Bolli erschlagen worden. Hier ist die Mutterliebe schlecht gedankt worden. Natürlich ist dies eine andere – gewaltsame – Art und Weise, wie der Sohn zu Tode kommt. Dennoch, von Trauer keine Spur. Thorgerd findet »keine Ruhe«, sie bezichtigt ihre Söhne solange in »höhnenden Redewendungen« der Feigheit, bis diese, »obgleich sie das friedliebende Wesen ihres Vaters geerbt haben«[64] sich zur Rache rüsten. Thorgerd reitet beim Überfall mit, da sie meint, ihre Söhne hätten »etwas Scharfmachen nötig« (so auch die Wortwahl im Original; vgl. Thule 6, 1963:171). Mit Thorgerd unternimmt Rogge-Börner eine von ihr favorisierte und bewunderte weibliche Rollenzuteilung, die sich durch fast alle Geschichten durchzieht. Thorgerd nämlich ist es, die sich als *unerbittliche Wahrerin der Sippenehre* erweist. Der Mord am Sohn (in anderen Geschichten am Mann; am Bruder) ist eine Ehrverletzung der Sippe! Sie zu bewahren oder »rein« zu erhalten, ist nach Rogge-Börner vordringliches Anliegen und Aufgabe der »nordischen« *Frau.* Das Mittel, mit dem dies geschieht, ist die Blutrache, an der die Germaninnen unbeirrt ohne Abweichung festhalten. Während Thorgerds Mann »seinen ganzen Einfluß« dafür einsetzt, »daß der Ziehsohn Bolli geschont wird«, während die »friedliebenden« Söhne eigentlich keinen Rachegang wollen, besteht die »stille, vornehme Frau« auf der Rache. Freilich, die Originalvorlage bestätigt diese Darstellung Rogge-Börners. Doch wieso identifiziert sie sich mit der Bluträcherin Thorgerd? Was tut Thorgerd, daß Rogge-Börner sie so anziehend findet? Thorgerd treibt zur Blutrache an. Sie treibt die Handlung weiter. Es sind die Germaninnen, die laut Sophie Rogge-Börner die *Ehre* der Sippe bewachen, bewahren, »rein« erhalten, dafür sorgen, daß sie mit Gewalt zur Geltung gebracht wird (vgl. Chronik 3, 5, 9, 10, 12, 13, 14) – weit überzeugter von der Notwendigkeit als die männlichen Germanen.

Wenden wir den Blick auf alle Szenen der zehnten Chronik. Thorgerd hat zu ihrem Vater ein auf der geistigen Ebene geführtes inzestuöses Verhältnis. Eine Mutter kommt nicht vor, Rogge-Börner fragt auch nicht nach ihr. Aufgrund dieser geistigen Einheit zwischen Thorgerd und Vater schafft es die Protagonistin, den Vater trotz seiner Ohnmacht und Trauer (über den Tod der beiden Söhne) zu einem gewaltlosen, entlastenden Ausdrucksmittel (der Dichtkunst, der Totenklage) hinzuführen. Zum Tode (zum Mord) ihres eigenen Sohnes hat sie selbst keine Distanz – von Trauer keine Spur. Wut und Rachebegehren sind die alleinigen Reaktionsmuster. Diese Konstellation kehrt in mehreren Chroniken wieder. Die Männer reagieren – auch bei Mord

– eigentlich friedlicher als die Frauen, die auf die Rache bestehen. Im Mittelpunkt der Familiendramen stehen in den Interpretationen Rogge-Börners nicht der Verlust des Angehörigen, sondern die Kränkung der »Sippenehre«.[65] Die German*in* wird in der Phantasie als die Figur herausgearbeitet, die an die »Reinigung« der kollektiven Ehrverletzung weit intensiver gebunden ist als die Männer. Sie ist, wie in der 14. Erzählung dargestellt, die »Reinigerin der Sippenehre«, stiftet immer und immer wieder zur Rache an oder vollzieht diese selbst.

Um es nochmals deutlich zu machen: Meine Aufgabe ist es nicht, meinerseits eine Interpretation der germanischen Mythen zu unternehmen, wenngleich ich die Abweichungen Rogge-Börners vom Originaltext verdeutlichen möchte. Mein Anliegen ist, aufzudecken, für welche Inhalte sich Rogge-Börner begeistert hat und warum. Die auftauchenden Fragen sind daher: Wofür steht die Ehre der Sippe, und warum ist die Verletzung derselben derart tief kränkend und zieht solche starken, gewaltsamen Reaktionen nach sich? Was soll da bewahrt und gereinigt werden? Was ist beschmutzt worden, und wieso sind die *Frauen* die weit mehr Betroffenen und Zuständigen? Warum hatte sich lt. Rogge-Börner der »Rachegang« herausgebildet als »Selbstschutz zur unbedingten Reinerhaltung der Sippenehre« (Rogge-Börner; 1938:71)? Was mußte hier geschützt werden? Für was steht der Begriff der „Ehre"?

Es war, so muß ich an dieser Stelle anmerken, schwer, mir das Sujet der kollektiven Ehrverletzung zu erschließen. Es wurde mir um so fremder, je länger ich darüber nachdachte und je häufiger ich den Text las. Das Verstehen war mir kaum möglich, ein erneutes Gespräch in einer Gruppe unumgänglich. Nicht wenige und sehr verschiedene Assoziationen meldeten sich zu Wort. Sie lassen sich zwei übergeordneten Kategorien zuordnen: Weibliche Identitätsfindung und Zeitgeschichte.

Worum geht es also in der Interpretation von Rogge-Börner?

– Müssen die durch *wilde, triebhafte Männer* beschmutzten *Frauen gereinigt*, geschützt, gerächt werden?
– Geht es um Sexualität, vor der das Kollektiv (die Sippe), die Frau geschützt, von der gereinigt und die beseitigt werden muß?
– Geht es um die *Verschiebung* einer durch Rache „wiedergutgemachten" *Vergewaltigungsphantasie*?
– Steht die verletzte »Sippenehre« für verletzte Frauenehre? – Ist die Sippe, der Sohn usf. in diesem Zusammenhang nichts anderes als die Verlängerung weiblicher – aber eben verletzbarer – Grandiosität?

Oder

– geht es um die *Verschiebung verletzter nationaler Ehrgefühle* auf die als Einheit phantasierte Sippengemeinschaft?
– Steht Sippe im übertragenen Sinne dann für die im Ersten Weltkrieg und durch den Versailler Vertrag gekränkten nationalen Ehrgefühle und Größenphantasien?
– Geht es um Rache für den »Schmachfrieden«, von den Frauen weit vehementer gefordert als von den soldatischen Versager-Männern?
– Oder ist Rogge-Börner auf die am rassistischen Leitfaden entlang definierte *symbiotische »Volksgemeinschaft«* derart fixiert (»Sippe« in diesem Falle als verkleinerter und konservativer Weiblichkeit näherstehender familienorientierter Maßstab), daß das Herausbrechen einer Person aus dieser Einheit als Bedrohung erlebt wird und auf der Stelle geahndet werden muß?

Noch müssen und können die hier in Gedanken gezogenen Verbindungen im Raum stehen bleiben.

Wichtig ist, daß Rogge-Börner den Handlungsspielraum und die Intensität der Beteiligung der Frauen an den Rachetaten selbst kontinuierlich steigert. Das entfaltet die folgende Geschichte sehr anschaulich, in der es um eine individuelle, also die Sippenehre nicht direkt betreffende Rache geht. In ihr berichtet Sophie Rogge-Börner von einer Frau mit Namen Aud, die die Treulosigkeit ihres Ehemannes nicht überwinden kann und daher nicht nur zur Rache antreibt, sondern *selbst* zur Vergeltungstat schreitet.

»Sie zückte das Schwert und hieb nach ihm und versetzte ihm eine starke Wunde.« (Rogge-Börner, 1938:35)

Damit steigert sich der Spannungsbogen insofern, als die weibliche Hauptfigur der Geschichte nun selbst aktiv wird. Für Rogge-Börner eine erste Beweisführung, daß bei den Germanen die Frauen die Waffen auch selbst in die Hand nahmen:

»Zunächst fällt uns, die wir in einem Zeitalter der waffenlosen Frauen leben, auf, daß die Frau auf selbständige Waffentat geht und sie nicht unsicher und zagend, sondern zielbewußt ausführt.«

»Die Tat der Aud (widerlegt) aber auch die Behauptung, daß die frühnordische Frau nur im äußersten Notfalle die Waffe selber geführt und persönlich Rache geübt habe... Aud hat ihre Brüder, aber sie ... handelt allein und selbständig und furchtlos.« (Rogge-Börner, 1938:36 und 37)

Alleine handeln, selbständig und zielbewußt sein, all diese Attribute zählen Frauen auch heute gerne zu ihren Fähigkeiten – zu Recht. Die Differenz zu Rogge-Börner jedoch ist deutlich. Ihre Heldin geht weit über die eben be-

schriebenen Eigenschaften hinaus. Sie hat sich mit dem Schwert bewaffnet, einem wohl eindeutig destruktiv-phallischen Symbol, und »geht auf selbständige Waffentat«. Somit ist die vierte Erzählung eine noch zugespitztere, radikalere Konfliktlösungsstrategie. Trieb die Frau in der dritten Erzählung „nur" zur Rache an, übernimmt also die Rolle der „Anstifterin" (vgl. Jesch, 1993:282f.), nimmt sie in der vierten (und in einigen folgenden) bereits die Waffe selbst in die Hand. Das Motiv ist wieder „enttäuschte Liebe", alleiniges Reaktionsmuster ist wieder die Vergeltung: *archaische Gewalt als Antwort auf eine narzißtische Kränkung* das vorherrschende Reaktionsmuster.
Man könnte meinen, Rogge-Börner thematisiert hier entsprechend den Mustern der normativen Weiblichkeit die üblichen weiblichen Interessensschwerpunkte: Liebe, Eifersucht, enttäuschte Liebe, Beziehungsdramen. Letztendlich jedoch diskutiert sie *geschlechtsspezifische Ausdrucksformen der Gewalt*. Insbesondere ein Begriff steht damit zusammenhängend im Mittelpunkt ihrer Erörterungen: der Begriff der *Ehre*.
Worauf bezieht sich Rogge-Börner hier, welche Inhalte möchte sie revitalisieren? „Kulturen, in denen Ehre ein Leitwert ist, sind durchweg Formkulturen. Dies gilt insbesondere für archaische Kulturen wie auch für die in Teilen archaische Kultur des mittelalterlichen Rittertums. Die in diesen Kulturen durch Rauben und Schenken initiierten Kämpfe dienen letztlich der Inszenierung und Dramatisierung der Ehre." (Guttandin, 1993:25) Rogge-Börner bezieht sich in ihrem Rekurs *positiv* auf die archaische Gesellschaft der Germanen, die der blutrechtlich-familienrechtlichen Tradition unterliegen. Die sozialen Bezugspunkte dieser Gesellschaften waren in erster Linie die Sippe, die Familie (dann erst der Stamm). Die Familie wird für Rogge-Börner und ihre Zeitgenossinnen, die eine wilhelminisch geprägte, also traditionell-patriarchalische Kinderstube erfahren hatten, ein Raum gewesen sein, in der sich weibliche Macht – verglichen mit übergeordneten gesellschaftlichen Räumen – ihrer Erfahrung nach noch *relativ* gleichwertig hat entfalten können. Es ist daher nicht unlogisch, daß sich ihre Machtphantasien an ein Gesellschaftsmodell haften, das nach familienrechtlichen Prinzipien organisiert war und in dem die Sippe mit all ihren Ereignissen im Mittelpunkt des Interesses stand.
Doch um was für eine Gesellschaftsform handelt es sich hier eigentlich genauer, und welche Konfliktlösungsformen werden als Vorbilder präsentiert? Es ist die archaische Kriegergesellschaft, in der die Ehre und die Blutrache als gesellschaftliche Ordnungsfaktoren vorherrschen. In den Sagas sind diese geradezu ermüdend wiederholt dargestellt – befinden sich allerdings bereits mit den christlichen Werten im Widerstreit (so bspw. meines Erachtens

gut an der Figur des Germanen Kjartan nachzuvollziehen, vgl. Thule 6, 1963).
Die Blutrache ist eine in früheren Stufen der Rechtsentwicklung und eben auch bei den Germanen vorkommende Form der Selbstjustiz, ein Recht, aber auch eine Pflicht, Verletzungen der Sippenehre zu ahnden. „Das Phänomen der Blutrache ist, abgesehen von wenigen Ausnahmen, bei allen Völkern, die keine allgemein anerkannte und starke politische Autorität besitzen, verbreitet." (Singer, 1994:15) Es handelt sich dabei aber um eine „Intergruppenauseinandersetzung" (ebd.:18), im Gegensatz zum Krieg, in dem sich zwei Ethnien, Nationen usf. bekämpfen. Die Blutrache selbst ist bei ihrer Ausführung an feste Normen gebunden und kann durch das Entrichten des „Wergelds" auch unblutig befriedet werden. Nach Singer (141ff.)[66] können Frauen, obgleich sie in der Regel weder die Ausführenden noch die direkt Betroffenen der Blutrache sind, durchaus eine erhebliche Rolle innerhalb des Blutrachegeschehens spielen. Die „fortwährend zur Schau getragene Trauer um den Toten" oder die ständige Erinnerung an die Blutrachepflicht durch die Frauen sind nach Singer nicht zu unterschätzende Einflußfaktoren auf die Dynamik des Ereignisses. Dennoch hält er es für „verfehlt, die Emotionalisierung der Ausübung der Blutrache allein durch den Einfluß der Frauen" erklären zu wollen. „Junge, heißblütige Männer" seien nicht unerheblich an der „Verbreitung von Haßgefühlen in der Sippe beteiligt." (ebd.:142) Die Beschreibungen Singers, die sich auf die Türkei beziehen, erinnern an die germanischen Protagonistinnen der Heldensagas. Zumindest in den von Rogge-Börner favorisierten Beschreibungen tragen die Germaninnen erheblich zur Emotionalisierung und zur konsequenten Durchführung der Blutrache – wenn sie nicht gar selbst Hand anlegen – bei.
Die archaische Kriegergesellschaft der Germanen gehörte zu den „segmentierten Gesellschaften" (Emil Durkheim), die sich insbesondere durch das Fehlen einer Zentralinstanz auszeichnete. Schon früh stand diese archaische Gesellschaftspraxis der Großstaatspraxis gegenüber: „Diese blutrechtlich-familienrechtlichen Traditionen standen in Opposition zum (südstaatlich-judäischen) Judentum und zum hellinistischen Christentum des Römischen Reiches, die beide um der Vorteile der zentralverwalteten Großstaatspraxis willen diese blutrechtlichen volksreligiösen Traditionen der eigenen Herkunft verdrängt und denunziert haben." (Lüling, 1982:147)[67] Machtpolitische Zentralisierung und die Herausbildung eines staatlichen Gewaltmonopols sind in diesen Gesellschaften nicht zu finden. Ihre Moral ist an einen agonalen[68] Ehrenkodex gebunden: „Aus der Sicht der agonalen Moral sind Rivalitäten und mit ihr einhergehende Konflikte nicht etwa Ausnahme-

erscheinungen, sondern grundlegend für Gesellschaft ... Die agonale Moral orientiert sich ... an Rivalität und Konkurrenz." (Guttandin, 1993:23) Machtakkumulation und am Nutzen orientiertes Verhalten – wie in den modernen Gesellschaften – sind nicht zu finden. Vielmehr diktierten Verschwendung und Verausgabung den Wertekanon. „In archaischen Gesellschaften, die in Großfamilien, Clans, Sippen sich untergliederten, waren Plündern und Opfern, Rauben und Schenken, Kriegführen und Feiern sich ergänzende Handlungen. Bei allen Unterschieden, die zwischen nordamerikanischen Indianern, Germanen und Kelten bestanden haben, war ihnen die Ehre als ein Wert, der sich aufgrund von Verschwendung und Verausgabung konstituierte, gemeinsam. Selbstlosigkeit und Selbstüberwindung im Kampf wie bei Festgelagen waren konstitutiv für Ehre. Man kämpfte und schenkte nicht um irgendeines Nutzens, sondern vorrangig um der Ehre willen." (ebd.:17) Zwar hatte Rogge-Börner solche analytischen Kategorien nicht zur Hand. Aber sie fühlte sich angesprochen, sie wollte die Lebensformen und -inhalte dieser archaischen Gesellschaften revitalisieren. Kann es sich hier nicht um eine Regression handeln, die unter dem Eindruck der normativen Verunsicherung und des stetigen Anwachsens der Spannungspotentiale der Anfang des 20. Jahrhunderts dynamisierten Gesellschaftsstrukturen (vgl. Elias, 1989:33ff) zum Ausbruch kam? Norbert Elias spricht von einer „Informalisierung" der menschlichen Beziehungen, die eigens zu Beginn des 20. Jahrhunderts einen Schub bekam, und die insbesondere die Machtverhältnisse zwischen den Geschlechtern, den Generationen und zwischen Europa und der Welt veränderten. Traditionen und ältere Rituale wurden im Zuge dieser Informalisierung und Verringerung der Machtdifferenzen zunehmend aufgelöste bzw. umorganisiert.

Wenn wir uns in diesem Zusammenhang nochmals dem Ehrbegriff zuwenden, den die Nationalsozialisten propagierten, so wird, denke ich, auch der Entwurf Rogge-Börners, ihr Versuch, das archaische Modell zu reaktivieren, erklärbarer werden.

Als erstes ist es wichtig darauf hinzuweisen, daß der Ehrbegriff in der Zeit der Befreiungskriege im diskursiven Kontext um die »nationale Ehre« eine neue Sinnzuweisung erhielt. Mit dem symbolischen Begriff der »nationalen Ehre« wurden „zwei bedeutsame Stränge der Ehrsemantik zusammengeführt und wirksam gemacht" (Dörner, 1994:83) – mit dem Ziel, den Bürger für die aktive Teilhabe an der Befreiung vom napoleonischem Joch zu gewinnen. Zum einen geht in dieses neue Konzept die alte ständische Kollektivehre ein, zum anderen „wird der verinnerlichte und individualisierte Ehrbegriff aufgenommen, der im Zuge der Aufklärungsbewegungen entstand und wesentlich an der Konstitution der bürgerlichen Identität beteiligt war ... Durch eine Synthese dieser beiden Semantiken entsteht nationale Ehre, die nun einerseits die nationale Gemeinschaft integriert und gegen andere Nationen abgrenzt, andererseits die Imagination der Nation als einer handelnden politischen Subjektivität erlaubt." (ebd.:83) Nicht zuletzt durch den starken Verpflichtungscharakter, der vom Begriff der nationalen Ehre ausging, gelang die „Imagination einer gemeinsamen (von Bürgertum und Adel; E.d.V.) nationalen Handlungseinheit" (ebd.:84), gelang die Mobilisierung des Bürgertums für den Befreiungskrieg. Haftet dem Konstrukt der »nationalen Ehre« zur Zeit der Befreiungskriege ein noch emanzipativer Gehalt an, erhält er „im Übergang vom Bismarckreich zum Wilhelminismus ... jene aggressive und imperialistische Wendung, die schließlich in Verbindung mit der rassistischen Ausformulierung bei den Nazis den Diskurs völlig diskreditiert hat" (ebd.:92).

Nach Zingerle (1994:102ff.) steht der Begriff der »Ehre« im Mittelpunkt der Nazi-Ideologie – nicht zufällig, da mit dem nationalsozialistischen Ehrebegriff eine ausgesprochen wirksame emotionale Identifikationsvorlage vermittelt wurde. Seine Wirkung ging weit über den der rassentheoretischen Diskurse hinaus. Verknüpft war der nationalsozialistische, rassendeterministisch gefaßte Ehrbegriff nicht mit dem adligen oder ständischen Ehrbegriff, sondern mit dem der »Volksgemeinschaft«, deren kollektive Ehre als kränkbare (wie durch den »Versailler Schmachfrieden«) oder als aufwertbare im Mittelpunkt der Erörterungen stand. Zahlreiche Schriften, insbesondere aus dem mittelständischen, bürgerlichen Milieu kündeten in der Zwischenkriegszeit von einer fast zwanghaften Thematisierung der Ehre, immer in Beziehung stehend zum kollektiven Selbstwertgefühl.

Am konzentriertesten ist das nationalsozialistische Konzept der Ehre bei Rosenberg entwickelt worden.[69] Wie bei Rogge-Börner sind mit seinem Ehrbegriff die Werte des Heroismus und des Herrenmenschentums verknüpft. Insofern bezieht sich Rogge-Börner sehr zielsicher auf einen Begriff, der im Zentrum der nationalsozialistischen Ideologie[70] stand und sicherlich nicht unbedeutend war. Letztendlich versucht sie ja anhand ihrer zur Rache bereiten Germaninnen nachzuweisen, daß die germanischen Frauen weit intensiver am rassendeterminierten und das (nationale) Selbstwertgefühl erhaltenden Begriff der Ehre gebunden sind. Gerade darum, so ihre Argumentation, sollten diese germanischen Elitefrauen nicht aus der »Lenkung der Völkerschicksale« ausgeschlossen werden. Rogge-Börners Bezugnahme auf den nationalsozialistischen Ehrbegriff mag vielleicht auch erklären, warum sie ihre Romane weiter veröffentliche durfte.

Mit den Rache-Germaninnen tauchen vor meinen Augen irritierende Bilder auf. Eine zähnefletschende, fäusteballende, wutschnaubende, körperlich äußerst angespannte, aber auch mächtige, standhafte, große Germanin verweist mich mit Vehemenz auf einen nicht zu umgehenden Identitätskonflikt, wenn ich mich denn einlasse auf den hier präsentierten Weiblichkeitsentwurf. Die Kraft und Macht der Germaninnen soll ich bewundern, mich mit ihr identifizieren, so legt mir die Autorin nahe. Oder ich werde in einen Zwiespalt gestürzt, aus dem es kein Entrinnen gibt. Ich muß mich entscheiden. Entweder so sein zu wollen wie die geschilderten Frauen, dafür aber mächtig. Oder den zweiten Weg zu wählen, dann aber klein und unbedeutend, unterworfen zu sein. Den Kämpfen der Protagonistinnen um Macht kann ich dann allerhöchstens auf der Zuschauerbank beiwohnen.
Darüber hinaus rührt der idealisierend vorgeführte Rachedurst – ein Vorgang des Einverleibens? – an eigene, verdrängte archaische Anteile. Habe ich nicht auch sympathisiert mit einer Mutter, die den Mörder ihres Kindes im Gerichtssaal erschoß? – Dennoch: Ich kann nicht umhin anzumerken, daß die rächenden Germaninnen, nicht zuletzt auch durch die emotionsbeladene Sprache der Autorin Rogge-Börner, mir vorkommen wie die Personifikation der Dezivilisation. Hier werden Dämme gebrochen, weniger durch den Inhalt der Geschichten selbst (die Sagas wirken nur bedingt in dieser Weise auf mich) als durch eine an mich als Leserin gerichtete emotionalisierte-affektschwangere Sprache, die mich immer wieder fragt: Was willst Du sein? Destruktiv, mächtig und frei oder friedliebend, dann aber unbedeutend und klein?

6.4 Verschmelzung II: Wilde Männer, zähmende Frauen: Die Ehe als »Schicksalsgemeinschaft«

»Eheliche Untreue ist auch dem Manne nicht erlaubt und ist selbst dann noch der Rache ausgesetzt, wenn die Ehe rechtmäßig geschieden ist.« (Rogge-Börner, 1938:36)

Sophie Rogge-Börners Vorstellung einer idealen Ehe war eindeutig die lebenslange Einehe, die für sie »heilig« war. Die Phantasie der »Schicksalsgemeinschaft« richtete sich auf eine imaginäre, fast mythisch-mystische Gemeinschaft. Die Realitätserfahrung hat diesem Bild sicherlich nicht entsprochen. Die damals – von Sophie Rogge-Börner heftig bekämpfte (1930) – allgegenwärtige herrschende Doppelmoral war, daß Männern mehr bzw. überhaupt sexuelle Freiheiten zugestanden wurden, Frauen jedoch, insbesondere die aus den mittleren und höheren Schichten, auf ihren guten Ruf bedacht sein mußten. Die Doppelmoral wird auch real eine erhebliche Belastung für die Frauen, medizinisch[71] wie zwischenmenschlich, gewesen sein. Dennoch: Die Fiktion der »Schicksalsgemeinschaft« geht über den Rahmen der – offiziellen – bürgerlichen Eheauffassung einer „guten Ehe“ hinaus, und zwar insofern, als ein verschmelzendes[72] Moment in die Darstellung unübersehbar mit hineinspielt.

»Der hochgeartete Mensch folgt jener Anziehungskraft, die ihren Ursprung hat im unsichtbaren Sein, wenn er sein Menschen-Ich zu Ganzheit vollenden will; er sucht den 'seelenverwandten' Gefährten. Mit ihm will er Unsterblichkeit gewinnen, will in Kindern weiterleben.« (Rogge-Börner, 1930:51)

War es die Brutalität der Geschlechterspannung um die Jahrhundertwende und zur Zeit der Weimarer Republik – das Geburtsjahr Rogge-Börners ist 1878 –, die die Phantasie dieser Ganzwerdung, der »untrennbaren ... inneren ... unerschütterlichen ... übersinnlichen ... Schicksalsgemeinschaft« zwischen Mann und Frau in dieser eindringlichen Phantasie entstehen ließ?
Ulrike Prokop spricht für die Zeit der Jahrhundertwende von einer Sprachlosigkeit der Geschlechter untereinander: „Die Bildungsbürgerinnen der Frauenbewegung entstammen häufig Familien, die ihren sozialen Aufstieg im Staatsdienst oder als Kaufleute in der zweiten Generation hinter sich haben. Sie stammen fast alle aus protestantischem Milieu mit der rigiden Lebensführung puritanischer Leistungs- und Arbeitsmoral. Die Geschichte ihrer Großmütter und Mütter ist eine der leidvollen Entfremdung zwischen den Geschlechtern. Wenn wir die Innenstruktur der Familien grob skizzieren, wie sie sich im allgemeinen autoritären patriarchalischen Klima Deutschlands entwickelt hat, so finden wir eine Art Abbruch der Kommunikation.“ (Prokop, 1980:189)
Gegen diese Sprachlosigkeit setzten, so meine ich, nicht nur die Germanenkultlerinnen ihre von jeglicher zwischengeschlechtlichen Spannung befreite eheliche »Schicksalsgemeinschaft«, in der der eine ohne den anderen nichts Ganzes mehr ist. In dieser Fiktion sind die beiden Ehepartner einem gemeinsamen Lebensweg unterworfen, der ihnen, über das »Schicksal« vermittelt, von einer höheren Macht bestimmt wird (in der germanischen Mythologie waren dies übrigens die drei Schicksalsgöttinnen[73]). Jedenfalls steckt im Begriff der »Schicksalsgemeinschaft« auf dem ersten Blick etwas Unentrinnbares und von den beteiligten Personen nicht Beeinflußbares.
Immer wieder betont Rogge-Börner, daß die germanische Ehe eine »Geschlechterbeziehung« sei, in der sich beide Partner

»noch so stark und sicher fühlten, daß keins das Übergewicht des andern zu fürchten brauchte.« (Rogge-Börner, 1938:21)

Diesen Gleichheitspostulaten stehen allerdings die beschriebenen Charaktere der Germaninnen gegenüber. So ordne sich der nordische Mann einem »großen und willenstarken Frauenwesen« genauso unter »wie gleichgearteten männlichen Persönlichkeiten« (Rogge-Börner, 1938:31). Auch daß den germanischen Frauen die Hälfte des Besitzes in der Ehe (oder nach der Scheidung) zufiel, betont Rogge-Börner häufiger (vgl. ebd.:46/51).
Hätten sich die Partner nicht verstanden, sei die Scheidung »erheblich leichter« gewesen, was für die »sittliche Bewertung der Ehe« bei den Germanen spreche. In ihrer fünften Nacherzählung stellt Sophie Rogge-Börner die von ihr so idealisierte germanische Ehe ins Zentrum ihrer Interpretation. Es geht wieder um eine sehr starke Frau, Bjargey (vgl. Thule 8, 1963:145ff.). Ihr hilfsbereiter, beliebter Sohn Olaf wird von einem wilden, gewalttätigen und »neidigen« Mann ermordet. Während der Vater Olafs zusammenbricht (der Schmerz treibt ihn aufs Krankenlager), vergißt Mutter Bjargey die Sühne nicht. Mitnichten wählt der Mann – wieder einmal – den Weg der Rache. Trauer und Wut richtet er gegen sich selbst. Ganz anders dagegen die Frau. Sie verrichtet »tagaus tagein ihr schweres Tagewerk, ist immer draußen auf See«, sie (mit ihrer »sicheren Energie«) sieht, daß sie mehr unternehmen muß, um Rache für ihren toten Sohn zu bekommen. Sie versucht, ihre Neffen zur Rache anzustiften. Ihre Initiative »verjüngt« ihren kranken Mann so sehr, daß er den »Rachezug« schließlich doch erfolgreich zu Ende bringt – aber er brauchte seine Frau dazu. Der Sohnesmörder fällt. Sophie Rogge-Börner äußert sich dazu:

»Die Willensgemeinschaft zwischen Mann und Frau, also die innerste geistig-seelische Gemeinschaft, ist völlig wiederhergestellt; und das macht auch den Mann wieder stark« (Rogge-Börner, 1938:41).

Ein schwacher Mann überwindet durch die (wiederhergestellte) innere – und nach Rogge Börner handelt es sich um eine *geistig-seelische,* und keine körperliche – Bindung zur Frau seine Kraftlosigkeit, so die Aussage. Überhaupt, so meint die Autorin kommentierend im Anschluß, seien die »verheirateten Männer des Nordlands« verantwortungsbewußter – trotz ihres »Draufgängertums«, da an die Frau und Sippe gebunden. Die alleinstehenden Männer jedoch,

»ohne den Rückhalt an einer verpflichtenden Herdstätte und ohne das Ganzgewordensein durch den weiblichen Gefährten, (verlieren sich oft) auf die Wege der Roheit und Willkür, ja bis ins Wegelagerertum.« (Rogge-Börner, 1938:41)

Erinnern wir uns: Bereits in der ersten Geschichte wurde uns ein Mutter-Sohn-Paar vorgestellt, bei dem die Rollenverteilung einem ähnlichen Muster folgte wie im obigen Zitat: »Unn, die Siedlerin« wurde als eine politisch klug handelnde Frau vorgestellt, die, als Kontrastprogramm, mit einem »seinen wilden Neigungen« folgenden Sohn konfrontiert war, der mit seinen Handlungen nur Unglück über die Gemeinschaft brachte – auch dieser junge Mann war unverheiratet.

»Zahllos auf allen Wegen der Weltgeschichte begegnen wir Männern, die in der gleichen Weise wie Thorstein Geschichte machen. Hätte überall an ihrer Stelle eine Ganzheit gestanden, ein Mann und eine Frau als gemeinsam Lenkende und gemeinsam Verantwortliche, die geschichtlichen Taten wären weniger ich-bezogen, mehr gemeinschaftsbedacht gewesen, und die Geschicke der V ö l k e r hätten sich sinnvoller gestaltet.« (Rogge-Börner, 1938:14)

Es sind also dem Einflußbereich der Frauen schlechthin entzogene Männer, die Unheil anrichten und nicht befähigt sind, Sippe/Volk/Staat – zu lenken. Die »Frauengestalten« werden dagegen häufig als die moralisch Besonneneren, die zur Führung Befähigteren geschildert – und auch wenn sie andererseits bei Ehrverletzung auf dem zerstörerischen Rachegang beharren, ist dies kein Widerspruch. Denn letztendlich ist das Bestehen auf der Rache der germanisch-archaischen Moral gemäßer, dient sie doch der Wiederaufrichtung der Ehre, um die sich alles dreht. Auf jeden Fall aber benötigt ein Mann eine weibliche Lenkung, sonst gleitet er ab in Krankheit, ins Wegelagerertum u.v.a.m. Nimmt die Frau jedoch die Führung in die Hand, kehrt Harmonie ein. Werden »Mann, Söhne, Töchter, Schwieger- und Enkelkinder« von einer Frau gelenkt, findet kein »Unfriede Raum in der Familie«. Lenkt die Frau, kommen bei gegebener Verletzung die Ehrgefühle zu ihrem Recht.
Fazit: Ein Mann, der aufgrund gewisser Schicksalsschläge seine innere Verbundenheit zur Frau aufgibt, reagiert mit Rückzug oder Autoaggression. Ein Mann ohne Bindung an eine Frau fällt der »Roheit« und der »Willkür«, der archaischen Triebhaftigkeit oder der Krankheit und Schwäche anheim. Ein Mann wird »ganz« und kraftvoll, handlungsfähig und verantwortungsbewußt durch die Bindung an eine Frau, die wiederum die Garantie symbolisiert für Ehrerhalt und Tatkraft.
Wie wirkt dieser Weiblichkeitsentwurf auf mich? Die Frau als die bessere Kontrollinstanz und Garantin der gesellschaftlichen Werte (hier: Ehre und Treue) steht im seltsamen Kontrast zur ebenfalls gezeichneten Rachebereitschaft, auch wenn diese wiederum im Dienste des Erhaltes dieser Werte steht. Mir wird als Leserin damit eine gebrochene Sicherheit angetragen, die mir bei eingehenderer Betrachtung angst macht. Denn die Protagonistinnen verlangen mir, will ich nicht mit ihnen aneinander geraten, eine Anpassung ab, die zwar einerseits eine Orientierungssicherheit verspricht, anderseits aber auch von mir diese Selbstkontrolle abverlangt.

6.5 Treue

Doch auch eine Warnung ist in der Vorlage (dem Mythos) formuliert – sie wird von Rogge-Börner wiedergegeben in Form der Nacherzählung, aber in der Bedeutung von ihr nicht erfaßt. Auch in der elften Geschichte (vgl. Thule 8, 1963:99ff.) geht es im wesentlichen um die Darstellung einer Ehe: Aud und der (nach Rogge-Börner-Logik unschuldig) geächtete[74] Gisli. Trotz der Gefahr, in der Gisli schwebt, bringt er es nicht über sich, ins Ausland zu fliehen, »so groß« ist seine Liebe zu seiner Frau – und umgekehrt. Er bleibt, weil sie bleibt, sie, weil er bleibt, auch wenn es ihm am Ende doch das Leben kostet, da ihn seine Verfolger aufspüren können.

»Viele Jahre furchtbaren Ächterlebens gehen über ihn hin. Die Liebe zu seiner nie verzagenden Aud gibt ihm immer neue Widerstandskraft. Aber viel beunruhigt wird er durch Träume, eine gute und eine feindliche Traumfrau erscheinen ihm abwechselnd.« (Rogge-Börner, 1938:61)

Gisli bleibt in der Nähe seiner Frau, die ihn ergeben und treu liebt, wird aber immer abhängiger: Quält ihn infolgedessen die böse Traumfrau immer häufiger? Für Rogge-Börner ist lediglich entscheidend, daß Aud zu ihrem Gisli hält und ihn nicht an seine Feinde verrät. Thematisiert sie idealisierend ausschließlich die Treue der Protagonistin Aud und damit zusammenhängend, die heroische, pseudosymbiotische Bindung der Eheleute, hat mich dagegen die böse Traumfrau irritiert und beschäftigt. Die böse Traumfrau, heißt das nicht: die Warnung vor der tödlichen, weil nicht zur Distanzierung fähigen Nähe wird überhört und führt ins Verderben?

»Immer drohender erscheint ihm die feindliche Traumfrau; so erfüllt von Bangen und Unruhe ist er, daß er sich nicht mehr von Aud trennt.« (Rogge-Börner, 1938:64)

Gisli wird aufgespürt und getötet.
Doch: Wovon spricht Rogge-Börner? Von der ehelichen Treue? Von der Nibelungentreue[75], von der deutschen Treue? Sind diese Entwürfe von Treue in ihrem Konzept überhaupt voneinander zu trennen?
Rogge-Börner will anhand dieser Geschichte die unbedingte Treue der germanischen Frau beweisen. Auch hier soll die Fähigkeit nachgewiesen werden, daß die germanische Frau neben der Ehre auch für die zweite, so vielbeschworene Säule deutschen Wesens einzustehen in der Lage ist. Immer wieder – seit mit den Befreiungskriegen die enthusiastische, verklärende und idealisierende Rezeption der Nibelungensaga zum vaterländischen Epos ihren Anfang nahm (vgl. hierzu: Hagenberg-Miliu, 1988:55ff.) – war schon im 19. Jahrhundert die Treue, neben der Ehre und der vielbeschworenen „deut-

schen Innerlichkeit“[76], zur angeblich deutschen und erstrebenswerten Nationaleigenschaft stilisiert worden. In der Wilhelminischen Ära, in der Zeit, als Rogge-Börner ihre „höhere Mädchenschule“ besuchte, hatte sich die Aufnahme der mittelhochdeutschen Heldenepen in den Lehrplänen bereits umfassend durchgesetzt, zahlreiche modernisierte Veröffentlichungen der Heldenepen taten ein übriges. „Dabei spielte der ‘schönste und nationalste Zug’, der aus Nibelungenlied und Kudrun[77] gleichermaßen hervortreten sollte, die sogenannte deutsche Treue, eine herausragende Rolle.“ (Hagenberg-Miliu, 1988:90) Gleichwohl fand dieser Begriff der Treue durchaus seine Anwendung auf die politischen Verhältnisse, und es wurde nicht zuletzt durch seine moralisch-ethische Anwendungsweise versucht, die Bindung des Bürgers an den deutschnationalen Obrigkeitsstaat zu bestärken. Von den Nationalsozialisten wurde der Begriff der »deutschen Treue« in Anknüpfung an die älteren Interpretationsmuster radikalisiert und insbesondere für die Kriegspropaganda verwendet. Bedingungsloser Gehorsam dem Führer gegenüber und (soldatische) »Treue bis in den Tod« waren die vielbeschworenen Parolen (vgl. ebd.:109ff.). Daß auch Frauen im Besitz dieser verpflichtenden, heroischen Eigenschaft der »Treue bis in den Tod« sein konnten, das wollte Rogge-Börner anhand der Gestalt der treuen Aud, funktional vermittelt über die bürgerliche Ideologie der ehelichen Treue, aufzeigen. Hinter „rigiden Forderungen nach Einhaltung von Treue können“, so Marina Gambaroff (1984:47), „neben einer starken Normabhängigkeit Symbiosetendenzen, Kontaktängste, Unfähigkeit zur Selbstverwirklichung und vieles andere mehr stehen.“ Die Sprachlosigkeit wird in eine Ideologie der Treue verkehrt.
Daß es hierbei letztendlich im Kern aber nicht um die bürgerliche Eheauffassung, um die geheiligte »eheliche Schicksalsgemeinschaft« geht, wird deutlich mit der zwölften Chronik. Hier erfahren die Leser von einer »Vernebensächlichung des Ehemanns«. Da der Gatte nur angeheiratet ist, stehen Verpflichtung wie Bindung an die eigene (blutsverwandte) Sippe über der Ehe. Treue ist der eigentliche, im Mittelpunkt stehende identitätsstiftende Begriff.
Fazit: Die vehement vertretene Phantasie der ehelichen »Schicksalsgemeinschaft« als einer unter Lenkung der Frau verschweißten Ganzheit ist im Text zwar formuliert, jedoch bereits von Brüchen durchzogen. Letztendlich ist die Bindung an die Ursprungssippe doch wichtiger. Ihre mystisch verklärte Einheit gibt der Frau ihre eigentliche Stärke.
Auch hier tragen die gezeichneten Germaninnenbilder dazu bei, die Frauen überdimensioniert erscheinen zu lassen. Zähle ich auf, was mir als Leserin bislang über die Germaninnen als gegenwartsbezogenes Vorbild vorgetragen wurde, so sind sie die besseren Führerinnen, die der heldischen (Kollektiv)-

Ehre und Treue intensiver Verbundenen, die zur Aktion, zur Rache Bereiteren. „Dinosaurierfrauen“ war das Wort, das mir einfiel. Ich versuchte mir unter Zuhilfenahme dieser Symbolik die Überdimensionalität der Rogge-Börnerschen Germaninnen vom Leibe zu halten. Die Stärke und Intensität mit der die Autorin ihre fiktiven „Dinosauriergermaninnen“ entworfen hat und präsentiert, ließ mich zur Abwehr greifen, in meiner Phantasie waren die Germaninnen dann lächerliche Trampeltiere. Das gefährliche, dezivilisierende Moment lauerte zwar nach wie vor im Hintergrund, konnte aber doch ein Stück weit dadurch verdrängt werden. Letztendlich drängte mich die Überdimensionalität der Germaninnen, ihre kontrollierende Überwachungsrolle immer mehr in die Rolle des Kindes, dem nur die Unterordnung unter diese weibliche Übermacht bleibt – oder eine Totalidentifikation.

6.6 Verschmelzung III: Mutter und Sohn

Unsere nähere Aufmerksamkeit verdient ein von Sophie Rogge-Börner thematisiertes germanisches Ritual, das in der sechsten Geschichte angesprochen wird. Angeblich sei es bei den Germanen üblich gewesen, daß die Mutter dem Sohn sein erstes Schwert überreicht:

»Das macht die jungen Söhne so schicksalsfest und frei von Todesfurcht, daß sie von den Kraftströmen eines Familienkreises genährt werden, der seine Ahnen ehrt und für unsterblich hält, und daß sie zu ihrem ersten Waffengang meistens von der Mutter ein berühmtes und kampferprobtes Schwert gereicht bekommen. Denn immer sind die Mütter und Gattinnen aufs unmittelbarste beteiligt an Ehre und Kampfhandlungen.« (Rogge-Börner, 1938:41/42)

Im »Familienkreis« der Sippe zirkulieren nährende »Kraftströme«, auch sie dienen der Aufhebung einer im menschlichen Bewußtsein in der Regel vorhandenen Grenze: Die Söhne kennen keine Todesangst mehr. Es ist klar, daß die Söhne Krieger werden, die ihre Ahnen »ehren und für unsterblich« halten – so sind auch sie unsterblich, da auch sie in der »Sippenseele« weiterleben. Gleich mehrere Grenzen sind hier niedergerissen: Die Ahnen, also die Toten, werden für unsterblich gehalten – die Separation zwischen Leben und Tod ist aufgehoben.

»...es gibt keine wirkliche Trennung, und jedes „Stirb“ ist schon ein „Werde“; die Sippenseele stirbt nicht.« (ebd.:33)

Was Rogge-Börner hier anspricht, betrifft den „Werdecharakter der germanischen Welterklärung“ (Flasche, 1980:135). Leben, Werden und Schicksal waren im germanischen Weltbild identisch, ihr „lebensbezogener Schicksalsglaube“ (ebd.:143) war sowohl mit den Göttern, den Lebenden, als auch mit den Verstorbenen verschlungen. Nicht Hingabe an den einen Gott, sondern ein aktiv verstandenes Interaktionsverhältnis zwischen Menschen und vielen Göttern also. Im religiösen Selbstverständnis der Germanen lebten die Verstorbenen „weiter in einer anderen Existenz oder kehrten in der Sippe als ‘Wiedergeborene’ ein.“ (ebd.:142) Dem Tode verfallen waren nur die, deren Sippe unterging. Sippenmord war „das schwerste, antisoziale Vergehen“ und die Ehre der Helden war die Ehre der Sippe. Denn in der „Sippengebundenheit und deren ehrenvollem Fortbestand liegt die Anteilhabe am Leben beschlossen“ (ebd.:140). Insofern hatte Rogge-Börner das religiöse Selbstverständnis der Germanen ganz treffend erfaßt. Doch was sagt ihr – die sie in einer ganz anderen Zeit und in ganz anderen Lebenszusammenhängen lebt – dieses Weltbild?

Was wird hier symbolisiert? Was veranlaßt die Autorin dazu, diese offensichtliche Aufhebung jeglicher Differenzierung zwischen Nähren-Leben-Sterben-Tod so attraktiv zu finden? Das Äquivalent, die Versprechung für die Leugnung des Todes ist das Aufgehen in die Gemeinschaft der Sippe, die eine Auflösung der Begrenzungen der menschlichen Individuen untereinander ist. In der »Sippenseele« – einem körperlosen Zustand also – vereinigen sich lebende und sogar verstorbene Mitglieder. Mit der Phantasie der Unsterblichkeit ist die Zeitlichkeit der menschlichen Existenz aufgehoben. Die Endlichkeit ist, zumindest solange die Sippe Bestand hat, abgeschafft. Diesem *Phantasma von Größe und unbegrenzter Erweiterung unter Aufhebung der Zeit, der Endlichkeit* (unsterblich sein) *und der Körpergrenzen* (deren Erweiterung und Übertragung auf die »Sippenseele«) hängt Rogge-Börner an, damit liebäugelt sie.

Und auch die Geschlechtergrenzen werden zunehmend undeutlicher: Es ist die Mutter, die dem Sohn ein »berühmtes und kampferprobtes Schwert aus der mütterlichen Sippe« (Rogge-Börner, 1938:43) zum ersten »Waffengang« reicht. Sie gibt dem Sohn ein phallisches Objekt. Allerdings keines, was Leben erzeugen kann, sondern ausschließlich dazu bestimmt ist, zu töten, also eine ganz bestimmte – für unser heutiges Empfinden negativ besetzte – Eigenschaft besitzt. Der Fortgang in der Erzählsequenz bringt meines Erachtens eine weitere phallisch-aggressive Identifikation zum Ausdruck: »Denn immer«, so geht es weiter, »sind die Mütter und Gattinnen aufs unmittelbarste beteiligt an Ehre und Kampfhandlungen«. Die Übergabe des Schwertes dient zur Begründung für die *un*mittelbarste Beteiligung der Frauen an Kampfhandlungen. Mittelbare Teilhabe ist für Rogge-Börner zu wenig. Die Identifikationen mit dem Schwert, d.h. mit Macht, aber auch mit dem im

Kampf stehenden und in die Außenwelt ziehenden Sohn sind überdeutlich. Mittels dieser Identifikation ist die Überwindung des eingegrenzten weiblichen Raumes möglich.

Wenden wir uns dem konkreten Beispiel nochmals genauer zu. Sohn Grettir ist ein junger Mann, groß, stark, übermütig, mit »überschüssigen Kräften«, ja sogar »schwieriger Charakterveranlagung« (Rogge-Börner, 1938:42), der viele »übermütige und nichtsnutzige Streiche« vollbringt. Rogge-Börner bezieht sich hier auf die Grettirsaga[78] (vgl. Thule 5, 1963). In dieser Saga wird Grettir als sehr gewalttätig und arbeitsscheu, also negativ geschildert (für Rogge-Börner sind dies – verharmlosend – »Streiche«). Mit seinen Verhaltensweisen ist der Vater, Asmund, in keiner Weise einverstanden. Dies merkt auch die Autorin an. Das Verhältnis des Sohnes zum Vater wird auch von ihr als nicht gut dargestellt, der Vater, so bemerkt sie, habe »keine sonderliche Liebe zum Sohn« gehabt. Im folgenden greift sie eine im Original nur sehr kurz beschriebene Szene heraus (Thule 5, 1963:42), in der seine Mutter Asdis Grettir bei seiner Abreise ein Schwert übergibt, das ihm der Vater wegen seiner Gewalttätigkeit verweigert hatte. Eigentlich dreht sich die Originalsaga um den Vater-Sohn-Konflikt und um das ausgesprochen gewalttätige Aufbegehren des Sohnes. Dies greift Rogge-Börner nur insofern auf, als sie diesen von ihr nur kurz erwähnten Konflikt für eine Gegenüberstellung der Verhaltensweisen von Vater und Mutter benutzt, mit dem Ziel, nachzuweisen, daß die Mutter der bessere Germanen-Vater ist. Sie stellt die mütterliche Schwertübergabe, das in der Waffe symbolisierte Bündnis zwischen Mutter und Sohn in den Mittelpunkt ihres Interesses und interpretiert die Übergabe folgendermaßen: Die Mutter habe Grettir sehr geliebt, habe »Verständnis für das trotzige Wesen ihres Sohnes gehabt«. Zwar tadelt die Mutter den Sohn (so auch im Originaltext) »hart, wenn er sich ungehörig gegen den Vater benimmt«. Aber sie akzeptiert alle Tabuverletzungen des Sohnes und handelt im folgenden gegen die Entscheidungen ihres eigenen Mannes. Aus Rogge-Börners Erzählung könnte man herauslesen, es habe keine klärenden Auseinandersetzung zwischen den beteiligten Personen gegeben. Der Sohn agiert, die Mutter versteht, liebt trotz Tadel, der Vater verschwindet von der Bildfläche. Im Saga-Original nehmen die Konflikte zwischen Vater und Sohn einen breiten Raum ein. Es ist ganz deutlich, daß Rogge-Börner sich für diese Auseinandersetzung jedoch nicht so sehr interessiert. Ihr Augenmerk liegt auf dem besonderen Mutter-Sohn-Verhältnis. Grettir »muß« aus nicht genannten Gründen Norwegen verlassen, der Vater verweigert ihm »entgegen allem Brauch« eine Waffe und begleitet ihn nicht zum Schiff. Damit verschwindet der Vater aus der Interpretation. Aber

Grettir hat ja noch seine Mutter und diese gibt ihm die Waffe, so berichtet nach Sophie Rogge-Börner die Saga (so auch im Original). Sie kommentiert:

»Mit diesem Muttersegen entläßt sie den Sohn; und gesegneter konnte kein junger Mann ins Leben gehen als mit einem berühmten Schwert aus der mütterlichen Sippe, das ihm die Mutter selbst reicht, was nie ohne Feierlichkeit geschah.« (Rogge-Börner,1938:43)

Die Mutter „erfühlt", was der Sohn braucht. Hauptakteure werden die Mutter – die Waffe – der Sohn. Die Beziehungsstruktur begrenzt sich fortan auf die dyadische: Mutter und Sohn, wobei die Mutter die „Funktionen" der Mutter *und* des Vaters übernimmt, denn sie ist es, die das Brauchtum der Männer übernimmt und dem Sohn das Schwert gibt. Sind die Frauen also die richtigeren Männer, die mit der Waffe intensiver identifizierten?
Der Sohn jedenfalls dankt der Mutter und dichtet:

»'Aber die Mutter zum Abschied
Mir verehrt ein Schwert hat -
Wahrlich, das kostbarste Kleinod
Kindern die Mütter sind.'« (ebd.:43)[79]

Die Irritation dieses kleinen Verses besteht in der Umkehrung einer gewohnten Redewendung: das Kleinod sind nicht die Kinder für die Mütter, sondern die Mütter den Kindern – diese rückt damit in den strahlenden Mittelpunkt. Sophie Rogge-Börner dazu:

»Eine rührende Innigkeit und Dankbarkeit spricht aus ihnen. Tief beglückt es ihn, daß die M u t t e r so ganz verstanden hat, daß man ohne W a f f e nicht in Ungewißheit und Gefahren ziehen darf.« (ebd.:41-43)

Ich denke, an dieser Stelle ist es angebracht nach den Rezipienten zu fragen, denn obwohl die Worte im Text von „Mutter" sprechen, hat das, was wir lesen nichts mit dem zu tun, was mit Mütterlichkeit gemeinhin verbunden wird – was also geschieht mit dem/der LeserIn in der Konfrontation mit dieser Art phallischer Mutter? Dem Zentrum »Mutter«, das Schmuckstück der Kinder, ist das »Schwert/die Waffe« so selbstverständlich beigefügt, daß Abwehrbewegungen beim Leser hinsichtlich dieser bewaffneten Mutter (sie besaß die Waffe vor der Übergabe und identifiziert sich mit dem Schwert) fast automatisch mobilisiert werden. Nicht nur für mich als Interpretin blieb eine Fassungslosigkeit haften, die mir die Arbeit am Material erheblich erschwerte: Der Impuls, mich genervt abzuwenden, war stark. Gleichzeitig wird mit der mütterlichen Schwertübergabe die Diskussion um weibliche Formen der Aggressivität berührt, die der Selbstdefinition der „friedfertigen Frau" zuwiderlaufen.

Noch verläuft die weibliche Teilhabe an der im Schwert konzentrierten Macht in Form der Delegation: Es ist die Mutter, die dem Sohn die Waffe verschafft, es ist der Sohn, der damit mordet, plündert, brandschatzt, wie in der darauf folgenden Geschichte berichtet wird. Es ist eben „leichter, die männliche Lust an der Grausamkeit, auch den Krieg, zu unterstützen und im Stillen Befriedigung daraus zu ziehen, als sich die eigene Lust an der Grausamkeit einzugestehen." (Waldeck, 1991:33) Doch es wird im Falle Rogge-Börner, wie wir noch sehen werden, nicht bei der Delegation bleiben.
Entspringt die »rührende Innigkeit« und »Dankbarkeit« des Sohnes der Tatsache, daß sein Schwert nunmehr mit „Mutter" konnotiert ist? Dann ist sie immer dabei. Das Schwert/der Kampf/das Töten und das Getötetwerden ist damit letztendlich auch aufgrund der Tiefe der Bindung zwischen Mutter und Sohn erhöht. Aufwertung geschieht abermals durch eine Frau. Die Delegation der mit dem mütterlichen Phallus (das Schwert der mütterlichen Sippe) verbundenen Aggression ist erfolgreich durchgeführt: Die Waffe wird dem Sohn überreicht. Doch auch ein magisches Schutzversprechen kann aus den Zeilen herausgelesen werden: Die Mutter – der Vater hat versagt bzw. zuviel Vernunft gezeigt – versteht, daß man trotzig, übermütig, ja gewalttätig ist und daß man nicht ohne Selbstschutz/Bewaffnung in »Ungewißheit und Gefahren« ziehen kann.
In der Folge bereitet Sohn Grettir der Mutter große Freude. Er rächt seinen erschlagenen Bruder Atli, wird allerdings vom Unglück und »falschem Richterspruch« verfolgt, kehrt gar geächtet ins Heimatland zurück. Grettir gesteht seiner Mutter, daß ihm die mit dem Leben eines Geächteten verbundene Einsamkeit unerträglich ist. »Da wächst ihre Seelenkraft ins Heroische«, die Mutter gibt dem verfolgten Sohn ihren letzten Sohn mit. Ihm zuliebe nimmt sie die »Einsamkeit« (der Vater bleibt verschollen) auf sich. Doch ist es ihr deutlich, daß die beiden Söhne »gemeinsam den Tod finden« werden.

»Einen wohl übermenschlichen Kampf mit ihrem Herzen muß sie dieses Opfer gekostet haben. Aber die letzte Kraft gibt ihr das vorausschauende Wissen, daß die Söhne den W a f f e n t od sterben werden.« (Rogge-Börner, 1938:45)

Und so geschieht es. Geschildert wird hier eine »heroische, übermenschliche« Mutter, die bereit ist, alles für ihren Sohn zu geben. Sie verliert ihre Söhne, aber die Tatsache, daß sie sie durch den »Waffentod« verliert, gibt ihr Kraft, denn damit ist die Ehre gerettet. Daß in der Folge ihr Bedürfnis, die Söhne zu rächen, größer ist als der Schmerz, versteht sich für den/die aufmerksamen LeserIn bereits.
Im entworfenem Gesamtszenario begegnet uns eine das destruktive Phallussymbol besitzende, es überreichende, mit ihm identifizierte und im gewissen

Sinne (phallisch) schützende Mutter, die über den Mechanismus der Identifikation und Delegation an den (männlichen) Machtkämpfen und Grausamkeiten teilnimmt. Manifest will Rogge-Börner beweisen, zu welchen Taten Frauen fähig sind (Schwertübergabe, sie reizen zur Rache an). Für die Übergabe der Waffe bleibt der Sohn seiner Mutter in ewiger Dankbarkeit verbunden. Der *geistige Inzest* ist vollzogen. Gleichzeitig ist das Bild angereichert durch die „versorgend-opfernde" Mutter. Sie gibt auch ihren zweiten Sohn her, auch wenn sie weiß, daß damit auch dieser sterben muß. Auch aus diesem Grunde ist sie eine heroische Mutter, von heldischer Tragik umwoben (»von Klagen oder einem Schmerzensausbruch wird nichts berichtet«). Der Vater aber, Ehemann und Partner der Mutter, ist – wieder einmal – aus der Geschichte durch sein Versagen eliminiert, wird damit bedeutungslos.

Auf mich wirkte diese Erzählung aufgrund ihrer Dichte trotz ihrer Kürze (vier Seiten) sehr irritierend. Ich reagierte mit Verärgerung. Diese germanische Mutter hat einen befremdenden Begriff von Mütterlichkeit[80], nimmt ihr Sohn doch aus ihrer als mütterlich interpretierten Hand ein Symbol der Vernichtung – vom Sohn in dieser Weise auch verwendet – entgegen, das wiederum mit der Mutter identifiziert ist (es ist »ein berühmtes Schwert aus der mütterlichen Sippe«). Diese phallischen Mütter bringen letztendlich die Vernichtung (übrigens sind bevorzugt Männer die Objekte der Vernichtung). Mütterlichkeit ist hier gleichbedeutend mit Vernichtungslust – wenngleich die Vernichtungstat selbst noch delegiert wird.

Auch das von Rogge-Börner vorgestellte Idealbild der Identifikation der Mutter mit der Waffe ist so harmlos nicht. Der Vorgang kennzeichnet meines Erachtens das radikalisierte Eindringen, noch schärfer akzentuiert: die aktiv-formulierte Integration der *Herr*schaft (hier: der soldatischen Identität) in den weiblichen Entwurf.

Insgesamt gesehen ist in dieser Interpretation von Rogge-Börner das Phantasma der Räume thematisiert worden, die einer neuen Ordnung, d.h. einem neuem Sinnentwurf unterworfen werden sollen. Dies betrifft die aufgehobene Grenze zwischen Leben und Tod ebenso wie die entkörperlichte Erweiterung des Einzelnen in der »Sippenseele« der »Volksgemeinschaft«. Im Zentrum aber steht der Wunsch nach Aufhebung der, in diesem Falle weiblichen, Körpergrenzen und -eingrenzungen. Leider nimmt dieser an und für sich verständliche Versuch einer Neuordnung des weiblichen Raumes (dies mag der Grund dafür sein, warum Rogge-Börner so häufig mit 'Feminismus' im Zusammenhang gebracht wurde) eine verhängnisvolle Ausrichtung an. Meines Erachtens versucht Rogge-Börner nämlich – allerdings eingegrenzt auf die germanischen Elitefrauen –, *traditionelle weibliche Identitäten durch eine phallisch-weibliche, soldatisch-heldische Identität zu ersetzen.* Die phallische Identifikation der weiblichen Figur mit der Waffe, dem Sohn, der Vernichtung, der so freudig begrüßten Zerstörung der (feindlichen) Körper deutet darauf hin. Der Sohn tötet in Verlängerung seiner phallischen Mutter, die sich über die Tabuverletzungen ihres Sohnes mitnichten grämt (sie empfängt ihn »warm«, trotz seines Lebens in Acht) und Diffusionen nicht zu fürchten scheint. Hierzu ein zweideutiges Textbeispiel:

»... und ganz groß wird ihre Freude, als er seinen erschlagenen Bruder Atli gerächt hat. Sie rühmt ihn, weil er jetzt Ähnlichkeit zeige mit dem Geschlecht der Bewohner des Vatnstal, nämlich mit i h r e m Geschlecht.« (Rogge-Börner, 1938:44)

Die Bewegung, die mit der Identifikation mit der Waffe/des Sohnes angezeigt ist, ist eine nach außen gerichtete. „Liegt eine übermäßige Betonung des phallischen, also äußeren Anteils vor, dient dies eher der Abwehr der inneren Genitalität." (Gambaroff, 1984:130) Auf die tiefensensitive Wahrnehmung der inneren Genitalität ist insbesondere die Frau, will sie ein klares inneres Bild ihres Geschlechts haben, angewiesen. Bezogen auf Rogge-Börner heißt dies, daß sie den Eingrenzungen des traditionellen weiblichen Entwurfs zu begegnen versucht durch die Übernahme einer am Elitegedanken orientierten heldischen Norm auch für die weibliche Identität. Diese wird damit allerdings tendenziell eliminiert. Innere Körperbilder, Voraussetzung für die Entwicklung eines stabilen Bildes von eigener Weiblichkeit, werden zugunsten der phallisch(-destruktiven) Ausrichtung, zugunsten der nach außen gerichteten Bewegung, verleugnet. Insofern führt der Entwurf Rogge-Börners von einer alternativen, nicht patriarchal strukturierten Weiblichkeit weg – vielleicht auch daher mein Aufbegehren und mein Ärger gegen die in ihrem Text formulierten Entwürfe und Frauenbilder.

6.7 Zusammenfassung I

Was haben wir bisher erfahren? Um noch einmal das atmosphärische Bild nachzuzeichnen, das Sophie Rogge-Börner uns bisher in ihren zahlreichen Geschichten geliefert hat, hier eine kurze Zusammenfassung.

In der »Einführung« wurde uns von Rogge-Börner klargemacht, daß die »rassischen Störungen« für den Ausschluß der Frauen aus der gesellschaftlichen Macht verantwortlich seien. *Spaltung* (in die fremde und die nordische Rasse) und *Projektion* (der angeblich negativen „bösen" Eigenschaften auf das Fremde) haben wir als die Abwehrmechanismen dafür benennen können, mit denen die unerträglich gewordene Realität abgewehrt werden kann mit dem Ziel, den Weg für Neuorientierungen zu ebnen. Der Ausschluß des Fremden und die Verschmelzung in der »Volksgemeinschaft«, in der »Sippe« und in der ehelichen »Schicksalsgemeinschaft« sind einige dieser neuen Ordnungskategorien, nach der Sophie Rogge-Börner ihre Welt zu strukturieren versucht.

Ein weiterer Pfad, dem Rogge-Börner folgte, war die Rachelust, d.h. das archaische Ausleben destruktiver Neigungen, jedoch häufig (noch) in Form der Delegation vorgetragen. Die Frauen stacheln zur Rache an, sind Anstifterinnen, vollführen die Tat meistens nicht, sind aber bereits mit den phallischen Instrumenten der Vernichtung identifiziert.

Das übergreifend Gemeinsame der präsentierten Frauen ist ihre Großartigkeit, ihr kompromißlos konsequentes Handeln und ihre proklamierte Fähigkeit zur Führung. Im Gegensatz dazu stehen die unbeherrscht wilden, triebhaften oder die unbedeutend-schwachen bzw. bettlägerigen Männer und Väter.

Der manifeste Gehalt im bisher interpretierten Textteil ist folgender: Rogge-Börner fordert die gleichberechtigte Beziehung zwischen Mann und Frau. Latent verdichtet sich diese Aussage zu einer weitaus schärferen Konfrontation mit dem Normativen: Im Grunde ist die Frau das kompetentere, willenstärkere Geschlecht. Eigentlich sind die (germanischen!) Frauen die besseren Frauen *und* die *besseren Männer*. Denn genaugenommen sind sie es, die sich einer Übermacht nicht unterwerfen. Sie bewaffnen nicht nur die Söhne, sondern sie bringen auch ausstehende Rachegänge zu ihrem Ende, sind nach herben Schicksalsschlägen unbeugsam, halten fest an gesellschaftlichen Gesetzen und Ritualen, an den Begriffen der Ehre und Treue. Sie haben den weit stärkeren Willen und die größere Kraft zur Destruktivität.

Wären, so der hinter dem Konstrukt lagernde Gedanke, die gegenwärtig (d.h. zur Zeit Rogge-Börners) lebenden Frauen germanischer, hätten sie auch mehr wie auch immer geartete Macht.

Manifest versucht Rogge-Börner ihren Lesern zu vermitteln, ihr Ideal sei die gleichberechtigte »Schicksalsgemeinschaft« zwischen Mann und Frau, nur sie garantiere eine der rassisch-heldischen Norm entsprechende Gesellschaft. Betrachtet man die dargebotenen Beziehungsexempel genauer, kommt diese »Schicksalsgemeinschaft« jedoch nicht so häufig zustande – und *wenn* Rogge-Börner von gelungenen Ehen berichtet, geschieht dies eher im nüchternen Sprachduktus. Einige der Frauen stehen alleine als Herrscherinnen im Mittelpunkt der Geschichte (wie bspw. die Übermutter Unn aus der ersten Geschichte). Die längere Darstellung einer erfüllten, sinnlich-leidenschaftlichen Liebesbeziehung kommt nicht vor, diese scheitern, enden mit Mord und Rachezügen (Gudrun und Kjartan, Gisli und seine treue Frau). Geschildert

werden Dreiecksbeziehungen (Gudrun, Kjartan und Bolli), die von einer regressiven Mobilisierung der ödipalen Wut leben und auf den unaufgelösten ödipalen Konflikt verweisen. Erfüllte Verschmelzungswünsche sind der verschweißten »Volksgemeinschaft« vorbehalten. *Idealisiert* und *ausführlich* vorgeführt sind *die dyadischen Beziehungsformen*: eine Vater-Tochter-Beziehung (Thorgerd und ihr Vater) und Mutter-Sohn-Beziehungen (die starke Aud und ihr triebhafter Sohn, Asdis und Grettir). In dieser dyadischen Beziehungsstruktur sind die Frauen, sei es in der Position der Tochter, sei es in der Position der Mutter, diejenigen, die in phallisch-destruktiver Weise agieren. Auch in den weiteren, noch zu betrachtenden Sozialbeziehungen übernehmen die Frauen den aggressiv-treibenden, mit Gewalt nach außen explodierenden, an der Vernichtung festhaltenden Part.
Ich fragte mich immer häufiger, soll hier wirklich „nur" die *Gleichheit*, immer eingegrenzt auf die »nordische« Elitefrau, bewiesen werden? Oder wird hier eine Leerstelle aufgefüllt mit einer phallisch-destruktiven Identifikation? Eine Leerstelle, die durch die nicht erstrebenswerte Identifikation mit dem mütterlichen, traditionellen Weiblichkeitsentwurf eine starke Verunsicherung verursacht hat, die nicht zu ertragen ist? Ein *neuer*, der gesellschaftlichen Entwicklung gemäßerer, aber im konservativen (deutschnationalen) Raum verhafteter *psychostruktureller Weiblichkeitsentwurf, der sich am väterlichen Imago, welches ein soldatisches war, orientieren will*?
Dementsprechend wäre das weitere, passende Sinnbild dieser neuen identitätsstiftenden Zuweisung das Kollektiv der kriegerischen Volksgemeinschaft. Dabei wird der soldatischen Männer-Gesellschaft, an die sich die Rede der Autorin ja letztendlich richtet, der kriegerisch-phallische Weiblichkeitsentwurf nur in kleinen Portionen zugemutet. Die »Masse Frau« soll weiterleben wie bisher, der Tradition entsprechend. Nur eine kleine, mit soldatischen Charakterzügen versehene Frauenelite sollte gemeinsam mit der männlichen Elite die Geschicke der kriegerischen »Volksgemeinschaft« lenken.

6.8 Frauen mit »Herrenbewußtsein« – Eine Größenphantasie wird ausgebaut

Schon in der ersten Saga-Geschichte ist uns eine Frau mit einer »überragenden, politischen Führernatur« vorgestellt worden. Führungsfähigkeiten sind den »nordischen« Frauen quasi angeboren, von Natur aus vorhanden. Auch in den nachstehenden Texten zeichnet Sophie Rogge-Börner immer wieder

Bilder von starken, klugen Frauen, von »großen Entscheidungsmenschen«, allerdings wie in den vorhergehenden Geschichten durchaus nicht frei von einem Hang zur Gewalt.
Die in der folgenden „story" beschriebene »Thorbjörg, die Starke« (Rogge-Börner, 1938:46-48), eine »weibliche Führerpersönlichkeit«, verwaltet sogar öffentliche Angelegenheiten.[81] Da »Rasse« das »Leistungsprinzip« verkörpert, erkennen dies aber sogar die »waffentüchtigen Männer« an, wie Rogge-Börner vorwegschickt. Mit auf der Bildfläche erscheint abermals der Germane Grettir (jener, der von seiner Mutter das Schwert erhalten hatte). Er, der geächtete Germane, brandschatzt (aus »furchtbarer Not und Hunger«) die kleinen Bauern und wird erwischt. Da aber Thorbjörg mit ihrem »Herrenbewußtsein« den wahren »Adel« (den der »nordisch«-heldischen Rasse) des verwilderten Grettir erkennt, bewirkt sie seine Freilassung unter der Bedingung, daß er künftig auf »Gewalttaten« verzichtet. Im Originaltext verschont sie ihn – neben anderen Gründen[82] – weil sie in ihm den Helden bewundert. Rogge-Börners Thorbjörg verschont Grettir, weil sie in ihm etwas *Gleiches* (Rasse, Adel, Herrenbewußtsein) erkennt. Sieht man vom rassistischen Begründungsmuster ab, bleibt dennoch eine selektive Auswahl der im Original angegebenen Gründe für die Verschonung Grettirs bestehen. Die Geschichte selbst geht folgendermaßen weiter: Grettir muß sich zwar beherrschen, die Bauern nicht zu »züchtigen«, aber er

> »bekommt sich fest in die Gewalt unter dem bezwingenden Eindruck dieser gerechten, aber unbedingten Gehorsam fordernden, gebietenden Frau.« (Rogge-Börner, 1938:48)

Das Kolorit des Bildes, das sich dem Leser eröffnet, ist einmal ein Gegensatzpaar: wilder, seinen destruktiven Neigungen hemmungslos folgender, aber edler Mann – disziplinierende, aber gerechte und ebenso edle Frau. Die Szene zeigt uns eine Frau, der sich der heldische Mann ganz selbstverständlich beugt, die ganz klar die Oberhand hat. Ihr »Herrenbewußtsein« führt sie zum Entdecken einer Gleichheit zwischen ihr und Grettir: Erkennungszeichen ist die gleiche, hochgestellte Rasse, der sie beide angehören. Allein dieser Umstand läßt sie seine Taten entschuldigen.
Meines Erachtens wird es nicht nur die ideologische Nähe zum Nationalsozialismus gewesen sein, die Rogge-Börner veranlaßt hat, den Begriff »Herrenbewußtsein« zu benutzen. Ein doppeldeutiges Wort in diesem Zusammenhang. Einmal meint es sicherlich „Herren" im Sinne von Herrschaft/Höherstehenden, jedoch meint das Wort eben auch das männliche Geschlecht. Ist es dieses »Bewußtsein« das sich Rogge-Börner wünschte, dem sie nachstrebte? Ganz klar geht es um Macht, Macht über andere Menschen.

Die Zugehörigkeit zur Herrscherkaste definiert sich allein über das rassistische Argument. Abgesehen davon handelt es sich um einen Ausdruck, der – wie schon oben angedeutet – im Nationalsozialismus mit ganz bestimmten Inhalten gefüllt war: »Herrenbewußtsein« hatten jene, die sich zur Herrschaft über andere (allgemein: Rassen, Völker, konkret: Juden, Slawen usf.) durch ihre Zugehörigkeit zur höheren Rasse als berechtigt definierten.[83]
Wie nun verknüpft Rogge-Börner die rassistische Beweisführung zur Herrschaft mit *ihrer* fiktiven Bestimmung der weiblichen Geschlechterrolle? Die in der Geschichte dargebotene Thorbjörg »bezwingt« nicht durch Gewalt, sondern nur durch die ihr anhaftende, »rasseeigene« Autorität – Herrschaft wird so zur „natürlichsten" Sache der Welt, weil *biologisch* über die Rasse definiert. Thorbjörg fordert »unbedingten Gehorsam« und man kann gar nicht anders als ihr gehorchen. Kurzum – sie hat die Macht, weil sie der »nordischen« Rasse angehört und als solchermaßen determinierte automatisch auch die germanisch-weiblichen Führungsqualitäten besitzt. Herrschaft, nordische Rasse und Frauen sind damit auf eine ganz bestimmte Weise miteinander verzahnt. Der Topos »nordische Frau«, dem die rassistische Weltsicht bereits immanent ist, verdichtet sich zur »nordischen Frau, die herrscht«. Ich kann sie vor mir sehen, diese Herrin, aufgerichtet, stolz, trotzig, groß, kräftig.
Auch in der darauffolgenden (achten) Geschichte kommt diese *Größenphantasie* – und als eine solche muß sie bezeichnet werden, da die gelebte Realität eine andere war – der »nordischen« *Frau als der Herrschaftsfähigeren* und als der allumfassenden, „natürlichen" Herrscherin zur Sprache. Als Frau mit »Herrenbewußtsein« beherrscht sie die angeblich unterlegenen Rassen und die als Untergebene Definierten, darunter auch Männer.
Rogge-Börner sieht sich genötigt festzuhalten, daß der »nordische Mensch« eben kein »Übermensch« sei, daß es auch negative Beispiele gäbe:

»Es braucht deshalb nicht verschwiegen zu werden, daß neben so manchen streitsüchtigen, gewinngierigen und nicht gut beleumundeten Männergestalten auch unerfreuliche Frauen uns in der Saga begegnen«. (Rogge-Börner, 1938:48)

Festgehalten sei hier, daß es sich zunächst um eine recht ausführliche Umschreibung der Negativ-Männer (»streitsüchtig« usf.) im Vergleich zu der kargen Darstellung der Frauen (»unerfreulich«) handelt.
Eine der Negativ-Frauen ist »Hallgerd Langhose«[84], die »schön«, »hochfahrend«, »trotzig«, »höfisch« und selbstbewußt ist. Dieser Name ist ein Beweis für Sophie Rogge-Börner, daß (auch) »nordische« Frauen „die Hosen" anhatten.

»Nebenbei bemerkt, wirft dieser Zuname ein bezeichnendes Licht auf die Tracht jener Zeit, die kaum Unterscheidungen aufwies nach Geschlechtszugehörigkeit.« (ebd.:48)

Meines Erachtens ist das aus dem Thule-Original nicht unbedingt so zu entnehmen. Dort heißt es zu diesem Namen:

»Sie wurde sehr schön von Angesicht und hohem Wuchs, und darum wurde sie Langhose zubenannt.« (Thule 4, 1963:45)

Doch fahren wir fort. Trotz ihres Selbstbewußtseins zwingt ihr Vater sie, einen Mann zu heiraten, dem sie feindselig gesinnt ist. Hallgerd ist empört.

»Charaktervolle Frauenpersönlichkeiten empfinden es als Entehrung, wenn ihnen die Selbstbestimmung genommen wird.« (Rogge-Börner, 1938:49)[85]

Immer wieder geht es um die Frau als »Persönlichkeit«, um Frauen als Charakter. Ich fühlte mich veranlaßt, darüber nachzudenken, was diese Worte wohl zur Zeit der Niederschrift des Werks 1938 bedeutet haben mögen. In *Trübners Deutsches Wörterbuch* aus dem Jahre 1939 lassen sich dazu interessante Denkanstöße finden. So ist darin unter dem Stichwort „Charakter" nachzulesen, daß der

»Charakter eines Menschen ... rassegebunden (ist) und das Ergebnis ererbter Anlagen sowie von Einwirkungen körperlich-geistiger Umwelt und der Um- und Weiterbildung durch eigenen Willen; er ist der Kern des Menschen.« (Trübners Deutsches Wörterbuch, 1939:2)[86]

Das ständige Insistieren aber sowohl auf »Charakter« als auch auf »Persönlichkeit« der germanischen Frau spricht durchaus *auch* von einem – die Selektion gleichwohl beinhaltenden – Wunsch Rogge-Börners: dem Wunsch nach Anerkennung weiblicher Individualität. Freilich, nur die Achtung vor den »nordischen«(!) Elitefrauen ist gemeint. Die Erfüllung dieses Ansinnens macht Rogge-Börner von der männlichen Welt anhängig: Es sind die »waffentüchtigen Männer«, um deren Gunst sie buhlt. Sie spricht zu einer (den Krieg ästhetisierenden) Männergesellschaft, innerhalb derer sie versucht, sich einen gesellschaftlich bedeutsamen Ort zu geben. Daß sie sich hierbei nicht mehr sicher ist, ob dies als Frau oder Mann gelingen kann, habe ich bereits an verschiedenen Punkten aufzeigen können.
Verfolgen wir die Chronik Hallgerds weiter. Hallgerd Langhose fühlt sich von ihrem Vater aufgrund der erzwungenen Heirat nicht geliebt. »Man merkt es ihr gut an, daß sie sich weggeworfen fand«, kommentiert Rogge-Börner (1938:49). »Weggeworfen« (so auch im Original verwendet), ein sehr starker Begriff, der die Mißachtung des Vaters gegenüber seiner Tochter betont. Wieder hat hier ein Mann, dieses Mal ein Vater, versagt. Weil er ein »Geschäft« machen will, befiehlt er die Heirat (so auch im Original). Eine klägliche, eigentlich traurige Tochter-Vater-Beziehung wird präsentiert. Hallgerd ist eine Tochter, die von ihrem Vater verkauft wurde – entgegen dem Brauch,

wie Rogge-Börner versichert, weshalb ein solcher Bund »fast immer unheilvoll« ausginge.

Es kommt, wie es kommen muß. Weil Hallgerd die Wintervorräte verschwendet, schlägt sie der Ehemann – sie läßt ihn daraufhin, der Demütigungen satt, von ihrem »Ziehvater«[87] ermorden – daß Hallgerd auch Speisen aus dem Nachbarhaus stiehlt, verschweigt Rogge-Börner. Im Original übrigens geht meines Erachtens die Initiative zur Tat vom Ziehvater Thjastolf selber aus (vgl. Thule 4, 1963:48). Mit »kaltherziger Zufriedenheit« nimmt sie die Nachricht der gelungenen Tat hin. Den zweiten Ehemann wählt sie aus.

»Die kühle, selbstsichere Persönlichkeit der Tochter hat sich durchgesetzt gegenüber der ähnlich gearteten des Vaters.« (Rogge-Börner, 1938:50)

Am Ende also Sieg der Tochter? Ihre zweite Ehe mit »Slum« wird gut, sie bekommt sogar eine Tochter. Doch »auch hier«(?) schleicht sich der Ziehvater als »Störenfried« ein. Obwohl Hallgerd ihm verbietet, sich an ihrem Mann zu vergreifen, tötet er diesen im Streit (so auch im Original). Warum, bleibt im dunklen. Der »Ziehvater«, erst Erretter aus der ersten, erzwungenen Ehe, zerstört mit Gewalt die zweite, glückliche Ehe der (Zieh-)Tochter. Die Väter lassen den Töchtern das Glück nicht? Von »Innigkeit« wie zwischen Mutter und Sohn (Asdis und Grettir) oder einer geistigen Einheit wie zwischen Thorgerd und ihrem Vater hier nun keine Spur. Diese Vater-Tochter-Beziehung dagegen fällt deutlich ab: Hier geht es um Zwang, um einen Machtkampf, in dem es Sieger und Verlierer gibt. Bemerkenswerterweise wird zwischen Vater und Tochter aber auch von – rassistisch begründeter – Ähnlichkeit (»ähnlich geartete Persönlichkeit«) gesprochen. Thematisiert wird das Verhalten der unangepaßten Tochter.

Den dritten Ehemann warnen Vater und »Vaterbruder« vor dem »schwierigen Charakter« und den »vielfachen Schattenseiten« der Hauptdarstellerin. Die Tochter ist ihnen aus dem Ruder gelaufen, und da man »nie« weiß, »wessen man sich (bei Hallgerd, E.d.V.) zu versehen« hat und da

»für das, was der Wille und die Taten einer nordischen Frau im Gefolge führen, die ihr nahestehenden Männer mit Leben und Habe einstehen müssen« (Rogge-Börner, 1938:52),

versuchen die Männer (Vater und zukünftiger Gatte) vereint (»schicksalsverbunden«), den Schaden, den der Frauenwille anrichtet, zu begrenzen. In dieser Szene stehen die »beiden Männer« en bloc – austauschbar? – einer agierenden, auf das negative Ergebnis ihrer willkürlichen Handlungen in keiner Weise achtenden Frau frontal gegenüber. Einen Einfluß auf diese Frau haben sie nicht mehr – eine Beziehung scheint aber auch nicht mehr zu existieren, allenfalls eine negative. Kommunikation verläuft über gegenseitige Entwertung. Die Männer warnen vor den schwierigen Charakter-Frauen, den Frauen ist es egal, wenn Männer durch ihre Handlungen Schwierigkeiten ertragen müssen. Vater wie Ehemann sind die passiv-reagierenden Objekte einer sich als handelndes Subjekt begreifenden, tatkräftigen Frau. Sie müssen sich bereits zusammenschließen und gegenseitig warnen vor dieser mächtigen Frau, da sie die Leidtragenden ihrer Taten sind. Die Szene „Vater zwingt Tochter" hat sich umgekehrt in „Tochter-Frau zwingt Männer" (Vater/Bruder/Ehemann). Von Rogge-Börner wird das Verhalten dieser *unangepaßten Tochter* nicht gebilligt, wenngleich doch bewundert.

Fahren wir fort. In dritter Ehe entfaltet sich denn das »zank- und rachsüchtige« Wesen« Hallgerds. Frau Langhose geht abermals verschwenderisch mit den Wintervorräten um und »beginnt eine furchtbare Feindschaft« mit einer Nachbarin.[88] Sie begeht zahlreiche grausame Taten; sie läßt Knechte der Feindin erschlagen, steht ihrem Mann Gunnar in seinem letzten Kampf nicht bei. Für Rogge-Börner ist Hallgerd dennoch eine »starke und selbständige, aber sittlich nicht gefestigte Frau«, »unsympatisch« zwar, aber dennoch dem »Artbild« entsprechend, welches sich die Autorin von dem »nordischen« Menschen macht und das wiederum doch, bei aller Überreaktion, positiv bewertet ist: lieber stark, unsympatisch und sogar heimtückisch als schwach. Weil die Protagonistin selbständig ist, und sie ist es aufgrund ihrer Rasse, heiligen die hochbesetzten Eigenschaften der Stärke offensichtlich alle Mittel, Taten und Untaten. Auch »Hallgerd Langhose« dient Rogge-Börner trotz der Ambivalenz als Beweis für die Herrschaftsfähigkeit des (nordisch!) Weiblichen.

»Gegenspielerin« Hallgerds ist die von Rogge-Börner nur ausgesprochen kurz (eine Seite) beschriebene Bergthora[89], Hauptfigur der neunten Geschichte und Idealgermanin. Auch sie »herrentümlich«, »selbstbewußt«, »unbedingt selbständig«, »stählern«, »willensfest« und mit »unergründbaren gütigen Augen«. »Zusammengeschweißt« mit ihrem Ehemann, ist sie es, die »Mann, Söhne, Töchter, Schwieger- und Enkelkinder« lenkt. Wieder und wieder stellt Rogge-Börner ihre lenkenden, gebietenden und die Handlungen beherrschenden nordischen Frauen bewundernd vor. Ihnen ist der Hang zur archaischen Selbstjustiz eigen. – Im Thule-Originaltext ist der Hang zur archaischen Selbstjustiz übrigens gebrochener als von ihr dargestellt. Es wird zwar auch von zahlreichen männlichen Blutrachefehden berichtet, aber die Helden benutzen zunehmend das Thing oder versuchen die Streitigkeiten mit anderen Mitteln (Geldbuße, Gespräche) beizulegen. So wollen die beiden Ehemänner der streitenden Frauen sich versöhnen. In der Thule heißt es:

»Das erklärten sie beide, Gunnar und Njal, daß nichts vorkommen solle, was sie nicht untereinander bereinigten. Dies ging auch schön in Erfüllung, und sie blieben immer Freunde.« (Thule 4, 1963:112)

Ganz anders die Frauen. Auch Bergthora läßt keine Tat ihrer Gegnerin oder anderer Feinde ungerächt. Abermals begegnen wir dem Motiv der Frau als Racheanstifterin.

»Wo es gilt, einen Ehrenfall zu bereinigen, läßt sie den Söhnen keine Ruhe, bis der Rachezug getan ist.« (Rogge-Börner, 1938:55)

Die gegenseitigen Rachefeldzüge der beiden Frauen steigern sich kontinuierlich, am Ende der Saga sind die meisten der Hauptpersonen tot. Durch eine Brandstiftung ihrer Feinde[90] (die ihren »unbesiegbaren Söhnen« gilt) stirbt Bergthora »ohne ein einziges jammerndes Wort« mit Mann, Söhnen und Enkelkindern »gemeinsam den Feuertod«. Den freien Abzug für sich und den Gatten lehnt sie ab.[91] Auch der Enkel will nicht von der Großmutter gehen (»wir zwei wollen uns nie trennen«), lieber gemeinsam sterben[92]. Rogge-Börner kommentiert:

»Wie füllig muß die Liebesaussaat dieser Frau gewesen sein, wenn so überreiche Liebesernte aufgehen kann.« (Rogge-Börner, 1938:56)

Die Bereitschaft zum Sterben – obendrein die eines Kindes – gilt als ein Beweis für Liebe. Die Essenz der Szene ist: lieber gemeinsam verschmolzen sterben als in Trennung weiterzuleben. „Hallgerd und Bergthora illustrieren beispielhaft Aspekte der beiden Rollen, die den Frauengestalten in den Isländersagas zugedacht werden: Auf der einen Seite die stolze, willensstarke Frau, die oft zum Katalysator oder gar zum Grund für Zwistigkeiten wird; andererseits die leidenschaftliche Hüterin des Ansehens und der Ehre der Familie, die Stimme des Gewissens, die die Männer an ihre Pflicht gemahnt. Beide Rollen kehren klischeehaft in den Isländersagas wieder, und die Rolle der Anstifterin ist es, in der wir Frauengestalten in den Sagas am häufigsten antreffen." (Jesch, 1991:281)
Doch worin liegt die latente Bedeutung dieser zwei miteinander verknüpften Geschichten für Rogge-Börner? Beide Frauen bevorzugen eine destruktive, gewalttätige Lösungsstrategie für ihre Konflikte. Sie „erfüllen ... beide die Rolle, die in den Sagas der Isländer den Frauengestalten für gewöhnlich zugedacht wird, nämlich die einer Frau, die die männlichen Haushaltsmitglieder dazu antreibt, eine Fehde zu beginnen oder fortzusetzen. Die Sagas können den Eindruck vermitteln, daß es wegen der im wesentlichen friedfertigen Natur der Männer keine Fehden gegeben hätte, wäre da nicht die Aufwiegelung der Frauen gewesen." (Jesch, 1991:280) In diesem Sinne interpre-

tiert auch Rogge-Börner, mit einer rassentheoretischen Begründung unterlegt, die Sagas, nur daß für sie friedfertig mit schwach übersetzt wird, die zur Rache anstiftenden Frauen positiv bewertet werden.

Hallgerd wird von Rogge-Börner kritisiert, der anderen Protagonistin – Bergthora – werden hehre Motive unterstellt. Woher kommt diese Differenz, obwohl sich beide Frauen in der Wahl ihrer Mittel nicht wesentlich unterscheiden – auch wenn eine solche Bewertung durch die Saga im Original naheliegend ist?

Fassen wir zusammen: Die Negativ-Germanin Hallgerd schafft es, ihre Demütigungen in einen Sieg umzuwandeln – sie handelt, egal welche Folgen dies für die Männer hat. Erst mit dem Beginn der furchtbaren Feindschaft mit der Idealgermanin Bergthora, meint die Autorin, habe die Protagonistin übers Ziel hinausgeschossen. Hallgerd rutscht im Ansehen ab, weil sie der anderen Frau die Würde aberkennt, die Gleichheit (als Frau von gleicher Rasse und von gleichem Adel) zwischen ihr und Bergthora bei einem Besuch nicht anerkennt. Das ist ein Bruch, den Sophie Rogge-Börner nicht stehenlassen kann. Die Feindschaft zweier Frauen zwingt Rogge-Börner zur Bewertung, zur genaueren Stellungnahme. Hallgerd hat ihre Konkurrentin nicht anerkannt. Ganz deutlich findet dies die Mißbilligung von Rogge-Börner. Diskrepanzen zwischen edlen Rasse-Frauen, daß darf nicht sein. Dennoch bewundert Rogge-Börner an beiden das selbständige, »herrentümliche« »Artbild«: Was von »nordischer Rasse« abstammt, kann nur hochgeachtet werden.

Darüber hinaus liegt die Differenz zwischen Hallgerd und Bergthora in der Gestaltung ihrer Ehen. Pointiert Rogge-Börner an der ersteren Figur Hallgerd das Trennende (unter Umständen auch mit Gewalt vorgenommen), gewichtet sie am Beispiel der zweiten Figur die Symbiose bis in den Tod. So ist Bergthora zwar ebenso willensstark und rachebewußt wie ihre Kontrahentin, zeichnet sich aber aus durch ihre Fähigkeit zur symbiotischen Beziehungsform: »Zusammengeschweißt« mit dem Ehemann, den Söhnen und Enkelkindern geht sie mit allen gemeinsam in den Tod. Steht Hallgerd für Trennung, für »eiskalte Gleichgültigkeit«, sprich: Bindungslosigkeit, steht Bergthora für Symbiose, für »Liebesaussaat« und »Liebesernte«, für die eher „mütterliche" Frau. Doch auch die Verschmelzung scheint die Destruktivität als Lebenselixier zu benötigen[93] – Bergthora steht ihrer Gegnerin in der Wahl ihrer Mittel in nichts nach.

Auf der Oberfläche sieht es so aus, als favorisiere Rogge-Börner das verschweißende Ehemodell (Bergthora und Njal) und das tradierte Bild der Frau als der ewigen Mutter, wenngleich aktiv erweitert: Bergthora ist es, die die

Sippe lenkt, auch sie eine konsequente Antreiberin zu Rache und Beschützerin der Sippenehre. Der Schwerpunkt ihrer Aufmerksamkeit aber liegt eindeutig, wenn auch ambivalent gefärbt, auf der Figur Hallgerd, jene, die einen Machtkampf mit dem Vater, mit den Ehemännern und letztlich mit einer Frau (dem Mütterlichen?) wagt. Hallgerd hat Rogge-Börner irritiert, gewiß im Geheimen sogar fasziniert – gänzlich integrieren kann sie sie in ihren Entwurf nicht, zu wenig lebt diese Heldin die Fiktion der einheitlichen Ganzheit[94] – mit dem Vater, mit den Ehemännern (mit denen das ohnehin nur in seltenen Fällen gelingt), mit ebenbürtigen Führerfrauen.

6.9 Rassismus und Destruktivität als Beweis für geschlechtliche Gleichheit – oder: Der starke »Frauenwille« und die männliche Wehrlosigkeit

Die achte und neunte Chronik (Hallgerd und Bergthora) sind darüber hinaus insofern von Bedeutung, als Sophie Rogge-Börner mit dieser Schilderung von »charaktervollen Frauenpersönlichkeiten« einen Beweisgang besonderer, ja fast makabrer Art antritt, der noch einmal belegen soll, daß Frauen (fast) dieselben Qualitäten besitzen wie die Männer und ihnen mindestens derselbe – wenn nicht ein höherer – Rang zusteht wie ihnen. Neben der schon häufig angeführten Rasse als Begründung für weibliche Herrschaft und weibliche Führungskraft baut Sophie Rogge-Börner ihren Beleg für geschlechtliche Gleichheit bzw. für die Überlegenheit der Frau weiter aus. Hierzu dient als Beweis die Fähigkeit der Germaninnen zur Destruktivität und Grausamkeit. Schon in den vorangegangenen Geschichten erfuhren wir von der beständigen Rachebereitschaft der nordischen Frauen. Auch wenn zur Protagonistin Hallgerd eine ambivalente Haltung eingenommen und sie an einigen Stellen kritisiert wird, sei,

> »niemals das Artbild des stolzen, selbständig entscheidenden, gewissenssicheren Menschen« (Rogge-Börner, 1938:55)

gestört. Der Größe und der Bewunderung tut die insgesamt betrachtet nicht ganz positive Beurteilung der Heldinnen Hallgerd und Bergthora keinen Abbruch. Der moralischen Akzeptanz der destruktiven Handlungen wohl letztlich auch nicht, denn in ihrer oben zitierten Schlußbetrachtung spricht Rogge-Börner von Hallgerd als einem »gewissenssicheren Menschen«. Begründet wird dies in erster Linie rassistisch. Das »Artbild« ist das Entscheidende und fegt die Widersprüchlichkeiten der Interpretin hinweg.

So auch bei »Freydis«[95], der Grönländerin, die die Verfasserin nicht nur als »willensstark und heroisch«, sondern auch als »gewalttätige Frau« beschreibt. Sie rüstet sich selbst ein Schiff aus, um nach dem »Sehnsuchtsziel« aller nordischen Grönland-Siedler zu fahren, zum »Weinland« Amerika. Durch ihren Mut rettet sie – schwanger – die vor den Indianern flüchtende »Kolonie«. Sie nimmt das Schwert eines Gefallenen, »entblößt ihre Brust und schlägt sich mit dem flachen Schwert«.[96] Die Feinde fliehen vor diesem nie gesehenen.

Eine schwangere Frau tritt den Angreifern mutig entgegen – die Männer waren dabei zu flüchten. Allerhand Assoziationen stellen sich ein. Hat sie ihre Brust abgeschlagen oder nur darauf geschlagen? Sind die Indianer vor der entblößten Brust geflohen oder vor dem Schlag darauf? Oder vor dieser markanten Kombination? Es drängt sich ein Bild vor Augen auf, daß an die – allerdings schwangere, die einzige Irritation – walkürenhafte Germania erinnert: eine große, starke, barbusige Frau mit langem blonden Haar mit einem großen, langen Schwert in der Hand steht hochaufgerichtet und unbeugsam ihren Gegnern (klein, dunkelhäutig, gebückte Haltung, sie mit erschrokkenen Augen betrachtend) gegenüber. Kurzum: Es geht um Heroismus, einer von Sophie Rogge-Börner hochbewerteten und eben gerade (auch) dem Weiblichen zugerechneten Eigenschaft.

Wird das »Maß des Heroischen« überschritten, wird dies laut Rogge-Börner vom nordischen Menschen als »peinliche« Außenseiterei empfunden – man schämt sich ihrer. So werden von Freydis denn auch »böse Untaten« berichtet. Sie bringt ihren Mann dazu, die isländischen Begleiter zu töten und

»beteiligt sich selber an diesen Totschlägen. Keiner der Männer widersetzt sich ihrem Willen.« (Rogge-Börner, 1938:76)

Bezeichnenderweise erwähnt Rogge-Börner nicht, wen Freydis im originalen Thule-Text erschlägt. Es heißt dort:

»Nun waren alle dort tot. Nur die Frauen waren noch übrig, und die mochte keiner töten. Da sagte Freydis: 'Reicht mir eine Axt'. Das geschah. Dann erschlug sie die fünf anwesenden Weiber und ging erst fort, als sie allesamt tot waren.« (Thule 13, 1965:68)

Die Autorin demgegenüber kommentiert:

»Ohne Zahl sind die wilden und grausamen Männertaten, von denen die Geschichte aller Zeiten – auch über den nordischen Menschen – berichtet. Das setzt die Mordtat Freydis in kein helleres Licht und bringt uns diese Frau unserem Herzen nicht näher. Aber es zeigt mit überzeugender Eindringlichkeit die Wahrheit auf, daß e i n e Artseele lebt in Mann und Frau.« (Rogge-Börner, 1938:76)

Die Fähigkeit zu destruktiven Handlungen und zu Grausamkeit wird hier als Beweis für rassische *und*, darauf aufbauend, für geschlechtliche Gleichheit angeführt. Vielleicht wiederhole ich mich, aber im Angesicht der Tatsache, daß Rogge-Börner unter Frauenforscherinnen heutiger Zeit unter dem Zusatz „Feministin" geführt wird, insistiere ich auf den Verweis: Es ist nicht die Gleichheit der Geschlechter unserer heutigen aktuellen Diskussion, die die Autorin anspricht, denn Sophie Rogge-Börners Gleichheit ist sowohl an ihren Rassismus als auch an ihren Elitegedanken geknüpft, beinhaltet also a priori schon Ungleichheit: Die nicht-»nordischen Rassen« (Männer wie Frauen) und niederen Frauen der gleichen »Rasse« sind von dieser „Gleichheit" ausgenommen. – Es ist die »eine Artseele«, die laut Rogge-Börner das Gleiche zwischen den Geschlechtern ausmacht, die gleiche Rasse. Wenngleich die Autorin auf eine moralische Distanz zur Totschlägerin Freydis geht, überwiegt doch die Bewunderung für ihre Durchsetzungskraft und ihre Befähigung zur Mordtat selbst. Denn damit beweist sie die Gleichheit der »nordischen« Frau mit dem »nordischen« Mann. Es mag sein, daß Rogge-Börner tatsächlich meint, damit nachweisen zu können, »nordische« (Elite)-Frauen seien den (»nordischen« Elite-)Männern gleichgestellt – wie ich meine, sicherlich mit Blick darauf, daß es ihr und ihren Zeitgenossinnen (die sie der »nordischen« Rasse zurechnete) aktuell ebenso zustünde. Die Art und Weise, *wie* sie ihren Gleichberechtigungswunsch inhaltlich füllt, ist jedoch ein Paradox: Gleichheit in der Ungleichheit, Gleichheit für die »nordischen« Frauen, aber eben nicht für alle Frauen. Sie daher als „Feministin" zu bezeichnen widerstrebt mir erheblich.

Darüber hinaus entsprechen die Auffassungen der Autorin in weiten Teilen sowohl ideologisch als auch – was für unseren Zusammenhang noch wichtiger ist – in der inhaltlichen Füllung der Regression der nationalsozialistischen Weltanschauung: Rassismus, Antisemitismus, der Glaube an den »Nordischen Gedanken« und an die »Volksgemeinschaft« sind hierbei die ideologischen Grundbausteine. Homogenisierung, Symbiose, Spaltung und Destruktivität als psychische Grundmuster sind nur einige Stichworte in diesem Zusammenhang.

Rogge-Börner baut ihre Interpretation zu Freydis noch weiter aus: Diese kehrt mit reicher Beute heim, beschenkt die Ihren. Doch das »Böse kommt trotzdem ans Tageslicht«, der Bruder wagt es jedoch nicht, ihr eine Strafe zukommen zu lassen; er prophezeit der Schwester lediglich kein Glück für ihre Sippe. Dieser Fortgang der Geschichte veranlaßt die Autorin zu einer längeren Interpretation, die ich auf Grund ihrer Dichte im Original zitiere. Aus der Prophezeiung des Bruders spricht nach Rogge-Börner eine

» – wohl aus dem Unterbewußtsein kommende – Scheu, sich gegen Freydis zu stellen, so sehr ihn ihr Tun auch abstößt. Noch hat der Nordländer jener Zeit das ahnende Gefühl, daß eine starke, geprägte Weibpersönlichkeit Schicksalsschaffende ist, im Guten oder im Leidvollen –, daß es da kein Sichzurwehrsetzen gibt, daß man ja sagen muß zu einem Schicksal, das solcher Frauenwille schafft, selbst wenn es Unheil oder Tod bedeutet. ... Staunend blicken wir heutigen auf die Selbstverständlichkeit, mit denen Männer, die fast immer erprobte Helden sind, sich jedem Schicksal unterwerfen, das Frauenwille ihnen auferlegt« (Rogge-Börner, 1938:77).

Der Schicksalsbegriff, den Sophie Rogge-Börner hier verwendet, ist ein umgedeuteter aus der germanischen Mythologie: Wird dort das Schicksal durch die (göttlichen) Nornen vorausbestimmt, verlegt Rogge-Börner diese Zuteilung der Geschicke auf alle »nordischen« Frauen insgesamt. Ihr Wille, der »Frauenwille«, ist alleiniges Kriterium für das Geschehen der individuellen und historischen Ereignisse überhaupt. Was Frauen wollen, geschieht. Gegen diese höhere, göttliche, weibliche Macht können sich die Männer in keiner Weise wehren, ein »Sichzurwehrsetzen« gibt es nicht, mit weltlichen Mitteln nicht und auch nicht mit anderen. Sie können nur »ja« sagen, sich »unterwerfen« unter den alles beherrschenden Frauenwillen. Die männlichen, »erprobten Helden« lassen sich ganz selbstverständlich in die Knie zwingen – die Unterwerfung ist in ihrem »Unterbewußtsein« verankert.
Fassen wir zusammen: Eine als selbständig geschilderte Frau segelt unter eigener Flagge in die Fremde. Dort rettet sie – schwanger – ihre »Kolonie« durch eine mutige Tat. Dann jedoch läßt sie ihre Mitstreiter, darunter zwei ihrer Brüder, erschlagen bzw. schlägt sie selbst tot. An dieser Stelle verweist Rogge-Börner auf die »eine Artseele« des »nordischen« Mannes und der Frau. Keiner der Männer wagt, sich ihr zu widersetzen. Sie kehrt mit reicher Beute heim. Auch ihr Bruder erhebt keinerlei Widerspruch. Hier deutet die Autorin auf das Unterbewußte der Männer hin, die die Frau als »Schicksalsschaffende« anerkennen, egal ob daraus »Unheil oder Tod« folgt. Die Männer akzeptieren den »Frauenwillen«, Held hin, Held her, ohne Widerrede.
Wiederholt ist dem Weiblichen der Wille zugeordnet, dem männlichen Part das »nicht widersetzen können«. Der »Frauenwille«, dem auch »Untaten« zugeordnet werden müssen, und männliche Widerstandslosigkeit gegen weibliches Handeln bestimmen die Szene. Die Männer »können« sich nicht widersetzen. Es mag sein, daß sie das tun würden, wenn sie könnten. Da dies nicht der Fall ist, sind sie dem weiblichen Handeln willenlos ausgeliefert. Ist auch hier der Wunsch der Vater des Gedankens? Sollen die Männer sich dem Willen und den Handlungen der Frauen ohne Wider*rede* (schon gar nicht durch Widerstandsaktionen) beugen müssen? Uns wird eine allmächtige, grausame »Mutter« vorgeführt, die mit ihrer Brust etwas Befremdendes, vielleicht

Schmerzhaftes macht. Zwar um die »Kolonie« zu retten, aber wozu? Freydis radiert ja doch einen stattlichen Anteil der Kolonie aus, sie ermordet sogar die Frauen und bereichert sich. Die Mitspieler der Herrscherin sind zur Grausamkeit ebenso befähigt. Jedoch gegen allmächtige »Mutter«-Frauen sind auch sie wehrlose (Männer)-Säuglinge. Mag sein, dies ist vielleicht zu weit polarisierend assoziiert, ein möglicher Gedanke ist es jedoch. Monströs-heroische, willensbestimmte Weiblichkeit und – zwar heldische – aber willenlose Männlichkeit mögen das atmosphärische Bild scheinbar zutreffender ausmalen.
In der letzten Geschichte der Saga-Gestalten geht es um eine »Seherin«, »Thorbjörg« mit Namen, eine Frau, die ihren germanischen Stammesgenossen das Schicksal voraussagen kann. In einem langen Zitat wird der ehrenvolle Empfang der Seherin in einer Sippe geschildert, ihre kostbare Kleidung, ihre kultische Handlung, die Schicksalsverkündung. Rogge-Börner bezieht sich hier auf die im Original tatsächlich sehr phantasievoll und ausführlich geschilderte Seherin Thorbjörg aus der Thule 13 (1965:28-30). Für die Autorin ist diese Geschichte der Saga eine Bestätigung für die »hohe Achtung« und das »unbedingte Vertrauen«, das Männer und Frauen solchen Seherinnen entgegengebracht haben sollen.

»wobei wir uns klar sein müssen, daß die Seherinnen – die h ä u f i g vorkommen – als solche Frauen zu begreifen sind, die noch den unmittelbaren und festen Zusammenhang sowohl mit dem Naturwillen wie mit der übersinnlichen Macht haben und daraus starke intuitive Kräfte u n d eine klare, sichere Klugheit gewinnen, die beide sie befähigen, den Verlauf von Geschehnissen und Zuständen richtig vorauszusehen.« (Rogge-Börner, 1938:80)

Damit ist der »Frauenwille« in der Argumentationskette der Autorin biologisch verankert, ein aus der Natur entspringender Wille, der die Machtstellung und Achtung garantiert. Übersinnlichkeit und Intuition heben die (»häufig vorkommen(den)«) Seherinnen in einen göttlichen Rang. Tatsächlich geht es im Kern dieser kleinen Sagageschichte um den Widerstreit zwischen heidnischen Gebräuchen, nämlich eine Seherin nach der Zukunft zu befragen, und der Übernahme des christlichen Glaubens, dem bereits einige der Grönländer angehören, die die Seherin daher als Zauberin diffamieren. Der in den Sagas thematisierte Konflikt zwischen heidnischer Vergangenheit und Christentum wird häufig anhand der Frauenfiguren abgehandelt. Auch Jesch stellt dies in bezug auf die Sagas fest: „Für den Autor und die Zuhörerinnen der *Groenlendinga saga* war dieser Unterschied zwischen Vergangenheit und Gegenwart im Unterschied zwischen der dominanten und willenstarken Freydis und der guten Ehefrau und Mutter Gudridr verkörpert.“ (Jesch, 1991:274f.) Rogge-Börner hatte hierfür ein Gespür, wie ihre kurze abschließende Betrachtung zeigt. Sie schließt ihre Interpretationen zu den Saga-Gestalten ab mit einem kleinen Seitenhieb gegen den »Männerbund der Priesterschaft«, der die von ihr beschriebenen Seherinnen als Hexen verdammt und damit die Frauen als »Gefäß der Sünde« in die »bedingungslose Unterordnung« (Rogge-Börner; 1938:82) gezwungen hätte. Zweifellos eine zwar oberflächliche, aber nicht ganz unrichtige Analyse zur den Frauen von der Kirche zugeschriebenen Rolle, eingebettet jedoch in die Propaganda über die mystifizierte Omnipotenz des germanisch-nordischen Weiblichen. Eine „Weiblichkeit" mit ausgesprochen soldatisch-männlichen Zügen, wie sich immer deutlicher zeigt.

6.10 Destruktivität – oder: Die Faszination der aggressiv agierenden Frau

Die mystifizierte Grandiosität der »nordischen« Frau trägt ihre radikalisierte Entsprechung bereits in sich: Haben wir die Destruktivität schon in Form der Heroisierung der Rachelust kennengelernt, stellt Rogge-Börner in den Edda-Gestalten die Germanin ganz selbstverständlich als Kriegerin vor – die letzte Hülle fällt.
Ihren zweiten Teil über die Edda-Gestalten[97] läutet Rogge-Börner mit einer Bemerkung ein, die ihre eigene emotionale Nähe zu den von ihr vorgestellten Heldinnen nur allzu deutlich macht:

»In ihrer ungeheuren Wucht und Leidenschaft, die sich mit äußerster Herbheit kundgibt, ist die eddische Heldendichtung recht eigentlich seelen-offenbarende Dichtung wie kaum eine andere ... Mythische Bilder und mythische Dichtung sind keine Märchen und Erfindungen, sondern seelisches Rückerinnern auf gelebte Wirklichkeiten« (Rogge-Börner, 1938:84).

Der Mythos als Offenbarung, Geschichte und Zukunftsentwurf. Rogge-Börner meint, im folgenden nachweisen zu können, daß die Heldinnen der Mythen *historische* Frauenfiguren sind, daß ihre Verhaltensweisen weibliche »gelebte Wirklichkeit(en)« widerspiegeln. Abgesehen davon, daß mit der monotheistischen Religion, mit Aufklärung und Säkularisierung der Mythos seine ihm eigene Bedeutung und Funktion gar nicht mehr haben kann, ist die Historisierung, die sie betreibt, seine Aufhebung selbst: Der Mythos ist dann nicht mehr verschlüsseltes(!) Substrat des aus der jeweiligen Kultur Verdrängten, nicht mehr Reservoir des Latenten, der unerfüllten Wünsche, sondern die Geschichte selbst. Roland Barthes meint zum Thema, was der Mythos heute bedeuten könne, der Mythos sei „eine Aussage", ein „Mitteilungssystem, eine Botschaft". Er könne „kein Objekt, kein Begriff oder eine Idee sein ... er ist eine Weise des Bedeutens", eine in historischen Grenzen zu fassende „Form" (Barthes, 1964:85). Bei Rogge-Börner ist der Mythos als Bedeutungsträger bis in die Gegenwart verlängert – von Begrenzung keine Spur. Auch wenn siee Gestalt Brynhilds, ihre in der folgenden Chronik (vgl. Rogge-Börner, 1938:84-88) thematisierte Frauengestalt, »bis ins tiefste symbolhaft« zu sehen meint, hebt sie mit ihrem die Vielschichtigkeit der Mythen negierenden Blick die von Barthes festgehaltene „Duplizität" (zugleich Sinn und Form zu sein) auf. Der Mythos wird „erfülltes Bedeutendes"[98], das es zu entziffern gelte. Er fungiert für sie als ein – von ihren Projektionen entsprechend angereichertes – zu bewahrendes Bild. Sie schreibt in der 18ten Geschichte, die die zweite Edda-Gestalt Sigrun thematisiert – zu diesem Thema:

»Sigrun ist eine Walküre. An der Entstehung der Vorstellung von den Walküren ist schon viel herumgedeutet worden. Sie muß sich gebildet haben auf einer Zeitstufe, die das weibliche Geschlecht als solches nicht mehr, sondern nur noch als Sondererscheinung an den Kampfhandlungen teilnehmen ließ, einer Zeitstufe, in der die unmittelbare Überlieferung von der wehrhaften und kämpfenden Frau noch lebendig war, die sie aber nicht mehr einzuordnen wußte in das tatsächliche Leben und sie daher in die Region der Halbgötter hob.« (Rogge-Börner, 1938:92/93)

Ihre Deutung unterstellt, die im Mythos vorgetragene kämpferische Eigenständigkeit und selbstverständliche Teilhabe der Frauen/der Walküren am kriegerischen Handwerk sei ein historisch begründeter Erinnerungssplitter. Für Rogge-Börner verehrt der »Nordlandmensch« in den Göttern und in den Walküren nichts anderes als seine »eignen früheren Ahnen«. Die Walküren seien zwar etwas überzeichnet, aber nach Sophie Rogge-Börner sozusagen »echt« real. Ihre Auffassung zur Bedeutung des Mythos ist damit der Freudschen diametral entgegengesetzt, der im Mythos das *un*gelebte Leben, den sublimierten Ausdruck der Wünsche, die Inszenierung der unterdrückten Triebwünsche aufgehoben sah. Der „historische Kern des Mythus[99]" ist nach ihm die „Niederlage des Trieblebens", der Mythos ist eine Abhandlung zum „notwendig gewordenen Triebverzicht". (Freud, 1974:453; vgl. Freud 1974) In der Schrift *Massenpsychologie und Ich-Analyse* (1974:126ff.) bezieht sich Freud auf den Gegenstand unserer Erörterungen folgendermaßen: Der epische Dichter „log die Wirklichkeit um im Sinne seiner Sehnsucht. Er erfand den heroischen Mythus" in seiner Phantasie anstelle des Urhordenmords. „Der Mythus ist also der Schritt, mit dem der Einzelne aus der Massenpsychologie heraustritt." (Freud, 1974:127) In der Vergottung des Heros sei der vielen Menschen gemeine Wunsch ausgedrückt, an die Stelle des Vaters zu treten. Auch wer kein(e) AnhängerIn der Theorie des Urhordenmords ist,

der Abriß Freuds verdeutlicht meines Erachtens dennoch die dem Mythos innewohnende Fertigkeit, einerseits auf Versagungen zu antworten, andererseits mit der fiktiven Wunscherfüllung gleichzeitig die reale Abwehr des Triebwunsches zu bestärken.
Für Rogge-Börner dagegen ist die eddische Heldendichtung die Spiegelung einstmals *gelebter* Realität. Ist der Mythos mittels platter Analogie seines Symbolischen und seiner Vielschichtigkeit solchermaßen beraubt, birgt er ein breites Angebot für die Unterbringung projizierter aktueller Wunschvorstellungen jeder Art. Der Mythos, und erweitert das eigene Leben, die Welt, werden zur „bloßen Gelegenheit für den Wahn, ... zum ohnmächtigen oder allmächtigen Inbegriff des auf sie Projizierten" (Horkheimer/Adorno, 1968: 224) mißbraucht. Das Äußere, die Welt wird dem (regressiven) Inneren zwecks Erhalt der »inneren Harmonie« (Rogge-Börner) angeglichen, Differenz in den inneren Räumen – was immer dazu erklärt wird – nivelliert. Impliziert ist diesem Projekt ein Glücksversprechen: Da die Mythen historische Realitäten repräsentieren, könnte dieses einmal Gewesene, wenn auch modernisiert, wieder sein – wäre das deutsche Volk nur (wieder) »rasserein«, würden sich die »nordischen« Frauen nur wieder erinnern.

6.10.1 Walküren – Sinnbilder des Heroischen

Gegliedert ist die mythenimmanente Interpretation des zweiten Teils in vier Chroniken. Am Ende der Schrift hat Sophie Rogge-Börner ein zweiseitiges »Ergebnis« formuliert, dem wir uns dann gesondert zuwenden werden.
Die erste Einlassung Rogge-Börners dreht sich um Brynhild und Gudrun aus der Sigurdsage[100]. Sie beginnt mit Brynhild; sie ist

> »zum Sinnbild des Heroischen im weiblichen Wesen geworden, zum symbolhaften Ausdruck für eine artgesetzliche Anlage. Selbstverständlich ist es in jener Zeit und jenem Lebensraum, daß sie waffengeübt und mutig ist. Walküre[101] war sie gewesen; aber Odins Zorn über einen Ungehorsam hat sie in tiefen Schlaf fallen lassen.« (Rogge-Börner; 1938:85)[102]

Nur Held Sigurd (= Siegfried) ist ihr ebenbürtig. Er erweckt sie, nur ihm gelobt sie die Ehe. Doch Sigurd, der den Trank des Vergessens getrunken hat, kehrt nicht wieder zurück. Brynhild gelobt, daß sie nur dem die Ehe verspricht, der die von ihr geforderten Kampfbedingungen erfüllen kann. Es folgt die sattsam bekannte Täuschung Brynhilds durch Gunnar und Sigurd. Ist der »entehrende Betrug«, durch den sie Gunnars Frau geworden ist, von ihr entdeckt, gibt es für das »Sinnbild des Heroischen« nur einen Weg: Rache (an Sigurd) und der eigene Tod.

Die gegen Odin, Gottheit des Krieges und der Ekstase(!), ungehorsame[103] ehemalige Walküre, in der Rogge-Börner die »seelische Rückerinnerung« der historischen Realität, der (nordischen und daher) »waffengeübten« und »mutigen«, heroischen Frau, also einer Kriegerin, aufbewahrt sieht, ist für die Autorin das »Sinnbild des Heroischen im weiblichen Wesen«. Die Sinngebung, die eine Forderung nach Wert, nach positivem Lebenszweck beinhaltet, ist am Bild des weiblichen Heros[104] festgemacht. In der Argumentation durch eine biologisch-rassistische Begründung verankert, liege es *im Wesen*, so die Autorin, in der »artgesetzlichen Anlage« der Frauen/Walküren, zu sein, wie sie sind: »waffengeübt«, »mutig« – kurzum: soldatische Qualitäten. Die Sinnkonstruktion, die Rogge-Börner hier unternimmt, gipfelt im Bild der (von Männern) unbesiegbaren Kriegerin. Was zur Sprache kommt, ist ein in der Heldin verdichtetes, mystifizierend erhöhtes Ichideal, fern jeder Realität. Mit der Verlagerung des Heroischen *in* das »weibliche Wesen«, in die »artgesetzliche Anlage«, ist das weibliche Heldentum biologisch-charakterlich fixiert. Weiblicher Heroismus ist damit nicht anerzogen oder antrainiert, sondern angeboren.

Worauf lenkt Rogge-Börner darüber hinaus ihre Aufmerksamkeit? Weniger in der von ihr sehr verkürzt wiedergegebenen Geschichte, als vielmehr in der Beziehung Brynhild/Sigurd selbst: Brynhild wird als »ebenbürtig« präsentiert – manifest. Fragt man weiter, wodurch diese Ebenbürtigkeit hergestellt ist, so sind dies die ausgesprochen kämpferischen Tugenden Brynhilds. Wie schon gesagt, »waffengeübt«, »mutig« gar, sei sie »Sinnbild des Heroischen« gewesen, unbeugsam und (fast) jedem Mann – körperlich(!) – überlegen. Nur durch einen Zweikampf ist sie bereit, sich mit einem Manne zu messen. – Zweifellos zieht Rogge-Börner die kriegerisch-männliche Identität der gesellschaftsüblichen weiblichen vor. Wir können dies als Fortsetzung und Kulmination ihrer bisherigen Einlassungen lesen. Das unermüdlich vorgebrachte Beweismaterial, Frauen seien die besseren Führerinnen, die beharrlicheren Rächerinnen, die zum »Herrenmensch« genauso Begabten usf., münden nun ein in eine – recht selbstverständlich vorgetragene – endgültige weibliche Okkupation der männlich-kriegerischen[105] Identität.

Das Bild, das mir aus dem Text Rogge-Börners entgegenblickt, ist das einer gepanzerten, waffentragenden, stolz-herrischen, aber auch trotzig aufbegehrenden Frau. Die Faszination liegt vielleicht gerade darin, daß hier Grenzen des Weiblichen übertreten werden, die zu akzeptieren „normalerweise“ alltägliche Praxis ist. Eine Frau, die sich mit Männern mißt, findet leicht unseren Beifall – die Frage ist nur, ob die Akklamation nicht übersehen läßt, *wie* hier die Kräfte gemessen werden. Die mutigen, waffentragenden und kampf-

erprobten Germaninnen kann ich mir im Bild nur als Frauen vorstellen, die einen eisernen Brustpanzer tragen. Ein solchermaßen geschützter Korpus spiegelt ein ganz bestimmtes Körperbild wider: Mit Eisen gestählt, verliert er jede Durchlässigkeit und Weichheit, ist ausschließlich auf Wehrhaftigkeit eingestellt. Was darüber hinaus in dieses Bild einströmt, ist eine irritierende Starrheit (in der Körperhaltung, im Verhalten, bezogen auf die Reaktionsmuster), die mir sehr unangenehm ist. Ein Körperbild also, daß in diesem zentralen Punkt an das soldatische Körperbild erinnert – hier nur kurz zusammengefaßt in bezug auf die für meine Analyse relevanten Merkmale –, wie es Diester (1980) in seiner Arbeit zur (von Männern verfaßten) Kriegsliteratur von 1939-43 herausgearbeitet hat. Unter Abwehr alles Weiblichen, sich der geschlossenen „Makro-Maschine" der Frontsoldaten zuordnend, bildet sich ein soldatisches Körper-Ich, das seine männliche Reife im Kampf erlangt, das sich durch eiserne Härte, Materialisierung (Soldat=Geschoß) und „Formen der gemaßregelten Körperökonomie" (der Körper als Fortsetzung der Waffe) auszeichnet und das sich einen „Körper-Panzer" zulegt. War es das, was auch Rogge-Börner wollte?
Doch sehen wir nochmals weiter. Rogge-Börner schreibt:

»Alle Sinntiefe dieser Mythe kreist um das dem ungebrochenen Rasseninstinkt noch lebendige Wissen, daß nur in ebenbürtiger Verbindung der Mensch sich zum Ganzen vollendet und nur in dieser Vollendung durch Ebenbürtigkeit der Leiber und Seelen eine Art in Reinheit sich fortsetzen kann. D i e F r a u ist es, die den Naturwillen ungetrübt in sich trägt und ihn erfüllen will, auch um den höchsten Preis.« (1938:86)

Rogge-Börner findet in der Wahl der Konfliktlösungsstrategie (Rache und Selbstvernichtung) Brynhilds den »ungebrochenen Rasseninstinkt« wieder – weil »nur in ebenbürtiger Verbindung der Mensch sich zum Ganzen« vollende und sich nur so die »Art« in »Reinheit« fortsetzen könne. Die rassenbiologische Begründung (der »Rasseinstinkt«, die »Reinheit der Art« müsse erhalten werden) ist die Codierung für einen Wunsch: die »Ganzwerdung«. Veranschaulicht ist damit ein nicht ausgesprochenes, aber inbegriffenes Defizit. Ohne das andere Geschlecht ist der Mensch für sich nicht ganz. Somit fehlt beiden Geschlechtern etwas – wem fiele da nicht Ödipus (vgl. Freud, 1983:159ff.) sowie der gegenseitige Geschlechterneid, Vaginalneid und Penisneid ein? „Das andere Geschlecht 'hat etwas', das dem eigenen mangelt, und aus dieser Differenz ergibt sich eine Spannung, die Geschlechterspannung in ihren vielfältigen historischen, kulturellen, ökonomischen und psychischen Konkretionen." (Reiche, 1990:75) Rogge-Börner versucht zumindest in der Phantasie, ganz bestimmte „Auflösungen" dieser Spannung zu konkretisieren – oberflächlich betrachtet. Denn ausgemalt ist die spannungsfreie

»Schicksalsgemeinschaft« unter anderen Vorzeichen. Zum einen sind die Frauen eigentlich die besseren Männer, zum anderen können Männer nur dann konstruktiv wirken und handeln, wenn sie sich im Wirkungs- und Verwaltungskreis einer Frauenführerin befinden. Zum anderen bevorzugt Rogge-Börner identifizierend genutzte, phallisch-destruktive Symbole (Schwerter/Waffen) und Eigenschaften (Rachelust und Kriegsbereitschaft). Manifest definiert sie *beide* Geschlechter als ergänzungsbedürftig und pocht auf die »Ganzwerdung« durch eine (ebenbürtige) Verbindung. Schaut man genauer hin, benennt sie immer wieder eine *männliche Defizienz*. Der Mann ist nämlich ohne die Frau etwas unvollendeter, triebhafter und auch schwächer, d.h. im Denken Rogge-Börners unzivilisierter[106] – wobei ihre Vorstellung von Zivilisation die einer ritualisiert-kontrolliert-kultivierten Kriegsästhetik ist. Daher strebt der Mann mitnichten zur ehelichen Bindung, obwohl er doch der weiblichen Führung so dringend bedarf, da er doch sonst zu keiner dem Gemeinwohl zuträglichen Handlung fähig ist. Rogge-Börner betont demgegenüber, es sei »die Frau«, die den »Naturwillen ungetrübt in sich« trage, sie sei diejenige, die – auch um den höchsten Preis, sprich: den Tod, der Rache, der Vernichtung – auf der »Ganzwerdung« vehementer (wieso denn nur?) bestehen muß und besteht. Die Phantasie, es sei die Frau, die der Natur näher stünde als der Mann, ist eine sehr alte Codierung (vgl. Griffin, 1987). Sie wird hier von Rogge-Börner rassistisch unterlegt und gemeinsam mit der Vorstellung der Frau als der Willensstärkeren benutzt, um – manifest – den stärkeren Drang der Frau zur ebenbürtigen, heilbringenden Ehebeziehung zu dokumentieren, und um – latent – nachzuweisen, daß *sich Frauen aufgrund ihrer kontrollierteren Triebstruktur konsequenter an die kultivierte, heldische Kriegsnorm anbinden können.* Wenn wir in Rogge-Börnerschen Kategorien weiterdenken, beinhaltet die Akzentuierung auf die Frau als die zur »Ganzwerdung« stärker Strebende aber noch mehr: Denn damit fällt der Frau weit eher die Befähigung zu, das für jede Kultur so wichtige gesellschaftliche und individuelle Gleichgewicht aktiv herzustellen, das sich jedoch nur dann verwirklichen läßt, wenn es gelingt, den Mann in die triebliche Ordnungsgewalt der Frauen einzubinden. So phantasiert Rogge-Börner die nordische(!) Frau als diejenige, welche die rassisch reine, ebenbürtige »Vollendung« anstrebt. Nichts Fremdes, kein Riß, keine Spannung, nichts Disharmonisches soll Raum einnehmen in diesem Entwurf, und dieser fiktive harmonische Super-GAU rechtfertigt denn auch bei Mißlingen den Einsatz der Gewalt.
Noch einmal verdichtet dann Rogge-Börner im Verlauf dieses 17. Kapitels in kurzer Fassung in der Gegenspielerin Brynhilds, der Germanin Gudrun, ihre in der Bearbeitung der Saga-Gestalten schon einmal getroffenen Aussagen.

Gudruns Ehemann Sigurd wird von ihren eigenen Brüdern ermordet. Gudrun schwört zwar Rache, vergißt sie aber wieder (weil die Bindung an die Brüder bzw. die Sippe doch stärker ist als die an den Ehemann, so suggeriert Rogge-Börner), heiratet Atli. Letzterer lädt unter einem Vorwand die Brüder ein, da er den Nibelungenschatz in seinen Besitz bringen will – Gudrun versucht die Brüder vergebens zu warnen, sie fallen. Sie rächt ihre Brüder, tötet sowohl Atli als auch ihre »eigenen jungen Söhne«. Rogge-Börner leitet ab:

- Das »stärkste aller Gefühle« sei die »Geschwisterliebe«, die »Bindung an die eigene Sippe« ist das »Absolute«, »heiliger und fester als jedes eheliche Band« (Rogge-Börner, 1938:87). Verschmelzungssehnsucht (Sippe) und eine *weitere Paarphantasie* (Schwester/Bruder) sind hier auszumachen.
- *Rache* wird ohne Skrupel auch von einer Frau, auch gegen die eigenen Söhne, vorgenommen, weil die Bindung an die Primärsippe stärker ist.
- »Mütter« ordnen und bestimmen das Leben der Gemeinschaft, die Frau sei *die* »Schicksalsschaffende«.

So ist für Rogge-Börner das neuere Nibelungenlied, das aus »Gudruns Bruderrache« »Kriemhilds Gattenrache« gemachte habe, schon eine unzulässige, den »nordischen« Eigenarten nicht mehr entsprechende Verwandlung des älteren Stoffes, der Sigurdsage. Und auch Gudrun ist, wie schon viele andere von Rogge-Börner gewiß nicht negativ besetzte Heldinnen zuvor, eine zur Vernichtung äußerst begabte Figur:

»Zahlloser Männer Schicksal und Untergang schafft auch hier eine einzige Frau.« (Rogge-Börner, 1938:87)

Die mit dieser Formulierung vorgetragene Sicht auf den Gudrun-Epos bekundet eine der Autorin angenehme, recht aggressive Größenphantasie, der superlativen Totalvernichtung. Eine einzige(!) Frau reicht für den »Untergang« »zahlloser« Männer.
Auch dies noch einmal verdichtet dokumentiert an der Walküre Sigrun.[107] Diese liebt den »jungen Helden« Helgi. Von ihrem Vater war Sigrun jedoch schon zuvor mit einem anderen verlobt worden. Sigrun beklagt nun gegenüber Helgi ihr Schicksal. Dieses nimmt seinen Lauf: Held Helgi tötet den Rivalen, dessen Brüder sowie den Vater und die Brüder (bis auf einen) der Walküre Sigrun.

»Du konntest's nicht wenden:
Dir ward beschieden,
Streit zu stiften
unter starken Helden« (Rogge-Börner, 1938:89),

zitiert Rogge-Börner den Helden Helgi im Gespräch mit seiner Geliebten – ohne die Schuldzuweisung gegenüber Sigrun zu thematisieren. Doch auch

Helgi wird aus Rache von dem einzig verbliebenen Bruder (mit Götterhilfe) ermordet. Es folgt die Auseinandersetzung zwischen der Walküre Sigrun und Bruder Dag, von Rogge-Börner als Zitat ausführlich wiedergegeben (vgl. 1938:90-91), in der die Walküre Sigrun ihrem Bruder zürnt und den Tod Helgis beklagt. Sie kommentiert:

»Furchtbarer ist wohl niemals ein Fluch auf eines Menschen Haupt gefallen, heißer und verzweifelter nie eine Totenklage gesungen, als beides hier von den Lippen der heldischen und kampffrohen und so ganz weiblichen Sigrun strömt.« (ebd.:91)

»Heldisch«, »kampffroh«, und »so ganz weiblich«, mit dieser Reihung ist Rogge-Börner, die übrigens ihrer Monatszeitschrift den Namen *Die deutsche Kämpferin*[108] angedeihen ließ, ganz eins. Ganz und gar nicht irritiert vom Vater- und Brudermord, obgleich von der eigenen Sippe, vielmehr bewundernd spricht Rogge-Börner über die »große Liebe« der Sigrun – allerdings wird diese Szene von ihr als Ausnahme interpretiert, eine Ausnahme, in der die Gattenliebe (Sigruns zu Helgi) über der Sippenliebe gestanden habe.

»Hier zeigt uns die Überlieferung, daß der Norden auch Frauen kennt, deren ganze Gefühlskraft sich in der Liebe zu dem erwählten Gatten zusammenballte. Aber bemerkenswert doch das tiefe Erschrecken Dags, daß sie dem B r u d e r Böses wünschen kann; er kann sie nur für wirr und wahnbetört halten.« (Rogge-Börner, 1938:91/92)

Aber kein Wunder, schließlich sei sie ja auch nicht gefragt worden bei ihrer Verlobung, und eine Heldin wie die Walküre Sigrun »läßt es nicht bewenden beim passiven Verschmähen«. Sie gestaltet ihr Schicksal selber:

»sie liebt den jungen Helgi und seinen Ruhm. Ihn begehrt sie ... wirbt um ihn ... sagt: Dich will ich!« (ebd.:93/94)

Die Partizipation an männlichem Ruhm ist eine nur allzu bekannte Variante weiblichen Machtstrebens. Alle Taten Helgis und Sigruns sind mit einer Begründung gerechtfertigt: dem »eigensten Willen der Frau« sollte eben auch kein Vater Steine in den Weg legen. Übergreifendes, richtungsweisendes Kriterium aller Handlungen ist immer wieder der Wille der (nordischen) Frau. Der Versuch, ihn zu brechen, zieht heftigste Sanktionen nach sich. Tatsächlich schwingt aus den Zeilen, aus diesem vehementen Insistieren auf dem *Willen* der (nordischen) Frau eine Kraft auf den Leser zurück, die mich als Leserin beunruhigte und unangenehm berührte. Irgendwie machte mich diese proklamierte Willensstärke aggressiv, verwies mich auf etwas Erstarrtes. Es gibt in den Bildern Rogge-Börners keine Alternativen zum Willen zur Eigenständigkeit der Frauen – auch um den Preis der Vernichtung. Das Reaktionsmuster selbst potenziert sich durch seine Ausschließlichkeit in einer Weise, die alles Lebendige abzutöten schien. Die germanischen Frauen, deren Lebensweise sie als so ideal präsentiert, sind auf eine erstarrte, ritualisierte Reaktionsform eingeschworen, die alles Lebendige erlöschen läßt. Der zu Beginn geäußerte Verdacht verstärkte sich zunehmend, Rogge-Börner sähe neben dem rassistischen Machtanspruch der Weisheit letzten Schluß in der Übernahme der männlich-kriegerischen, phallisch-destruktiven Identität – aber durch Frauen, da diese ihre Triebe besser unter Kontrolle haben.

6.10.2 Die kriegerische Germanin

In den letzten beiden Kapiteln schreibt Rogge-Börner über zwei Heldinnen, beide mit Namen Herwör, die sich direkt am Kriegshandwerk als Kriegerinnen beteiligen. Die Übernahme der männlich-kriegerischen Identität wird nun auch äußerlich sichtbar vollzogen. Herwör I kleidet, bewaffnet und nennt sich wie ein Mann. Vater und Brüder sind gefallen, aber:

»Herwör ... wurde groß und stark und gewöhnte sich früh an Schild und Schwert. Es litt sie nicht am Hofe ihres Muttervaters: als Mann gekleidet und bewaffnet, zog sie zu einer Wikingschar und nannte sich Herward, und bald wählten die Krieger sie zu ihrem Anführer.« (Rogge-Börner, 1938:94)

Auch geht sie – die anderen fürchten sich – alleine zur Insel der Toten, um das »ruhmreiche Schwert der Sippe« mit »zornigen Worten« vom Vater zu fordern. Dieser überreicht es ihr nach Drohungen und Flüchen ihrerseits.
Und wieder traktiert uns Rogge-Börner mit ihren Anmerkungen, »Mythe und Dichtung« hätten

»solch eine Frauengestalt niemals verherrlichen können, wenn sie dem inneren Erleben des Dichters nicht vorstellbar gewesen wäre, d.h. wenn solch eine Frau nicht zu irgendeiner Zeit einmal einer gelebten Lebensform entsprochen hätte.« (ebd.:96)

Das »Erberinnern« des Dichters stelle den Leser »lebenswarm und übersprudelnd« vor die »innere Schau« des angeblich einstmals Gelebten.
In Herwörs Geschichte kommen Männer entweder als Tote (Gefallene) oder als der Kriegerin Untergebene vor. Herwör holt sich das begehrte Schwert – symbolisch gesehen: den zur Verletzung fähigen und mit Macht besetzten Phallus – unter Drohungen *vom Vater*. Letzterer ist auch als Toter nicht fähig, sich dem »eiserne(n) nicht einzuschüchternde(n) Wille(n)« der Kriegertochter zu widersetzen. Gleich zweimal wiederholt Rogge-Börner im Verlauf des Kapitels einen zu diesem Akt der Erzählung gehörenden Vers. Sie schreibt mit sehr unschlichten Worten bewundernd:

»Mit welcher leidenschaftlichen Gefühlsstärke ist die unbezähmbare Sehnsucht nach der ruhmreichen Waffe ausgedrückt in den schlichten Worten:

'Ich will sie fassen,
und fest sie halten,
scharfe Waffe,
wird sie nur mein!'« (Rogge-Börner, 1938:96)

Rogge-Börner strebt nicht nach Partizipation an männlicher Macht, sie will sie unter Ausschaltung der männlichen Gefahr ganz und gar selbst. Symbol hierfür ist das Schwert, das destruktiv-phallische Objekt, der Besitz einer »scharfe(n) Waffe«. Besitzt sie ihn, hat sie die Macht.[109] Sie phantasiert dieses Ziel als erreichbar, wenn Frauen nur genügend stark (Wille) und aggressiv (Rache, Krieg), aber triebkontrolliert, männlich-kriegerische Identität okkupieren. Der Rassismus steht ihr in diesem Konstrukt hilfreich zur Seite, denn:

»Je mehr uns die eddischen und die Sagagestalten wieder bekannt und vertraut werden, um so bewußter wird uns wieder, was zu uns gehört und was nicht. ... Nur nach uns selber, d.h. nach unserem Artgesetz, haben wir uns zu richten.« (ebd.:97)

Auch Herwör II nimmt teil an einer Schlacht, ist »gerüstet mit ihrem ganzen Heer«. Die Vorgeschichte zu dieser Schlacht ist schnell erzählt. Zwischen dem germanischen Sohn eines erschlagenen Gotenkönigs und dessen germanisch-hunnischem Halbbruder kommt es zu Erbstreitigkeiten. Der Halbbruder (ein »Bastard«, weil nicht rein germanisch) fordert nämlich neben Gold, Geld und Kostbarkeiten, die der Bruder ihm durchaus übergeben will, Land.

»Land, das sie einmal besitzen, treten die landhungrigen germanischen Bauernvölker kampflos nicht leicht wieder ab« (ebd.:98),

meint Rogge-Börner, und auch ein »unbewußtes Rassegefühl« müsse noch »stark« die Handlungen dieser Germanen bestimmen, beschimpft der Germanenbruder den germanisch-hunnischen Halbbruder doch als »Sohn einer Magd«. Nationalsozialistische Ideologeme, wie die Verbundenheit zur »Scholle« und die Unterlegenheit anderer Völker sind in diesen Einlassungen Rogge-Börners mit einer erschreckenden Selbstverständlichkeit untergebracht. – Die Hunnen rüsten zum Rachezug, Herwör ist eine der Verteidigerinnen. Zwar wird sie auf Grund hunnischer Übermacht überrollt, auch fällt sie, aber der Germanenbruder erreicht dennoch den Sieg, schließlich kämpften sie – so Rogge-Börner – um »Freiheit und Vaterland«.
Auch hier fühlt sich die Autorin zu einem abschließenden Kommentar genötigt, der nur bestätigt, was wir bereits herausgearbeitet haben:

»Nirgends ist eine Andeutung zu finden, daß es etwas Ungebräuchliches oder Besonderes sei, daß Herwör, Heidrecks Tochter und Angantyrs Schwester, eine Festung mit ihrem Besatzungsheer befehligt. Den vorgeschobenen Posten gegen den Feind hat sie zu halten. Während der Kampfansage rüstet sie ihre Scharen. Dann zieht sie den Feinden entgegen, und es kommt zu einer blutigen Schlacht, in der sie mit den meisten ihrer Kampfgenossen fällt.« (Rogge-Börner, 1938:101)

6.11 Zusammenfassung II

Die »rassebewußte«, »nordische« Frau als Rächerin, Kriegerin *und* Führerin erklärt Rogge-Börner zur germanischen Norm. Damit hat die Spannungskurve ihren Höhepunkt erreicht. 1933 hatte Rogge-Börner noch gewagt, ihre Vorstellung programmatisch zu formulieren:

»Und w e h r h a f t will das Frauengeschlecht wieder werden. In regelmäßigen Lehrgängen sollen die Mädchen, die sich freiwillig stellen und körperlich tauglich sind, ausgebildet werden für den Fall, der sie zur nationalen Verteidigung rufen muß ... angesichts der haßatmenden und waffenstarrenden Grenzen (haben) alle Deutschen, Mann für Mann und Frau für Frau jederzeit auf das äußerste vorbereitet zu sein ... Von der Pflicht und der Ehre, die Nation zu schützen in Kriegsnot und das Leben für sie einzusetzen, werden die deutschen Frauen als Gesamtheit sich nicht mehr ausschließen lassen!« (Rogge-Börner, 1933 (Denkschrift); zitiert in: Kuhn/Rothe, 1987:74)

Die Entmachtung der NS-Frauen aus der »Kampfzeit« zwang Rogge-Börner endgültig, Zuflucht zu nehmen zum Mythos. Nur verdeckter formulieren diese Texte, was 1933 noch programmatisch in einer Rede an die männliche NS-Elite vorgetragen wurde.[110] Hinter *der sich steigernden Fiktion der Eroberung der männlichen Domänen des Krieges* steckt der Wunsch nach *Übernahme der Macht durch am männlich-kriegerischen Ideal identifizierte Frauen.* Dabei übernimmt Rogge-Börner dieses Ideal jedoch nicht in Form einer einfachen Entsprechung. Kriegerische Frauen unterscheiden sich vom männlichen Krieger! Begründet ist dies mit der Ansicht, Frauen könnten aufgrund ihrer zivilisierteren Triebstruktur kultivierter, ehrenhafter (= enger an Werte gebunden) einen Krieg führen. So bedingt das eine das andere – eine erstarrte Triebstruktur entwirft ein der heldischen Norm und der Kriegsästhetik verhaftetes Frauenbild, das einen das Fürchten lehren kann und das folgende Botschaft birgt: sinnliche Leidenschaft, eine intensive und nahe Begegnung der Geschlechter, kann nur tödlich ausgehen, Mütter und Frauen sind eigentlich die besseren Kampfmaschinen.
Historisch ist die Existenz von Kriegerinnen belegt (vgl. Samuel, 1979: 129ff.) – doch hatten sie dadurch in ihren Kulturen mehr Einfluß?[111] Der Wunsch nach Macht, die Größenphantasie einer durch Frauen überwältigten Männerwelt ist sicherlich auch den Frauen in den 30er Jahren nicht nur unsympathisch gewesen, zumal mit dieser Erdichtung unerquickliche Realitä-

ten kompensiert werden können. Das „Erschrecken vor der starken Frau" (Samuel, 1979:318) aber erklärt eben nicht allein das Widerstreben, mit dem, bei aller Sympathie vor wie auch immer starken Frauen, der Text Rogge-Börners für mich als Leserin durchzogen ist. Die mit dem faszinierend-abstoßenden, also ambivalent besetzten Wunschtraum der omnipotenten Kriegerfrau transportierten destruktiven Gehalte unterbreiten und erwecken regressive Konfliktlösungsmuster, die das Unbehagen an der sozialen Situation, das „Unbehagen der Kultur" ins Reaktionär-Narzißtische wenden. Verdeutlichen wir dies noch einmal.

Gehen wir der Spannungskurve der Schrift *Die innere Gestalt der nordischen Frau – eine seelenkundliche Untersuchung* (1938) von Sophie Rogge-Börner abermals nach, ergibt sich folgendes Bild: Zu Beginn argumentiert die Autorin, die *Rassenvermengung* habe den Ausschluß der Frauen aus der gesellschaftlich-öffentlichen Sphäre bewirkt. Sie antwortet mit dieser Stellungnahme auf eine für sie soziale Realität der Orientierungslosigkeit und Ohnmacht, d.h. konkret: auf die Erfahrung der Niederlage im Ersten Weltkrieg[112], die Instabilität der Weimarer Zeit, die Wirtschaftskrise 1929, die Proletarisierung des Mittelstandes[113] und die reale „Entmachtung" der NS-Frauen durch die männerbündischen Nationalsozialisten (vgl. Thalmann, 1987). Mit den im Rassismus verankerten *Abwehrmechanismen* begegneten die Germanenkultlerinnen der Destabilisierung ihrer Welt und ihres Selbstbewußtseins. Das heißt genauer: Mit den Mechanismen der *Projektion*: das Fremde ist Schuld am schlechten Befinden, und der *Spaltung*: die Welt wird in den Kategorien »nordisch«/nicht-»nordisch« – jüdisch/nicht-jüdisch[114] wahrgenommen. Hinzu gesellen sich *Homogenisierungsideen und Idealisierungen*. Die Wunschphantasie besteht darin zu glauben, das Leben in einer Gesellschaft der „eigenen" »nordischen« »reinen« Rasse« wäre ein schönes – daß heißt, in der »völkischen Stammesgemeinschaft« und der »Sippe« könne unter Ausschluß des Fremden und unter Führung der Frauen ein geschlechter- und klassen-konfliktfreies, wertbeständiges, symbiotisch-kollektives Leben gelebt werden, das den Frauen eine (Über-) Machtstellung garantiert. Die darüber hinaus dargebotenen *Verschmelzungsphantasien*

– der auf geistiger Ebene inzestuösen Bindung zwischen fürsorglicher Tochter und Soldatenvater (wie bei der Autorin Liane von Gentzkow),
– des Arbeitsbündnisses zwischen kompetenten Bürger-Frauen an der »Heimatfront« und dem Vater-Staat (wie dem Text von Margareta Schickedanz zu entnehmen war),
– der verständnisvollen Bindung zwischen dem trauernden, passiven Vater und der rachelüstern-destruktiven, aktiv handelnden Tochter, zwischen

der – die »scharfe Waffe« besitzenden – Mutter und dem tollkühnen Krieger-Sohn oder zwischen Bruder und Schwester (wie in Rogge-Börners Schriften zu lesen war)

demonstrieren eine latent schlummernde *Phantasie der idealen Paarbildung.* Dabei haben insbesondere die idealisierten, symbiotischen Paarbeziehungen zwischen den soldatischen, eigentlich auch der Elite zugehörigen Germaninnen und den soldatischen, konkret die Macht besitzenden (väterlichen und brüderlichen) Elite-Männern, im Sinn, daß mit der Realisierung dieser Phantasie den heroischen weiblichen Kämpferinnen endlich die Bedeutung, die phallische Macht und politisch-öffentliche *Herr*schaft zugestanden werden wird, die ihnen nach Auffassung von Rogge-Börner ohnehin – endlich – gebühre. Die als »magisch« herausgehobene, aber nie ausführlich thematisierte »Geschwisterbindung«, die Rede ist immer von Schwester-Bruder, deute ich als weiteres Indiz für die soeben dargestellten Einforderungen, wobei es die Brüder (oder Väter) sind, die – in der Realität – das momentane Geschick bestimmen. Ferner suggerieren die oben benannten idealisierten Bündnisse bspw. zwischen Tochterkriegerin und Soldatenvater, zwischen Kriegerbruder und Kriegerschwester, zwischen Soldatenmutter und -sohn usf., ein konfliktfreies, eben ideales – weil entsexualisiertes – zwischengeschlechtliches Zusammenleben.

Über diesem Konstrukt schweben die *Größenphantasien* zum Leben und Wirken der germanisch-»nordischen« Frau. Rogge-Börner schildert im Verlauf ihrer Bearbeitung des mythischen Materials einige dieser allmächtigen Frauen in den verschiedensten Rollen und Funktionen. Sie charakterisiert die Frau

- als politische Führer*natur*,
- als bessere, umsichtige Lenkerin der »völkischen Stammesgemeinschaft« und der »Sippe«
- als die energischere Wahrerin und »Reinigerin« der »Sippenehre«
- als „Dompteuse" der wilden, unheilbringenden Männer,
- als diejenige, die dem Sohn die verständnisvolle Mutter UND der bessere Vater ist,
- als die Herrenfrau, die ein weit ausgeprägteres Bewußtsein ihrer angeblich höherstehenden Rasse, ihrer Ehre und der Sippenehre, ihrer Treue und ihres Standes hat.

Die »nordischen« Frauen Rogge-Börners zeichnen sich aus

- durch ihre Fähigkeit zur grausamen Vernichtung,
- durch ihren unabänderlicheren, starken »Naturwillen« und
- dadurch, daß sie das Schicksal bestimmen und vorausahnen,
- sowie durch ein erstarrtes Festhalten am Willen zu Rache und Krieg.

Der in der Gesamtheit dieser Entwürfe steckende latente Wunsch ist der nach *umfassender Allmacht.* Diese drückt sich auf verschiedenen Ebenen aus:
- sowohl in der Verschmelzungsphantasie der »Volksgemeinschaft« (das »Ganze« als heroische Sinngemeinschaft)
- in der Phantasie der angeblich natürlichen Herrschaft über die anderen, nicht-»nordischen« Völker ,
- als auch in der angeblich besseren, ebenfalls in der Natur liegenden Führungsfähigkeit der germanischen Frauen über Kinder, Mann, Familie, »Sippe«, »völkische Stammesgemeinschaft«.

Doch bleibt Rogge-Börner bei diesen oben benannten Kennzeichnungen der »nordischen« Frauen nicht stehen: Offensichtlich kann sie sich nicht so recht vorstellen, die Macht *als Frau* auf allen gesellschaftlichen Ebenen zu übernehmen. Da ihre Rede an die männliche Elite gerichtet ist, die sie zu überzeugen versucht, entwirft sie eine dem traditionellen Frauenbild widersprechende Lesart, von der sie wohl meint, daß die soldatisch-nationalistisch-völkisch identifizierten Männer sie verstehen könnten: das Bild der *zur destruktiven(!), aber kontrollierten Aggression fähigen Kriegerfrau*, die in gleicher zäher, eiserner Erstarrung ihrem Kriegshandwerk verbunden ist, wie dies die völkisch-soldatischen Nationalisten sind. Das ihr dabei die Größenphantasien aus dem Ruder laufen, deckt nur ein weiteres Wunschfeld auf. Denn ihr Entwurf impliziert an einigen Stellen, daß eine solchermaßen willensstarke Kriegerfrau der Männer nicht mehr bedarf: Einmal, da die Frau ohnehin (und von Natur aus) alles besser macht, dann aber auch, weil sie die männlichen Funktionen auf allen Ebenen übernehmen kann. In diesem Entwurf sind die Frauen die besseren Rächer, die besseren Väter, sind ebenbürtige Krieger usw. Daß sie dabei die (aus heutiger Sicht) negativ-männlich-kriegerischen Eigenschaften auf ihre Heldinnen überträgt, fällt Rogge-Börner deshalb nicht auf, weil sie diesen Attributen huldigt.

So ist es für Rogge-Börner auch kein Problem, Männer hie und da durch ihre Krieger-Heldinnen vernichten zu lassen. Und genau an dieser Stelle trifft die Autorin auf einen Kern in der Auseinandersetzung zwischen den Geschlechtern, die ja nicht nur in der lustvoll-besetzten Spannung gelebt werden kann, sondern auch im gegenseitigen Versuch der Zerstörung. Unverhüllter Stolz springt aus den Zeilen heraus, wenn von den »zahllos« vernichteten Männern die Rede ist. Rogge-Börners Botschaft ist nicht: schickt die Männer in den Krieg, sondern vielmehr: auch das machen wir jetzt selbst – vielleicht sogar besser. Damit stützt sie – trotz eines gewissen Überhangs – eine mit den wichtigsten Kerngesinnungen der nationalsozialistischen Ideologie verquickte Bereitschaft zu Krieg und Destruktion.

Aber: Bietet sie damit nicht auch, ähnlich dem Traum (vgl. Freud, 1972), eine unbewußte, verschlüsselte Wunscherfüllung für zumindest einige Frauen an, die es satt haben, um die – bis heute nicht verwirklichte – gleichberechtigte politische Partizipation zu kämpfen? Die Faszination, die der Entwurf Rogge-Börners ausgeübt haben dürfte und ausübt, besteht darin, daß die Männer vernichtet werden oder die *höhere* Kompetenz der Frauen anerkennen und die (»nordischen«) Frauen die allmächtige Herrschaft nicht nur über das eigene Volk übernehmen, sondern auch über andere Völker. In beiden Fällen ist „der" Mann unterlegen. Sich die, wenngleich nicht ungebrochene, Faszination einzugestehen, ist für die heutige Leserin/den Leser schmerzhaft. Sich die Konsequenzen immer wieder vor Augen zu halten, eine unabdingbare Notwendigkeit.
Um noch einmal die Macht der Versagung und der phantasierten Wunscherfüllung deutlich zu machen, sei am Ende der Interpretation auf den Einbruch der Realität (des Ersten Weltkriegs) in die Erörterungen Rogge-Börners hingewiesen. Denn über die konkreten Leiderfahrungen eines Krieges weiß sie, wie ihr kurzes Fazit am Ende ihrer Schrift erkennen läßt, sehr gut Bescheid! Im Kern ihres »Ergebnisses«, das ansonsten die uns schon bekannten Ansichten enthält, schreibt Rogge-Börner:

»Von diesem Wichtigsten (den besonderen »seelischen Kräften« der Frau, dem »Naturwillen« der Frau usf., E.d.V.) wissen die Lenker der Erde (ich darf daran erinnern: 1938 waren dies in Deutschland die Nationalsozialisten, E.d.V.) heute nichts mehr. Sie helfen sich weiter ohne die Weisheit, die Güte, die starken sittlichen Führerkräfte des weiblichen Menschenteils – nicht nur das, sie w o l l e n diese Kräfte nicht mehr wirksam sehen in den großen Entscheidungen ... Das Ergebnis liegt sichtbar zutage im dämonisch gehäuften Völkerleid, das aus allen Zonen des angeblich so fortgeschrittenen Planeten zum Himmel schreit, stöhnt, anklagt. Das Zeitalter ohne Weibdenken und -wollen verschleudert Seelen wie Ausschußware im Ausverkauf und wirft an jedem Tage – durch sadistischen Mord oder Bombenabwurf, Granaten oder Giftgas – Tausende von Menschen mitten in ihrer noch nicht vollendeten Werdebahn aus dem Leben, Seelen, die wehrlos, ahnungslos, schuldlos ihren Weg gingen. Unser Jahrhundert ... ist stolz auf seine Gasmaskenindustrie und darauf, daß es Mütter und Kinder übt im 'Schutz' gegen teuflischen Mordüberfall aus der Luft.« (Rogge-Börner, 1938:104)

Warum sie aus diesen Erfahrungen nicht lernen konnte, bleibt als Frage und als trauriger Sachverhalt im Raum stehen.
Denn was hat Rogge-Börner in dieser Einlassung ausgedrückt? Immerhin stellt sie den Kern jeder Kriegsideologie, den sinnvollen Tod, in Frage. Gerade ihr Wissen um das Leid durch einen Krieg stellt ihren vorhergehenden Text, den ich als rassistische Kampfschrift und Kriegspropaganda lese, in ein sehr irritierend-grelles Licht. Was sie, ganz am Ende ihrer Schrift in ihrem »Ergebnis« als Grausamkeit beschreibt, sind die Auswirkungen des *industriellen* Krieges, synonym dafür ist der »Mordüberfall aus der Luft«. Sowohl

die Waffen (Bomben, Gas) als auch die Produktionsweise (»Gasmaskenindustrie«) unterliegen den Gesetzen der industriellen Produktion. Nach Rogge-Börner ist für diese Form der Kriegsführung und Produktionsweise der männliche Part verantwortlich. Gleichbedeutend mit der industriellen Massenfertigung, unterliegen die Opfer dieses (männlichen) industriellen Krieges der unter dem kapitalistischen Gesetz stehenden Vermassung: »Völkerleid« ist »dämonisch angehäuft«, die »Seelen« sind »wie Ausschußware im Ausverkauf« »verschleudert« worden, so die Terminologie Rogge-Börners. Die Sequenzen, in denen sie die moderne Kriegsführung und Gesellschaft beschreibt, lassen ihre Nähe zu konservativen Kulturkritikern erkennen. Diese sahen in der Masse (sprich: der bedrohlich anwachsenden Proletarierklasse) eine Gefahr für Staat und Gesellschaft. Rogge-Börner geht es jedoch nicht um Beanstandungen konkreter Verelendung. Sie wendet ihre Kritik ins Reaktionär-Visionäre: In ihren Mytheninterpretationen entwirft sie Einzelkämpferinnen und Kriegerinnen, die sich im heldisch-heroischen (Einzel-)Kampf selbst finden. Das Wissen um die Leiden und Zerstörungen des gerade vergangenen (Ersten Welt-)Krieges kann sie zwar formulieren, findet sich aber in ihren Mytheninterpretationen nicht wieder. Als unverarbeiteter Schrecken ist der Weltkrieg im Gedächtnis haften geblieben und bricht als Realitätssplitter in Rogge-Börners Fazit durch. Die Bearbeitung der Kriegstraumata erfolgt nach altem Schema, der Spaltung in gut und böse. Diesmal sind die schuldigen Bösen die Männer, genauer die männliche Elite, die die »Weisheit«, die »Güte« und die »sittlichen Führerkräfte des weiblichen Menschenteils« aus der weltlichen, männlichen »Lenkung« ausgeschlossen haben. Bleiben die Herren unter sich, ist das Ergebnis der industrielle (Massen-)Krieg mit den vielen, unschuldigen Opfern. Würden die Frauen an der Macht partizipieren, wäre das alles *so* nicht passiert.
Der im Fazit Rogge-Börners formulierten, *negativ besetzten, industriell-kriegerischen Männergewalt* steht die, im vorangegangenen Text wiederholt präsentierte, *positiv assoziierte, archaisch-vormoderne Frauengewalt, die kontrolliert-kultivierte Kriegsästhetik* gegenüber. Denn nach Rogge-Börner setzen die heroischen Rächerinnen oder germanischen Kriegerinnen ihre Destruktivität zielgerichtet gegen einzelne Individuen und moralisch gerechtfertigt ein. Die industrielle Männergewalt demgegenüber ist zügellos, wild, willkürlich, trifft Frauen und Kinder, Unschuldige und Wehrlose gleichermaßen. Daß die Männer triebhaft und schwach sind, hatten wir ja ohnehin bereits erfahren.
Neben ihrer rassistischen Gesinnung, der bereits eine Spaltung immanent ist, teilt Rogge-Börner darüber hinaus die Welt auf in die „böse, industriell-krie-

gerische Männergewalt“ und in die „gute, vormodern-archaisch-kriegerische Frauengewalt“. Solchermaßen aufgespalten, können die guten Anteile bei den heroischen »nordischen« Frauen verbleiben, kann »das Böse« schlechthin abwechselnd auf die fremde Rasse oder auf die Männer projiziert werden. Gleichzeitig garantiert die Konstruktion die Unterbringung und positive Wertung eigener destruktiver Bestrebungen, weil weibliche Gewalt, Rache, weibliche Kriegsführung als „gute Gewalt“ gedacht wird.
Auch nach dem Zweiten Weltkrieg hielt Rogge-Börner an diesem Weltbild fest. 1951 wiederholt sie in ihrem Buch *Planet im Absturz* die uns nunmehr bekannten Denkmuster und idealisiert nach wie vor das »Germanentum«, die »geborene Führernatur« der germanischen Frauen. Abgesehen davon, daß sie die Vernichtung der Juden, Zigeuner, Kommunisten usw. gar nicht erwähnt, macht sie für den grausamen (Zweiten Welt-)Krieg die »männlichen Halbwesen« verantwortlich – und nicht die nationalsozialistische Ideologie! Ein »weiblicher Schuldanteil« bestehe darin, daß die Frauen in ihrer Passivität verblieben seien. Sophie Rogge-Börner, die Zeit ihres Lebens keinen gesellschaftlichen Raum für sich gefunden hatte, verharrt in ihrem projektiven Haß. Sie spricht noch immer von »Überfremdung« und den bösen Männern, die das Weibliche ausgeschlossen haben – nur dies der Grund für Krieg, Vertreibung, Bombenterror. Nach wie vor glorifiziert sie das sakralisierte Idealbild der Germanin. Desillusioniert schreibt sie 1951, 73 Jahre alt, über ihre Geschlechtsgenossinnen:

»Aus der freien, stolzen Schicksalsgefährtin des Germanen wurde die Dienerin und Dirne des Europäers.« (Rogge-Börner, 1951:36)

Sophie Rogge-Börner verstarb 1955 im Alter von 77 Jahren.

Die vier hier betrachteten Schriften der Autorinnen von Gentzkow, Schickedanz, von Hoerner-Hintze und Rogge-Börner haben ihren LeserInnen geradezu exemplarisch vorgeführt, wie sich fiktive Bilder der Rolle der Frau in Kriegszeiten, wie sich imaginäre Entwürfe mit Ideologischem vermischen lassen.
LeGoff schreibt zum Verhältnis zwischen dem Imaginären und dem Ideologischen: „Zu unterscheiden ist auch zwischen Imaginärem und *Ideologischem*. Das Ideologische beinhaltet eine Konzeption von der Welt, die darauf abzielt, der Vorstellung einen Sinn aufzuzwingen, der sowohl das materielle als auch das ‘imaginäre’ Reale pervertiert. Nur aufgrund des Gewaltstreichs, durch den es das ‘Reale’ in einen vorgefaßten konzeptionellen Rahmen preßt, hat das Ideologische eine gewisse Verwandtschaft mit dem Imaginären.“ (LeGoff, 1990:8) Eine solche Vermischung, sowie der Versuch

eine weltanschauliche Gesamtkonzeption zu entwerfen, findet sich auch in den Texten der Autorinnen wieder. Entscheidend für ihre Wirkkraft sind die in ihnen enthaltenen imaginären Bilder. LeGoff, der das Imaginäre in die historische Forschung einbezogen sehen möchte, schreibt ihm tragende Bedeutung zu: „Das Imaginäre nährt den Menschen und veranlaßt ihn zum Handeln. Es ist ein kollektives, soziales, historisches Phänomen. Eine Geschichte ohne das Imaginäre ist eine verstümmelte, körperlose Geschichte." (ebd.:13)

Auch für die kriegsästhetischen Texte der hier vorgeführten Autorinnen läßt sich dies festhalten. Gleichzeitig sind die in ihnen enthaltenen Bilder bereits *geronnener* Ausdruck des Umgangs mit gesellschaftlicher Realität – unter Vermischung eigener Wunschproduktionen.

Alle vier Autorinnen entstammen dem Bildungsbürgertum – zur Zeit der Weimarer Republik, wie viele Befunde nachgewiesen haben (vgl. Conze/Kocka, 1985), in einer Krise befindlich. Die Hoffnungen, eine ihrer Ausbildung entsprechende gesellschaftliche und berufliche Position bekleiden zu können, erfüllt sich nur bedingt. Aus der öffentlich-politischen Machtsphäre werden die Frauen mit der Machtübernahme 1933 zunehmend verdrängt. Zwei der Autorinnen (von Gentzkow, Rogge-Börner) haben Offiziere als Väter – deutlich ist die Identifikation der Autorinnen mit der soldatischen Identität, von der sie Größe, Achtungserfolge und Befreiung erwarten. Greifbar ist bei allen vier Schriftstellerinnen der destabilisierende Einfluß der Niederlage des Ersten Weltkriegs (sowie der Revolution, der Weimarer Republik, 1929 usf.). Ganz deutlich aber auch, daß sie mit ihren während dem Ersten Weltkrieg geleisteten, kriegsbegleitenden Unterstützungsarbeiten große Hoffnungen verbanden: eine Chance zur »Bewährung«, eine Möglichkeit, eine achtbare, einflußreiche Stellung im Gemeinwesen zu bekleiden – praktischerweise verbunden mit der Gelegenheit destruktive Bestrebungen unterzubringen, gegen »Umkreisung«, gegen die »Juden«, gegen den Liberalismus usf.

Rekapituliere ich noch einmal die Wirkung der kriegerischen Frauenbilder – bei all ihrer Verschiedenartigkeit (preußische Soldatenfrau, die Kriegerfrau an der »Heimatfront«, die »Frontschwestern« und die kriegerische Germanin) – so fällt mir besonders die *Grandiosität* und die Bereitschaft zur *Destruktivität* der Frauenfiguren auf – am pointiertesten bei Rogge-Börner. Grandios, stolz, heroisch, und eben auch aggressiv aus- und abgrenzend unter Mobilisierung des verschmolzenen Binnenraums, der erhöhten »Volksgemeinschaft« – hierin materialisiert sich das erhöhte Ideal der Autorinnen, die an solcher Erhabenheit teilhaben wollen.

Eigentlich richten die vier Frauen ihre Rede nicht an ihre Geschlechtsgenossinnen – wie dies Margareta Schickedanz und Sophie Rogge-Börner am eindringlichsten in ihren Schriften zeigen. Die Autorinnen versuchen Männer, darunter auch die männliche NS-Elite, von ihrer Kriegsbereitschaft zu überzeugen. Die dabei angewandte Beweisführung stützt sich im wesentlichen auf zahlreiche dyadische, den ödipalen Konflikt regressiv auflösende imaginäre Paarphantasien, die alle Schriften durchzogen haben, und die sich immer zwischen einer heldischen Protagonistin und einem männlich-soldatischen Part abspielen. Gemeint sind Szenen wie:

- der zweifelnde Soldatenvater, die schwache, dann nicht mehr vorhandene Mutter und die starke, dem Vater verbundene Soldatentochter (wie bei der Autorin Liane von Gentzkow)
- das männliche Führungspersonal und die starken, heroischen Elitefrauen (Margareta Schickedanz)
- die Soldatenbrüder und ihre tapferen, mit den gleichen soldatischen Tugenden ausgestatteten »Frontschwestern« (Margareta Schickedanz)
- der tapfere Brudermann, der von den ebenso tapferen Schwesterfrauen an der »Heimatfront« geschützt wird (Margareta Schickedanz)
- der schwache, triebhafte Kämpfer-Sohn, der von seiner starken, führungsfähigen Übermutter beschützt werden muß (Sophie Rogge-Börner)
- die magische Geschwisterbindung zwischen Brüdern und Schwestern (Sophie Rogge-Âörner)
- der schwache Vater, die machtlose Mutter und die (wiederum) mit diesem Vater in enger, geistiger Beziehung stehende starke Tochterfrau – die geistig-inzestuöse Vater-Tochterbeziehung (Sophie Rogge-Börner)
- der sterbende Soldatensohn und seine heroische und erhöht leidende, vergesellschaftete Soldatenmutter (Liane von Gentzkow)
- und die magische Bindung zwischen phallischer Mutter und Sohn (Sophie Rogge-Börner).

Sie verweisen auf die eigentliche Botschaft und Rollenzuweisungen, die den Autorinnen in ihren kollektiven Imaginationen vorgeschwebt haben: Den Elite-Töchtern der Väter/bzw. den Schwestern der Brüder steht eine gleichberechtigte, höhere Stellung (eine Führungsposition) in der Gesellschaft, eine – ebenso – grandios-heroische Rolle zu. Das Mittel, mit dem dieses Ziel, das ja ein Phantasma ist, erreicht werden soll, ist die *Identifikation mit den Tugenden des Soldaten*vaters oder -bruders, ist die *imaginäre Bindung mit dem männlichen (soldatischen) Führungspersonal*, ist das geistig-inzestuöse Band zum Krieger-Vater, ist die als magisch verklärte Geschwisterbeziehung zwischen Schwester und Soldaten-Bruder. Die Väter und – häufiger – die

Mütter werden in diesen Konstrukten zum Verschwinden gebracht. Sie sollen, wenn sie denn schon schwach sind, von der Bildfläche verschwinden – den aktiven Part übernehmen die Töchter schon. Mütter kommen als Identifikationsvorlage ohnehin nicht in die engere oder weitere Wahl. Und wenn sie denn schon eine Rolle spielen, dann sollten sie den Anteil des heroischen Leidens und der Trauer übernehmen – vielleicht, damit die Töchter unbehelligt herrschen können?

7 Biographische Daten zu den Autorinnen

Die hier (alphabethisch) aufgelisteten biographischen Lebensdaten sind den vier Autorinnen zuzuordnen, die in meiner Arbeit im Original schwerpunktmäßig zitiert und von mir interpretiert worden sind. Es sind dies:

- Gentzkow, Liane von (Preußenkult)
- Hoerner-Hintze, Suse von (Erster Weltkrieg/»Frontschwestern«)
- Rogge-Börner, Sophie (kriegerische Germanin) und
- Schickedanz, Margareta (Erster Weltkrieg)

Die vorliegenden Daten sind folgenden Quellen entnommen:

- *Gesamtverzeichnis des deutschsprachigen Schrifttums 1911-1965* (1977-1980); München
- *Kürschners Deutscher Literaturkalender* (KDLK), verschiedene Jahrgänge zwischen 1928 und 1958; Berlin/Leipzig
- *Lexikon der Frau* (1954): Bd. I und II; Zürich
- Budtke, Petra/Schulze, Jutta (1995): *Schriftstellerinnen in Berlin 1871 bis 1945. Ein Lexikon zu Leben und Werk*; Berlin
- Den jeweiligen zu diesen Frauen zugehörigen *Akten im: Bundesarchiv* (ehemals Document Center) in Berlin.

von Gentzkow, Liane (Johanna Marie Olga) * 1.1.1888

Liane von Gentzkow war ledig. Als Berufsbezeichnung gab sie im Antrag für die Reichschrifttumskammer an: Wohlfahrtspflegerin, Schriftleiterin, Schriftstellerin. Sie erstellte Romane, historische Biographien, historische und kulturhistorische Aufsätze und Jugendbücher. Laut Kürschners Deutsches Literaturlexikon (KDLK) wohnte sie in Berlin-Steglitz, Unter den Rüstern 12.
Liane von Gentzkow ist am 1.1.1888 als Tochter eines Generalmajors in Neisse geboren worden. Sie hatte vier Geschwister, zwei Brüder und zwei Schwestern. Aus der Ahnentafel läßt sich entnehmen, daß ihre Familie sowohl mütterlicherseits wie väterlicherseits in der Hauptsache Landwirte waren. (Großvater mütterlicherseits: Rittergutsbesitzer).
Sie hat die höhere Mädchenschule besucht und abgeschlossen. Bis zum Tode ihres Vaters 1910 ist sie nicht berufstätig (da ist sie 22 Jahre alt). Mit ihrer Mutter bereist sie u.a. Italien, wo sie ihren späteren italienischen Verlobten kennenlernt. Der Erste Weltkrieg trennt sie von ihm – er kommt auf unge-

klärte Weise zu Tode. Sie ist 26 Jahre alt zu diesem Zeitpunkt. Von Gentzkow betätigt sich während des Ersten Weltkrieges im 'Nationalen Frauendienst' und ist danach in der Kriegsbeschädigtenfürsorge tätig. Auch auf ihre politische Entwicklung hat dieser Krieg nachhaltigen Einfluß ausgeübt, er ist das sie lebenslang beschäftigende Erlebnis. Ab 1925 arbeitet sie in einer Nachrichtenagentur, die sie 1936 verläßt, weil die Inhaberin auch jüdische Mitarbeiterinnen beschäftige. Ab 1937 ist sie als Schriftstellerin freiberuflich tätig. Über ihr weiteres Schicksal ist mir nichts bekannt.

Liane von Gentzkow verfaßte (soweit ich dieses herausfinden konnte) folgende Schriften:

- 1917: *Fluch der Schönheit sind Tatsachen*! (Erscheinungsort?, Verlag?)
- 1928: *Es ziehen die Dämonen. ... Ein deutsches Schicksal* (Nacherzähl.); Berlin: B. B. Behrs Verlag, 271 Seiten, mit eingedr. Stammtafel
- 1931: *Die Gesandtin Gottes. St. Elisabeth von Thüringen* (Ersch.ort?/Vlg.?); 2. Aufl. 1935, Dülmen: Verlag Laumann, 251 S.
- 1934: *Christine Wasa, Lebensbild einer nordischen Frau*, 1. Aufl.; 2. Aufl. Berlin: Behr's Verlag, 311 S.
- 1936: *Königliche Frauen der Wanderungszeit und des frühen Mittel-Alters*; Freiburg: Herder, 117 S. mit 4 Abb.
- 1937: *Germanische Fürstinnen, Lebensbilder* (Ersch.ort?/Vlg.?)
- 1937: *Caterina Sforza. Ein heldisches Frauenleben*; Berlin und Leipzig: Behr's Verlag
- 1938: *Deutsche Mädchen der zweiten Jahrtausende*, Jugendbuch-Kultur im Alltag (Ersch.ort?/Vlg.?)
- 1940: *Liebe und Tapferkeit. Frauen und deutsche Soldaten*. Mit 8 Tafeln; Essen: Industriedruck AG, 4. Aufl. Essen: Fels Verlag 1943, 319 S.
- 1941: *Das deutsche Mädchen. Von der Frühzeit bis zur Gegenwart.* Zeichnungen von
- G. Ulrich (8-13.Tsd.); 1. Aufl.; Braunschweig, Bln; Hambg: Westermann 1943, 193 S.
- 1942: *Kameradin in Krieg und Frieden, Deutscher Frauengeist.* Mit 8 Tafeln; Essen: Fels Verlag, 336 S.
- 1942: *Der Condottiere*. Roman aus der italienischen Renaissance; 1. Aufl. 1942; 2. Aufl. Berlin: Deutsche Buchvertriebs- und Verlagsges., 238 S.

Im KDLK 1939 ist sie verzeichnet, im KDLK 1952 nicht.
Im folgenden der selbstverfaßte Lebenslauf[1] von Liane von Gentzkow im Wortlaut (Quelle: Bundesarchiv Berlin, Akte von Gentzkow):

»Lebenslauf
Ich bin am 1. Jan. 1888 als Tochter des damaligen Majors von Gentzkow und seiner Gattin Maria Victoria, geborene Wegner in Neisse geboren. Nach der Verabschiedung meines Vaters als General und Brigadekommandeur in Metz siedelten wir nach Berlin über 1897. Ich besuchte hier die höhere Mädchenschule bis 1904. Bis zum Tode meines Vaters, der 1910 erfolgte, habe ich eine berufliche Tätigkeit nicht ausgeübt.
Beim Ausbruch des Weltkrieges befand ich mich mit meiner Mutter in Italien, wo ich künstlerische Studien trieb. Ich war mit einem italienischen Staatsangehörigen verlobt, von dem mich die Teilnahme Italiens am Weltkrieg auf Seiten unserer Gegner und später der Tod meines Verlobten trennte. Einem Versprechen gemäss trat ich zu seiner Kirche, der römisch-katholischen über. Diese Privatangelegenheit erwähne ich nur, weil ich damit eine Unstimmigkeit im Fragebogen zwischen der Angabe meines Bekenntnisses einerseits und der Angabe im Taufschein erklären kann.
Ich betätigte mich während des Krieges im nationalen Frauendienst und besuchte danach eine soziale Frauenschule. Von 1919-24 war ich als Wohlfahrtspflegerin in der Zentrale für private Fürsorge Berlin tätig und arbeitete hauptsächlich in der Kriegsbeschädigtenfürsorge, ferner ehrenamtlich in der Wohlfahrtskomission meines Wohnbezirks.
Aus Gesundheitsrücksichten gab ich diese Laufbahn auf, was ich heute noch bedauere. – Dann fand ich eine Volontärstelle in der damaligen Korrespondenz Frauenpresse 1925 und bin seitdem ununterbrochen schriftleiterisch und -stellerisch mit recht guten Erfolgen (blos nicht materiell, leider!) tätig.
Nach 11 Jahren schied ich am 1. Juli 1926 aus der genannten Korrespondenz aus, nachdem ich aus weltanschaulichen Gründen bereits vorher die weitere verantwortliche Zeichnung nach Rücksprache mit meiner Berufsorganisation, dem Reichsverband der deutschen Presse, verweigert hatte: die Besitzerin des Unternehmens beschäftigte jüdische Mitarbeiterinnen und war in jeder Hinsicht gegen den Nationalsozialismus eingestellt. Ein halbes Jahr nach meinem Ausscheiden wurde, wie ich vorausgesehen, die Korrespondenz durch die Geheime Staatspolizei geschlossen. – Ein Versuch mich als Teilhaberin einer literarischen Korrespondenz selbständig zu machen scheiterte infolge des Todes der Inhaberin.
Seitdem, seit dem Januar 1937 versuche ich als freie Mitarbeiterin zu verdienen und bemühe mich weiter um Anstellung in einem Verlagsunternehmen, Lektorat oder Schriftleitung. Mein Hauptfach, auch für meine journalistische Arbeit, ist die Geschichte, speziell Kulturgeschichte und Lebensbild.
Auf die Frage betreffs meiner weiteren schriftstellerischen Pläne kann ich nur erwidern, dass ich vermutlich in den nächsten 2 Jahren kein Buch herausbringen werde, weil mich Vorstudien aus der Völkerwanderungszeit für einen geplanten geschichtlichen Roman beschäftigen, die meine freie Zeit neben der eigentlichen Pressearbeit noch lange in Anspruch nehmen werden. gez. Liane von Gentzkow, Schriftleiterin.«

Liane von Gentzkow war Mitglied im:

- Reichsverband der deutschen Presse (dies setzte einen „Nachweis der arischen Abstammung voraus, den sie schon 1937 erbrachte) und im
- Reichsverband Deutscher Schriftsteller e.V. (ab dem 2.Aug. 1935).

Im Urteil der Geheimen Staatspolizei (vom 4. Mai 1938 für die Reichsschrifttumskammer erstellt) heißt es über sie, sie lebe sehr zurückgezogen. »Charakterlich liegt gegen sie hier nichts Nachteiliges vor«, heißt es in diesem Bericht.

von Hoerner-Hintze, Suse[2] * Breslau[3], 24.01.1890
geb. Hintze

Suse von Hoerner-Hintze war verheiratet und hatte zwei Söhne. Sie wohnte laut KDLK 1939 in Görlitz, Blumenstr.11-12.
Als Berufsbezeichnung gab Suse von Hoerner-Hintze 1933 an: Zeichnerin/ Malerei/ Krankenschwester.
Diese aus zwei Metiers stammenden Ausrichtungen kennzeichneten tatsächlich einen Teil ihres Lebens. Suse von Hoerner-Hintze entstammt einer künstlerisch orientierten Familie. Vater, Großvater, ein Onkel und ein Bruder waren Maler. Sie selbst besucht die Kunstakademie in Breslau und die Webschule in Sorau/Schlesien. In Amerika arbeitet sie als Zeichnerin. 1914 kehrt sie nach Deutschland zurück, laut Budtke/Schulze (1995) mit der Absicht, Schriftstellerin zu werden. Daß der Erste Weltkrieg, wie die Revolution 1918 auch für sie zu einem sehr beeindruckenden Erlebnis wird, läßt sich einmal ihrem selbstverfaßten Lebenslauf entnehmen, dann aber auch ihren autobiographischen Werken aus dieser Zeit. Zwischen 1914 und 1918 arbeitet sie als Armeekrankenschwester »an der Front«. Am 15.12.1917 heiratet sie in Dresden den am 9.8.84 geborenen Herbert von Hoerner, von Beruf Zeichenlehrer, einen Baltendeutschen (Rittergut Ihlen/Kurland – ob es der Besitzer war, konnte ich nicht in Erfahrung bringen). 1919 müssen sie und ihr Mann aus dem Baltikum fliehen, auf der Flucht bringt sie ihr erstes Kind zur Welt. Suse von Hoerner-Hintze gehört nicht zu den Bessergestellten, sie muß sich in Berlin als Fabrikarbeiterin, Amme, Näherin, Innenarchitektin, freie Journalistin verdingen (vgl. Budtke/ Schulze, 1995:180). Sie veröffentlicht 1929 ein Buch über Naturheilverfahren, ist dann am Institut für Kulturmorphologie (München/Frankfurt) beschäftigt. In den dreißiger Jahren lebt sie in Görlitz (ihre eigene Berufsbezeichnung 1938 war: Hausfrau und Schriftstellerin), später in Göttingen und Eberbach/Baden. Nach Budtke/Schulze (1995:180f.) ist sie zu den Schriftstellerinnen zu zählen, die „durch die glori-

fizierende Darstellung von Episoden aus dem Ersten Weltkrieg an der ideologischen Vorbereitung des nächsten Krieges" mitwirkten.
Von Hoerner-Hintze bekam 1941 den Literaturpreis der Stadt Berlin.
Sie verfaßte, soweit mir bekannt, folgende Schriften:

- 1929: *Ausführung der Anwendungsformen im Naturheilverfahren*. Mit 25. Abb., Berlin: Verlag Lebenskunst Heilkunst
- 1931: *Mädels im Kriegsdienst. Ein Stück Leben*, H.A. Weichmann Verlag, München; 1935: Köhler und Amelang Verlag, Leipzig; 409 Seiten. Erneute Veröffentlichung: 1941: 17.-26. Tsd. bei Hase und Köhler, Leipzig. Des weiteren gab es aus diesem Buch zahlreiche verkürzt ausgedruckte Auszüge, unter anderem im Gauverlag NS-Schlesien; Auszug u. d. T. Eine Auswahl; Köln Schaffstein 1937 (= Schaffsteins blaue Bändchen, Bd. 238); U. d. T. Deutsche Schwestern an der Front (Auszug), Hilgers deutsche Bücherei 581, Berlin 1938; und kurze Auszüge in Margareta Schickedanz' Büchern (siehe: Datei Schickedanz)
- 1939: *Die große Kameradin. Lebensroman der Frontschwester Anni Pinter*. Berlin: Reichel, 8.-36. Tsd. (1940-42)
- 1940: *Ein Mädel an der Front*. Mit Zeichnungen, Engelhardt -Kyffhäuser, Berlin-Steglitz. In der (NS-)Reihe: Junge Generation. 125 S.; 2. Aufl. 1940, 19.-28. Tsd.; 3. Aufl. 1942, 29.-38. Tsd.
- 1940: *Zwischen Krieg und Frieden*. Zeichnungen von Peter Wywiorski, Berlin Junge Generation.
- 1941: *Das Loch im Zaun. Aus den letzten Tagen des Sudetenkampfes*. Erzählung. Textbilder von Hans O. Wendt, Berlin: Junge Generation
- 1941: *Die Frauen von Lesachtal*. Zeichng. von Karl Storch, Berlin: Junge Generation
- 1942: *Weit war der Weg. Wolhyniendeutsches Schicksal* (Historischer Roman), Leipzig: von Hase und Koehler; 2. Aufl. 1943
- 1943: *Der wilde Wuwo*. Erzählung. Zeichnungen von Erna Heim-Schlagenhoff, 1.-5. Tsd; Breslau: Gauverlag NS-Schlesien
- 1943: *Die kleine Ursache*. Zeichnung. von Ferdinand Spindel, Berlin: Junge Generation
- 1954: *Die Schusterkugel*. Eine Jakob-Böhme Erzählung, Gütersloh: Rufer.

Des weiteren war S. v. Hoerner-Hintze Mitverfasserin von Sammelbänden (bspw.: *Kameradin*/Hans Bott Verlag, DRK-Jahrweiser 1938), verfaßte eine Rundfunksendung („*Die Fahne von St. Leonard*", 1938, Görlitz) und arbeitete für Zeitungen und Zeitschriften (Zeitungen: Görlitzer Zeitung, Deutsche Allgemeine Zeitung, Das schwarze Korps, Nordland, Presse Büro Gayda; Zeitschriften: Hausfrau, Deutsche Frauen und Fürs Haus).

Sie ist nur im KDLK 1939 verzeichnet. Im KDLK 1967 wird sie wiederum erwähnt, und zwar ausführlicher. In der Nachkriegszeit gehörte sie dem Arbeitskreis für Dichtung in Göttingen an.

Im folgenden der selbstverfaßte Lebenslauf von Suse von Hoerner-Hintze (Quelle: Bundesarchiv Berlin, Akte von Hoerner-Hintze):

»Kurzer Lebenslauf:
Geboren in Breslau, Vater Georg Hintze, Kunst und Dekorations=Maler, Breslau.

Aufgewachsen in einem alten Haus mit wildem Garten am Oder-Ufer.
Ausbildung: Kindergarten, Töchterschule, Kunstakademie, Haushaltsschule, Webeschule Sorau.
Beruf: Zeichnerin und Entwerferin (textil) in Freiwaldau,-dann New-York, Buffalo, Chikago. (1. Artikel für New-Yorker Staatszeitung.)
Weltkrieg: Sommer 1914, Kriegsausbruch nach Deutschland zurück. Zuerst meinem Vater geholfen, dann Ausbildung im Deutschen Roten Kreuz. Frühjahr 1915 in Österreich Mangel an ausgebildeten Pflegepersonal, wurde ich mit anderen DRK-Helferinnen zuerst nach Göding i/Mähren geschickt, dann folgte Wien und von da aus einer mobilen Feld-Hilfsstation zugeteilt und an die Fronten geschickt: Isonzo, Krain, Kärnten, Karpathen.-
Heirat: Dezember 1917 und 1918 auf dem Land in Kurland gelebt.
Dichtung: Von Kindheit an, Verse, Spiele, meist heimlich. 1917 wurden meine ersten kleinen Schwesterngeschichten in der „Jugend" gedruckt, dann 1923 kleine Skizzen: „Erscheinungen des Augenblicks", auch in „Jugend".
Zusammenbruch: Januar 1919, in schwangerem Zustand, Flucht aus Kurland, von da an viel Elend.[4]
Mein erstes Kind: April 1919 Sohn geboren, in Görlitz. Mein Mann kämpfte zu der Zeit gegen die Bolschewiken.
Broterwerb: Ich wollte von Verwandten und Bekannten keine Wohltaten und ging 1921 aufs Arbeitsamt Berlin N. Bekam Anstellung als „Transportarbeiterin" bei Hildebrand, Schokofabrik, Berlin N. Für geistige Arbeit damals nicht fähig, wollte nicht denken müssen, – nur arbeiten.
1923 Roman in Breslauer Zeitung, Inflation, schlecht bezahlt. Kleinere Arbeiten, Artikel, Kurzgeschichten, in verschiedenen Zeitschriften.
Mein zweites Kind: September 1923 Sohn in Jena in der Univers.-Klinik geboren. Entbindungskosten abgearbeitet.
Arbeit: Mit Säugling in Kinderklinik Ibrahim, Jena. Für Lebensunterhalt Amme und Näherin. Dienstzeit von 6 bis 20 Uhr, nachts noch Milchabsaugen. Ungeheuere Ausnutzung der Ammen und Näherinnen. Viele klappten damals dort zusammen. –
„Rechte Hand" von Prof. Dr. Klein, Jena. Sprechstundenhilfe und Kampf um den ersten Lehrstuhl mit dem deutschen Lehrauftrag: „Für das Naturheilverfahren" mit Begeisterung mitgemacht. Mit Schrift und Zeichnung usw. 1924.

Sommer 1924 holte uns mein Mann nach Überlingen, Bodensee, glaubte dort Verdienst zu haben. Dort Zusammenbruch verschiedener Art. Ich musste den Kleinsten im Kinderheim lassen und ging mit dem ältesten Kind, (4 1/2 Jahr alt) nach München, suchte Arbeit.

Forschungsinstitut: Fand Anstellung bei Leo Frobenius im Institut, damals Nymphenburg, konnte mein ältestes Kind und mich erhalten. Zeichnen, verantwortliche Korrektur, später Mitarbeit, völkerkundlich. 1925 siedelte Institut nach Frankfurt a/M über, ich mit. Hier einige kleiene Arbeiten für Frankfurter Zeitung. (In Univers. hospitiert.)

1926 wurde das Institut städtisch und um die Hälfte verkleinert. Nur das „Afrika-Archiv" wurde ganz übernommen. Ich abgebaut. Mitte 1926 mit ältestem Kind nach Görlitz, (meine Mutter war 1916 hierher übergesiedelt) gearbeitet für: „Der Naturarzt" Berlin, ebenso für den Kalender des gleichen Verlages, schriftlich und zeichnerisch. Vergebliche Versuche mit grösseren dichterischen Arbeiten Verleger zu finden. Aufträge von Zeitschriften einfacher Art. – 1927 kam Sarrasani nach Görlitz, ich machte eine Fahrt und den Abbau uns Aufbau mit, schrieb 16 Zirkusgeschichten, von denen 10 die DAZ, und 6 die Frankfurter Zeitung druckten, so kam ich etwas weiter.
Dann schrieb ich „Mädels im Kriegsdienst", das von 1929 bis 1933 von Verlegern angelehnt wurde, zwei mal mit Angebot unanständiger Änderungsvorschläge auf die ich nicht einging.

1928 bekam mein Mann endlich eine kleine Anstellung hier in Görlitz, wir konnten eine kleine Mietwohnung nehmen, das Kleinste endlich aus dem Kinderheim holen, die beiden Brüder lernten sich kennen.....

1934 kam mein erstes Buch heraus, erst bei Wiechmann, dann bei Koehler und Amelang.- Autrag „Junge Generation" folgte.

Politik: hatte mir immer fern gelegen. Hatte das als spezifisch männlich abgelehnt. Seit 1919 aber war der Wunsch nach Auseinandersetzungen wach. 1925 hörte ich den Führer in München. (Bekam die 1. Ausgabe von „Mein Kampf.") Später war Elend und Kampf um Brot und Dach so gross, dass leider kein Raum mehr für das Wesentliche blieb. Auch war seit 1919 ein Misstrauen gegen j e d e Partei in mir. Lange Zeit. – 1936, eingeladen durch eine Auslandsfreundin zur Olympiade, – gingen mir die Augen ruckartig auf, wie notwendig der Einsatz jedes einzelnen deutschen Menschen gegen den Irrsinn des Auslands ist. Ich fing da an, mit Briefen ins Ausland einzutreten und gab mir selbst das Versprechen, sobald für Deutschland eine dunkle Stunde käme, mich wieder einzureihen.
Am 1. September 1939 meldete ich mich gleichzeitig bei der Partei, bei der Frauenschaft und für die Bereitschaft des DRK.
(Gegenwärtig hin und wieder Dienst bei Lazarettzügen, Bahnhof, und DRK-Bahnhos-Nachtwache.)«
Der Lebenslauf wurde am 5.Februar 1940 verfaßt.

S. v. Hoerner-Hintze war Mitglied im

- VDA (Volksbund für das Deutschtum im Ausland)
- NSV (NS-Wohlfahrt) und im
- RJK und RDJ (diese Abkürzung konnte ich nicht entschlüsseln)[5]

ROGGE-BÖRNER, (Pia) Sophie * 24.7.1878
geb. Börner, (Ps. Christa Hoch)

Sie war verheiratet und hatte einen Sohn. Laut KDLK 1939 wohnte sie in Berlin. Berufe: Studienrätin (Crips, 1990:129), „Schriftstellerin und Soziologin" (*Lexikon für Frauen*, 1954:1065), Journalistin.

1878: Sophie Rogge-Börner wird am 24.7.1878 in Warendorf in Westfalen geboren. Sie stammt aus einer Offiziersfamilie – ihr Vater war Berufsoffizier – und verlebt ihre Kindheit in verschiedenen Garnisonsstädten. „Der Wunsch zu studieren scheitert an den fehlenden finanziellen Mitteln des kinderreichen Elternhauses. 18jährig besteht sie das Staatsexamen für das höhere Lehrfach, übt den Beruf jedoch nicht aus, sondern wendet sich der Schriftstellerei zu." (Budtke/Schulze, 1995:305)

1910: Sie ist 32 J. alt und verheiratet sich mit Dr. med Max Rogge (verstorben 1946), auch ein Berufsoffizier/Marinearzt. 1911 wird der Sohn Ralf geboren.[6] Die Verunsicherungen aufgrund des verlorenen Weltkrieges und der Zusammenbruch des Kaiserreichs können für Sophie Rogge-Börner als Initialzündung und Ausgangspunkt ihrer politischen Entwicklung gesehen werden.

1919: Eintritt in die Deutschnationale Volkspartei (DNVP), 1918 gegründet, eine national-konservative, Partei, die politisch dominiert wird von ostelbischen Großgrundbesitzern/Großindustriellen, ehemaligen kaiserlichen Militärs und der höheren Beamtenschaft. Die DNVP trat für die monarchistische Restauration ein, war aber auch Sammelbecken für rechtsgerichtete, reaktionäre, völkische, antirepublikanische, militärische und antisemitische Kräfte. Zwischen 1924-28 mäßigt sich diese Partei, 1931 jedoch setzt unter der Führung Hugenbergs eine völkische Radikalisierung ein, die zur Eingliederung der DNVP in die »Harzburger Front« führt, einen Zusammenschluß von Stahlhelm, Vereinig. Vaterländischen Verbände und der NSDAP. Sophie Rogge-Börner ist dem völkischen Flügel der DNVP zugetan. Nach dem Ersten Weltkrieg wendet sie sich kulturgeschichtlichen Themen zu. Erste Veröffentlichung (sie ist 41 Jahre alt) unter dem Ps. Christa Hoch:

– 1919: *In Evas Garten, Miniaturen*, Berlin: Semram (=Lit. Sonnenblicke, Bd. 1)
– 1919: *Du hast wohl nie das Glück besessen*; (Umschlagtitel: *Jugendsünde*), München: Universal
– 1919: *Soldatentöchter. Offiziersgeschichten*, Reutlingen: Enßlin & Laiblin (=Enßlins Mark-Bände, Bd.9) 31.-40. Tsd.
– 1921: (unter ihrem Namen) *Das Licht im Dollemkamp*. Roman, Heilbronn: J.J. Weber

1923: (45 J. alt): Sophie Rogge-Börner beteiligt sich aktiv am Aufbau der Nationalsozialistischen Freiheitsbewegung – laut dem *Lexikon der Frau* ist sie ab 1923 auch tätig im Einsatz für Frauenrechte.

– 1924: *Die völkische Frau und die Politik* (Rede), vorgetragen auf dem 1. Ordenstag des Deutschen Frauenordens am 31. Mai 1924. Berlin. Buchdr. Presse 1924 (= Deutscher Frauenorden; Werbeblatt 1)

1925: Ab dieser Zeit erforscht sie die »nordische« Vergangenheit, d.h. insbesondere die der »nordischen« Frau – fast alle ihre Veröffentlichungen der nächsten zwei Jahrzehnte kreisen um diese Thematik. Sophie Rogge-Börner arbeitet jetzt als Schriftstellerin und verlagert den Schwerpunkt ihres politischen Engagements von der Praxis in die Theorie. 1926: Sie zieht mit ihrer Familie nach Berlin-Charlottenburg, Herbartstr. 15[7], eine nahe der Innenstadt gelegene, mittelständische, rund um den Litzensee gelegene Gegend, was auf gutsituierte Verhältnisse schließen läßt.
In Berlin wirkte auch Prof. Andreas Heusler (1865-1940), Prof. für Nordistik (seit 1913 für Germanistik), der durch seine Heldensagenforschung und „Schule“ die isländischen Sagen populär machte. Die der Lebensreform zugeneigte Berliner Vorstadtkultur bspw. stand auch in dieser Tradition. Ganz in Sinne dieser soeben angeführten Ideologie (des auf die isländischen Sagas bezogener Nordismus) agierte auch Rogge-Börner in ihren Schriften im nächsten Jahrzehnt.
Lt. dem *Lexikon der Frau* studierte sie altskandinavische Geschichte – diese Information hat sich durch eine andere Quelle oder durch die Universität Berlin nicht belegen lassen.

– 1928: *Wolfszeitlieder*. Klostermannsfeld, Weißenfels: Irmins-Verlag, 36. S.
– 1928: *Am geweihten Brunnen – Die deutsche Frauenbewegung im Lichte des Rassegedankens*, Weimar: Verlag Deutscher Aufbau, 31.S.

Bereits in dieser Schrift versucht Sophie Rogge-Börner nicht nur die Ebenbürtigkeit der *nordischen* Frau nachzuweisen, sie meint, »das Weib« gehöre auch zur »schicksalsgestaltenden Führung«. Auch in dieser kleinen Abhandlung weist sie schon in den ersten Sätzen darauf hin, daß die nordisch-germanische Frau »Kampfgefährtin« in Kriegs- und Friedenszeiten gewesen sei, die »Eroberungs- und Verteidigungskämpfe« mitbestritten habe. Die Auflösung der Geschlechterspannungen stellt sich Rogge-Börner durch die Rassengleichheitsformel vor, d.h. durch eine Einigung auf der Grundlage des Ausschlusses »anderer«, nicht-nordischer Menschen. Rogge-Börner stand mit ihren Gedankengängen nicht alleine. Innerhalb der NSDAP ist sie einer Gruppe von Frauen zuzurechnen, die sich von der „Ideologie der Wesensverschiedenheit zwischen Frau und Mann abgrenzten. Diese Frauen „stellten sich ein 'germanisches Frauentum' als frei und gleichberechtigt vor und kämpften gegen die Reduzierung der Frau auf ihre Mütterlichkeit." (Budtke/Schulze, 1995:305) Auch wenn es sich bei diesem Entwurf um eine (regressive) *Utopie* handelt, ist die Realitätsleugnung angesichts der Unbeweglichkeit der Verhältnisse (der Gesellschaft im allgemeinen, der in der Regel misogynen Nazi-Ideologen im besonderen) frappant. Im Laufe ihres Lebens hält Sophie Rogge-Börner jedoch an ihrer Utopie fest – wenngleich aufgrund der Zurückweisung der Nazi-Führer ab Mitte der 30er Jahre in der Phantasie über die Bearbeitung und Interpretation mythologischer Textmaterialien.

– 1929: *Die Lebenden rufe ich! 10 Jahre Kriegsschuldlüge*, Berlin: Verlagsgesellschaft Deutscher Herold, 50 S.

Eine antisemitisch-rassistische Schrift: Die Schuld für den Ausbruch des Ersten Weltkriegs trage die Weltverschwörung der Juden, der Versailler Friedensvertrag sei ein Schandvertrag, das deutsche Volk mit der Niederlage auf das Tiefste gekränkt, so die Aussagen dieses sehr affektiven Pamphlets.

– 1930: *Nordischer Gedanke und Verantwortung*, Leipzig, A. Klein Verlag, 91 S.

Sophie Rogge-Börner setzt sich in dieser Schrift auseinander mit dem ausgesprochen misogynen Nationalsozialisten Darré. Sie versucht, mit politischen Argumenten der von Darré intendierten Reduktion der arischen Frau auf die Trägerin der arischen Erbqualitäten und damit der Eingrenzung auf Mutterschaft zu entgegnen – sie fordert für die *arischen* Frauen Gleichrangigkeit und Beteiligung an der Führung. Dieses Buch wurde von deutschnationalen Frauen viel gelesen, von den angesprochenen Nationalsozialisten im wesentlichen ignoriert.

– 1930: *Im hohen Mittag – Neue Gedichte*, Weißenfels: Irmius-Verlag, 54 S.
– 1932: *Zurück zum Mutterrecht. Studie zu Prof. Ernst Bergmann: Erkenntnisgeist und Muttergeist*, Leipzig: Adolf Klein Verlag, 76 S.

Auch hier ein Versuch, unter Zuhilfenahme von Bachofen auf die Gleichrangigkeit der *arischen Frau* hinzuweisen.

1933 (55 J. alt): Am 18. Febr. 1933 richtet sie mit anderen Mitstreiterinnen eine Denkschrift an Hitler: *Denkschrift an den Kanzler des Deutschen Reiches Herrn Adolf Hitler und an den Vizekanzler Herrn Franz von Papen.*[8] Auch hier ein nochmaliger Versuch, die Führer der NSDAP daran zu erinnern, daß die Lenkung der anvisierten »nordischen Blutsgemeinschaft« nicht allein den Männern zustehe, vielmehr ein »unveräußerliches Recht« bestehe, die Führung in die Hände der »besten Deutschen beider Geschlechter« zu legen. Auch wird im Jahre 1933 ein Ermittlungsverfahren gegen sie eingeleitet wegen »Verbreitung von Greuelnachrichten«, eine Aktivistin des Hausfrauenvereins hatte sich beim zuständigen Gauleiter über S. Rogge-Börner beschwert, da diese auf einer Versammlung im Fürstenwald die militärische Ausbildung und Bewaffnung von Frauen, ihren Zugang zu juristischen Berufen und politischen Einfluß gefordert habe.
Ebenfalls ab 1933 gibt sie die Monatszeitschrift *Die deutsche Kämpferin – Stimmen zur Gestaltung einer wahrhaftigen Volksgemeinschaft* heraus, die bis zu ihrem Verbot durch die Gestapo 1937 erscheint. Auch in dieser Zeitschrift werden die Mythen gegen Ende des Erscheinens immer mehr zum Inhalt: Die Hoffnungen auf Beteiligung an der Führung der neu zu erschaffenden »rassisch reinen«, nordisch-deutschen »Volksgemeinschaft« hatten sich in keiner Weise eingelöst. Rogge-Börner gibt ihre Vorstellungen nicht auf, verläßt aber die Ebene der politischen Auseinandersetzung. Sie verlagert ihre Wunschvorstellungen unter Rückgriff auf die archaischen Sagen zunehmend in ihre Phantasie und beschreibt die Biographien historischer Germanenkriegerinnen, zuerst noch in einer (pseudo-) wissenschaftlich-literarischen Form, später ausschließlich literarisch in Romanen.

- 1935: *Der neue Mensch aus deutschem Artgesetz*, Berlin Tempelhof: Bott Vlg., 111 S.
- 1935: *Von nordischen Frauen, Königinnen und Bauern. Erzählungen aus der Überlieferung der Sagas*; Stuttgart: Union Verlag, 133 S.
- 1936: *Der Kornett/Novellen – Eine Russische Erzählung aus zwei Welten*, Bremen: Schünemann, 193 S., 1.-5 Tsd.
- 1937: *Die innere Gestalt der nordischen Frau – eine seelenkundliche Untersuchung*, Berlin-Tempelhof: Hans Bott Verlag, 105 S.

1937/38 wird die Reichsfrauenführung, Abt. Kultur-Erziehung-Schulung/Schrifttumsstelle mehrfach um gutachterliche Stellungnahme zu diesem Buch gebeten. Der Verlag macht in Briefen an seine KundInnen Werbung für das Buch. Darin heißt es, das Buch wolle zeigen, »wieviel vom Charakter und Seelengut der Frau germanisch bestimmter Nationen im Ablauf der letzten Jahrhunderte verlorengegangen und verschüttet worden ist«. Das Werk »sei ein bedeutender Beitrag ... (in der) Ansprache um den geistigen Einsatz der Frau ...«. (Quelle: Bundesarchiv Berlin, Akte Rogge-Börner)

- 1937: *Wolfszeit -Lieder*, Weißenfels: Irmius Verlag, 36 S.
- 1938: *Singe, streitbares Herz. Neue Gedichte*, Berlin: Bott Verlag, 94 S.
- 1939: *Begegnung der Götter. Ein Nordland-Roman aus dem 10. Jahrhundert*, Berlin: P.Meyer Verlag, 255 S.

Kriegsbeginn, Sophie Rogge-Börner ist 61 Jahre alt.

- 1941: *Die Olafssippe. Ein Nordland-Roman*, Berlin, Verlag Engelhard-Abtl. Ahnenlehre, 274 S., 1.-5. Tsd.; Berlin Ährenlese Verlag 1942, 6.-10. Tsd.
- 1943: *Am Ahnengrund – Roman*, Düsseldorf: Maasen, 221 S.
- 1944: *Die Brücke – Roman zwischen den Ufern (Wehrmachtsausgabe),* Berlin: Spiegel Verlag, 334 S., 1.-10. Tsd.
- 1951: *Planet im Absturz*, Göttingen: Göttinger Verlagsanstalt, 91 S.

Als Rogge-Börner diese Schrift verfaßt, ist sie 73 Jahre alt – ein Kampfbeitrag zur (zweiten) Niederlage. Sie erwähnt mit keinem Wort die Vernichtung, beklagt die Nürnberger Prozesse, die kriegsbedingten Vertreibungen aus deutschen Territorien. Vor allem aber sind die Männer an der Misere schuld. Da sie die Frauen aus der Führung ausgeschlossen hätten, sei das NS-Experiment in dieser verheerenden Form abgelaufen. Rogge-Börner hatte nichts hinzugelernt. 1955 verstirbt sie im Alter von 77 Jahren in Düsseldorf.

- In *Kürschners Deutsches Literaturlexikon* (KDLK) 1928, 1937 und 1939 war Rogge-Börner verzeichnet.
- Im KDLK 1938 und 1949 nicht.
- Im KDLK 1958 ist sie dann wieder aufgeführt.

Im folgenden ihr selbstverfaßter Lebenslauf (Quelle: Bundesarchiv Berlin, Akte Rogge-Börner, Sophie):

»Lebenslauf:
Geboren bin ich in Warendorf, Westfalen, am 24.Juli 1878 als erstes Kind des damals 26jährigen, in Jülich garnisonierenden Premierleutnants Eduard Börner und seiner Frau Pauline geb. Scharpenberg. Als ich vierjährig war, wurde mein Vater in die Festung Thorn an der russischen Grenze versetzt; von dort ging der Weg der Kindheit weiter nach Crossen und Kottbus. Mein Wunsch, zu studieren, konnte sich nicht erfüllen, da einem Offizier mit fünf Kindern die Mittel fehlten, eine Tochter studieren zu lassen. Um mir dennoch eine gediegene Wissensgrundlage zu verschaffen, bereitete ich mich

zum Staatsexamen für das höhere Lehrfach vor, das ich 18jährig bestand. Gedichte gemacht und Geschichten geschrieben habe ich schon auf der Schulbank; und die nach beendetem Examen wieder im Elternhaus verbrachten Jahre erfüllten sich nicht nur mit dem gesellschaftlichen Leben und der hauswirtschaftlichen Tätigkeit, sondern mehr und mehr auch mit schriftstellerischer Arbeit. Diese beschränkte sich vorläufig ganz auf das Gebiet der Erzählung und Dichtung.

1910 verheiratete ich mich mit dem Marine-Oberstabsarzt Dr. Max Rogge. Flensburg, Wilhelmshaven und Lehe waren bis 1919 unsere Garnisonen. Unser Sohn Ralf – jetzt Arzt und der SS zugehörig[(123)] – wurde 1911 geboren.
Der Krieg und der Zusammenbruch Deutschlands wurden entscheidend für meine innere Entwicklung. Leidenschaftlich ergriffen begab ich mich 1919 in die politische und weltanschauliche Kampffront und habe dort Jahre lang in der vordersten Linie gestanden, und zwar unter schwierigen häuslichen und wirtschaftlichen Verhältnissen. Mein Leben war nur noch ausgerichtet auf die Wiedergewinnung der deutschen Freiheit und auf völkische und rassische Erneuerung der Deutschen. Die Ideen, die heute in der Verwirklichung begriffen sind, habe ich schon in den schwersten Jahren 1919 bis 25 in ungezählten Vorträgen und Versammlungsreden ins Volk zu tragen versucht; aber verständnisvolle Aufnahme fanden sie nur bei einer sehr kleinen Minderheit. Im Jahre 1923 ging ich in die nationalsozialistisch=völkische Bewegung, die sich dann nach dem Verbot der Nationalsozialisten (Ende 23) National-sozialistische Freiheitsbewegung nannte. Anfang 1924 habe ich in den 3 Unterweserstädten Bremerhaven, Goestemünde und Lehe und in den 2 dazu gehörigen Landkreisen Nationalsozialisten und Deutschvölkische zusammengeschlossen und unter dem Namen Völkisch=sozialer Block im Wahlkampf geführt –, unter den gehässigen Anfeindungen aller Parteien von der äussersten Rechten bis zur äussersten Linken. Unter Schwierigkeiten, von denen sich heute nur noch Wenige eine Vorstellung machen, ist es mir aber doch gelungen, in diesem ersten Wahlgang der Nationalsozialisten dem Abgeordneten von Weser=Ems durch die im Unterweserbezirk gewonnenen Stimmen zum Reichsmandat zu verhelfen.

Mit Anfang des Jahren 1925 zog ich mich immer mehr vom äusseren politischen Kampf zurück; denn ich hatte die Notwendigkeit erkannt, in die inneren Bezirke vorzustossen, die neuen Ideen zu vertiefen, vor allem den Rassegedanken auch in seiner geistigen und seelischen Realität sichtbar zu machen. Seit 1925 habe ich mich unermüdlich der Erforschung nordischer Frühzeit gewidmet. Eine Fülle von Aufsätzen, Abhandlungen, Studien, Broschüren, Büchern sind Ergebnisse und Zeugnis dieser Mitarbeit an der geistigen Formung der neuen Willensziele geworden. Ausserdem erschien 1929 meine Broschüre 'Die Lebenden rufe ich', Zehn Jahre Kriegsschuldlüge.

Aber in den letzten Jahren bin ich auch wieder heimgekehrt zu meinem Ausgang, zur Kunst des Fabulierens, zur Dichtung. Freilich bleibt mit hier der Vorsprung von anderthalb Jahrzehnten einzuholen, die die Altersgleichen mir voraus sind, weil ich sie restlos hingab an das Ringen um ein neues Deutschland.
Seit dem Herbst 1926 lebe ich mit den Meinen in Berlin.

Im April 1938.

gez. Sophie Rogge-Börner.«

Sophie Rogge-Börner war Mitglied in:
– der Deutschnationalen Volkspartei (DNVP) von 1919 bis 1929,

- der nationalsozialistischen Freiheitsbewegung,
- wahrscheinlich auch in der Reichsschrifttumskammer
- meines Wissens war sie NICHT Parteimitglied in der NSDAP.

Schickedanz, Margareta * 23.Januar 1878

Margareta Schickedanz blieb unverheiratet und wohnte in Lübeck, Elsässer Str. 11, Beruf: Oberlyzeumsdirektorin. Sie hat ihren Berufsweg recht zielstrebig beschritten und ist für die damaligen Verhältnisse auch recht weit gekommen.
Auch für sie ist der Erste Weltkrieg *das* bewegende Erlebnis ihres Lebens. Vom NS-Sicherheitsdienst wird Schickedanz nicht positiv beurteilt, da sie als »Frauenrechtlerin« galt und zwischen 1920-24 Mitglied in der Deutschen Demokratischen Partei war. Leider besinnt sie sich im Verlauf der Weimarer Republik nicht auf diese Tradition, sondern driftet zunehmend ins national-völkische, später ins nationalsozialistische Lager ab, letzteres trotz der negativen Beurteilungen der Nazis zu ihrer Person.

Sie verfaßte folgende Schriften:
- 1931: Als Hrsg., *Les grands classique. Bd. 3.* In der Reihe: Malblane, A., La France littéraire. (Ersch.ort ?), 76 S.
- 1939: *Das Heimatheer der deutschen Frauen im Weltkrieg*, erschienen in: Deutsches Ahnenerbe. Reihe 2; 1. *Heimatnot und Heimathilfe*, 80 S.; 2. *Frauenhilfe hinter der Front und hinter Stacheldraht*, 78 S.; 3. *Frauenarbeit in Heimat und Etappe* (64 S.)
- 1939: *Deutsche Frau und deutsche Not im Weltkrieg*, Zusammengestellt und bearbeitet, 1. Aufl. 152 S.; 2. Aufl. 1940, 155 S.; bildet zugl. weibl. Erziehg. im NSLB 4, für Mitglieder des Nat.-Soz.-Lehrerbund 2.75 RM, sonst 3.40 RM. Jeweils: Leipzig/ Berlin, Teubner Verlag

Im KDLK 1939, 1949, 1952 war nichts über sie zu finden. Auch im *Lexikon der Frau* ist sie nicht verzeichnet.

Im folgenden im Wortlaut der selbstverfaßte Lebenslauf von Margareta Schickedanz (Quelle: Bundesarchiv Berlin, Akte Schickedanz, M.):

»An die Reichsschrifttumskammer Berlin-Charlottenburg ... Tag: 2.Dez. 1940

Lebenslauf der Oberstudiendirektorin a.D. Margareta Schickedanz.
Ich bin geboren zu Lübeck am 23. Januar 1878 als Tochter des verstorbenen Kaufmanns Georg Adam Schickedanz und seiner Frau Anna geb. Gaedertz und bin

evange.-luth. Bekenntisses. Ich habe die zehnjährige höhere Mädchenschule von Frl. A. Detloff und danach das höhere Lehrerinnenseminar von Frl. A. Roquette, beide in Lübeck, besucht. Ich war danach zwei Jahre lang Hauslehrerin (ab 1896) in einer holsteinischen Gutsbesitzerfamilie und blieb ein weiteres Jahr dort, um den Haushalt zu erlernen.
Ich bin dann von 1899-1901 in Brüssel gewesen, habe teils unterrichtet, teils mich in der französischen Sprache weitergebildet. Nach meiner Rückkehr nach Lübeck, wurde ich sofort in den öffentlichen Schuldienst eingestellt. Privatim habe ich mir die für ein Hochschulstudium nötigen Lateinkenntnisse erworben und bin dann von 1906-1910 für ein Universitätsstudium beurlaubt gewesen. Meine Fächer waren Französisch, Englisch und Religion. Während meines Studiums und auch nachher bis 1914 bin ich häufig ein bis zwei Monate lang in Frankreich, der französischen Schweiz, Belgien, England, Schottland und Wales gewesen, um Land und Leute kennen zu lernen.
Von 1910-1917 bin ich wieder an dem städtischen Lyzeum und Oberlyzeum tätig gewesen, von wo ich zum Studium beurlaubt gewesen war. Ostern 1917 übernahm ich die Leitung des Lübecker Privatlyzeums. 1920 wurde es verstaatlicht, 1927 wurde die wissenschaftliche Oberstufe aufgesetzt. Im Oktober 1933 wurde ich in den Ruhestand versetzt a. Gr. des Spar-§ 6, denn man glaubte, die Oberstufe entbehren zu können.
Bei Ausbruch dieses Krieges habe ich mich sofort wieder zum Dienst gemeldet und bin seit Oktober 1939 an einer Oberschule für Jungen tätig.
gez. Margareta Schickedanz«

Sie war Mitglied in folgenden Parteien und nationalsozialistischen Verbänden:

- der Deutschen Demokratischen Partei (1920-1924),
- dem Lübecker Hanseatenbund (1930-1933),
- der Reichsschrifttumskammer (wahrscheinlich),
- im NS-Lehrerbund ab dem 10.1.1935,
- im NSV ab dem 1.11.1936 und
- im Deutschen Frauenwerk ab dem (11.6.1937).

Anmerkungen

Einleitung

1 Bis auf einem Großonkel ist dies auch allen gelungen.

2 1945 war Doordrecht/Holland eine mittlere Großstadt von 70.000 Einwohnern. Es gibt von diesem Ereignis einen Filmbericht.

3 Vgl. zur Problematik der „zweiten Generation“: Eckstaedt, 1989.

4 Hätten die Eltern oder ein Elternteil im weiteren oder engeren Sinne zur Tätergruppe gehört,wäre mit „Befangenheiten“ und „Tabuisierungen“ zu rechnen gewesen, die ein Erfassen der latenten Gehalte der hier analysierten Texte mindestens erschwert, wenn nicht gar unmöglich gemacht hätten.

5 Vgl. das Buch von Oriana Fallaci, Wir Engel und wir Bestien: Ein Bericht aus dem Vietnamkrieg, München 1986, in dem u.a. amerikanische Soldaten über ihr Verhalten und ihre Gefühle im Vietnamkrieg berichten. Vgl. auch Shatan, 1981.

6 Vgl. Theodor Hauf, 1978.

7 Gemeint ist die Ermordung zahlreicher, insbesondere männlicher Zivilisten im palästinensisch-libanesischen Lager ‘Tal al Zaatar’ (Aug. 1976) durch die christliche Felange und die Zerstörung der Stadt d’Amour.

8 Das Heimkehrenkönnen löste in mir durchaus Schuldgefühle aus – auch wenn mir bewußt war, an den Verhältnissen nichts ändern zu können.

9 Bis auf den ersten Tag des Aufenthalts, wo ich vor Angst „fast gestorben“ bin.

10 Ich weiß nicht, ob mir diese Abwehrreaktion „gelungen“ wäre, wäre ich gezwungen gewesen, über lange Jahre hinweg als Bürgerin dem Krieg ohne die Möglichkeit einer Flucht entgegenzustehen. So befand ich mich dort als Besucherin. Auch wenn ich so lebte, wie fast alle dort leben mußten, Kakerlaken inklusive, war ich doch in einer privilegierten Situation.

11 Im Falle einer tödlichen Krankheit. Doch läßt sich dies sicherlich auch auf andere bedrohliche Situationen übertragen. (Siehe auch: Rosenthal, 1987:97ff.)

12 Nach Kohli (1984:508) gibt es ein Bedürfnis nach Kontinuität über die unterschiedlichen Phasen im Lebenslauf hinweg. Dies diene der „Selbstvergewisserung“, ein Versuch, sich selbst zu erklären, wer man ist und wie man dazu geworden ist. Vgl. auch zu diesem Thema: Alheit, 1983.

13 Durch die Autoren Jünger, Dwinger usw. ist dies von männlicher Seite her nicht unbekannt. Vgl. das Kapitel 4.4.1: Soldatische Nationalisten. Im Vietnamkrieg scheint ein funktionaleres Verhältnis der Soldaten zum Kriegshandwerk vorgeherrscht zu haben – inwieweit dies jedoch nur ein Deckmantel ist für andere, tiefer liegende Affekte, müßte untersucht werden. Vgl. hierzu: Shatan, 1981.

14 Eine von Fritz Schütze (1977) eingeführte qualitative Erhebungsmethode, die die Fähigkeit des Erzählens zu nutzen sucht. Die Erzählung der Interviewpartner soll möglichst nicht unterbrochen, der Erzählfluß nicht gestört werden. Der/die InformantIn wird zur Expertin. Zuhören, teilnehmende Beobachtung und das konfrontative Fragen (in der zweiten Interviewphase) gehören zum Aufgabenrepertoire des Interviewers. Vgl. auch: Schütze, 1983, und Fuchs, 1984.

15 Mit Rosenthal (1990:228ff.) stimme ich allerdings überein, daß die Wahrnehmung der Frauen, sich als Opfer zu begreifen, auch damit zusammenhängt, daß sie dem Kriegsgeschehen weitgehend passiv ausgeliefert waren. (Vgl. auch Tröger, 1987:298.) Darüber hinaus verhalf die Interpretation des Krieges als ein Naturereignis mancher Zeitzeugin dazu, sich den Reflexionen über die Ursachen des Krieges zu entziehen.

16 Vgl. hierzu: Rosenthal, 1987 und 1990.

17 Der Museumsgruppe Frankfurt am Main, einer Initiative, die sich 1984 mit dem Ziel konstituierte, in Frankfurt ein Museum für Frauengeschichte aufzubauen. Anhand des Themas „Frauenalltag im Nationalsozialismus" beabsichtigte die Gruppe, ein Museumskonzept zu erarbeiten.

18 Die Interviews wurden mit der Arbeitsmethode der „Oral History" (vgl. Niethammer [Hrsg.]), erstellt. Es wurden strukturierte Gespräche mit Zeitzeuginnen geführt, die mitgeschnitten und verschriftlicht wurden. Die Berichte sollten als Quellen für Interpretationen verwendet werden mit dem Ziel, die damalige nationalsozialistische Alltagsgeschichte und die Kontinuitäten zu unserer Generation erfahrbar zu machen. Interviewt wurden Frauen der Jahrgänge 1910 bis 1925.

19 Es handelte sich bei den hier geschilderten Vorgängen übrigens um aus der psychoanalytischen Praxis bekannte Phänomene. Die „Thematisierung eines problematischen Gehalts", so Volmerg (1980:218) erhöht „zugleich die Abwehr gegen seine Wahrnehmung".

20 Vgl. auch Ostner (1982:69): „Der Krieg begann nicht 1939, sondern erst in dem Moment, als der Mann einberufen und von der Frau vermißt wurde." Vgl. auch: Fernkorn, 1984.

21 Stellen sich vielleicht nur die „unbelasteten" Frauen für die Interviews zur Verfügung?

22 „Die Selbstproduktion des Menschen ist notwendig und immer eine gesellschaftliche Tat." (Berger/Luckmann, 1991:54)

23 Ein Krieg beginnt nicht erst bei Kriegsbeginn! Ob die Autorinnen dann im nachhinein noch ebenso dachten, ist eine andere Frage.

1 Rahmen der Arbeit

1 Der vollständige Titel lautet: Der literarische Nationalsozialismus. Ideologische, politische und sozialhistorische Wirkungszusammenhänge. Vgl. auch: Vondung, 1973.

2 Der „unverhüllte(n), indirekte(n) Drohung gegen alle", Hannah Arendt, 1986: 550.

3 Dem weiteren Verlauf der Erörterungen Schäfers kann ich nur unter Vorbehalten folgen, wenn auch seine Thesen mir bedenkenswert erscheinen: Schäfer spricht sinngemäß von schizophrenen Wahrnehmungs- und Reaktionsmustern („kollektive Schizophrenie") im NS, gewachsen auf dem „schizophregenen" Erbe des wilhelminischen Deutschland und dem Schock der Weltwirtschaftskrise 1929. Insbesondere vor dem Hintergrund der Arbeiten von Georges Devereux (1982), der Schizophrenie als ein Krankheitsbild der modernen Zivilisationen

ausmacht, scheinen mir die Thesen Schäfers der Erörterung wert. Vgl.: Devereux, 1982:230ff.

4 Paxton unterscheidet fünf Stadien: „die Begründung der Bewegung; ihr Wurzelfassen in einem politischen System; der Erwerb der Macht; die Ausübung der Macht; und, letztes Stadium, das nur bei den Nazis völlig erreicht wurde, die Radikalisierung."(Paxton, 1995:39)

5 Die Autorinnen propagieren natürlich sehr wohl Ausgrenzungen: nur die Germanen sind positiv bewertet – jede andere »Rasse« nicht.

6 Seien es eigene oder von der davor liegenden Generation vermittelte Erfahrungen.

2 Erkenntnisinteresse, Stand der Forschung und analytische Kategorien

1 Es kommen auch männliche Perspektiven zur Sprache. Vgl. zum weiblichen Kriegsalltag auch: Susanne zur Nieden, 1993.

2 Die Frage- oder Zuhörstrategie der Forscherin bleibt allerdings weniger problematisiert.

3 Butler geht davon aus, daß sich Geschlecht über eine (historisch spezifische) Bezeichnungspraxis konstruiert. Der Diskurs schafft somit erst die Geschlechterdifferenz. Sprache ist der Rahmen, in dem sich Diskurse und damit die Bezeichnungen organisieren. Prädiskursive Symbole, „präsentative Symbole"' – Kunst, Musik, Ritual – (vgl. Langer 1987) gibt es für Butler nicht.

3 Methode

1 Susanne Langer, Schülerin Cassirers, hat in ihrem Buch *Philosophie auf neuem Wege*, Frankfurt am Main 1984, die von Lorenzer aufgegriffenen Bezeichnungen „präsentative" und „diskursive Symbole" geprägt. Unter die „präsentativen Symbole" fallen nach ihrer Auffassung Kunstwerke, Musik, Gegenstände, Architektur, visuell wahrnehmbare, von Menschen bearbeitete Formen also. In ihnen sind – im Gegensatz zur sprachlichen Diskursivität, die nur zeitlich sukzessiv geordnet vorgehen kann – gleichzeitig und ganzheitlich vielfältige sinnliche Entwürfe dargestellt. „Künstlerische Symbole sind dagegen unübersetzbar: ihr Sinn ist an die besondere Form, die er angenommen hat, gebunden." (Langer, zitiert in: Würker, 1990:109). Im strengen Sinne ist nach Langer Sprache „ihrem Wesen nach diskursiv." Sie schränkt diese Aussage aber insofern ein, als daß der „Sinn eines Wortes ... (auch) zwischen der wörtlichen und bildlichen Bedeutung schweben" kann (Langer, in: Würker, 1990: 108). Auch Worte können Bilder hervorrufen „und so in den Bereich des Präsentativen geraten". (Würker, 1990:108) Sprachkunst, Dichtung bspw., enthält ebenso das Unsagbare, eine „Aura der Wortassoziationen", und artikuliert damit emotionale Prozesse in ihrer konkret sinnlichen Vielfalt. (Vgl. hierzu: Langer, 1984; Würker, 1990:105ff. und Lorenzer, 1981:29ff.)

2 Auf die strukturell notwendige Differenzierung zwischen emanzipatorischer und kontraemanzipatorischer Literatur wird im Kapitel 3.3.2.näher eingegangen.

3 Ich beziehe mich hier auf Lorenzers Aufsatz in den Kulturanalysen (vgl. König, Lorenzer u.a., 1986:11-99).

4 Vergleiche hierzu: Achim Würker, 1990:112ff.

5 Vgl. Hölscher u.a., 1988:43ff.

4 Diskursive Zusammenhänge I – Die Vorläufer-ideologien und weibliche Kriegspropaganda: Preußenkult und Erster Weltkrieg

1 Zitiert nach Vondung, 1988:221.

2 Lorenzer führt auc haktuellere Beispiele an: die Fernsehevangelisation in den USA (1981:127ff.) oder die konsumistische Weltanschauung (1981:170ff.).

3 Daß diese Umdeutungsversuche dann häufig von Jugendbewegungen getragen werden, zeigt nicht nur die zu Beginn des 20. Jahrhunderts unter völkisch-deutschnationalem Vorzeichen entstehende Jugendbewegung, sondern auch das Auftauchen der Neonazis in den 80er/90er Jahren.

4 Mit Klaus Vondung teile ich die Kritik an dem hier zitierten Autor Günter Hartung, der – als DDR-Autor der marxistischen Betrachtungsweise verpflichtet – auch in meinen Augen „einen zu gesetzmäßigen Kausalnexus zwischen ökonomischen und literatur-ideologischen Gegebenheiten" herstellt. Dennoch halte ich seine Erörterungen für lesenswert, weil sie einen anderen Blickwinkel haben als andere Forschungsarbeiten, die dem ökonomischen Einfluß auf Ideologieproduktion wenig Interesse zuwenden. Vgl. Hartung, 1984 und Vondung, 1973.

5 1912 gründeten über 1000 Gelehrte den „Deutschen Germanistenverband" mit dem Ziel, die J. Grimmsche Germanistik in die »Deutschkunde« einfließen zu lassen.

6 Veraltete bzw. gegen Ende der 20er Jahre eingeführte Verdeutschung des Wortes Redakteurin – nach dem »Schriftleitergesetz« vom 4.10.33 konnte Schriftleiter nur sein, wer »arischer Abstammung« (incl. Ehemann oder -frau) war. Er oder sie mußte in der Berufsliste der Schriftleiter eingetragen sein und dem 'Reichsverband der Deutschen Presse' angehören. Des weiteren war in diesem Gesetz festgelegt, daß der Schriftleiter »in erster Linie Diener der Volksgemeinschaft zu sein habe«, erst in zweiter ein »Angestellter eines privaten Verlags«. Im Amt für 'Schrifttumspflege' (ab 1934) wurden über »ein Zentrallektorat alle Produkte der Schriftleiter« gesichert und bewertet, d.h. zensiert.

7 Erstmals 1930 veröffentlicht, über 1 Million verkaufte Exemplare. Vgl. auch: Determann u.a., 1991.

8 Als Marketenderinnen usf. gehörten Frauen zum begleitenden Troß der „alten" Söldnerheere. Diese Frauen dürften sich jedoch aus den unteren Schichten rekurriert haben.

9 Unter einer „höheren Mädchenschule" verstand man in der Regel den 6-7klassigen Schultypus. In den größeren Städten waren dies jedoch nach Müller/Zymek (1987:131ff.) auch Kombinationsanstalten, Schulkomplexe mit „allgemeinbildenden Unter- und Mittelstufenklassen, dann auch zum Abitur führenden Kursen".

10 Italienisch-toskanische Gräfin (1462-1509).

11 Eine Korrespondenz kommt der Tätigkeit einer Nachrichtenagentur gleich. Sie verkaufte Nachrichten an Zeitungen oder Zeitschriften weiter. Hauptsächlicher Bezieher der meist täglich gelieferten „Matern war die kleinere, finanzschwache Provinzpresse." (Koszyk, 1972:449) Da die Informationslage zu den Korrespondenzen in der Weimarer Republik sehr schlecht ist, konnte ich über die »Korrespondenz Frauenpresse« nicht weiteres finden.

12 Veraltetes Wort für Journalistin.

13 St. Elisabeth von Thüringen, 1207-1231, Landgräfin, Tochter des ungarischen Königs Andreas des II., lebte seit 1211 am Thüringer Hof auf der Wartburg. Sie war mit Ludwig verheiratet und gebar drei Kinder. Sie gründete ein Franziskushospital in Marburg und lebte ganz für die Armen- und Krankenpflege. Schon 1235 wurde sie heiliggesprochen. Zu ihrem Grab in Marburg fanden bis 1539 zahlreiche Wallfahrten statt (bis Landgraf Phillipp I. von Hessen die Reliquien entfernen ließ).

14 Die Mutter von Manfred Frhr. von Richthofen (1892-1918), der zwischen 1916 und 1918 der erfolgreichste deutsche Jagdflieger war. L. von Gentzkow (1942) auf S. 322ff.

15 Am 1. Sept.1939 überfiel die den polnischen Truppen weit überlegene deutsche Wehrmacht Polen. Bereits am 27. September endete der Kampf um Warschau, am 6. Oktober kapitulierten die letzten polnischen Verbände. Man kann also annehmen, daß von Gentzkow das Buch *Liebe und Tapferkeit* im letzten Viertel des Jahres 1939 geschrieben hat.

16 Es werden die nach dem Ersten Weltkrieg Polen zugesprochenen Provinzen Posen und West-preußen gemeint sein.

17 Scharnhorst, Gerhard Johann David, preußischer Generalmajor, 1807-1810 Chef des (neugeschaffenen) preußischen Kriegsministeriums, war verantwortlich für die Heeresreform, die neben der Aufhebung der Adelsprivilegien auch die allgemeine Wehrpflicht beinhaltete. In den »Befreiungskriegen« war er der Stabschef Blüchers. Er starb 1813 an einer Kriegsverletzung.

18 Zum Kriegsbild deutscher Generale vgl. Schulz-Trieglaff, 1986.

19 Man kann annehmen, die Abspaltung der empathischen Gefühle ist dem Soldaten Scharnhorst noch nicht geglückt – es wäre tatsächlich interessant, dies anhand von Soldatenbriefen durch die Jahrhunderte hindurch zu verfolgen.

20 Dem Vater gelingt es sogar später, die Tochter von einem Bewerber zu trennen – sie darf später einen seiner Freunde und Schüler heiraten.

21 Diese Variante werden wir insbesondere für die autobiographischen Schriften der Frauen zum Ersten Weltkrieg aufzeigen können, vergleiche das Kapitel zum Ersten Weltkrieg.

22 Graf Jh. D. L. Yorck von Wartenburg, 1759-1830, preußischer General. Eine historische Bedeutung hat Yorck durch die zwischen ihm und dem russischen General Diebitsch 1812 (ohne Ermächtigung des Königs) geschlossene "Konvention von Tauroggen" erlangt, die die Trennung des preußischen Hilfskorps von der französischen Armee einleitete.

23 Gemeint sind die den Befreiungskriegen vorausgehenden Koalitionskriege 1792-1807, in denen europäische Mächte in jeweils verschieden zusammengesetzten Koalitionen Kriege gegen das revolutionäre und napoleonische Frankreich führ-

ten. Mit dem „Tilsiter Frieden“ (1807) erzwang der siegreiche Napoleon eine beträchtliche Verkleinerung Preußens.

24 In der die Mutter als einzige zur zärtlichen Pflege Befähigte anerkannt und hochstilisiert wird.

25 Ich möchte noch einmal daran erinnern, daß es keinerlei Quellenangaben gibt. Ob die Briefe von Philippine alle in dieser Art verfaßt worden sind, kann der Leser also nicht wissen.

26 Claudia Opitz (1989) verweist in einem Aufsatz auf den Ursprung dieser Wandlung, nämlich auf die Rolle der Französischen Revolution und ihre Revolutionskriege, in denen der Soldatenberuf umgedeutet wurde „zur ehrenhaften Rolle des Vaterlandsverteidigers“ (1989:41). Mit der Professionalisierung des Heeres Hand in Hand ging der Ausschluß von Frauen aus dem Heer, die moderne Kriegsmacht formierte sich als Männerbund.

27 Der Text ist häufig von einem starken antiwelsischen Affekt getragen. Er enthält aber auch an einer Stelle ein rassistisches und antisemitisches Ideologem. Ein »Feldherr« wird – unkommentiert – zitiert, es heißt: die »Frage der Orientalen, Neger und Juden sei noch »zu lösen«. Die Form dieser sogenannten Lösung wird nicht erwähnt (vgl. Gentzkow, 1941:282).

28 Stahlhelm, Bund der Frontsoldaten, etc.

29 Amberger wirft Theweleit vor, psychoanalytische Kategorien überzustrapazieren. Durch die „Festschreibung der kastrierenden bzw. penislosen Frau“ sexualisiere er seine Erkenntnisse und nehme sich dadurch „Möglichkeiten gesellschaftskritischer Interpretationsweisen“ (S.82). Amberger wirft Theweleit „Phalluszentriertheit“ vor („Erkenntnisse nur aus den eigenen Organen ziehen können“ – S.86). Der Wunsch der Frau nach Anerkennung werde häufig zum „Penisneid“ umgedeutet. Meines Erachtens ist – in Anlehnung an die Kritik Ambergers an Theweleit – nicht geklärt, *was* mit der phallisch phantasierten Frau verdeckt wird: Warum hat die phallische Frau den Mann enteignet? Zwar verweist Theweleit mehrfach auf die Angst des Mannes vor der sexuellen Potenz der Frau, er wird aber m.E. nur in bezug auf die multiplen Orgasmen, zu denen Frauen fähig sind, konkret. Die zupackende, aggressive Vagina, die sich den Penis einverleibt, (die kastrierende Vagina) kommt nicht vor. Ein unbenanntes – verschwundenes – Kapitel phantasierter weiblicher „Macht“ und männlicher (wie weiblicher) Sexualangst vielleicht? (Vgl. Amberger, 1984:82 und 86)

30 Nicht gemeint ist damit der Soldat schlechthin.

31 Antisemitischer Propagandist und handlungsausführende Täter waren übrigens häufig nicht deckungsgleich. Die Teilhabe an der Tat mußte nicht bedeuten, fanatischer Antisemit zu sein. Welche Auswirkungen ‘geistige Brandstifter’, wie sie in der heutigen Diskussion genannt werden, auf regressionsanfällige Gruppen der Gesellschaft haben, wird allerdings selten thematisiert bzw. erforscht. In verschiedenen Vorträgen über den jetzt erneut auftretenden Rechtsradikalismus wurde darauf hingewiesen, daß die Ideologie sehr wohl eine, aber keine tragende Rolle für die Praxis eines Rechtsradikalen spielt.

32 Der Übergang des Christentums auf die germanischen, gotischen, romanischen und slawischen Völker erfolgte ab Ende des 4. Jahrhunderts (bei den Westgoten) und endete in Skandinavien erst um 1000. Nur fragmentarisch hielten sich Volks- und Aberglauben, anders aber die von der christlichen Kirche bekämpfte germa-

nische Musik, der magische Wirkungen zugesprochen wurde, und die sich noch mehrere Jahrhunderte in den unteren Volksschichten hielt (vgl. Grönbech, 1980).

33 Zu Freuds Urhordentheorie vgl. 1974:529f. und seine Schrift *Das Unbehagen der Kultur* (1974).

34 Der Tatsache, daß das Christentum sich an der Trinität (Vater-Sohn-Heiliger Geist) orientiert, schenkt Freud übrigens wenig Beachtung.

35 Freud ging davon aus, daß das Volk der Juden in Abwehr gegen die monotheistische mosaische (Aton-)Religion einst Moses, den Verkünder, ermordete. Dieser „Vorgang der Urzeit" tauche nach einer langen Latenzzeit in Form der monotheistischen Religion und der Wunschphantasie vom Messias (als Reue) wieder auf (vgl. Freud, 1974 [1939]:537) und begründe das starke Festhalten am jüdischen Glauben.

36 „Es scheint, daß ein wachsendes Schuldbewußtsein sich des jüdischen Volkes, vielleicht der ganzen damaligen Kulturwelt bemächtigt hatte als Vorläufer der Wiederkehr des verdrängten Inhalts. Bis dann einer aus diesem jüdischen Volk in der Justifizierung eines politisch-religiösen Agitators den Anlaß fand, mit dem eine neue, die christliche Religion sich vom Judentum ablöste. Paulus, ein römischer Jude aus Tarsus, griff dieses Schuldbewußtsein auf und führte es richtig auf seine urgeschichtliche Quelle zurück. Er nannte diese die »Erbsünde« es war ein Verbrechen gegen Gott, das nur durch den Tod gesühnt werden konnte ... In Wirklichkeit war dieses todwürdige Verbrechen der Mord am später vergötterten Urvater gewesen. Aber es wurde nicht die Mordtat erinnert, sondern anstatt dessen ihre Sühnung phantasiert ... Es mußte ein Sohn sein, denn es war ja ein Mord am Vater gewesen." (Freud 1974 [1939]:534)

37 Der Dawesplan (vom 16.8.1924) regelte die Zahlungen der deutschen Reparationen nach dem Ersten Weltkrieg mit dem Ziel, die deutsche Handelsbilanz und den Haushalt nicht zu gefährden. Nach seinem Scheitern durch den Youngplan (21.8.1929) ersetzt.

38 Sie veröffentlichte diese Schrift unter den Namen P. S. Rogge.

39 1929 war Rogge-Börner 51 Jahre alt. Ab 1923 (mit 45 Jahren) war sie um die Frauenrechte bemüht, ab 1925 hatte sie sich dem »Nordischen Gedanken« zugewandt, erforschte »nordisches Frauenleben«. Dem neuen Frauentyp der Weimarer Republik stand sie negativ gegenüber (»Weiber und Weiberchen, die äffisch geputzt und angemalt stelzhackig über den Asphalt der Großstädte trippeln und mit oberflächlichen oder anrüchigen Zerstreuungen hunderterlei Art die Leere ihres entseelten Daseins füllen.« Rogge-Börner, 1929:15) Vgl. auch im Anhang die biographischen Daten, Kapitel 8.

40 Siehe anschließendes Kapitel 4.5.

41 Es gab mehrere Versionen der »Dolchstoßlegende« – mal waren die Frauen, mal die Sozialisten, mal die Juden die Ursache für die angeblich fehlende Unterstützung der Soldaten durch die »Heimatfront«.

42 Hannah Arendt geht davon aus, daß die Industrialisierung zum politischen „Untergang der Klassengesellschaft", d.h. der Atomisierung der alten Formen führte. Damit wurde den Parteien die Klassenbasis entzogen, und der Einzelne – nunmehr in eine Konkurrenzgesellschaft integriert und durch Strukturlosigkeit manipulierbarer geworden – konnte seine Heimat nur noch in der Masse finden. Die

Masse wiederum sieht sie als Voraussetzung für einen totalitären Staat. (Vgl. Arendt 1986:499ff.)

43 Norbert Elias hat den Zivilisationsprozeß als gradlinigen Evolutions- und Pazifierungsprozeß aufgefaßt, wenn auch mit Eingrenzungen. Er hielt ihn für „niemals beendet", „immer gefährdet", ja sogar für „umkehrbar". Angesichts der zunehmenden Differenzierung menschlichen Zusammenlebens und dem damit zusammenhängenden notwendigen „gesellschaftlichen Zwang zum Selbstzwang" schien es ihm zudem fraglich, ob Rückfälle nicht gar funktional notwendig sein könnten. Vgl. Norbert Elias 1992:225ff.

44 Worauf ich allerdings hinweisen möchte ist, daß ausgesprochen wenige psychoanalytische Untersuchungen der Täter existieren. Die hier proklamierte „Normalität" ist meines Erachtens oberflächlich und nicht ausreichend hinterfragt.

45 Vgl. bspw.: Becker, 1934; Dornberger, 1934; Hadeln, 1935; Heil, 1936; Hepelmann, 1938; Klatt, 1934; Kriegserlebnisse von Schwestern der Diakonissenanstalt Stuttgart, 1938; Lüders, 1936; Mierisch, 1934 und 1957; Ostpreussische Frauen erleben den Krieg, 1937; Peters, 1937; Pflugt-Hartung, 1936; Puttkammer, 1921 und 1943; Rantzau, 1937; Schickedanz, 1936 und 1938; Strassner, 1940; Voigt-Diederichs, 1916.

46 Es gibt einen Aufsatz von Regine Schulte, *Die Schwester des kranken Kriegers – Krankenpflege im Ersten Weltkrieg als Forschungsproblem*, 1994, der sich dieser Thematik und Problematik stellt. Des weiteren sei verwiesen auf: Ute Daniel, 1983 und 1989; Susanne Rouette, 1993; Karin Hausen, 1987; Grundhewer, 1987. Informationen über die von männlichen „Kriegern" entworfenen Frauenbilder sind enthalten in: Hirschfeld, 1993; Theweleit, 1977/1978.

47 Ich würde meinen sowohl auf den Ersten wie auf den Zweiten Weltkrieg bezogen.

48 Auf deutscher Seite betrug die Zahl der Kriegstoten des Ersten Weltkriegs insgesamt 1,9 Millionen (gesamt: 10 Mio.). Die Zahl der Verwundeten betrug 5,7 Millionen (davon wurden nur 4,6 Millionen wieder dienstfähig), die der Erkrankungen fast 21,5 Millionen. Zahlen entnommen aus: Bleker/Schmiedebach, 1987:261, dort wiederum entnommen aus dem Sanitätsbericht über das deutsche Heer (Deutsches Feld- und Besatzungsheer) im Weltkrieg 1914/1918, bearbeitet in der Heeres-Sanitätsinspektion des Reichskriegsministeriums, Berlin 1935-1938.

49 Es ist klar, daß es sich bei den Frauen, die zu diesem Thema etwas schriftlich niedergelegt haben, um eine gebildetere Schicht handelt – die Arbeiterfrauen hatten dazu wohl eher keine Möglichkeit.

50 Die jeweiligen Autorinnen sind in den hier folgenden Zitaten stets namentlich gekennzeichnet. Ich möchte anmerken, daß Schickedanz Textpassagen der Autorinnen in einigen Fällen so ausgewählt und zusammengestellt hat, daß Textaussagen verändert wurden. Besonders krasses Beispiel dafür ist der Abschnitt von Käthe Kestien (Schickedanz, 1940:52 ff.) mit dem Titel „Kriegsgetraut", dem ein Gedicht von Clara Spieß nachgestellt ist, das den Text Kestiens in ein anderes Licht rückt: Dem Sinn nach mahnt das Gedicht zur stillen Trauer um die Gefallenen über das Versprechen der dann möglichen Nähe. Auf das Gedicht werde ich noch zu sprechen kommen, siehe S.155. (Vgl. auch: Käthe Kestien, Als die Männer im Graben lagen, Frankfurt 1935)

51 Margareta Schickedanz, *Das Heimatheer der deutschen Frauen im Weltkrieg*, Heft 1: *Heimatnot und Heimathilfe*; Heft 2: *Frauenhilfe hinter der Front und*

hinter Stacheldraht; Heft 3: *Frauenarbeit in Heimat und Etappe;* Leipzig/Berlin 1936 – erschienen in der Reihe *Deutsches Ahnenerbe-Lesestoffe für den Deutsch und Geschichtsunterricht – Reihe II, vorwiegend für Mädchenbildungsanstalten;* hrsg. von Dr. Auguste Reber-Gruber.

52 Vgl. hierzu im Kapitel „Antisemitismus" S. 105f.

53 1918 gegründete linksliberale Partei, die sich für eine parlamentarische Republik, für Privatwirtschaft mit sozialer Bindung und Einheitsschule einsetzte. Die DDP bezog ihre Anhänger aus dem mittelständischen städtischen Bürgertum, wurde aber auch stark beeinflußt von führenden Bankiers. Auf die Weimarer Verfassung hatte die DDP maßgeblichen Einfluß und war zwischen 1919 und 1932 in allen Reichskabinetten vertreten. 1928 Rückgang des Stimmenanteils, 1930 Fusion mit dem jungdeutschen Orden zur erfolglosen Deutschen Staatspartei, 1933 Selbstauflösung nach Zustimmung zum Ermächtigungsgesetz.

54 Der 'Hanseatische Volksbund' zu Lübeck wurde 1926 gegründet als Antwort auf die sozialdemokratische Übernahme des Bürgermeisteramtes und war ein „Sammelbecken für alle nichtmarxistischen, also Nicht-SPD- und KPD-Wähler" (Schreiber, 1983:12). Aufgerufen zur Gründung hatte der aufgrund einer Affäre abgewählte ehemalige Bürgermeisters Dr. Neumann: Ihm – in Verbindung zu den Alldeutschen stehend – war ein geplanter „blutiger Rechtsputsch" vorgeworfen worden, der zum Ziel hatte, die Weimarer Republik zu beenden. Es gelang, eine einheitliche Wahlliste herauszubringen – mit Erfolg. Der Volksbund errang 36 der 80 Sitze. 1931 wurde unter der Patenschaft des »Volksbundes« die NSDAP-nahe Vereinigung »Jung Lübeck« gegründet. Bei der Bürgerschaftswahl 1932 verlor der 'Hanseatische Volksbund' 24 seiner 29 Sitze, vor allem an die NSDAP. Ende Juni 1933 löste sich der Volksbund auf. (Siehe Schreiber, 1983:18;20;28)

55 1937 gehörten zwar 97 Prozent der Lübecker Lehrerschaft dem NSLB an, aber nur jeder dritte war auch ein Mitglied in der NSDAP. (Siehe Schreiber, 1983:72)

56 NS-Wohlfahrtsverband, der die Familienfürsorge, Siedlungshilfe, Wohlfahrtspflege, Krankenpflege u.v.a.m. betrieb, unter völkischem und rassepflegerischem Aspekt.

57 Der Angriff auf Lübeck soll auch eine (späte) Antwort der Engländer auf die Zerstörung der britischen Industriestadt Coventry (14./15. November 1940) gewesen sein (vgl. Schreiber, 1982:8).

58 Ich beziehe mich auf den von Schickedanz selbstverfaßten Lebenslauf vom 2.2.1941 an die Reichsschrifttumskammer, siehe Akte Schickedanz, Bundesarchiv Berlin.

59 Die folgenden Zitate entstammen dem erwähnten Lebenslauf.

60 Eine meistens 2-3jährigen Ausbildung.

61 Ein Oberlyzeum war eine rangmäßig zwischen Lyzeum und Studienanstalten (die zur Hochschulreife führten) liegende Mädchenschule.

62 In Lübeck wurden, nach Schreiber (1983:29), bis „Ende August 1933 130 Beamte sowie 90 Angestellte und Arbeiter entlassen oder in den Ruhestand versetzt. Rund 250 stand die Kündigung noch bevor."

63 Im Wortlaut siehe Kapitel 8, Biographische Daten.

64 Der zweite Vierjahresplan (1936) hatte vor allem zum Ziel, Unabhängigkeit vom Ausland bei der Versorgung von Roh- und Grundstoffen zu erreichen, damit Wehr-

macht und Wirtschaft in diesen vier Jahren »kriegsfähig« und damit einsatzfähig werden konnten. Beauftragter für den Vierjahresplan war Hermann Göring.

65 Auf S.5 heißt es: »Warum hatte die Regierung nicht die Zeit zur Vorsorge benutzt, ehe es zu spät war?...Tatsache war, daß trotz der Erkenntnis einzelner Männer alles unterblieben war, um das deutsche Volk wirtschaftlich auf einen Krieg zu rüsten.« (Schickedanz, 1940:5)

66 Marie-Elisabeth Lüders, Leiterin des Frauenarbeitszentrums beim Kriegsministerium während des Ersten Weltkriegs.

67 Vgl. Prokop, 1995:9.

68 Vgl. Bleker/Schmiedebach, 1987:261.

69 Die Auswirkungen des artilleristischen Gasschießens bspw. waren bekannt. Seit 1925 wurde die Anwendung von Giftgasen zum Zwecke der Kriegsführung aufgrund des Genfer Protokolls vom 17.6.1925 verboten.

70 Paul von Beneckendorff u. von Hindenburg, (1847-1934), aktiver Kriegsteilnehmer 1866 und 1870/71, deutscher Generalfeldmarschall seit 1914 (in der Weimarer Republik Reichspräsident von 1925-34), bildete mit General Erich Ludendorff (1865-1937; in der Weimarer Republik dem völkischen Flügel der Rechten zuzurechnen, Teilnehmer am Hitlerputsch 1923)) seit der siegreichen Schlacht bei Tannenberg (1914) das populäre Gespann schlechthin mit einem geradezu legendären Ruf. Hindenburg und Ludendorff oblag ab 1916 die eigentliche militärische Gesamtleistung des Krieges. (Vgl. Ruge, 1981 und Montgomery, 1975:502ff.)

71 Siehe Schickedanz, 1940:12; das vollständige Zitat kann in dieser Arbeit auf S. 105 eingesehen werden.

72 Aufgrund der drohenden Kartoffelnot wurde von seiten der Regierung der Bestand an Schweinen (als Kartoffelesser) um ca. 35 % durch Abschlachtung vermindert. Die Folge war ein Preisanstieg für Schweinefleisch. Schickedanz bezieht sich hier übrigens auf den misogynen Nationalsozialisten W. Darré, *Der Schweinemord*, München 1937.

73 Vgl. Prokop, 1995:9.

74 Aus: Clara Spieß, *Als wär's ein Stück von mir*, Stuttgart 1918:53; in: Schickedanz, 1940:55).

75 Großbritannien blockierte den Handel und die überseeischen Verbindungslinien Deutschlands. Der dadurch verursachte Mangel an Rohmaterial hatte auch Auswirkungen auf die Ernährungslage der Bevölkerung, die sich im Laufe des Krieges immer drastischer verschlechterte.

76 Zahlen hierzu siehe in: Montgomery, 1975:493ff., Bleker/Schmiedebach, 1987:259ff.

77 Vgl. hierzu Texte von Gertrud Bäumer, 1914, 1915, 1916, 1933, 1935; Emmi Hirschberg, 1916; Berta Last, 1916; Helene Lange, 1915; Marianne Weber, 1916. Die Differenz besteht in der Hauptsache darin, daß Texte der in dieser Fußnote aufgezählten Autorinnen nicht antisemitisch waren.

78 F. Bastkowski, C. Lindner, U. Prokop, Frauenalltag und Frauenbewegung im 20. Jahrhundert, Band II, *Frauenbewegung und die 'Neue Frau' 1890-1933*, Frankfurt 1980.

79 Gertrud Bäumer hierzu deutlicher: »Viele Male in den letzten Wochen hat uns der rauschende Flügel dieser großen wunderbaren Einheitsstimmung gestreift.

Wie aus einer Welt her, deren Macht im Alltagsleben des Friedens verschlossen blieb, hat diese Berührung unsre Seele getroffen und im Innersten erschaudern lassen ...heute sind wir nicht einzelne, heute sind wir nur Volk, nur Einheit des Blutes« (Gertrud Bäumer, *Einkehr*, Jena 1916; in: *Frauenalltag und Frauenbewegung im 20. Jahrhundert,* Bd. II, 1980:39)

80 Insbesondere die Alldeutschen taten sich in dieser Debatte hervor und stachelten die öffentliche Meinung in diesem Sinne auf.

81 Vgl. zum Thema „Kriegsfürsorge in Lübeck": Boettcher, 1988.

82 Die Verordnung wurde erlassen mit der Absicht, den heimkehrenden Männern wieder Arbeitsplätze freizumachen durch Frauen, die nicht auf den eigenen Erwerb angewiesen waren. In der Demobilmachungsverordnung von 1918 heißt es, die Arbeitskraft der Frau sei „dem Wirtschaftsleben wieder in einer ihrer Eigenart entsprechenden Weise einzuordnen, sei es durch Rückführung in der Familie, die mit allen Mitteln gefördert werden muß, aber infolge der Kriegsverluste nur einer stark verminderten Zahl von Frauen offenstehen wird, sei es durch Überführung, die entweder schon vor dem Frieden Frauenberufe waren oder sich im Verlauf der wirtschaftlichen Entwicklung als für sie geeignet erwiesen haben." (Vgl. Gersdorff, Dokumente, 1969:277)

83 Aus dem Inhaltsverzeichnis ergibt sich ihre Urheberschaft.

84 Die Jahre 1917 und 1918, die Zeit der Tagebucheintragungen also, waren auch in Lübeck gekennzeichnet von Hunger und Not nicht nur der unteren Schichten (vgl. Boettcher, 1988:70ff.).

85 Unter dem Begriff „Autoritarismus" versteht Prokop die „unbewußte Sexualisierung von sozialen Hierarchien". Damit thematisiert weiblicher wie männlicher Autoritarismus immer auch die Geschlechterhierarchie (Prokop, 1995:15).

86 Der zweite Typus ist der „delegierende weibliche Autoritarismus", der unter Zuhilfenahme des Mechanismus der narzißtischen Übertragung die weiblichen Aktivitäten an einen männlichen Stellvertreter delegiert. Seine Größe bezieht dieser Typus des Autoritarismus aus der Wahrung der Geschlechtergrenzen und der Selbsteinschränkung. „Der männliche Teil wird als Komplettierung oder unbewußt als Ausführungsorgan von für die Frau verbotenen Aktivitäten erlebt. Entscheidend ist hier die Handlungshemmung auf seiten der Frau." Die Größenphantasie der Frau wird erhalten mit Hilfe eines funktionalisierten Anderen. (Vgl. Prokop, 1995:15f.)

87 M.E. Lüders hatte einen Doktortitel, Schickedanz immerhin vier Jahre lang Sprachen studiert, Rogge-Börner hat laut *Frauenlexikon* Bd. II (1954) altskandinavische Geschichte studiert (wobei ich letzteres nicht bestätigen kann, da ich hierzu nichts gefunden habe. Die Universität Berlin jedenfalls konnte Rogge-Börner nicht in den Akten finden).

88 Nach der Deutschen Hochschulstatistik hatten zumindest die Berliner Studentinnen (Berlin war die Hochburg der bürgerlichen Frauenbewegung) noch 1927/28 überwiegend den Wunsch, Fürsorgerinnen zu werden (vgl. Förder-Hoff, 1992:155).

89 Zur Geschichte des Roten Kreuzes vgl. Riesenberger 1992.

90 Das heißt nicht, daß in den autobiographischen Berichten der Schwestern nicht auch die mit ihrer Arbeit verbundenen Unannehmbarkeiten und Grausamkeit zur

Sprache gekommen wären. Der „völlige Bruch zwischen den Vorerwartungen der Schwestern" und ihrer konkreten Erfahrungen »im Feld« kommt in manchen Beschreibungen sehr wohl zur Sprache. (Siehe Schulte, 1994:91)

91 Von Hoerner-Hintze, 1935 und o.J.; Hunnies, 1925; Lüders, 1936; Mierisch, 1934; Pflugk-Harttung, 1936; Rieger, 1917; Weinhofer, 1934; von Walsleben, 1918; Wenzel, 1931. In zwei Abschnitten kommen Männer zu Wort, so der Soldatische Nationalist Dwinger, 1929, der über seine Begegnung mit Elsa Brandström berichtet, und ein Pfarrer Juhl.

92 Bedroht war diese »Anerkennung« durch »Verkennung« und »üble Gerüchte«, die die sittliche Ehre der Schwestern angriff.

93 Siehe biographische Daten zu Suse von Hoerner-Hintze in Kapitel 8.

94 Dies ergibt sich aus ihrem Lebenslauf auf Seite 2.; Akte von Hoerner Hintze, Suse; Bundesarchiv Berlin – siehe biographische Daten in Kapitel 8.

95 Unveröffentlichtes Manuskript; in: Schickedanz, 1940:122.

96 Vgl. zum Kriegseinsatz von Frauen im Ersten und im Zweiten Weltkrieg: Seidler, 1978; zum Ersten Weltkrieg: 25ff.

97 Wie schon erwähnt kam es im Ersten Weltkrieg nach Gersdorff (1969) nicht mehr zum Einsatz dieser Frauen an der Front – im Zweiten Weltkrieg jedoch erfüllten sich die Hoffnungen der Autorin, denn hier gab es die Nachrichtenhelferinnen, sogar in Uniform. (Vgl. Seidler, 1978; ein Beitrag zum Thema weibliche Soldaten in der Nachkriegszeit findet sich in: Lippert/Rössler, 1980)

5 Diskursive Zusammenhänge II: Die Vorläufer – Ideologien und Kriegspropaganda der Germanenkultlerinnen

1 Vorweg sei darauf hingewiesen, daß in heutiger Zeit nach wie vor Abhandlungen über „die Germanen" existieren, die sich trotz der mittlerweile bekannten Fraglichkeit bezüglich ihres Realitätsgehalts auf Tacitus als Quelle beziehen (vgl. Krüger, 1982). Es sei hier nur kurz angemerkt, daß die den Germanen von Tacitus zugewiesenen Charakterzüge und kriegerischen Lebensweisen auf die antike Lehre von den vier Temperamenten zurückging und weniger auf realistische Beobachtungen. Die antike Lehre von den vier Temperamenten besagt, daß wegen des kalten Klimas Körperflüssigkeiten nicht so schnell verdampfen. Die Germanen seien daher voller Flüssigkeiten und gehörten deshalb zu den leicht erregbaren Menschen. Wohl mehr die soeben erwähnte antike Lehre als reale ethnologische Forschungen dürften demnach zum Stereotyp des leicht erregbaren (und daher so kampflustigen und kriegerischen) Germanen geführt haben.

2 1500 gab er Tacitus' *Germania* heraus.

3 Tacitus, P.C., römischer Geschichtsschreiber, lebte um 55-115 nach Christus.

4 Auch Tacitus nimmt Adlige aus, lt. ihm war Polygamie zumindest in den adligen Schichten (aus politischen Gründen) möglich.

5 „Die Wikingerzeit mitsamt ihrer heidnischen Götterwelt als das „heroic age" des Nordens konstituiert und damit überhaupt als „Identifikationsangebot" verfügbar gemacht zu haben, ist die eigentliche 'kulturpolitische' Leistung der Literatur des christlichen Hochmittelalters." (von See, 1994:89) Dabei erlangte der skandinavische Geschichts-

mythos gerade dadurch seine Wirkungskraft, daß er in Berufung auf die heidnisch-vorchristliche, genuin und exklusiv nordische Traditionswelt dem übernationalen christlichen Geschichtskonzept entgegengestellt wurde.

6 So meinte bspw. Goethe „jede Nation" müsse „eine Epopöe besitzen" (vgl. von See, 1994:83, und: Heinzle/Waldschmidt, 1991:43).

7 Die 'Edda' ist ein Götter- und Heldensagenbuch in altnordischer Sprache, die zwischen dem 9. und 12. Jahrhundert entstanden, in Island im 13. Jahrhundert aufgezeichnet worden sein soll. In der Edda finden sich auch ältere Teilfassungen des Nibelungenliedes (Lieder von Sigurd, Brynhild, Gudrun und Atli-Etzel).

8 Die ältesten überlieferten Handschriften stammen aus Island. Dort soll es ein begrenztes Fortleben der von christlicher und antiker Bildung freien germanischen Tradition gegeben haben.

9 Dieser Version hingen viele Anhänger der Nordischen Bewegung an.

10 Gobineau war ein Vertreter der Einwanderungstheorie, für ihn lag die Urheimat der weißen Rasse »in den sibirischen Gebieten«. (Gobineau, 1935:349)

11 Ausgesprochen interessant wäre es darüber hinaus, Wagners in seinen Opern entworfenen Frauenbilder zu betrachten. In vielen von seinen mythisch-monumentalen Werken begegnet uns neben einer Verehrung des Germanischen und der Verherrlichung des deutschen Nationalgedankens das Frauenbild der ihrer Liebe entsagenden, aufopfernden Erlöserin (vgl. bspw. die Rezeption von Schmitz, 1909).

12 Was nicht bedeutete, daß Rosenbergs Einfluß und Machtstellung in der Hierarchie der NSDAP über den gesamten Zeitraum der nationalsozialistischen Herrschaft andauerte. Vielmehr sank er rapide ab, je stabiler die Macht der Nationalsozialisten wurde. Vgl. Broszat, 1960:12ff. und Reichel, 1991:83ff.

13 Bis 1942 lt. Lutzhöfft (1971:32) eine halbe Million Gesamtauflage.

14 Es sind dies die nordische (weiß, blauäugig, blond), die westische (klein, dunkelhaarig, braune Haut), die dinarische (hochgewachsen, braune oder schwarze Haare, braune Haut), die ostische (kurzgewachsen, breitgesichtig, braune Haare/Augen), die ostbaltische (kurz, breit, hell), sowie die sudetische und fälische Rasse (hell und hochgewachsen). An dieser sehr gerafften Zusammenfassung wird deutlich, daß sich Günthers Rasseneinteilungen einmal am Phänotyp ausrichten, er die Rassen in Körperformgruppen einteilt (vgl. Lutzhöfft, 1971: S.88ff.). Doch auch der »Rassenseele« mißt er in Anlehnung an Clauß großes Gewicht bei.

15 „Es sollte festgehalten werden, daß die Anhänger des »Nordischen Gedankens« die Rassenhygiene zur Grundlage ihres Programms gemacht hatten und der Nordische Gedanke mehr aufgrund dieser Tatsache von den Nationalsozialisten so freudig begrüßt wurde. Doch die Hoffnungen auf »Aufnordung« scheiterten an der deutschen Realität, die es nicht erlaubte, das nordische Heroenbild als Maßstab zu setzen" (Bock, 1986:68) Zu viele Deutsche entsprachen eben nicht dem nordischen Idealtypus und konnten nicht ausgeschlossen werden, war der Nationalsozialismus doch auf größtmögliche Massenwirksamkeit bedacht. Vgl. zum Verhältnis *Rassenpolitik und Frauenpolitik*, 1986: 67ff.

16 Ausschließliche Ordnungskategorie sollte die Rasse, nicht die Klasse sein, die Zugehörigkeit zur nordischen Rasse wurde aber im umgekehrten Verhältnis mit der Zugehörigkeit zur oberen Schicht gleichgesetzt.

17 Zum Idealtypus »germanischer Bauer« vgl.: Lutzhöfft, 1971:171.

18 Auch Hitler benutzte Weininger nach Mosse, um seinen Haß gegen die Juden zu untermauern. (Vgl. Mosse, 1978:103)

19 Nach Erdheim (1982:322) steht bei Weiniger das Denken (eine Ich-Funktion) vollkommen im Dienst des omnipotenten Es, für dessen Abkömmlinge es laufend Rationalisierungen anbiete muß.

20 »Von hier aus (aus der 'Bindung' an die Sippe/Verwandtschaft, an die 'Erdkraft' und aus der 'unbändigen Freiheitsliebe', den tragenden Symbolen der Germanen (lt. Kummer, E.d.V.) wächst die Ebenbürtigkeit der Geschlechter ins Leben, von gleicher Herkunft und Bildung zu ebenbürtiger Freiheit, aber nicht zu liberalistischer 'Gleichberechtigung' und Unterschiedslosigkeit. Es gibt Göttinnen neben Göttern, Seherinnen neben Sehern, es gibt Ärztinnen und sogar weibliche Tempelverwalter und Krieger. Die natürliche (!) Arbeitsteilung stellt das männliche Geschlecht mehr an die Außengrenze des Lebensbereichs (z.B. im Rechtsleben und im Staatlichen), das Weibliche wendet sich mehr nach innen« (Kummer, 1935:503).

21 Überhaupt ist der Sprachduktus stark affektiv besetzt. Hier eine Reihung der Verben, entnommen der Seite vier aus der Schrift *Nordischer Gedanke und Verantwortung* (1930), es geht um den Untergang der germanischen Erbmasse: »Seele gemordet, unsicher, suchen, mühen, lernen, überzeugen, unverzagt lernen, Triebe brechen vor, Opfer, innere Verantwortung, sichern, entlarven, keinen Sinn, erleben, ausarten, einströmen, erschüttern, zwingen, Leidenschaft, unerbittlich«.

22 Hauptwerke: *Die nordische Seele* (1923); *Rasse und Seele* (1926), nach Lutzhöfft (1977) neben Günthers *Rassenkunde* die erfolgreichsten Schriften der »Nordischen Bewegung«. Vgl.: Lutzhöfft, 1977, 47ff., 95-99.

23 Willibald Hentschel hatte bereits vor dem Ersten Weltkrieg zwecks »Erneuerung der germanischen Rasse« eine ländliche Zuchtkolonie gegründet, in der Familie und Ehe abgeschafft waren, die Kinder nicht mehr von den Eltern aufgezogen wurden. Knaben wurden beruflich ausgebildet, Mädchen auf Haushalt und die Mutterschaft vorbereitet. Das Projekt wurde durch den Ersten Weltkrieg beendet. Vgl. Lutzhöfft, 1971:134.

24 NS-Landwirtschaftsminister, Tierzüchter, Propagandist »Nordischen Gedankens«.

25 Spätestens mit dem Nürnberger NS-Parteitag 1934 hat sich Hitler seiner Gehilfen aus der Kampfzeit entledigt, mit dem Parteitag 1936 „kann Hitler den politikfernen Germanenschwärmern insgesamt die kalte Schulter zeigen." (von See , 1994:206) 1937 wird die relativ einflußreiche Zeitschrift *Die deutsche Kämpferin* von Rogge-Börner sogar verboten.

26 Der 1934 eine Habilitationsschrift verfaßt zum Thema *Kultische Geheimbünde der Germanen.*

27 In Anlehnung an Rousseau wurde das Gegensatzpaar Zivilisation – Natur, in der Folgezeit: Moderne – Natur konstruiert. Die Moderne war negativ und mit Verfall, d.h. mit Dekadenz, die Natur positiv assoziiert. Für Nietzsche war die Dekadenz notwendiges Stadium eines Entwicklungsprozesses.

28 *On the origin of species by means of natural selection, or the preservation of favoures races in the struggle of life.*

29 Die Evolutionstheorie Darwins ging nicht mehr von der Unveränderlichkeit der Arten und vom göttlichen Schöpfungsakt aus, sondern von der Vorstellung, daß sich alle bestehenden Lebewesen einschließlich des Menschen im Verlauf der erdgeschichtlichen Entwicklung aus einfach organisierten Lebensformen entwikkelt haben. In langen Zeiträumen vollzog sich ein Artenwandel. Mutation, Selektion, Isolation und Rekombination sind die wichtigsten dabei wirksamen Evolutionsfaktoren.

30 Der Adolf Klein Verlag (Leipzig) verlegte nach Lutzhöfft (1971:50) Autoren, die eine altnordische Frömmigkeit und Kultur anstrebten. Neben Sophie Rogge-Börner verlegte er auch Kummer (*Midgards Untergang*, 1935), den Rogge-Börner verehrte.

31 Nach einer statistischen Erhebung im Jahre 1900 waren 75% der Männer (meistens aus dem Mittelstand) und 25% der Frauen (meistens aus dem Proletariat) geschlechtskrank.

32 Neben Leonore Kühn und Mathilde Kelchner eine weitere Mitkämpferin Rogge-Börners.

33 Der Nordist Bernhard Kummer ist da die Ausnahme. Vgl. Kapitel 5.2.

34 Ich halte den Begriff „nationalsozialistische" für treffender.

35 Wittrock ergänzt: „(freilich bezogen sie nur nach aristokratisch-rassistischen Kriterien ausgewählte Frauen in ihre 'Emanzipationstheorie' ein)." (Wittrock, 1983:1)

36 *Die Deutsche Kämpferin: Monatszeitschrift zur Gestaltung der wahrhaftigen Volksgemeinschaft*, Adolf Klein Verlag, Leipzig, 1933-1937.

37 Wieso der „Nationalfeminismus" à la Rogge-Börner auch „überspitzt" formuliert „die Kinderkrankheit des Feminismus" (Crips, 1990:136) sein soll, leuchtet mir übrigens nicht ein, schließlich waren die Nazi-Feministinnen nie Bezugspunkt aktueller feministischer Politik und werden es hoffentlich auch nie sein. Deutlich wird an Rogge-Börner doch nur, daß zu einer feministischen Einstellung weiterführende gesellschaftspolitische Bindungen gehören und übergreifende Bedeutung haben. Zu Recht meint Crips (ebd.): „die von der 'Deutschen Kämpferin' geforderte Gleichheit der Geschlechter lehnte das Prinzip allgemeiner Gleichheit ab. Ausgeschlossen von der geforderten Gleichheit werden 'Untermenschen' beiderlei Geschlechts. Daraus muß geschlossen werden, daß Feminismus nicht automatisch eine Form von Humanismus ist."

38 So heißt es bspw. in einem Artikel in »Der deutschen Kämpferin« (1933:129-130; zitiert in: Kuhn/Rothe, 1987:38f.): »In allererster Linie muß der M a n n, der so familienfremd und so kinderfeindlich geworden ist in einem erstarrten und überspitzten männerrechtlichen Daseinsprinzip, (es folgt: die biologische Deutung, E.d.V.) wieder zur erbbiologischen Verantwortlichkeit und Familienaufgabe hingeleitet und erzogen werden. ... Aus Herz u n d Verstand müssen Frau und Mann zum Kinde zurückfinden ... Dabei hat die männliche Schulbildung ihr Hauptaugenmerk darauf zu richten, daß die verödeten Seelenbezirke des Mannes wieder Pflege und Nahrung bekommen, weibliche Schulbildung darauf, daß die vernachlässigten Verstands- und Erkenntniskräfte sich gesund entwickeln können.« (Deutlich wird jedoch auch: insbesondere den Mann hält Rogge-Börner für »verödet«, er muß daher »erzogen werden«.)

39 In der Denkschrift (siehe: Reichenau, 1933:7): „Die nunmehr langsam einsetzende Neuordnung des Staates macht es den deutschen Frauen völkisch-nationaler Lebensrichtung zur Pflicht, die führenden Männer mit größtem Ernst darauf aufmerksam zu machen, daß der Staat nicht noch einmal wieder als Staat des Mannes geordnet werden darf..."

40 Ich möchte daran erinnern: Erst um die Jahrhundertwende waren Frauen überhaupt – nach langen Kämpfen der Frauenbewegung – zum Hochschulstudium zugelassen worden. (Vgl. Frevert, 1986:76)

41 Vgl. Hermand, 1984:534ff.

42 *Denkschrift an den Kanzler des Deutschen Reiches Herrn Adolf Hitler und den Vizekanzler* Herrn Franz von Papen, herausgegeben von Irmgard Reichenau: Deutsche Frauen an Adolf Hitler, 1933. (Siehe auch Textauszug in: Kuhn/Rothe, 1987:71ff.)

43 Mit der Niederschlagung des „Röhm-Putsches" am 30. Juni 1934 entledigte sich Hitler seiner Helfer aus der Kampfzeit, auf dem Nürnberger Parteitag 1936 zeigte er den Germanenschwärmern insgesamt die kalte Schulter. (Vgl. von See 1994: 205f. und 384f.)

44 Die der Schule Rudolf Muchs verbunden war.

6 Die tiefenhermeneutische Interpretation der mythischen Bilder – Zur Phantasie der »freien, rassebewußten, kriegerischen Germanin«

1 Die biographischen Daten zur Person Rogge-Börners befinden sich im Kapitel 8, inkl. einer kommentierten, vollständigen Literaturliste.

2 Die *Islandsagas* sind aus dem späten 12. Jahrhundert stammende Handschriften, vorwiegend aus Island stammend. In ihnen wird von einem begrenztem Fortleben altgermanischer (von kirchlich-antiken Einflüssen freien) Kultur berichtet. (Vgl. Thule, 1963, Bd. 4-6; Bd. 21 und 23.)

3 Die *Edda* zählt ebenso wie die Islandssagas zur altnordischen Literatur. (vgl. Thule, Bd. 1+2). Sie ist ein mythologisches Lehrbuch. 1230 von Snorri Sturluson verfaßt, gilt es als Handbuch der Skaldenkunst. Die ältere Edda enthält zwischen dem 9. und 12. Jahrhundert entstandene, im 13. Jahrhundert in Island aufgezeichnete Götter und Heldensagen. Darunter auch die Lieder von Sigurd, Brynhild, Gudrun; vgl. hierzu die mittel- und hochdeutschen Nibelungensagas.

4 Einzelne Textpassagen sind direkt zitiert. Wir lesen den Text dennoch fortlaufend, da Rogge-Börner bereits mit der Auswahl der Zitate und ihrer Zusammenstellung inhaltliche Aussagen trifft. Die Zitate sind als solche gekennzeichnet.

5 Wir dürfen an dieser Stelle auf den starken Einfluß Bachofens auf Rogge-Börner erinnern (vgl. Rogge-Börner, 1932), der ähnlich mit mythologischen Materialien umging (vgl. Zinser, 1981:20/21). „Das Mißverständnis in Bachofens Überlieferung liegt nun nicht darin, daß er die mythischen, literarischen und künstlerischen Überlieferungen anders als die Geschichtswissenschaft seiner Zeit zum Gegenstand macht und sie als kollektiv verbindliche – wir fügen hinzu: psychi-

sche – Bindungen ernst nimmt, sondern darin, daß er sie als etwas anderes, nämlich unmittelbar als Realgeschichte ausgibt.“ (Zinser, 1981:20)

6 Siehe Literaturangaben in Kapitel 8, Biographische Daten, Sophie Rogge-Börner.

7 Vgl. Ernst Bergmann (1932): *Erkenntnisgeist und Muttergeist. Eine Soziosophie der Geschlechter*, Breslau.

8 Besonders deutlich zu ersehen in der *Denkschrift...*, Rogge-Börner; in: Reichenau, 1933.

9 Vgl. Garbe, 1936 (a+b); Führer, 1938; Netter, 1935; Naumann, 1925 und 1930.

10 Die Titel dieser Schriften bitte dem Kapitel 8, Biographische Daten, Sophie Rogge-Börner entnehmen.

11 Zur Differenzierung zwischen bürgerlicher und radikaler Frauenbewegung siehe *Feministische Studien*, 1984; Bussemer, 1985; Greven-Aschoff, 1981; Hausen, 1983; Prokop, 1980 und Wobbe, 1989.

12 Vgl. Prokop, 1980 und Wobbe, 1989.

13 Wir können auf Claudia Koonz (1991) verweisen, die zu diesem Kapitel nationalsozialistischer Geschichte eine ausführliche Untersuchung vorgelegt hat.

14 Sophie Rogge-Börner stand zwischen 1919 und 1923 der DNVP nahe, die den »Schmachfrieden von Versailles« bekämpfte. Bereits nach 1923 wendet sie sich der »NS-Freiheitsbewegung« zu. 1929 verfaßte sie die Schrift *Die Kriegsschuldlüge* – womit ihre Position schon klar gekennzeichnet sein dürfte.

15 Vgl. de Visser, in: Determann, 1991:107ff. und Frevert, 1986.

16 Im vorindustriellen Zeitalter waren viele Frauen überwiegend als die sogenannten „mithelfenden Angehörigen“ (bspw. in der Landwirtschaft) tätig gewesen – aber ohne Lohn.

17 Vgl. zu diesem nach wie vor schwierigen Orientierungskonflikt den Aufsatz von Maya Nadig, 1991, in: *Herrschaft, Anpassung, Widerstand.*

18 Sicherlich sind die klinischen Beobachtungen von Mervin Glasser (1986) zur Perversion nicht ohne weiteres auf den hier zu analysierenden Komplex anwendbar. Dennoch assoziiere ich Parallelen. Er schreibt: „I regard aggression as essentially part of the ego's response to any threat to physiological or psychological homeostasis; and the aim of aggression ist to eliminate, obliterate -- essentially, to negate-- the threat.“ (Glasser, 1986:9) Glasser macht – hier in aller Kürze dargestellt – drei Reaktionstypen auf drohende Vernichtung aus: Der erste Typus versucht, die Bedrohung (das Objekt) zu vernichten durch Sexualisierung und Verkehrung der Aggression zu Sadismus. Der zweite reagiert auf die drohende Vernichtung mit narzißtischem Rückzug. Der dritte mit Masochismus. Die Frage, die sich damit für mich provozierte, war: Haben die Menschen auf die Vernichtung ihrer traditionellen Identitätsstrukturen nicht auch in der Form ähnliche Reaktionsmuster herausgebildet: Aggression (gegen Fremde, Juden, das Außen), um die Angst vor Vernichtung verleugnen zu können, die Frauen zudem mit einer Verkehrung der enttäuschenden Verhältnisse in ein Phantasma über weibliche Macht und Grandiosität?

19 Siehe die Kapitel zu den Vorläufer-Ideologien.

20 Frauen wird qua Definition an sich bereits eine »Mütterlichkeit« zugesprochen. Das von der bürgerlichen Frauenbewegung vorgestellte Konzept der »geistigen

Mütterlichkeit« sprach auch kinderlosen Frauen mütterliche Qualitäten zu, die die Gesellschaft – so der Vorschlag – nutzbringend einsetzen könne.

21 Vgl. Kapitel 5.5, Realpolitische Ausgrenzungen

22 Vgl. Kapitel 5.2., Rosenberg.

23 1930 greift Rogge-Börner den späterer NS-Landwirtschaftsminister Walter Darré in ihrer Schrift *Nordischer Gedanke und Verantwortung* wegen seiner frauenfeindlichen Äußerungen noch scharf an (vgl. Rogge-Börner, 1930).

24 Vgl. das Kapitel 5.2 zum »Nordischen Gedanken«.

25 Die Nordisten waren der Auffassung, die frühe germanische Gesellschaft sei »rasserein« gewesen. Vgl. die Ausführungen im Kapitel 5.2.

26 Durch Übertragung der unangenehmen, angsterregenden Anteile auf den Fremden.

27 Ich mache darauf aufmerksam, daß damit der Schritt von der nationalsozialistischen Idee – die hier untersucht wird – zur konkreten Tat oder den Tatausführenden nicht beschrieben ist. Vgl. hierzu: Brainin/Teicher, 1992.

28 Vgl. Rogge-Börner, 1928:7. Die Anhänger des Nordischen Gedankens favorisierten die nicht christianisierte germanische Religion. Den Einfluß des Christentums machten sie mitverantwortlich für den Verfall des Germanentums. Ein Forscher neuerer Zeit, Richard Fester (1979:53), meint, insbesondere der Konzilbeschluß von Ephesus 431 n. Chr. habe als „Schlüsselereignis für die fortan beschleunigte Verbreitung des christlichen Glaubens" bei den Germanen eine Rolle gespielt. Da dieses Konzil die Mutter Jesu, Maria, als Gottesgebärerin ins Zentrum gerückt habe, erkannten die germanischen Völker in ihr ihre eigene, alte Muttergottheit wieder. (Vgl. Fester, 1979:53ff.)

29 Kalte Kulturen sind die, in denen die Vergangenheit der Großeltern noch das Zukunftsmodell abgeben kann, heiße Kulturen zersetzen diese traditionelle Form der Identitätsbildung. Diese Begrifflichkeit übernimmt Erdheim von Lévi-Strauss. Vgl. Erdheim, 1982:187ff.

30 Sophie Rogge-Börner hängt der bei den Nordisten häufig vertretenen Nord-Süd-These an, nach der im Norden Europas lebende Völker »rassereiner« d.h. nordischer sind, die südlichen stark mit römischen/mediterranen vermischt sind. So haben sich bspw. nach Auffassung von Rogge-Börner skandinavische und englische Frauen mehr germanisches »Seelenerbe« bewahrt als manche deutsche. (Vgl. Rogge-Börner, 1938:7)

31 Vgl. Sophie Rogge-Börner, 1929. (*Die Kriegsschuldlüge*)

32 Ich richte mich in der Schreibweise nach Jesch, 1993. Statt *W*ikinger also *V*ikinger.

33 Bspw. abzuleiten aus der Fundstelle des Grabes von Oseberg, 1904 entdeckt, daß sowohl mit einem Schiff und einem Wagen als auch mit 12 Pferden und zahlreichen anderen Grabbeigaben ausgestattet war (vgl. Jesch, 1993:51ff.).

34 „Orlog" ist das holländische/alte norddeutsche Wort für Krieg.

35 Diese Saga ist vermutlich Mitte des 13. Jahrhunderts niedergeschrieben worden (vgl. Simek/Pálson, 1989:225). Sie geht den Schicksalen von acht Geschlechtern nach, beginnend mit dem Auszug von Ketil Flachnase und seinen Söhnen nach Schottland, die dem allzu mächtigen norwegischen König Harald Schönhaar nicht mehr untertan sein mochten. Im Zentrum dieser Saga steht das Schicksal

von Gudrun, mit der sich Rogge-Börner in ihrer zweiten Interpretation befaßt. Ansonsten ist die *Laxdoela saga* eine klassische Fehdesage.

36 Vgl. zu dieser Problematik Jesch, 1989.

37 Unn, oder Aud, ist die Tochter von Ketil. Sie wandert mit ihren Enkeln von Schottland nach Island aus, wo sie zu den mächtigsten Siedlern gehörte.

38 Herman Wirth, *Was heißt deutsch? Ein urgeistgeschichtlicher Rückblick zur Selbstbesinnung und Selbstbestimmung* (1931). 1933 als Professor nach Berlin berufen, mit der Errichtung des urgermanischen Freilichtmuseums betraut, Leiter der »Stiftung Ahnenerbe«. 1938 abgesetzt und ohne Einfluß. Die Informationen habe ich aus: Hermand, 1988:250ff. entnommen.

39 Alle wichtigen Personen dieser Saga stammen von dieser Frau ab.

40 Die Besiedelung Islands erfolgte Anfang des 9. Jahrhunderts durch iroschottische Mönche, 875 folgten die Vikinger. Es ist also anzunehmen, daß noch ausreichender Raum vorhanden war.

41 Gudrun steht im Zentrum der *Laxdoela saga*. Sie verheiratet sich im Verlauf der Sage viermal, bekommt aber den Mann, den sie am meisten liebt (Kjartan), nicht.

42 Wolfram Wette weist auf diese Funktion im Zusammenhang mit dem Begriff der »Volksgemeinschaft« hin: „Als Kampfparole richtete sich das Wort 'Volksgemeinschaft' in erster Linie gegen die Idee und Wirklichkeit der Klassengesellschaft" (Wette, 1991:198 und 198ff.).

43 Tönnies entwickelte die beiden soziologischen, einander entgegengesetzten Grundbegriffe von »Gemeinschaft« als vollkommener Einheit und natürlich gewachsenem Organismus (Dorf, Stamm, Geschlecht, Familie, »Kultur des Volkstums«) und »Gesellschaft« als vom zweckrationalem Denken bestimmte gesellschaftliche Organisationsform (Stadt, Staat). Er bedauerte die nach seiner Auffassung nicht mehr umzukehrende Entwicklung von der »Gemeinschaft« zur »Zivilisation des Staates« (der Gesellschaft). (Vgl. Tönnies; 1935/1887.)

44 Vgl. hierzu auch Rogge-Börner, 1932, *Zurück zum Mutterrecht.*

45 Vgl. Garbe, 1936 a+b; Führer, 1938; Hess, 1940; Naumann, 1925 und 1930; Netter 1935 a+b; und die Rogge-Börner-Literaturliste im Kapitel 8.

46 Jesch (1993:297f.) meint, das Vorherrschen der starken Frauen in der *Laxdoela saga* sei „ein Hinweis darauf, daß die konventionellen Elemente des Genres neu interpretiert wurden, um ein Publikum anzusprechen, das zu einem guten Teil aus Frauen bestand. Ein gewisses Ausmaß an weiblicher Wunscherfüllung ist in der Saga zu finden."

47 Es heißt im Original: »Osvifrs Tochter hieß Gudrun, die erste an Schönheit und Verstand; vornehm war Gudrun ... Vor allen Frauen einsichtig war sie und des Wortes mächtig; sie war freigiebig.« (Thule 6, 1963:99)

48 Im Originaltext geht Gudrun ihren Ehemann um die Anschaffung »kostbarer Frauensachen« an. Es heißt: »Es gab keine noch so kostbaren Stücke ... daß nicht Gudrun es für angemessen hielt, sie in ihren Besitz zu bringen.« (Thule 6, 1963:106)

49 »Es war aber nicht üblich, zwei junge Leute gegen ihren Willen zusammenzubringen (Rogge-Börner, 1938:17) Inwieweit diese Behauptung richtig ist, muß dahingestellt bleiben.

50 Im Original ist es nicht ganz klar, ob dieser Ehebruch vollzogen wurde. Für Rogge-Börner ist es eine Gewißheit.

51 Die sehr interessante Geschichte, die zu dieser Heirat gehört, unterschlägt Rogge-Börner. Der Geliebte war nämlich verheiratet mit einer Frau (Aud), die »immer in Hosen gehe wie die Männer« (Thule 6, 1963:108). Ob dieser Tatsache läßt er sich auf Gudruns Anraten scheiden.

52 In den Isländischen Sagas machen viele junge Männer eine Reise in die Fremde – fast schon obligatorisch.

53 Mag sein, daß diese Elemente durch die mittelalterlichen Aufzeichner eingefügt worden sind mit dem Ziel, das Christentum zu idealisieren.

54 Kjartan wird von seinen Brüdern gerächt, Bolli wiederum von Gudruns Söhnen.

55 Diese Beschreibung Gudruns entspricht dem Original. (Thule 6, 1963:158)

56 Im Originaltext wirft Kjartan die Waffen weg, weil er den geliebten Vetter Bolli nicht töten will. Trotz des Friedensangebots versetzt ihm dieser die Todeswunde. (Thule 6, 1963:161)

57 Mit Ausnahme der Todesstrafe. Daß Strafvollzug auch eine Form von Vernichtung sein kann, kann hier nicht diskutiert werden, sei aber nebenbei vermerkt.

58 Sollte es sich hier um einen Hinweis auf den Adel der Heldin handeln?

59 Dieser Germane, Olaf, ist der Sohn der entführten, versklavten und geächteten irischen Prinzessin Melkorka. In der Thule 6, 1963:79f., ist zwar von einem »Magdesohn« die Rede, aber es ist klar, daß Olaf als Tochtersohn des Irenkönigs Myrkjartan eigentlich von erhabener Abstammung ist. In der Thule 3 (1963:226) ist der Sachverhalt anders dargestellt. Hier ist Olaf ein reicher, schöner Mann, eine »würdige Partie« für Thorgerd.

60 Skalden waren die norwegisch-isländischen Lyriker; sie waren hoch geachtet. Ca. 250 sind noch heute namentlich bekannt. In ihrer Dichtkunst rühmten die Skalden die kriegerischen Taten ihrer Zeitgenossen und ihrer Ahnen und verfaßten Liebesgedichte.

61 Im Original auch nicht.

62 So auch im Original dargestellt.

63 Die erste Szene hat Rogge-Börner der Thule 3 entnommen, die nun folgende zweite der Thule 6. Sie setzt diese beiden Berichte zu einem zusammen.

64 Olaf, Thorgerds Mann, tut alles, um Bolli zu schützen und den Fortgang der Blutrache zu unterbinden. Er sucht eine friedliche Lösung. (Vgl. Thule 6, 1963:164) So auch die Darstellung bei Rogge-Börner (1938:59).

65 In dieser Form ist davon im Originaltext nicht die Rede. Es ist zwar von »edlen Vorfahren« die Rede, der Begriff Ehre fällt aber nicht im Thorgerd-Text; man könnte es aber dahingehend interpretieren, daß es um Ehre geht. Man weiß, daß die heldische Ehre bei den Germanen wichtiger Bestandteil des moralisch-religiösen Denkens war (vgl. hierzu: Grönbech, 1980).

66 Karl H. Singer hat seine Untersuchungsergebnisse zur Blutrachepraxis anhand von Feldforschung in der Türkei gewonnen. (Vgl. Singer, 1994)

67 Restbestände blutrechtlicher archaischer Denkformen finden sich im Passahopfer des Alten und Neuen Testaments. Nach Lüling (1982) besteht zwischen dem Passahopfer als Initiationsritus eine Verbindung zu Blutrache und Heiligem Krieg.

68 Agon bedeutet: Kampf als Spiel ist Wettkampf, gegenseitiges Herausfordern und Erproben.

69 Das »Nürnberger Gesetz« (das »Blutschuldgesetz«) vom 15.9.1935 hatte folgenden vollen Titel: »Gesetz zum Schutze des deutschen Blutes und der deutschen Ehre«. »Blut« und »Ehre« sind konsequent miteinander verknüpft. (Vgl. hierzu: Zingerle, in: Vogt/Zingerle, 1994:107)

70 In diesem Zusammenhang widerspricht Zingerle dem weitverbreiteten Urteil, „die ideologische Komponente des Regimes sei in sich wenig schlüssig, schwammig-undefiniert und daher eine periphere, vernachlässigenswerte Größe". Gerade am Begriff der Ehre meint er aufzeigen zu können, daß es durchaus schlüssige, übergreifende Begriffe gab, die einen nicht zu unterschätzenden indoktrinierenden Wirkungsgrad hatten. (Vgl. Zingerle, in: Vogt/Zingerle, 1994:100)

71 Man darf nicht vergessen, daß die Syphilis noch um die Jahrhundertwende bis zur Entdeckung des Penizillins (1928 durch A. Fleming) zahlreiche Opfer forderte.

72 Nicht symbiotisches: Es geht hier nicht um gegenseitige abhängige Nutznießung, sondern um ein ineinander aufgehen, indem man zu einer Person wird.

73 Die drei Nornen, Schicksalsschwestern, Schicksalsgöttinnen. Es sind dies Urd, Werdani und Skuld. Sie verweilen am Fuße der Weltesche Yggdrasil an der Schicksalsquelle und bestimmen den Menschen bei ihrer Geburt ihre Lebensgeschichte.

74 Germanische Gesellschaften konnten bei Vergehen eines Stammesmitglieds die Acht verhängen, d.h. den Ausstoß aus der Gemeinschaft. Jeder „Freie" hatte das Recht, den in der Acht Lebenden zu töten.

75 Im Sinne von Gefolgstreue. Die Nibelungentreue war das in einer Reichstagsrede von Fürst von Bülow (1909) benutzte politische Schlagwort für die unbedingte Bündnistreue des Deutschen Reiches zu Österreich-Ungarn.

76 Es heißt bspw. bei Eugen Schmitz, der hier Richard Wagner zitiert: »'Deutsch sein', so faßt der Meister (Ges. Schr. VIII 96f.) das Problem in ein Axiom zusammen, »heißt die Sache, die man treibt, um ihrer selbst willen ... treiben, wogegen das Nützlichkeitswesen, d.h. das Prinzip, nach welchem eine Sache des außerhalb liegenden persönlichen Zweckes wegen betrieben wird, sich als undeutsch herausstellt ... Diese ernste Auffassung drängt den Deutschen, den Dingen überall auf den Grund zu gehen, nie sich von der äußeren Schale blenden zu lassen, sie ist der Ursprung der deutschen Innerlichkeit ... In dieser Betonung des 'Reinmenschlichen' erkennt Wagner die hohe geschichtliche Mission, die regeneratorische Kraft des Deutschtums.« (Schmitz, 1909:156) Was hier meines Erachtens zum Ausdruck kommt, ist in letzter Konsequenz ein Ausbruch gegen die Moderne.

77 Mittelhochdeutsches Heldenepos, lediglich im sogenannten *Ambraser Heldenbuch* anonym überliefert, wahrscheinlich im 13. Jahrhundert entstanden. Das Kudrunlied enthält drei Sagengeschichten, Titelheldin ist Kudrun, die vom Normannenkönig Hartmut geraubt wird, ihrem Verlobten aber trotzdem über 13 Jahre lang die Treue hält.

78 »Die Geschichte von dem starken Grettir, dem Geächteten«, Thule 5, 1963.

79 Vgl. auch: Thule 5, 1963:43.

80 Es geht hier nicht darum, Frauen auf ihre Mütterlichkeit (ausschließend) festzuschreiben. Es geht darum, womit in dieser Interpretation Mütterlichkeit konnotiert ist.

81 Im Originaltext der Thule heißt es: »Sie war ein Kernweib, berühmt durch ihre Klugheit, sie besorgte die Angelegenheiten des Bezirks und erledigte alle Geschäfte, wenn der Vormund nicht daheim war« (Thule 5, 1963:143).

82 Erstens, weil ihr Gatte bei soviel Mut der Ehefrau als größerer »Häuptling« gelten könne, zweitens würden Grettirs Verwandte seinen Tod nicht gewünscht haben, und drittens sei Grettir »in mancher Beziehung ein großer Held«. (Thule 5, 1963:144).

83 Rogge-Börner war als Anhängerin des Nordischen Gedankens der Auffassung, die weiße Rasse sei die am höchsten stehende, innerhalb der weißen Rasse sei es der Germane, der nordische Mensch. Zu den Menschen, die der »nordischen Rasse« angeblich schadeten, gehörten in erster Linie die Juden. Vgl. hierzu Kapitel 5.2, Der Nordische Gedanke.

84 Siehe Thule 4, 1963:43-63 und 89-113. Die in dieser Saga geschilderte Überwindung der Blutrache und die Christianisierung werden von Rogge-Börner nicht thematisiert. Die Njálssaga hat eine sehr komplexe Handlung mit zahlreichen Frauengestalten, die in Blutrachefehden verwickelt sind.

85 Von einem Widerspruch Hallgerds wird auch in der Saga berichtet. Hallgerd sagt: »Jetzt hat sich mir bestätigt, was ich schon lange geargwöhnt habe, daß du mich nicht so lieb hast, wie du immer sagtest. ... Auch find ich diese Heirat nicht so großartig«. Doch der Vater befiehlt die Heirat. (Vgl. Thule 4, 1963:46)

86 Es geht dort weiter mit einem Hitlerzitat: »'So hat der völkische Staat in seiner Erziehungsarbeit neben der körperlichen gerade auf die charakterliche Ausbildung höchsten Wert zu legen.' Charakterschule erstrebt die Erziehung im Dritten Reich, im Gegensatz zur Wissensbildung.«

87 Es wird nichts näheres über Beziehung und Funktion dieses Ziehvaters berichtet.

88 Wenn die Germanenkultlerinnen schon etwas über Frauenkontakte schreiben, so sind dies häufig zwei sich verbissen bekämpfende Frauen. Vgl. insbesondere Ulrike Garbe, 1936a. Vgl. auch Thule 4, 1963:91ff.

89 Vgl. Thule 4, 1963:89-113.

90 Siehe Thule 4, 1963:269ff.

91 So auch im Original, Thule 4, 1963:279.

92 Siehe Thule 4, 1963:280.

93 Auch der Symbiotiker strebt unbewußt nach der Zerstörung seiner ihn jeder Autonomie beraubenden Lebensform. Zusammen mit den abgespaltenen Triebanteilen wird auch diese Aggression projiziert auf das personifizierte Andere (der Fremde, der Jude usf.) und damit transformiert in Destruktivität. Damit können die symbiotisch phantasierten Beziehungen ungestört weiter Bestand haben.

94 Die Hallgerd für Rogge-Börner aufgrund ihrer Fähigkeit zur destruktiven Aggression dennoch erfüllt.

95 Es handelt sich um die 15. Chronik bei Rogge-Börner, 1938:73-79. Ihre primäre Bezugsquelle für diese Frauengestalt findet sich in Thule 13 (Grönländer und Fähringer Geschichten, 1965:38-70).

96 Im Originaltext heißt es ein wenig drastischer: »Sie riß die Brüste aus dem Hemde und schlugdawider mit dem flachem Schwerte.« (Thule 13, 1965:44)

97 Rogge-Börner bezieht sich auf Thule 1, *Die Edda*, 1963.

98 So Barthes zur Lesweise der Mythologen.

99 Ich übernehme die Schreibweise „Myth*us*“ des Originals.

100 Rogge-Börner wählt als Quelle die ältere Edda, die die im ca. 9.-12. Jahrhundert entstandenen, in Island im 13. Jahrhundert aufgezeichneten Götter- und Heldensagen enthält: Sigurd, Brynhild und Gudrun, das Lied vom Atli – es handelt sich im Prinzip um die ältere Fassung der Nibelungensage. Gudrun entspricht hier der Kriemhild.

101 In der germanischen Mythologie sind Walküren Frauen, die bestimmen, wer auf dem Schlachtfeld umkommen soll. Durch ihren Kuß erwecken sie die gefallenen Krieger zu ewigem Leben. Sie sammeln die Gefallenen, begleiten sie nach Walhall, der Halle der Gefallenen. Dort sollen sich die Kämpfer bereit halten für den Kampf am Tage der Ragnarök, dem Weltenende, der Götterdämmerung und der darauf folgenden goldenen Zeit.

102 Vgl. übrigens das Märchen Dornröschen.

103 Diesem Sachverhalt widmet Rogge-Börner kein Wort!

104 Freud meint, der Heros sei ein Vorläufer des monotheistischen Vatergottes gewesen. Er schreibt: „Die Lüge des heroischen Mythus gipfelt in der Vergottung des Heros. Vielleicht war der vergottete Heros früher als der Vatergott, der Vorläufer der Wiederkehr des Urvaters als Gottheit. Die Götterreihe liefe dann chronologisch so: Muttergöttin-Heros-Vatergott. Aber erst mit der Erhöhung des nie vergessenen Urvaters erhielt die Gottheit die Züge, die wir noch heute an ihr kennen.“ (Freud, 1974:127)

105 Nicht gemeint ist hier Männlichkeit allgemein; es geht um eine ganz bestimmte Form von Männlichkeit, nämlich der Mann als Krieger. Bewußt spreche ich auch nicht von der soldatischen Identität im Sinne Sombarts (1969), zu der im Wesentlichen noch Drill, Disziplin und Unterordnung gehören – Sombart sieht diese Eigenschaften im Zusammenhang mit dem »modernen Kapitalismus« stehend.

106 Sie etikettierte dies in ihren vorherigen Geschichten mit: »wilder«, wir würden übersetzen: seinen archaischen (oder sinnlichen?) Trieben ergebener Mann.

107 Vgl. Thule 1, 1963: Das ältere Lied von Helgi dem Hundingstöter.

108 Wie schon dargestellt, wurde diese Zeitschrift 1937 von der Gestapo verboten – ihre sonstigen Schriften aber konnte Rogge-Börner weiter veröffentlichen.

109 Man könnte meinen, es handele sich hier um „banalen“ Penisneid – das halte ich für verkürzt, geht es hier doch um weit mehr Ordnungskategorien und Sinnzuschreibungen, die mit dem Schwert (= Penis) verknüpft sind. Siehe die Zusammenfassung im folgenden.

110 Und auch auf öffentlichen Veranstaltungen, wie bspw. in einem Vortrag vor dem Hausfrauenverband 1933 – woraufhin Rogge-Börner auch prompt gerügt wurde; siehe Kapitel 8, Biographische Daten, Rogge-Börner.

111 Pierre Samuel führt eine ansehnliche Anzahl namentlich bekannter Kriegerinnen vor, stellt aber auch fest, daß selbige häufig als Jungfrauen vorgeführt werden (Jeanne d'Arc ist hier bekanntestes Beispiel) oder sich als Männer kleideten (1979:136ff.). Vgl. auch Schenk, 1983:19ff. Ihre These, Frauen hätten zwar kein aktives pazifistisches Interesse, eher ein Desinteresse an Krieg, hätte Rogge-Börner sicherlich in Frage gestellt.

112 Siehe Rogge-Börner, 1929.

113 Rogge-Börner beklagt in ihrer Schrift *Die Lebenden rufe ich – 10 Jahre Kriegsschuldlüge*, Berlin 1929 das »sang- und klanglos(e)« Abgleiten der »breite(n) Schicht des Kleinmittelstandes ... ins Proletariat.« (Rogge-Börner, 1938:4)

114 Daß der Antisemitismus in dieser Schrift Rogge-Börners nicht vorkommt, bedeutet mitnichten, daß sie keine antisemitischen Einstellungen hatte. Das Gegenteil ist der Fall. So spricht sie in der schon erwähnten Abhandlung *Die Lebenden rufe ich – 10 Jahre Kriegsschuldlüge*, 1929 in den bekannten Wendungen von der »geheimen Macht« der Weltherrschaft der »jüdischen Gelddynastie« und empfiehlt »das rassische Erwachen« des völkischen Deutschland. Im Ausruf »Rom und Juda! In dieser Zange das weltfremde Volk der Denker und Dichter« (1929:7) sind sowohl der schon erwähnte Antisemitismus als auch ein bis auf Nietzsche und Schopenhauer zurückreichendes antichristliches Ressentiment enthalten.

7 Biographische Daten zu den Autorinnen

1 Eventuelle Rechtschreibfehler usf. sind bei den selbstverfaßten Lebensläufen nicht korrigiert!

2 Die Informationen zu Hoerner-Hintze habe ich entweder aus der Akte von Hoerner-Hintze/ Bundesarchiv Berlin entnommen, oder: Budtke/Schulze, 1995.

3 Heute: Wroclaw/Polen

4 Kurland ist ein Teil von Lettland. Im Ersten Weltkrieg 1915 von den deutschen Truppen besetzt, riefen die Letten 1918 eine unabhängige Republik Lettland aus. Daraufhin besetzte die sowjetische Armee das Land, das jedoch durch die deutsch-baltische Landwehr wieder zurück erobert wurde. 1920 kam es endgültig zur Staatsgründung Lettlands, aus Kurland und Livland gebildet. Mit der demokratischen Regierungsform in Lettland hatten die dort lebenden baltischen Deutschen ihre traditionellen Vorrechte verloren, mit der Agrarreform 1920 wurde der in der Hand des deutsch-baltischen Adels befindliche Großgrundbesitz enteignet. (Vgl. Garleff, 1976:5 und Rauch, 1970). Es könnte sein, daß der Gatte von Suse von Hoerner-Hintze einer dieser deutsch-baltischen Gutsbesitzer war und dementsprechend enteignet worden ist. Aus der Akte im Bundesarchiv Berlin geht hervor, daß ihr Mann »gegen die Bolschewiken« gekämpft hat, also wahrscheinlich Mitglied der deutsch-baltischen Landwehr gewesen ist.

5 Entnommen ihren Aufnahmeantrag für die Reichsschrifttumskammer; Bundesarchiv Berlin/Akte S. v. Hoerner-Hintze Hintze.

6 Ihr Sohn Ralf Rogge wird Arzt, Mitglied der Totenkopfstandarte, war SS-Arzt in der Einwanderungszentrale in Posen und unter anderem auch im KZ-Buchenwald tätig. (Quelle: Bundesarchiv Berlin, Akte Ralf Rogge.)

7 Diese Adresse ist im KDLK 1939 angegeben.

8 Vgl. Reichenau, Irmgard (Hrsg., 5.Aufl.: 1934): Deutsche Frauen an Adolf Hitler; Leipzig. Es meldeten sich im übrigen durchaus mehrere Frauen zu Wort, mit dem Bestreben, die Positionierung der Frau im NS-Staat mitzubestimmen. Vgl. Bosch, 1933 (eine Art „weiblicher Rosenberg"); Diehl, 1932; Gottschewski, 1934; Scholtz-Klink, 1936; Siber, 1933.

9 Der Einschub ist nachträglich eingefügt auf dem Original.

Literatur

Adorno, Theodor W. (1970): Die Freudsche Theorie und die Struktur der faschistischen Propaganda. In: PSYCHE, Heft 7, JG. 24; Stuttgart

Alheit, Peter (1983): Alltagsleben: Zur Bedeutung eines gesellschaftlichen „Restphänomens"; Frankfurt (Main)/New York

–/Hoerning, Erika M. (Hrsg.) (1989): Biographisches Wissen. Beiträge zur Theorie lebensgeschichtlicher Erfahrung; Frankfurt (Main)/New York

Altmann, Hermann (1978): Kriegsöffentlichkeit und Kriegserlebnis: eine Ausstellung zum 1. WK; Regensburg

Alexijewitsch, Swetlana (1989): Der Krieg hat kein weibliches Gesicht; Hamburg

Amberger, Waltraud (1984): Männer, Krieger, Abenteuer: der Entwurf des 'soldatischen Mannes' in Kriegsromanen über den Ersten und Zweiten Weltkrieg; Frankfurt (Main)

Amtswalterinnenblätter der NS-Frauenschaft (JG. 2, 1.1.1934); München

Arbeitskreis Westdeutscher Frauen (Hrsg.) (1953): Die Deutschen Frauen und der Krieg. In: ebenda, Bilanz des Zweiten Weltkrieges; S. 348-363; Hamburg

Arendt, Hannah (1986): Eichmann in Jerusalem – ein Bericht von der Banalität des Bösen; München/Zürich

– (1951): Elemente und Ursprünge totaler Herrschaft; München 1986

– (1944): Organisierte Schuld. In: Die verborgene Tradition; S. 32-44; Frankfurt (Main) 1976

– (1960): Von der Menschlichkeit in finsteren Zeiten; München

Ariés, Philippe (1975): Geschichte der Kindheit; München/Wien

Armanski, Gerhard (1993): Maschinen des Terrors: das Lager (KZ und GULAG) in der Moderne; Münster

Armin, Gabriele: (1989): Das große Schweigen; München

Arnold, Rolf (1985): Deutungsmuster und pädagogisches Handeln in der Erwachsenenbildung; Bad Heilbrunn

Arnoldsheimer Filmgespräche (1989): Kino + Krieg – Von der Faszination eines tödlichen Genres; Frankfurt (Main)

Ästhetik und Kommunikation (1991): Neid. Heft 77, JG. 20, September 1991, Essen

Baacke, Dieter (1985): Päd. Biographieforschung; Weinheim/Basel

Badinter, Elisabeth (1981): Die Mutterliebe; München

Bajohr, Stefan (1984): Die Hälfte der Fabrik – Geschichte der Frauenarbeit in Deutschland 1914-1945; Marburg

Banaka, William H. (1971): Training in Depth Interviewing; New-York/Evanston/San Francisco/London

Bastkowski, Friedrun/Lindner, Christa/Prokop, Ulrike (1980): Frauenalltag und Frauenbewegung im 20. Jahrhundert – Materialsammlung zu der Abteilung 20. Jahrhundert im Historischen Museum; Frankfurt (Main); Bd. 1: Industrialisierung und weibliche Lebenserfahrung 1890-1933; Bd. 2: Die 20iger Jahre

Bataille, Georges (1978): Die psychologische Struktur des Faschismus; München
Batscheider, Tordis/Lang, Susanne/Petry, Ilse (1990): Kriegerische Männer – Friedliche Frauen? – Feministische Anmerkungen zu einem falsch verstandenen Gegensatz, Hess. Stiftung Friedens- und Konfliktforschung; Friedensforschung Aktuell, Ausg. 24; Frankfurt (Main)
Baumann, Zygmunt (1992): Dialektik der Ordnung: Die Moderne und der Holocaust; Hamburg
– (1994): Das Jahrhundert der Lager. In: Die Neue Gesellschaft – Frankfurter Hefte, JG. 41, 1/1994; Bonn
Bäumer, Gertrud (1914): Der Krieg und die Frau. In: Der deutsche Krieg, Politische Flugschriften, Hrsgb. von Ernst Jäckl, Heft 15, Stuttgart/Berlin
– (1915): Der seelische Hintergrund der Bevölkerungsfrage. In: DIE FRAU, JG. 23, Heft 3, Dezember 1915, Berlin
– (1915): Die innere Rüstung. In: DIE FRAU, JG. 23, Heft 2, November 1915; Berlin
– (1916): Einkehr; Jena
– (1916): Platostunden im Kriege. In: DIE FRAU, JG. 23, Heft 9, Juni 1916; Berlin
– (1916): Phantasien und Tatsachen in der Frage des weiblichen Dienstjahrs. In: DIE FRAU, JG. 23, Heft 6, März 1916; Berlin
– (1933): Der freiwillige Arbeitsdienst der Frauen; Leipzig
– (1935): Die Kriegsdienstpflicht der Frau; in: DIE FRAU, JG. 42, Heft 11, August 1935; Berlin
Bauriedel, Thea (1986): Die Wiederkehr des Verdrängten. Psychoanalyse, Politik und der Einzelne; München/Zürich
Becker, Marie Louise (1934): Frau hinter der Front, Roman; Graf von Schliessen Verlag, Berlin
Becker, Peter E. (1988): Zur Geschichte der Rassenhygiene: Wege ins Dritte Reich; Stuttgart
– (1990): Sozialdarwinismus, Rassismus, Antisemitismus und völkischer Gedanke: Wege ins Dritte Reich, Teil II; Stuttgart
Becker, Sophinette/Stillke, Cordula (1987): Von der Bosheit der Frau. In: Brede, Karola: Befreiung zum Widerstand, Aufsätze zu Feminismus, Psychoanalyse + Politik; Frankfurt (Main)
Bedürftig, Friedemann (1985): Kirchenkampf. In: Zentner, Christian/Bedürftig, Friedemann: Das große Lexikon des Dritten Reichs; München
Behrenbeck, Sabine (1991): Heldenkult und Opfermythos. Mechanismen der Kriegsbegeisterung, 1918-1945. In: Linden, Marcel van der/Mergner, Gottfried (Hrsg.): Kriegsbegeisterung und mentale Kriegsvorbereitung; Berlin
Beiträge zur feministischen Theorie + Praxis (1983): Gegen welchen Krieg – für welchen Frieden?; Köln
Beland, Hermann (1991): Religiöse Wurzeln des Antisemitismus. In: PSYCHE, Heft 5, JG. 45, Mai 1991; Stuttgart
Belgrad, Jürgen/Gorlich, Bernard/König, Hans-Dieter/Schmid-Noerr, Gunzelin (1987) (Hrsg.): Zur Idee einer psychoanalytischen Sozialforschung – Dimensionen szenischen Verstehens; Frankfurt

Belgrad, Jürgen (1994): Symbolisierungen inszenierter Souveränität – Rechtsradikale Jugendliche und die verdrängte Dimensionen jugendlicher Gewalt. In: Politisches Lernen 1.2/1994:61-74; Duisburg/Göttingen

Benjamin, Jessica (1990): Die Fesseln der Liebe. Psychoanalyse, Feminismus und das Problem der Macht; Frankfurt (Main)

Benjamin, Walter (1977): Das Kunstwesen im Zeitalter seiner technischen Reproduzierbarkeit; Frankfurt (Main)

Berding, Helmut (1988): Moderner Antisemitismus in Deutschland; Frankfurt (Main)

Berger, Peter L./Luckmann, Thomas (1991): Die gesellschaftliche Konstruktion der Wirklichkeit: Eine Theorie der Wissenssoziologie; Frankfurt (Main)

Berger, Renate/Stephan, Inge (Hrsg.) (1987): Weiblichkeit und Tod in der Literatur; Köln/Wien

Bernays, W. (1914): Frauenfragen in der Kriegszeit, 1914. In: Zentralblatt des Bundes Deutscher Vereine; Berlin

Bertelsmann, Lene (1942): Die Möller von Möllenbeck; Gütersloh

– (1939): Der Verschollene; Braunschweig 1940

Berthold, Eva (1981): Kriegsgefangene im Osten: Bilder, Briefe, Gedichte; Königstein

Bessel, Richard (1991): Kriegserfahrung und Kriegserinnerungen: Nachwirkungen des Ersten Weltkrieges auf das politische und soziale Leben der Weimarer Republik. In: Linden, Marcel van der/Mergner, Gottfried: Kriegsbegeisterung und mentale Kriegsvorbereitung; Berlin

Binding, Rudolf G. (1929): Aus dem Kriege; Frankfurt (Main)

Bindseil, Ilse (1984): Unsere Mütter und wir. Verhältnis von NS und bundesrepublikanischer weiblicher Identität. In: Riedl, Barbara (Hrsg.): Geborsten und vergiftet ist das Land. Frauen über politische Gewalt; Köln

Blackbourn, David/Eley, Georg (1980): Mythen deutscher Geschichtsschreibung: die gescheiterte bürgerliche Revolution von 1848; Frankfurt/Berlin/Wien

Bleker, Johanna/ Schmiedebach, Heinz-Peter (Hrsg.) (1987): Medizin und Krieg. Vom Dilemma der Heilberufe 1865 bis 1985; Frankfurt (Main)

Bloch, Ernst (1962): Erbschaft dieser Zeit; Frankfurt (Main) 1973

Blomert, Reinhard (1989): Psyche und Zivilisation: zur theoretischen Konstruktion bei Norbert Elias; Münster

Boberach, Heinz (Hrsg.) (1984): Meldungen aus dem Reich – Vollständige Texte aus dem Bestand des Bundesarchivs; Koblenz/Berlin

Bock, Gisela (1989): Die Frauen und der Nationalsozialismus – Bemerkungen zu einem Buch von Claudia Koonz. In: Geschichte und Gesellschaft 4; JG. 15; Göttingen

– (1986): Zwangssterilisation im Nationalsozialismus. Studien zur Rassenpolitik und Frauenpolitik; Opladen

Bodor, Pal (1994): Wassertrinken. Oder Blut. In: DIE ZEIT Nr. 20 vom 13.5.94; Hamburg

Boettcher, Holger (1988): Fürsorge in Lübeck vor und nach dem Ersten Weltkrieg; Lübeck

Bohleber, Werner (1992): Das Phantasma der Nation. In: PSYCHE, Heft 8, JG. 46, August 1992; Stuttgart

–/Kafka, John S. (Hrsg.) (1992): Antisemitismus; Bielefeld

Borsdorf, Ulrich/Jamin, Mathilde (Hrsgb.) (1989): Über Leben im Krieg – Kriegserfahrungen in einer Industrieregion 1939-1945. Katalog zur Ausstellung „Über Leben im Krieg. Kriegserfahrungen im Ruhrgebiet 1939-1945“; Essen

Bosch, Elisabeth (1933): Vom Kämpfertum der Frau; Stuttgart

Bovensiepen, Gustav (1985): Patriarchale Kriegslust und Mutter-Imago. Unbewußte Gruppenphantasien in der Sprache der Bundestagsdebatten. In: Nedelmann, Carl: Zur Psychoanalyse der nuklearen Bedrohung; Göttingen

Boveri, Margret (1945): Tage des Überlebens; München 1968

Bracher, Karl-Dietrich (1979): Die deutsche Diktatur; Frankfurt (Main)

–/Funke, Manfred/Jacobsen, Hans-Adolf (Hrsg.) (1983): Nationalsozialistische Diktatur 1933-1945 – eine Bilanz; Düsseldorf

Brackmann, Karl-Heinz/Birkenhauer, Renate (1988): Selbstverständliche Begriffe und Schlagwörter aus der Zeit des NS; Straelener Manuskripte

Brainin, Elisabeth/Teicher, Samy (1992): Vom Gedanken zur Tat: Psychoanalytische Überlegungen zu Über-Ich, Verantwortung und Aggressionsbarrieren. In: Bohleber, Werner/Kafka, John S.: Antisemitismus; Bielefeld

Brainin, Elisabeth/Ligeti, Vera/Teicher, Samy (1993): Vom Gedanken zur Tat. Zur Psychoanalyse des Antisemitismus; Frankfurt (Main)

Brakelmann, Günter/Rosowski, Martin (Hrsg.) (1989): Antisemitismus: Von religiöser Judenfeindschaft zur Rassenideologie; Göttingen

Braun, Christina von (1989): Die schamlose Schönheit des Vergangenen. Zum Verhältnis von Geschlecht und Geschichte; Frankfurt (Main)

Braun-Eckelsbach, Reinhold (1941): Deutsche Frauen/Deutsche Treue; Leipzig

Brinker-Gabler, Gisela (1980): Frauen gegen den Krieg; Frankfurt (Main)

Brockhaus, Gudrun (1990): Opfer, Täterin, Mitbeteiligte – Zur Diskussion um die Rolle der Frauen im Nationalsozialismus. In: Gravenhorst, Lerke/Tatschmurat, Carmen (Hrsg.): Töchter Fragen – NS-Frauengeschichte; Freiburg i.B.

– (1991): „Schrecklich lieb...“ Anmerkungen zu einer deutschen Heldenmutter. In: DIE PHILOSOPHIN – Forum für feministische Theorie und Philosophie, Weimarer Republik und Faschismus, Heft 3, JG. 2, April 1991; Tübingen

Broszat, Martin (1960): Der Nationalsozialismus – Weltanschauung, Programmatik und Wirklichkeit; Hannover

Bude, Heinz (1987): Deutsche Karrieren. Lebenskonstruktionen sozialer Aufsteiger aus der Flakhelfer-Generation; Frankfurt (Main)

Buresch-Riebe, Dr. Ilse (1942): Frauenleistungen im Kriege; Berlin

Busch, Hans Joachim/Krovoza, Alfred (1989): Subjektivität und Geschichte – Perspektiven politischer Psychologie; Frankfurt (Main)

Busch, Dr. Marie (1940): Studentinnen schanzen hinter der Front. In: Schickedanz, Margret (1940): Deutsche Frau und deutsche Not im Weltkrieg; Leipzig/Berlin

Bussemer, Herrad-Ulrike (1985): Frauenemanzipation und Bildungsbürgertum – Sozialgeschichte der Frauenbewegung in der Reichsgründungszeit; Weinheim und Basel

Butler, Judith (1991): Das Unbehagen der Geschlechter; Frankfurt (Main)

Büttner, Christian/Meyer, Berthold/Ostermann, Änne (1988): NAM und RAMBO. Jugendgefährdung durch Kriegsgeschichten, HSFK Friedensforschung aktuell, Ausgabe 20; Frankfurt (Main)

Chasseguet-Smirgel, Janine (1974): Psychoanalyse der weiblichen Sexualität; Frankfurt (Main)

– (1987): Das Ich-Ideal – Psychoanalytischer Essay über die »Krankheit der Identität«; Frankfurt (Main)

– (1988): Zwei Bäume im Garten – Zur psychischen Bedeutung der Vater- und Mutterbilder; München/Wien

Clauß, Ludwig F. (1923): Die nordische Seele: Artung, Prägung, Ausdruck (ab 1932: Eine Einführung in die Rassenseelenkunde); Halle a. Saale

– (1926): Rasse und Seele. Eine Einführung in die Gegenwart (ab 1934: Eine Einführung in den Sinn der leiblichen Gestalt); München

– (1936): Rasse und Charakter; Frankfurt (Main)

Claussen, Detlef (1994): Was heißt Rassismus?; Darmstadt

– (1987): Vom Judenhaß zum Antisemitismus. Materialien einer verleugneten Geschichte; Frankfurt (Main) 1988

Coler, Louise (1938): Frau und Mutter; Düsseldorf

Conze, Werner (1983): Zum Verhältnis des Luthertums zu den mitteleuropäischen Nationalbewegungen im 19. Jahrhundert. In: Moeller, Bernd (1983): Luther in der Neuzeit; Gütersloh

–/Kocka, Jürgen (Hrsg.) (1985): Bildungsbürgertum im 19. Jahrhundert, Teil I: Bildungssystem und Professionalisierung in internationalen Vergleichen; Stuttgart 1992

– (1992): Rasse, Antisemitismus. In: Brunner, Otto/Conze, Werner/Koselleck, Reinhart (Hrsg.): Geschichtliche Grundbegriffe. Historisches Lexikon zur politisch-sozialen Sprache in Deutschland, Bd. V; Stuttgart

Craig, A. Gordon (1984): Zwischen Krieg und Frieden: Konfliktlösungen in Geschichte und Gegenwart; München

Cremerius, Johannes u.a. (1988): Masochismus in der Literatur. In: Freiburger Literaturpschychologische Gespräche, Band 7; Würzburg

– (1989): Untergangsphantasien; Würzburg

Crips, Liane (1990): »National-feministische« Utopien – Pia Sophie Rogge-Börner und die »Deutsche Kämpferin« 1933-1937, In: Feministische Studien, Nr. 1, JG. 8, Mai 1990; Weinheim

Cyrus, Hannelore (1984): „Für Führer, Volk und Vaterland" – Frauen im Faschismus. In: Riedl, Barbara (Hrsg.): Geborsten und vergiftet ist das Land. Frauen über politische Gewalt; Köln

Dalhoff, Jutta (1986): Frauenmacht in der Gesellschaft. Historikerinnentreff 1985; Düsseldorf

Daniel, Ute (1983): Funktion von Frauen und Familie in der Kriegswirtschaft von 1914-18, Tendenzen – Gegentendenzen. In: Dokumentation des 4. Historikerinnentreffens der TU Berlin, März 1983; Berlin

Daniel, Ute (1989): Arbeiterfrauen in der Kriegsgesellschaft. Beruf, Familie und Politik im Ersten Weltkrieg; Göttingen

Dann, Otto (1990): Der deutsche Bürger wird Soldat. Zur Entstehung des bürgerlichen Kriegsengagements in Deutschland. In: FRIEDENSANALYSEN 23 (Hrsg.: Hess. Stift. Friedens- und Konfliktforschung): Lehren aus der Geschichte? Historische Friedensforschung; Frankfurt (Main)

Darré, R. Walter (1937): Der Schweinemord; München

– (1930): Neuadel aus Blut und Boden; (1943: 67-72 Tsd.); München

Dech, G. Jule (1986): Bilder der Gewalt im Alltag und Krieg. Fragen nach Standpunkt und Blickwinkel bei ihrer Darstellung der Frauen. In: Häßler, Hans-Jürgen/Kaufmann, Heiko (Hrsg.): Kultur gegen Krieg; Köln

Decken, Godele von der (1988): Emanzipation auf Abwegen – Frauenkultur und Frauenliteratur im Umkreis des Nationalsozialismus; Frankfurt (Main)

– (1988a): Die neue Macht des Weibes – Frauenliteratur im Umkreis des Nationalsozialismus. In: Brinker-Gabler, Gisela: Deutsche Literatur von Frauen; München

Deiß, Friedrich Wilhelm (1928): Das deutsche Soldatenbuch. Deutschlands Wehr & Waffen im Wandel der Zeit bis zur Neuzeit; Berlin

Deist, Wilhelm/ Messerschmidt, Manfred/Volkmann, Hans Erich/Wette, Wolfram (1991): Ursachen und Voraussetzungen des Zweiten Weltkriegs; Frankfurt (Main)

Deleuze, Gilles/Guattari, Felix (1974): Anti-Ödipus: Kapitalismus und Schizophrenie I; Frankfurt (Main) 1977

Denker, Horst/Prümm, Karl (Hrsg.) (1976): Die deutsche Literatur im Dritten Reich: Themen, Traditionen, Wirkungen; Stuttgart

Deppermann, Klaus (1992): Protestantische Profile von Luther bis Francke – Sozialgeschichtliche Aspekte; Göttingen

Determann, Barbara/ Hammer, Ulrike/ Kießel, Doron (Hrsg.) (1991): Verdeckte Überlieferungen: Weiblichkeitsbilder zwischen Weimarer Republik, Nationalsozialismus und Fünfziger Jahren; Arnoldshainer Texte – Band 68; Frankfurt (Main)

Devereux, Georges (1982): Normal und anormal: Aufsätze zur allgemeinen Etnopsychiatrie; Frankfurt (Main)

Diedrichs, Ulf (1987): Die Helden von Thule; Köln

– (1991): Germanische Götterlehre; München

Diehl, Guida (1932): Die deutsche Frau und der Nationalsozialismus; Eisenach

– (1985): Christ sein heißt immer Kämpfer sein; Gießen

Diester, Manfred (1980): Körpergeschichten – Eine Untersuchung zum Mythosbegriff am Beispiel von Männern und Frauen in der Kriegsliteratur von 1939-1943; Frankfurt (Main)/Bern/Cirencester

Diner, Dan (Hrsg.)(1987): Ist der Nationalsozialismus Geschichte?; Frankfurt (Main)

– (Hrsg.) (1988): Zivilisationsbruch: Denken nach Auschwitz; Frankfurt (Main)

– (1990): Perspektivenwahl und Geschichtserfahrung – Bedarf es einer besonderen Historik des Nationalsozialismus?. In: Pehle, Walter H. (Hrsg.): Der historische Ort des Nationalsozialismus. Annäherungen; Frankfurt (Main)

– (1993): Verkehrte Welten. Antiamerikanismus in Deutschland; Frankfurt (Main)

Dischner, Gisela (1982): Eine stumme Generation berichtet; Frankfurt (Main)

Dißmann, Willi/Wegner, Max (1941): Jungen und Mädel im Krieg; Berlin/Leipzig

Dörner, Andreas (1994): Die symbolische Politik der Ehre. Zur Konstruktion der nationalen Ehre in den Diskursen der Befreiungskriege. In: Vogt, Ludgera/ Zingerle, Arnold: Ehre – Archaische Momente in der Moderne; Frankfurt (Main)

Domarus, Max (1973): Hitler. Reden und Proklamationen 1932-1945, Bd. III: Untergang 1939-1940, Bd. IV: Untergang 1941-1945; Leonberg 1988

Dornberger, Emma P. (1934): Frauen führen Krieg; Moskau/Leningrad

Drescher, Seymour et al. (1982): Political Symbolism in Modern Europe. Essays in Honor of Georg L. Mosse; New Brunswick (USA)/London

Dülffer, Jost/Holl, Karl (1986): Bereit zum Krieg: Kriegsmentalität im wilhelminischen Deutschland 1890-1914; Göttingen

Dürkop, Marlis (1984): Erscheinungsformen des Antisemitismus im 'Bund Deutscher Frauenvereine'. In: Feministische Studien, Nr. 1, JG. 3, Mai 1984; Weinheim

Dwinger, Edwin Erich (1929): Armee hinter Stacheldraht (1931: 27 Tsd.; 1935: 78 Tsd.); Jena

Ebbinghaus, Anita (1987): Opfer und Täterinnen. Frauenbiographien des Nationalsozialismus; Nördlingen

Eckstaedt, Anita (1989): Nationalsozialismus in der zweiten Generation – Psychoanalyse von Hörigkeitsverhältnissen; Frankfurt (Main)

Edda, Die (1992/ 4. Aufl.): Götter- und Heldenlieder der Germanen (Bearbeitet v. Arthur Häny); Zürich

Eggener, Elfriede (1938): Die organische Eingliederung der Frau in den nationalsozialistischen Staat, Diss.; Leipzig

Eiber, Ludwig (1981): Frauen in der Kriegsindustrie. Arbeitsbedingungen, Lebensumstände und Protestverhalten. In: Broszat, Martin/Fröhlich/Grossmann: Bayern in der NS-Zeit III, Teil B; Wien

Eibl-Eibesfeld, Ireniäus (1975): Krieg und Frieden aus der Sicht der Verhaltensforschung; München/Zürich

– (1976): Liebe und Haß. Zur Naturgeschichte elementarer Verhaltensweisen; München/Zürich 1991

Einsele, Gabi (1992): „Kein Vaterland" – Deutsche Studentinnen im Züricher Exil (1870-1908). In: Schlüter, Anne : Pionierinnen, Feministinnen, Karrierefrauen?; Pfaffenweiler

Eisenberg, Götz/Gronemeyer, Marianne (Hrsg.)(1985): Der Tod im Leben. Ein Lesebuch zu einem 'verbotenen' Thema; Gießen

Eliasberg, Wladimir (1937): Frau und Propaganda; Wien

Elias, Norbert (1992): Studien über die Deutschen. Machtkämpfe und Habitusentwicklung im 19. und 20. Jahrhundert; Frankfurt (Main)

Elise, Wolfram (1910): Die germanischen Heldensagen als Entwicklungsgeschichte der Rasse; Konstanz

Emmerich, Wolfgang (1971): Zur Kritik der Volkstumsideologie; Frankfurt (Main)

Engster, Hermann (1986): Germanisten und Germanen – Germanenideologie und Theoriebildung in der deutschen Germanistik und Nordistik von den Anfängen bis 1945 in exemplarischer Darstellung; Frankfurt (Main)

Enloe, Cynthia (1983): Does Khaki Become You? The Militarisation of women's live; London

Erdheim, Mario (1982): Die gesellschaftliche Produktion von Unbewußtheit; Frankfurt (Main)

– (1990): Aufbruch in die Fremde: Der Antagonismus von Kultur und Familie und seine Bedingungen für die Friedensfähigkeit der Individuen; Frankfurt (Main)

– (1991): Psychoanalyse und Unbewußtheit in der Kultur. Aufsätze 1980-1987; Frankfurt (Main)

– (1992): Das Eigene und das Fremde. In: PSYCHE, Heft 8, JG. 46, August 1992; Stuttgart

Faber, Gustav (1980): Das erste Reich der Deutschen Geschichte der Merowinger und Karolinger; München

Fährmann, Willi (1988): Kriemhilds Rache; Stuttgart

Fallaci, Oriana (1974): Wir Engel und Bestien; München

Feministische Studien (1984): Die Radikalen in der alten Frauenbewegung; Nr. 1, JG. 3, Mai 1984; Weinheim

– (1993): Kritik der Kategorie >Geschlecht<, Nr. 2, JG. 11, Nov. 1993; Weinheim

Fernkorn, Lisa/Forder, Gabi/Zwaka, Petra (1984): „Mit ihnen kann ich darüber sprechen, mit meiner Tochter konnte ich das nie!“: Erfahrungen und Probleme mit dem narrativen Ansatz in der Frauengeschichtsforschung. In: Beiträge zur feministischen Forschung und Praxis, Nr. 11; Bielefeld

Fernkorn, Lisa u.a. (1984): Frauenalltag im NS: Formen der Erinnerung und Wege der Rückvermittlung. In: Die ungeschriebene Geschichte. Historische Frauenforschung – Dokumentation der 5. Historikerinnentagung; Wien

Fienhold, Wolfgang (1987): Das neue Lexikon der Rache; Frankfurt (Main)

Fischer, Irmgard 1933): Die Frau in Eisen: Kriegs- und Grenzlandtagebuch einer Fürsorgerin; unveröff. Man. In: Schickedanz, Margareta (1940): Deutsche Frau und deutsche Not im Weltkrieg; Leipzig/Berlin

Fischer, Wolfram (1986): Soziale Konstitution von Zeit in biographischen Texten und Kontexten. In: Heinemann, Gottfried (Hrsg.): Zeitbegriff der Naturwissenschaften, Zeiterfahrung und Zeitbewußtsein; Freiburg

Flasche, Rainer (1980): Germanische Religiösität als lebensbezogener Schicksalsglaube. In: Stephenson, Günther: Leben und Tod in den Religionen: Symbol und Wirklichkeit; Darmstadt

Focke, Harald/Reimer Uwe (1980): Alltag unterm Hakenkreuz – Wie die Nazis das Leben der Deutschen veränderten; Reinbek bei Hamburg

Förder-Hoff, Gabi (1992): Marginalisierte Selbstbehauptung. Studium und Berufstätigkeit von Sozial- und Wirtschaftswissenschaftlerinnen zwischen 1890 und 1934. In: Schlüter, Anne: Pionierinnen, Feministinnen, Karrierefrauen?; Pfaffenweiler

Frauengruppe Faschismusforschung (Hrsg.) (1981): Mutterkreuz und Arbeitsbuch; Frankfurt (Main)

Freud, Sigmund (1983): Drei Abhandlungen der Sexualtheorie; Frankfurt (Main)

– (1989): Die Traumdeutung, Studienausgabe Bd. II; Frankfurt (Main)

– (1939): Fragen der Gesellschaft – Ursprünge der Religion, Studienausgabe Bd. IX; Frankfurt (Main) 1974. Darin (u.a.):
Massenpschologie und Ich-Analyse (1921)
Das Unbehagen in der Kultur (1930)

Warum Krieg? (1933)
Zur Gewinnung des Feuers (1932)
Der Mann Moses und die monotheistische Religion: Drei Abhandlungen (1939)
Frevert, Ute (1986): Zwischen Tradition und Moderne: Frauen im 3. Reich. In: Dies.: Frauen-Geschichte. Zwischen Bürgerlicher Verbesserung und Neuer Weiblichkeit; Frankfurt (Main)
Friedländer, Saul (1984): Kitsch und Tod: Der Widerschein des Nazismus; München
Fricke, Dieter (Hrsg.) (1983-86): Lexikon zur Parteiengeschichte: Die bürgerlichen und kleinbürgerlichen Parteien und Verbände in Deutschland 1789-1945, Bd. 1-4; Leipzig
Fromm, Erich (1973): Anatomie der menschliche Destruktivität; Stuttgart/Reinbeck 1991
Fuchs, Werner (1984): Biographische Forschung. Eine Einführung in Praxis und Methoden; Opladen
Führer, Maria (1938): Nordgermanische Götterüberlieferung und deutsches Volksmärchen; Frankfurt (Main)
Garbe, Ulrike (1916): Beiträge zur Ethik der Sturm- und Drang-Dichtung; Weida
– (1936a): Frauen des Merowingerhauses: Königinnen und Mägde, Heilige und Dirnen; Leipzig
– (1936b): Frauenschicksal – Frauengröße; Stuttgart
Gegen welchen Krieg – für welchen Frieden? (1983). In: ‘beiträge zur feministischen theorie und praxis 8’; Köln
Geiss, Immanuel (1988): Geschichte des Rassismus; Frankfurt (Main)
Geissler, Trude (1935): Von tapferen Frauen; München
Geissler, Rainer (1992): Die Sozialstruktur Deutschlands, Bonn/ Opladen
Gentzkow, Liane von (1942): Kamaradin in Krieg und Frieden – deutscher Frauengeist; Essen
– (1941): Liebe & Tapferkeit – Frauen und deutsche Soldaten; Essen
Gerhard, Ute (1991): Unerhört: die Geschichte der deutschen Frauenbewegung; Reinbek
Germain, Christiane/Panafieux, Christine de (1982): La mémoire des femmes. Sept témoignages de femmes, nees avec le siècle; Paris
Gersdorff, Ute von (1969): Frauen im Kriegsdienst 1914-45; Stuttgart
– (Hrsg.) (1974): Geschichte und Militärgeschichte Wege der Forschung; Frankfurt (Main)
Gesamtverzeichnis des deutschsprachigen Schrifttums 1911-1965 (Hrsg. von Reinhard Oberschelp, unter Mitarbeit von Willi Gorzny); München
Bd. 58 (1978): Hoe/Hok
Bd. 42 (1977): Ge/Gerl
Bd. 108 (1979): Riux/Rol
Bd. 113 (1980): Schar/Schik
Glaser, Hermann (1993): Bildungsbürgertum und Nationalismus. Politik und Kultur im Wilhelminischen Deutschland; München

Glasser, Mervin (1986): Identification and its Vicissitudes as observed in the Perversions. In: The International Journal of Psycho-Analysis, Volume 67; JG. 12; London

Gobineau, Graf Arthur (1853-55): Die Ungleichheit der Menschenrassen. 4 Bd.; Berlin 1935

Gottschewski, Lydia (1934): Männerbund und Frauenfrage. Die Frau im neuen Staat; München

Gravenhorst, Lerke/ Tatschmurat, Carmen (Hrsg.) (1990): TöchterFragen: NS-Frauengeschichte; Freiburg i.Br.

Greiner, Josef (1941): Fraueneinsatz im Krieg. Eine Aufgabe der Menschenführung. In: Deutsche Technik , JG. 9, München

Greven-Aschoff, Barbara (1981): Die bürgerliche Frauenbewegung in Deutschland 1894-1933. Kritische Studien 7, Geschichtswissenschaft Bd. 46; Göttingen

Grillitsch, Rudolf (1930): Ihr Kriegsdienst. Der Kriegsroman eines Weibes; Bruck a.d. Mur

Gross, Dr. Walther (1935): Aufgabe und Anspruch der NS-Rassengesetzgebung. In: NS-Monatshefte JG 6, Heft Nr. 64; Berlin

Grönbech, Vilhelmi (1954): Kultur und Religion der Germanen. Bd. 2-9; Darmstadt

Grubitzsch, Helga (Hrsg.) (1985): Grenzgängerinnnen: revolutionäre Frauen im 18. und 19. Jahrhundert; weibliche Wirklichkeit und männliche Phantasie; Düsseldorf

Grunberger, Bela (1977): Vom Narzißmus zum Objekt; Frankfurt/M.

– (1980-1986): Narziß und Anubis, Bd. I + II; München/Wien 1988

Grundhewer, Herbert (1987): Von der freiwilligen Kriegskrankenpflege bis zur Einbindung des Roten Kreuzes in das Heeressanitätswesen. In: Bleker, Johanna/ Schmiedebach, Heinz-Peter: Medizin und Krieg; Frankfurt (Main)

– (1987): Die Kriegskrankenpflege und das Bild der Krankenschwester im 19. und 20. Jahrhundert. In: Bleker, Johanna/ Schmiedebach, Heinz-Peter: Medizin und Krieg; Frankfurt (Main)

Grunewald, Maria (1929): Edda und Christentum; Berlin

Guenther, Hans Fr. K. (1920): Ritter, Tod und Teufel: Der heldische Gedanke; München

– (1925): Der nordische Gedanke unter den Deutschen; In: NS-Monatshefte; München

– (1935): Die Auflösung der germanischen Rassenpflege durch das mittelalterliche Christentum. In: NS-Monatshefte, Heft 60, JG 6, März 1935; Berlin

– (1925): Nordischer Gedanke; München

Guttandin, Friedhelm (1993): Das paradoxe Schicksal der Ehre – Zum Wandel der adligen Ehre und zur Bedeutung von Duell und Ehre für den monarchistischen Zentralstaat; Berlin

Guttenberg, Gerda (1978): Frauen im 3. Reich, in: Arbeitskreis München (Hrsg.): Dokumentation der Tagung Frauenforschung in der Sozialwissenschaft; München

Hadeln, Charlotte v. (Hrsg.) (1935): Deutsche Frauen, deutsche Treue 1914-1933; Berlin

Hagenberg-Miliu, Ebba-Christina (1988): Denn nur der Ruhm des Vaterlandes ist mein Ziel ... – Zur Erneuerung des Nibelungen- und des Kudrunepos; Bonn

Hartung, Günther (1984): Literatur und Ästhetik des deutschen Faschismus; Köln

Hauf, Theodor (1978): Die drei Gesichter des Libanonkrieges. In: Friedensanalysen 8; (Hrsg. Hess. Stiftung Friedens- und Konfliktforschung); Frankfurt (Main)

Haug, Frigga (1991): Eintritt der Frauen in den Krieg. In: Das Argument Nr. 187, JG. 33, Heft 3, Mai/Juni 1991; Hamburg

Hausen, Karin (1987): The German Nation's Obligations to the Hereos' Widows of World War I. In: Higanett, Margaret R.: Behind the Lines; London 1987

– (Hrsg.) (1987): Frauen suchen ihre Geschichte. Historische Studien zum 19. und 20. Jahrhundert; München

Heil, Mathilde (1936): Erlebnisse einer Schwester; Rudolfstadt

Heim, Robert (1992): Fremdenhaß und Reinheit. In: PSYCHE, Heft 8, JG. 46, August 1992; Stuttgart

Heimannsberg, Barbara/Schmidt, Christoph J. (Hrsg.) (1988): Das kollektive Schweigen. Nazivergangenheit und gebrochene Identität in der Psychoanalyse; Heidelberg

Heine, Alexander (1986): Caesar – Tacitus. Berichte über Gemanen und Germanien; Essen/Stuttgart

Heinze, Thomas (1987): Qualitative Sozialforschung; Opladen

Heinzle, Joachim/Waldschmidt, Anneliese (1991): Die Nibelungen; Frankfurt (Main)

Heiss, Lisa (1939): Die große Kraft. Frauenschaffen für Deutschlands Weltgeltung; Stuttgart

Hennig, Eike (1983): »Wert habe ich nur als Kämpfer« Rechtsextremistische Militanz und neonazistischer Terror. In: Friedensanalysen 17; (Hrsg. Hess. Stiftung Friedens- und Konfliktforschung); Frankfurt (Main)

Hemminger, Hansjörg (1986): Das Wirklichkeitsverständnis der Naturwissenschaft. In: Impulse Nr. 23, III/1986; Stuttgart

Hepelmann, Hildegard (1938): Beiträge zur Geschichte der Frauenarbeit im Weltkriege, Dissertation; Emsdetten (Westf.)

Herdieckerhoff, Eberhard/Ekespare, Dorothee von/Elgeti, Ricarda/Marahrens-Schürg, Christa (Hrsg.) (1990): Hassen und Versöhnen. Psychoanalytische Erkundungen; Göttingen

Hermand, Jost (1988): Der alte Traum vom neuen Reich; Frankfurt (Main)

– (Hrsg.) (1985): Die Formung des Volksgenossen; Weinheim

Hess, Luise (1940): Die deutschen Frauenberufe des MA. Beiträge zur Volkstumsforschung; Königsberg

Heuschele, Otto (1943): Deutsche Soldatenfrauen; Stuttgart

– (1943a): Deutsche Soldatenbriefe aus 2 Jahrhunderten; Stuttgart

Hildebrand, Ruth (1939): Frauenaufgaben im Krieg. Was die Frau heute wissen muß; Berlin

Hillgruber, Andreas (1980): Die Entstehung des 2. Weltkrieges; Düsseldorf

Hirschberg, Emmi (Hrsg) (1916): Frauenausprüche zum Kriege vor hundert Jahren. In: DIE FRAU, JG. 23, 1915-1916; Berlin

Hirschfeld, Gerhard/Krumeich, Gerd/Renz, Irina (Hrsg.) (1993): Keiner fühlt sich hier als Mensch ... Erlebnis und Wirkung des Ersten Weltkrieges; Essen

Hirschfeld, Magnus (Hrsg.) (1984): Die Folgen des 3. Reiches; Köln

–/Gaspar, Andreas (Hrsg.) o. J.: Sittengeschichte des Ersten Weltkrieges; 2. Aufl., Hanau (1. Aufl. 1929)

Hoerner-Heintze, Suse von (1935): Mädels im Kriegsdienst; München

– (o. J.): Ein Mädel in der Front; Berlin

Hölscher, Irmgard u.a. (1988): Heimliche Kontinuitäten – Ein Erfahrungsbericht über die Grenzen im Umgang mit der Frage nach dem (Frauen-)Alltag im Nationalsozialismus. In: HEIMANNSBERG, Barbara/ SCHMIDT, Christoph J. : Das kollektive Schweigen; Heidelberg

Höfler, Otto (1934): Kultische Geheimbünde der Germanen; Frankfurt (Main)

Hoerschelman, Helene (1921): Deutsche Treue. Das Baltenhilfswerk an deutschen Kriegsgefangenen in Moskau. Zusammengestellt von Rudolf Gurland als Auszug von H. Hoerschelmanns Buch „Vier Jahre in russischen Ketten". Eigene Erlebnisse; München

Hoffmann, Lutz (1994): Das deutsche Volk und seine Feinde – Die völkische Droge; Köln

Hoppe, Else (1934): Liebe und Gestalt. Der Typus des Mannes in der Dichtung der Frau; Hamburg

Horkheimer, Max/Adorno, Theodor W. (1947): Dialektik der Aufklärung, Philosophische Fragmente; Amsterdam 1968

Horn, Klaus/Senghaas-Knobloch, Eva (1983): Friedensbewegung, Persönliches und Politisches; Frankfurt (Main)

Horn, Klaus (1984): Wie kommen wir zur Intoleranz gegenüber Rüstung und Krieg? In: PSYCHE, Heft 12, JG. 38, Dezember 1984; Stuttgart

– (1988): Gewalt – Aggression – Krieg. Studien; Baden-Baden

Hühn, Annette (1986): Einst kommt der Tag der Rache. Rechtsextremismus 1945 bis heute; Freiburg

Huniies, Monika (1924): Mein Weg zur Kunst. Weltkrieg und Nachkriegszeit; Heilbronn

Hüpfauf, Bernd (Hrsg.) (1984): „Der Tod ist verschlungen in den Sieg": Todesbilder aus dem Ersten Weltkrieg und der Nachkriegszeit. In: Ders., Ansichten vom Krieg: vergleichende Studien zum Ersten Weltkrieg in Literatur und Gesellschaft; Königstein

Jacobsen, Hans Adolf/Jochmann, Werner (Hrsg.) (1966): Ausgewählte Dokumente zur Geschichte des NS, Bd. I + II; Bielefeld

Janshen, Doris (1991): Bestimmungen über Vor-Krieg, Krieg und Frieden. In: Feministische Studien extra, JG. 9, 1991; Weinheim

Jesch, Judith (1993): Frauen der Vikingerzeit; Wien

Johansen, Erna M. (1986): Ich wollt', ich wäre nie geboren. Kinder im Krieg; Frankfurt (Main)

Jung, Otmar (1989): Direkte Demokratie in der Weimarer Republik; Frankfurt (Main)/New York

Jünger, Ernst (1922): In Stahlgewittern: Aus dem Tagebuch eines Stoßtruppführers (1931: 13. Aufl.); Berlin

– (1928): Der Kampf als inneres Erlebnis. (1933: 13. Aufl.); Berlin

Just, Ulrike (1992): „Sie wird kein ganzer Mann und ist keine rechte Frau mehr“ – Marie Gräfin von Linden, die erste Tübinger Studentin und erste Professorin in Bonn. In: Schlüter, Anne (Hrsg.): Pionierinnen, Feministinnen, Karrierefrauen?; Pfaffenweiler

Kämpf, Alfred (1948): Die Revolte der Instinkte; Berlin

Kahle, Maria (1930): Deutsches Volkstum in der Welt; Weimar

– (1934): Die deutsche Frau und ihr Volk; Warendorf 1942

– (1937): Deutsche Frauen im Ausland und in den Kolonien; Leipzig

– (1940): Die deutsche Kriegsmutter, Völkischer Beobachter 7. Juli; Berlin

– (1945): What would you have done? The story of the escape of the Kahle familiy from Nazi Germany; London

Kant, Immanuel (1964): Zum ewigen Frieden. In: Kant Werke Bd. 6 (Hrsg. W. Weischedel); Darmstadt

Kessler, Hannelore (1981): Die deutsche Frau. Nationalsozialistische Frauenpropaganda im „Völkischen Beobachter“; Köln

Kestien, Käthe (1935): Als die Männer im Graben lagen; Frankfurt

Ketelsen, Uwe-Karsten (1976): Völkisch-nationale Literatur in Deutschland 1890-1945; Stuttgart

Kiederzynska, Wanda (1960): Das Frauenkonzentrationslager in Ravensbrück. In: Internationale Hefte der Widerstandsbewegung Nr. 2, JG. 2; Wien

Kirmase, Erika (Hrsg.) (1939): Deutsches Frauenschaffen. Jahrbuch der Reichsfrauenführung; Dortmund

Klatt, Ellen (1934): Die deutsche Frau im Weltkrieg; Minden/Berlin/Leipzig

Klaus, Martin (1983): Mädchen im Dritten Reich; Köln

Klingemann, Carsten (Hrsg.) (1987): Rassenmythos und Sozialwissenschaften in Deutschland; Opladen

Klein, Melanie/Riviere, Joan (1937): Seelische Urkonflikte. Liebe, Haß und Schuldgefühl; Frankfurt (Main) 1989

Kleßmann, Christoph (Hrsg.) (1989): Nicht nur Hitlers Krieg. Der Zweite Weltkrieg und die Deutschen; Düsseldorf

Kliensiek, Dorothee (1985): Die Frau im 3. Reich. In: Zentner, Christian/Bedürftig, Friedemann: Das große Lexikon des Dritten Reiches; München

Knapp, Gudrun-Axeli (1993): Frauen und Rechtsextremismus: ‘Kampfgefährtin’ oder ‘Heimchen am Herd’? In: Welzer, Harald (Hrsg.): Nationalsozialismus und Moderne; Tübingen

Kocka, Jürgen (Hrsg.) (1989): Bildungsbürgertum im 19. Jahrhundert, Teil IV: Politischer Einfluß und gesellschaftliche Formation; Stuttgart

Köhler, Otto (1989): Wir Schreibmaschinentäter. Journalisten unter Hitler und danach; Köln

König, Hans-Dieter/Lorenzer, Alfred u.a. (1986): Kulturanalysen; Frankfurt (Main)

Koepcke, Cordula (1982): Frauen im Wehrdienst. Erinnerungen von Ingeborg Hecht, Ruth Henry, Christa Mevres; Freiburg i. Br.

Kohler-Irrgang, Ruth (1940): Die Sendung der Frau in der deutschen Geschichte; Leipzig

Kohlhammer, Siegfried (1994): Anathema. Der Holocaust und das Bilderverbot. In: MERKUR. Deutsche Zeitschrift für europäisches Denken, Heft 6, JG. 48, Juni 1994; Stuttgart

Kohli, Martin (Hrsg.) (1978): Soziologie des Lebenslaufs; Darmstadt/Neuwied

–/Robert, Günther (Hrsg.) (1984): Biographie und soziale Wirklichkeit; Stuttgart

Kohli-Kunz, Alice (1973): Erinnern und Vergessen – Das Gegenwärtigsein des Vergangenen als Grundproblem historischer Wissenschaften; Berlin

Kollwitz, Käthe (1989): Die Tagebücher; Berlin

Konsalik, Heinz G. (o. J.): Der Arzt von Stalingrad; Gütersloh

– (1981): Frauenbataillon; Bayreuth

Koonz, Claudia (1991): Mütter im Vaterland. Frauen im Dritten Reich; Freiburg

– (1986): Das 'zweite' Geschlecht im 'Dritten Reich'. In: Feministische Studien Nr. 2, JG. 5, Weinheim

– (1988): Frauen schaffen ihren »Lebensraum« im Dritten Reich. In: Schaeffer-Hegel, Barbara (Hrsg.): Frauen und Macht – Der alltägliche Beitrag der Frauen zur Politik des Patriarchats; Pfaffenweiler

Kopetzky, Helmut (1983): Die andere Front – Europäische Frauen im Krieg und Widerstand; Köln

Koppert, Claudia (1990): Deutsch, weiß, christlich – wie leben wir damit – Zur Moral der Demoralisierten. In: Beiträge zur feministischen Theorie und Praxis Nr. 28; Köln

Koszyk, Kurt (1972): Geschichte der deutschen Presse, Band III; Berlin

Kracauer, Siegfried (1984): Von Caligari bis Hitler: eine psychologische Geschichte der deutschen Films; Frankfurt (Main)

Kreisleitung der NSDAP (Hrsg.) (1940): Briefe von der Front für die Front; Nienburg

Kriegserlebnisse von Schwestern der Diakonissenanstalt Stuttgart 1914-1918 (1938): Gesammelt von Schwester Maria Pfaender; Kaiserslautern

Krippendorff, Ekkehard (1985): Staat und Krieg; Frankfurt (Main)

Krüger, Bruno (1982): Die Germanen: Geschichte und Kultur der germanischen Stämme in Mitteleuropa; 2 Bde.; Berlin

Kübler, Sabine/Kuhn, Annette/Wirtz, Wilma (1980): Frauenalltag und Frauenbewegung, Bd. 3: Frauen im deutschen Faschismus 1933-1945 – Materialsammlung zu der Abteilung 20. Jahrhundert im Historischen Museum; Frankfurt (Main)

Kuhn, Annette/Rothe, Annette (1982): Frauen im deutschen Faschismus, Band 1: Frauenpolitik im NS-Staat; Düsseldorf

Kummer, Bernd (1927): Midgards Untergang; Zeven 1972

– (1935): Zur Stellung der Frau im Mittelalter. In : NS-Monatshefte Nr. 63, JG. 6; Berlin

Kürschners Deutscher Literaturkalender; Berlin/Leipzig

1928 (Hrsg. von Dr. G. Lüdtke); Berlin/Leipzig

1939 (Hrsg. von K. O. Fr. Metzner); Berlin

1949 (Red. Dr. Fr. Bertkau), JG. 44; Berlin

1958 (Hrsg. von Werner Schuder) JG. 53; Berlin

Lange, Helene (1915): Die Dienstpflicht der Frau. In: DIE FRAU, JG. 22, Juli 1915; Berlin

Langer, Susanne (1965): Philosophie auf neuem Wege; Frankfurt (Main) 1987

Lauer, Amelie (1932): Die Frau in der Auffassung des Nationalsozialismus; Köln

Last, Berta (1916): Vom Frauengeschick – Gedichte aus der Kriegszeit. In: DIE FRAU, JG. 23, Oktober 1915; Berlin

Latzel, Klaus (1988): Vom Sterben im Krieg. Wandlungen in der Einstellung zum Soldatentod vom Siebenjährigen Krieg bis Zweiten Weltkrieg; Warendorf

Lehker, Marianne (1984): Frauen im Nationalsozialismus. Wie aus Opfern Handlanger der Täter wurden – Eine nötige Trauerarbeit; Frankfurt (Main)

Leithäuser, Thomas/Volmerg, Brigitte (1979): Anleitung zur empirischen Hermeneutik. Psychoanalytische Textinterpretation als sozialwissenschaftliches Verfahren; Frankfurt (Main)

Lepsius, Reiner M. (Hrsg.) (1992): Bildungsbürgertum im 19. Jahrhundert, Teil II: Lebensführung und ständische Vergesellschaftung; Stuttgart

Ley, Michael (1993): Genozid und Heilserwartung – Zum nationalsozialistischen Mord am europäischen Judentum; Wien

Lexikon der Frau (1954): Bd. I und II; Zürich

Linden, Marcel van der/Mergner, Gottfried (Hrsg.) (1991): Kriegsbegeisterung und mentale Kriegsvorbereitung; Berlin

Lippert, Ekkehard/Rossler, Tjarck (1980): Mädchen unter Waffen. Gesellschaftspolitische Aspekte weiblicher Soldaten; Baden-Baden

Lissner, Anneliese/Süssmuth, Rita/Walter, Karin (1989): Frauen Lexikon, Basel/ Wien

Lorenzer, Alfred (1970): Sprachzerstörung und Rekonstruktion; Frankfurt (Main)

– (1977): Sprachspiel und Interaktionsformen; Frankfurt (Main)

– (1980): Die Analyse der subjektiven Struktur von Lebensläufen und das gesellschaftliche Objektive. In: Dahmer, Helmut (Hrsg.): Analytische Sozialpsychologie, Bd. 2; Frankfurt (Main)

–: Verführung zur Selbstpreisgabe – eine psychoanalytisch-tiefenhermeneutische Analyse eines Gedichtes von Rudolf Alexander Schröder. Unver. Manuskr.; Frankfurt (Main)

– (1981): Das Konzil der Buchhalter. Die Zerstörung der Sinnlichkeit, eine Religionskritik; Frankfurt (Main)

– (1982): Die Funktion der Literatur und der „Ästhetische Genuß“. In: Krauß, Henning/Wolff, Reinhold (Hrsg.): Psychoanalytische Literaturwissenschaft und Literatursoziologie; Frankfurt (Main)

– (1984): Intimität und soziales Leid. Archäologie der Psychoanalyse; Frankfurt

– (1986): Tiefenhermeneutische Kulturanalyse. In: Konig, Hans-Dieter/Lorenzer, Alfred: Kultur-Analysen; Frankfurt (Main)

– (1988): Intimität in rationalisierten Lebenswelten. Vortrag in Göttingen, 25. Febr. 1988.

–/Prokop, Ulrike/Gorlich, Bernard (1990): Kulturanalysen – Zeitschrift für Tiefenhermeneutik und Sozialisationstheorie. Heft 2, JG. 2; Frankfurt

Lowenfeld, Henry (1977): Zur Psychologie des Faschismus (1935). In: PSYCHE, Heft 6, JG. 31; Juni 1977; Stuttgart

Lubbe, Hermann (1974): Politische Philosophie in Deutschland: Studien zu ihrer Geschichte; München

Lüders, Marie Elisabeth (1936): Das unbekannte Heer. Frauen kämpfen für Deutschland 1914-1918, (2. Aufl. 1937); Berlin

Lüdtke, Alf (Hrsg.)(1989): Alltagsgeschichte – Zur Rekonstruktion historischer Erfahrungen und Lebensweisen; Frankfurt (Main)/New York

Lüling, Günter (1982): Das Passahlamm in der altarabischen „Mutter der Rache“. Die Hyäne – Das Passahopfer als Initiationsritus zu Blutrache und Heiligem Krieg; Erlangen

Lukas, Otto (Hrsg.)(1940): Das deutsche Frauenbuch. Ein Buch für Werktag und Feierabend; Leipzig

Lund, Allan A. (1986): Zum Germanenbegriff bei Tacitus. In: Beck, Heinrich (Hrsg.): Germanenprobleme in heutiger Sicht; Berlin/New York

– (1988): Cornelius Tacitus, Germania; Heidelberg

– (1990): Zum Germanenbild der Römer: eine Einführung in die antike Ethnographie; Heidelberg

Lutzhöft, Hans-Jürgen (1971): Der nordische Gedanke in Deutschland 1920 – 1940; Stuttgart

Macciochi, Marie Antionetta (1979): Jungfrauen, Mütter & ein Führer. Frauen im Faschismus; Berlin

Mahler, Margret (1979)(2. Aufl.): Symbiose und Individuation. Bd. 1; Stuttgart

Mamozai, Martha (1982): Herrenmenschen. Frauen im deutschen Kolonialismus; Hamburg

– (1990): Komplizinnen; Hamburg

Mann, Thomas (1984): Von Deutscher Republik: politische Reden und Schriften, Essays; Frankfurt (Main) (1977/Bd. II; Stuttg., Hbg., München)

Maser, Werner (1983): Das Regime. Alltag in Deutschland 1933-45; München

Mason, Tim W. (1976): Zur Lage der Frauen in Deutschland 1930 – 1940. Wohlfahrt, Arbeit & Familie. In: Gesellschaft. Beiträge zur Marxschen Theorie 6; Frankfurt (Main)

– (1977): Sozialpolitik im 3. Reich: Arbeiterklasse und Volksgemeinschaft; Opladen

Menzerath, Magda (1944): Kampffeld Heimat: Deutsche Frauenleistung im Kriege; Stuttgart

Mentzos, Stavros (1976): Interpersonale und institutionalisierte Abwehr; Frankfurt (Main)

– (1993): Der Krieg und seine psychosozialen Funktionen; Frankfurt (Main)

Meyer, Wilfried (1975): Zur Militarisierung der Frau; Frankfurt (Main)

MEYERS LEXIKON Bd. 6 (1987): Stichwort: Germanen; Mannheim/Wien/Zürich

Meyn von Westenholz, Elisabeth (1936): Deutsche Frauen – Johanna von Bismarck, die Lebensgefährtin des Reichsgründers; Leipzig

Mierisch, Helene (1934): Kamerad Schwester 1914-18, Koehler & Amelang; 1940: 21.-27. Tsd.; 1941: 38.-42. Tsd.; Leipzig

– (1957): Ärzte, Schwestern und Soldaten. Erlebtes aus zwei Weltkriegen; Biberach an der Riss

Mies, Maria (1982): Weibliche Lebensgeschichte und Zeitgeschichte. In: Beiträge 7, Weibliche Biographienforschung; München

Mitscherlich, Alexander/Mitscherlich, Margarete (1977): Die Unfähigkeit zu Trauern; München

Mitscherlich, Margarete (1976): Müssen wir hassen? Über den Konflikt zwischen innerer und äußerer Realität; München 1988

– (1985): Die friedfertige Frau; Frankfurt (Main)

Mittäterschaft und Entdeckungslust (1989)/ Studienschwerpunkt 'Frauenforschung' am Inst. für Sozialpädagogik; Berlin

Moers, Martha (1943): Der Fraueneinsatz in der Industrie, Berlin

Mohler, Armin (1989): Die konservative Revolution in Deutschland 1918-1932: ein Handbuch; Darmstadt

Mommsen, Wolfgang J. (1969): Das Zeitalter des Imperialismus – Fischer Weltgeschichte Bd. 28; Frankfurt (Main)

– (1983): Die Realisierung des Utopischen: Die >Endlösung der Judenfrage< im >Dritten Reich<. In: Geschichte und Gesellschaft 9; Göttingen

Montgomery, Bernard L. V. (1975): Weltgeschichte der Schlachten und Kriegszüge, Bd. 1 und 2; München

Mosig, Ines M. (1941): Mein lieber Mann; Leipzig

Mosse, George L. (1966): The Crisis of German Ideology; London

– (1966): Der NS-Alltag – So lebte man unter Hitler; Königstein/Ts. 1978

– (1978): Rassismus: ein Krankheitssymptom in der europäischen Geschichte des 19. und 20. Jahrhundert; Königstein/Ts.

– (1979): Ein Volk, ein Reich, ein Führer: die völkischen Ursprünge des Nationalsozialismus; Königstein/Ts.

Müller, Detlef K./Zymek, Bernd (1987): Datenhandbuch zur deutschen Bildungsgeschichte. Bd. II: Höhere und mittlere Schulen; Göttingen

Müller-Munch, Ingrid (1982): Die Frauen von Majdanek; Hamburg

Nadig, Maya (1993): Die Ritualisierung von Haß und Gewalt im Rassismus. In: Feministische Studien, Nr. 1, JG. 11, Mai 1993; Weinheim

Naumann, Ida (1925): Altgermanisches Frauenleben (2. Aufl. 1937); Jena

– (1930): Germanische Frauen der Völkerwanderungszeit; Berlin

Nedelmann, Carl (Hrsg.) (1985): Zur Psychoanalyse der nuklearen Bedrohung; Göttingen

Neghabian, Gabriele (1993): Frauenschule und Frauenberufe, Ein Beitrag zur Sozial- und Bildungsgeschichte Preußens 1908-1945; Köln/Weimar/Wien

Netter, Irmgard (1935): Form und Geist. Die direkte Rede in den Isländersagas; Leipzig

– (1935): Germanisches Frauentum; Leipzig

Neubauer, Erika (1987): Gewalt gegen Frauen: Ursachen und Interventionsmöglichkeiten: Literaturanalyse; Stuttgart/Berlin/ Köln/Mainz

Neubauer, Peter (1992): Die Reaktion auf Fremde und deren Beziehung zur Schuld. In: Bohleber, Werner/Kafka, John S. (Hrsg.): Antisemitismus; Bielefeld

Nicklas, Hans (1990): Wie wir den Krieg herstellen. Die Institution des Krieges als gesellschaftliches und psychisches Konstrukt. In: Friedensanalysen 24; Hess. Stiftung Friedens- und Konfliktforschung: Die vergessene Dimension internationaler Konflikte: Subjektivität; Frankfurt (Main)

Nieden, Susanne zur (1993): Alltag im Ausnahmezustand. Frauenbücher im zerstörten Deutschland 1943 bis 1945; Berlin

Niedhart, Gottfried/Riesenberger, Dieter (Hrsg.) (1992): Lernen aus dem Krieg? Deutsche Nachkriegszeiten 1918 und 1945; München

Niethammer, Lutz (Hrsg.) (1980): Lebenserfahrungen und kollektives Gedächtnis – Die Praxis der 'Oral History'; Frankfurt (Main)

– u.a. (1990): Bürgerliche Gesellschaft in Deutschland: Historische Einblicke, Fragen, Perspektiven; Frankfurt (Main)

NS-Frauenschaft München (Hrsg.) (1938): Das NS-Frauenbuch; München

Opitz, Claudia (1989): Der Bürger wird Soldat – und die Bürgerin? Die Revolution, der Krieg und die Stellung der Frau nach 1789. In: Schmidt-Linsenhoff, Victoria: Sklavin oder Bürgerin; Frankfurt (Main)/Marburg

Ostner, Ilona (1982): Zur Vergleichbarkeit von Aussagen in lebensgeschichtlichen Interviews. In: Beiträge zur feministischen Theorie und Praxis 7; Dokumentation der Tagung: Weibliche Biographien; Bielefeld/München

Ostow, Mortimer (1988): Apokalyptische Archetypen in Träumen, Phantasien und religiösen Schriften. In: Jahrbuch der Psychoanalyse: Beiträge zur Theorie und Praxis; Stuttgart-Bad Canstatt

Ostpreußische Frauen erleben den Krieg (1937): Gräfe und Unzer Verlag; Königsberg (Pr.)

Passett, Peter/Modena, Emilio (Hrsg.) (1983): KRIEG UND FRIEDEN aus psychoanalytischer Schicht; Basel/Frankfurt (Main)

Paxton, Robert (1995): Formen des Faschismus: Elemente einer vergleichenden Geschichte. In: LETTRE international, Frühjahr 1995; Berlin

Pehle, Walter (1990): Der historische Ort des Nationalsozialismus; Frankfurt (Main)

Peters, Elisabeth (1937): Deutsche Frauen im Weltkrieg, Städt. Berufs- und Handelsschule/Verlagsanstalt Ernst Maukisch; Freiburg

Peukert, Detlef K (1989): : Rassismus und »Endlösungs«Utopie. Thesen zur Entwicklung und Struktur der nationalsozialistischen Vernichtungspolitik. In: Kleßmann, Christoph (Hrsg.): Nicht nur Hitlers Krieg; Düsseldorf

Pfeifer, W. (1990): Etymologisches Wörterbuch; Berlin

Pflugk-Harttung, Elfriede von (1936): Frontschwestern – Ein deutsches Ehrenbuch; Berlin

Plack, Arno (1982): Wie oft wird Hitler noch besiegt? Neonazismus und Vergangenheitsbewältigung; Frankfurt (Main) 1985

Plessner, Helmut (1974): Die verspätete Nation: Über die politische Verführbarkeit bürgerlichen Geistes; Frankfurt (Main)

Poliakov, Leon (1974): Der arische Mythos. Zu den Quellen von Rassismus und Nationalismus; Wien/München/Zürich 1977

Press, Elfriede (Hrsg.) (1983): Frauen unterm Hakenkreuz; Berlin

Prieß, Clara (1918): „Als wär's ein Stück von mir"; Stuttgart

Prokop, Ulrike (1980): Die Sehnsucht nach der Volkseinheit. In: Dietze, Gabriele (Hrsg.): Die Überwindung der Sprachlosigkeit; Neuwied

–/Lorenzer, Alfred (1988): Sadismus und Masochismus in der Literatur oder: der Kampf gegen die übermächtigen Mutterimago. In: Cremerius, Johannes u.a.: Masochismus in der Literatur. Freiburger literaturpsychologische Gespräche. Bd. 7; Würzburg

– (1989): Mutterschaft und Mutterschafts-Mythos im 18. Jahrhundert. In: Schmidt-Linsenhoff, Victoria (Hrsg.): Sklavin oder Bürgerin; Marburg

– (1995): Elemente des weiblichen Autoritarismus – Die Sehnsucht nach der „Volksgemeinschaft" in der bürgerlichen Frauenbewegung vor 1933; unv. Man. Frankfurt

Prümm, Karl (1974): Die Literatur des soldatischen Nationalismus der 20ger Jahre: 1918-1933; Gruppenideologie und Epochenproblematik; Kronberg

– (1976): Das Erbe der Front. Der antidemokratische Kriegsroman der Weimarer Republik und seine nationalsozialistische Fortsetzung. In: Denker, Horst/Prümm, Karl (Hrsg.): Die deutsche Literatur im Dritten Reich: Themen, Traditionen, Wirkungen; Stuttgart

Puttkammer, Annemarie von (1921): Die Schwestern (2. Aufl. 1923); München

– (1943): Zwischen den Feuern. Roman; Würzburg

Randzio-Plath, Christa (Hrsg.) (1982): Was geht uns Frauen der Krieg an?, Reinbek bei Hamburg

Rantzau, Lily Gräfin zu (1937): Kamerad Frau; Berlin

Reese, Dagmar (1989): Straff, aber nicht stramm – herb, aber nicht derb. Zur Vergesellschaftung von Mädchen durch den Bund der Mädel im sozialkulturellen Vergleich zweier Milieus; Basel

– (1990): Frauenforschung und Nationalsozialismus. Eine Bilanz. In: Gravenhorst, Lerke/Tatschumerat, Carmen (Hrsg.) (1990): TöchterFragen. NS-Frauen Geschichte; Freiburg i.Br.

–/Sachse, Carola (1990): Frauenforschung und Nationalsozialismus. In: Gravenhorst, Lerke/Tatschmurat, Carmen (Hrsg.): Töchter Fragen – NS-Frauengeschichte; Freiburg i.Br.

Reiche, Reimut (1990): Geschlechterspannung; Frankfurt (Main)

Reichel, Peter (1991): Der schöne Schein des Dritten Reiches. Faszination und Gewalt des Faschismus; München/Wien

Reichenau, Irmgard (Hrsg.) (1933): Deutsche Frauen an Adolf Hitler (5. Aufl. 1934; Eisenach); Leipzig

Reichsgesetzblatt (1939:609f): 15.3.1939, JG. 39, Teil I; Berlin

– (1939:206): 13.2.1939; JG. 39, Teil I; Berlin

Reinig, Christa (1981): Blut und Boden und das Tausendjährige Reich. In: Dietze, Gabriele, Die Überwindung der Sprachlosigkeit; Neuwied

Resch, Irene (1940): Die Stellung der Frau im neuen deutschen Wehrrecht, Diss.; Marburg

Rider, Jacques le (1984): Der Fall Otto Weininger; München

Riedel, Ingrid (1985): Tabu im Märchen, Olten und Freiburg i. Br. 1990

Rieger, Franziska (1917): Aus einem Feldpostbrief vom 15. September 1914. Aus: Das Rote Kreuz, Nr. 6, JG. 1917; Berlin

Riemann, Ilka (1986): „Er mit der Waffe, sie mit Herz und Hand“: Die Rolle der Frauenvereine in der Sozialpolitik, insbesondere die der Vaterländischen Frauenvereine. In: Dalhoff, Jutta (Hrsg.): Frauenmacht in der Geschichte; Düsseldorf

Riesenberger, Dieter (1992): Für Humanität in Krieg und Frieden. Das Internationale Rote Kreuz 1863-1977; Göttingen

Rödig, Andrea (1992): Geschlecht als Kategorie – Überlegungen zum philosophisch-feministischen Diskurs. In: Feministische Studien, Nr. 1, JG. 10, Mai 1992; Weinheim

Rogge-Börner, Sophie (1928): Am geweihten Brunnen. Die deutsche Frauenbewegung im Lichte des Rassegedankens; Weimar

– (1929): Die Lebenden rufe ich! 10 Jahre Kriegsschuldlüge; Berlin

– (1930): Nordischer Gedanke und Verantwortung; Leipzig

– (1932): Zurück zum Mutterrecht /Studie zu Prof. Ernst Bergmann: Erkenntnisgeist und Muttergeist; Leipzig

– (1933-1937): Die deutsche Kämpferin: Monatszeitschrift zur Gestaltung der wahrhaften Volksgemeinschaft; Leipzig

– (1937): Die innere Gestalt der nordischen Frau; Berlin

– (1939): Begegnung der Götter. Ein Nordland-Roman aus dem 10. Jahrhundert; Berlin

– (1941): Die Olafssippe. Ein Nordland-Roman; Berlin

– (1943): Am Ahnengrund – Roman; Düsseldorf

– (1944): Die Brücke – Roman zwischen den Ufern; Berlin

– (1951): Planet im Absturz; Göttingen

Römer, Ruth (1985): Sprachwissenschaft und Rassenideologie in Deutschland; München

Röhrich, Lutz (1980): Der Tod in Sage und Märchen. In: Stephenson, Günther: Leben und Tod in den Religionen: Symbol und Wirklichkeit; Darmstadt

Rosenberg, Alfred (1930): Der Mythos des 20. Jahrhunderts (10. Aufl. 1943); München 1943

Rosenthal, Gabriele (1987): „... Wenn alles in Scherben fällt ...“ Von Leben und Sinnwelt der Kriegsgeneration; Opladen

– (Hrsg.) (1990): „Als der Krieg kam, hatte ich mit Hitler nichts mehr zu tun“ – Zur Gegenwärtigkeit des ‘Dritten Reiches’ in Biographien; Opladen

Roth, Karl-Heinz (1990): Zwangsarbeit und Kolonialismus – Das Beispiel Deutschland. In: Medico International: Emanzipation und Lateinamerikanische Identität: 1942 – 1992; Fulda

Rouette, Susanne (1986): ‘Gleichberechtigung’ ohne ‘Recht auf Arbeit’. Demobilmachung der Frauenarbeit nach dem Ersten Weltkrieg. In: Eifert, C./Rouette, S. (Hrsg.): Unter allen Umständen; Berlin

– (1993): Sozialpolitik als Geschlechterpolitik. Die Regulierung der Frauenarbeit nach dem Ersten Weltkrieg; Frankfurt (Main)/ New York

Ruge, Wolfgang (1980): Weimar, Republik auf Zeit; Köln

Ruhl, Klaus-Jörg (Hrsg.) (1985): Unsere verlorenen Jahre: Frauenalltag in Kriegs- und Nachkriegszeit 1939 – 1949 in Berichten, Dokumenten und Bildern; Darmstadt

Rupp, Leila J. (o. J.): Mobilizing Women for War: German and American Propaganda 1939-1945; Princeton

Sachsse, Ulrich (1990): Rache: Destruktive Wiedergutmachung. In: Herdieckerhoff, Eberhard u.a.: Hassen und Versöhnen – psychoanalytische Erkundungen; Göttingen

Samuel, Pierre (1989): Amazonen, Kriegerinnen & Kraftfrauen; München

Sauter-Bailliet, Theresia (1984): Kämpfende Frauen in der Literatur – am Beispiel Kamilla und Brünhild. In: Feministische Studien, Nr. 2, JG. 3, November 1984; Weinheim

Schäfer, Hans-Dieter (1981): Das gespaltene Bewußtsein. Deutsche Kultur und Lebenswirklichkeit 1933-45; München/Wien

Schaeffer-Hegel, Barbara (1988): Frauen und Macht. Der alltägliche Beitrag der Frau zur Politik des Patriarchats; Berlin/Pfaffenweiler 1984

Schauwecker, Franz (1927): Das Frontbuch: Die deutsche Seele im Weltkriege; Halle

– (1930): Aufbruch der Nation; Berlin

Schenk, Herrad (1983): Frauen kommen ohne Waffen; München

Schickedanz, Margareta (1936): Das Heimatheer der deutschen Frauen im Weltkrieg; Berlin/Leipzig – 1. Heft: Heimatnot und Heimathilfe, 2. Heft: Frauenhilfe hinter der Front und hinter Stacheldraht, 3. Heft: Frauenarbeit in Heimat und Etappe

– (Hrsg.) (1938): Deutsche Frau und deutsche Not im Weltkrieg, Verlag Teubner – Berlin/Leipzig; 2. Aufl. 1940

Schlossarek, Arthur (1940): Ruf an die Frau; Spremberg

Schlüter, Anne (1992): Pionierinnen, Feministinnen, Karrierefrauen?. Zur Geschichte des Frauenstudiums in Deutschland; Pfaffenweiler

Schmidt-Harzbach, Ingrid (1984): Eine Woche im April. Berlin 1945. In: Feministische Studien, JG. 3, November 1984; Weinheim

Schmidt-Linsenhoff, Victoria/Junker, Almut (1989): Vaterländische Frauentugenden. In: Schmidt-Linsenhoff, Victoria: Sklavin oder Bürgerin; Frankfurt (Main)/ Marburg

Schmidt-Musewald, Dora (1944): Mädel- und Fraueneinsatz in der Metallindustrie; Berlin

Schnabel, Thomas (1982): Wer wählte Hitler?. In: Geschichte und Gesellschaft, JG. 8; Göttingen

Schödel, Günter (1978): Alldeutscher Verband und deutsche Minderheitenpolitik in Ungarn 1890-1914: Zur Geschichte des deutschen „extremen Nationalismus“; Frankfurt (Main)

Schoeck, Helmut (1987): Der Neid und die Gesellschaft; Frankfurt (Main)

Schoenbaum, David (1980): Sozialgeschichte des 3. Reiches. Die braune Revolution; München

Schönberner, Gerhard (1981): Das Preußenbild im deutschen Film. Geschichte und Ideologie. In: Marquardt, Axel/Rathsack, Heinz (Hrsg.): Preußen im Film; Berlin

Schönhuber, Franz (1981): Ich war dabei; München/Wien

Scholtz-Klink, Gertrud (1936): Verpflichtung und Aufgabe der Frau im NS-Staat; Berlin
– (1941): Frauen helfen siegen; Berlin
Shorter, Edward (1977): Die Geburt der modernen Familie; Reinbek
Schreiber, Albrecht (1982): Als vom Himmel Feuer fiel: Lübecks Passion im Luftkrieg 1942; Lübeck
– (1983): Zwischen Hakenkreuz und Holstentor, Lübeck 1925 bis 1939; Lübeck
Schüddekopf, Charles (Hrsg.) (1982): Der alltägliche Faschismus. Frauen im 3. Reich; Berlin/Bonn
Schulte, Regina (1994) : Die Schwester des kranken Kriegers. In: BIOS, Zeitschrift für Biographieforschung und Oral History, Heft 1/1994,JG. 7; Leverkusen
Schulz-Trieglaff, Jörg (1986): Von Clausewitz bis Ludwig Beck: Zum Kriegsbild deutscher Generale. In: Kultur gegen Krieg (Hrsg. von der Initiative »Kulturwissenschaftler für Frieden und Abrüstung in Ost und West« durch Hans-Jürgen Häßler und Heiko Kauffmann; Köln
Schütze, Fritz (1977): Die Technik des narrativen Interviews in Interaktionsfeldstudien – dargestellt an einem Projekt zur Erforschung von kommunalen Machtstrukturen. Arbeitsberichte und Forschungsmaterialien. Nr. 1 der Universität Bielefeld/Fak. Soz.; Bielefeld
– (1983): Biographieforschung und narratives Interview. In: NEUE PRAXIS, Kritische Zeitschrift für Sozialarbeit und Sozialpädagogik; JG. 13, Heft 3; Neuwied
Schütze, Yvonne (1986): Die gute Mutter – Zur Geschichte des normativen Musters 'Mutterliebe'; Bielefeld
See, Klaus von (1970): Deutsche Germanen-Ideologie. Vom Humanismus bis zur Gegenwart; Frankfurt (Main)
– (1994): Barbar, Germane, Arier; Heidelberg
Seidel, Ina (1987): Das Wunschkind; Frankfurt (Main)/Berlin
– (1939): Deutsche Frauen. Bildnisse und Lebensbeschreibungen; Berlin
–/Grosser, Hans (1952): Dienende Herzen. Kriegsbriefe von Nachrichtenhelferinnen des Heeres; Berlin
– (1937): Luise – Königin von Preußen. Ein Bericht über ihr Leben; Königstein i.Ts./ Leipzig
Seidler, Franz (1978): Frauen zu den Waffen? Marketenderinnen, Helferinnen, Soldatinnen; München
Seitter, Walther (1990): Versprechen, Versagen. Frauenmacht und Frauenästhetik in der Kriemhild-Diskussion; Berlin
Selchow, Bogislav Freiherr von (1939): Frauen großer Soldaten; Berlin
Semmelroth, Ellen (1934): NS-Frauenbuch; München
Shatan, Chaim F. (1981): Die trauernde Seele des Soldaten. In: Friedensanalysen 14; (Hrsg.: Hess. Stiftung Friedens- und Konfliktforschung); Frankfurt (Main)
Siber, Paula (1933): Die Frauenfrage und ihre Lösung durch den Nationalsozialismus; Wolfenbüttel/Berlin
Sicherovskiy, Peter (1991): Liebe, Haß und Gleichgültigkeit: die Täter-Opfer-Beziehung: die Beziehung in der Sackgasse; Hamburg

Siegele-Wentschkewitz, Leonore/Stuchlik, Gerda (Hrsg.) (1990): Frauen und Faschismus in Europa: der faschistische Körper; Pfaffenweiler

Simek, Rudolf/Pálson, Hermann (1987): Lexikon der altnordischen Literatur; Stuttgart

Simmel, Ernst (1978): Antisemitismus und Massenpsychopathologie. In: PSYCHE, Heft 5/6, JG. 32, Stuttgart

– (1992): Selbsterhaltung und Todestrieb. In: PSYCHE Heft 8, JG. 46, August 1992, Stuttgart

– (Hrsg.) (1993): Antisemitismus; Frankfurt (Main)

Singer, Karl H. (1994): Alttestamentarische Blutrachepraxis im Vergleich mit der Ausübung der Blutrache in der Türkei – Ein kultur- und rechtshistorischer Vergleich; Frankfurt (Main)

Sloterdijk, Peter (1983): Kritik der zynischen Vernunft. 2. Bd.; Frankfurt (Main)

Schmitz, Eugen (1909): Richard Wagner; Leipzig

Sofsky, Wolfgang (1993): Die Ordnung des Terrors: das Konzentrationslager; Frankfurt (Main)

– (1994): Zivilisation, Organisation, Gewalt. In: Mittelweg 36, Zeitschrift des Hamburger Instituts für Sozialforschung; JG. 3, April/Mai 1994; Hamburg

Spiekernagel, Ellen (1989): Groß in der Trauer: Die weibliche Klage um tote Helden in Historischen Bildern des 18. Jahrhunderts. In: Schmidt-Linsenhoff, Victoria: Sklavin oder Bürgerin; Frankfurt (Main)/Marburg

Steffen, Gustav F. (1914): Krieg und Kultur; Jena

Steinert, Marlis G. (1970): Hitlers Krieg und die Deutschen. Stimmung und Haltung der deutschen Bevölkerung im 2. Weltkrieg: Düsseldorf

Stephenson, Jill (1981): Nationalsozialistischer Dienstgedanke, bürgerliche Frauen und Frauenorganisation im 3. Reich. In: Geschichte und Gesellschaft, Heft 3/4, JG. 7; Göttingen

Sternheim-Peters, Eva (1981): Brunst, Ekstase, Orgasmus: Männerphantasien zum Thema 'Hitler und die Frauen'. In: Psychologie heute, Nr. 7/1981; Weinheim

Stiehr, Karin (1991): Weiblichkeitsbilder im Nationalsozialismus; In: Determann, Barbara u.a.: Verdeckte Überlieferungen; Frankfurt (Main)

Stockhorst, Erich (1985): 5000 Köpfe: wer war was im 3. Reich; Kiel 1986

Strassner, Christina (1940): Frauen an der Front; Donauwörth

Strauss, Herbert A./Kampe, Norbert (Hrsg.) (2. Aufl.: 1988): Antisemitismus: von der Judenfeindlichkeit zum Holocaust, Frankfurt (Main)/New York

Strauss, Gerhard (1986): Brisante Wörter von Agitation bis Zeitgeist; New York

Strohm, Theodor (1985): Martin Luthers Sozialethik und ihre Bedeutung für die Gegenwart. In: Süssmuth, Hans (Hrsg.) (1983): Das Luther-Erbe in Deutschland – Vermittlung zwischen Wissenschaft und Öffentlichkeit; Düsseldorf

Strothmann, Dietrich (1968): NS-Literaturpolitik. Ein Beitrag zur Publizistik im 3. Reich; Bonn

Sykora, Katharina (1991): Ambivalente Versprechungen. Die Figur der Königin Luise im Film. In: Determann, Barbara u.a. (Hrsg.): Verdeckte Überlieferungen; Frankfurt (Main)

Syrup, Friedrich (1944): Tapfere Frauen. In: Kriegsjahrbuch der Mädel „Wir helfen“, JG. 8/1944; Berlin

Sywottek, Jutta (1976): Mobilmachung für den totalen Krieg? – Vorbereitung der deutschen Bevölkerung für den Krieg; Opladen

Szepansky, Gerda (1983): Frauen leisten Widerstand 1933-45; Frankfurt (Main)

– (1986): Blitzmädel, Heldenmütter, Kriegerwitwe; Frankfurt (Main)

Tacitus, Cornelius (1982): Germania – Über Ursprung, Lage, Sitten und Völkerschaften. In: ders. Sämtliche erhaltene Werke; Stuttgart

Taylor-Allen, Allen (1991): Feminismus und Eugenik im historischen Kontext. In: Feministische Studien, JG. 9, Mai 1991; Weinheim

Thalmann, Rita (1984): Frausein im Dritten Reich; München/Wien

Theweleit, Klaus (1978): Männerphantasien, 2 Bde.; Frankfurt (Main)

Thomas, Gill (1989): Life on all Fronts. Women in the First World War; Cambridge, UP

Thomas, Katharina (1943): Woman in Nazi Germany; London

Thörwang, Juliane (1960): Vergib, wenn du kannst. Frauen – Beute des Krieges. Roman; Rastatt

Thule. Altnordische Dichtung und Prosa (Neuaufl. 1963-1967): Hrsg. von Niedner, Felix und Neckel, Gustav:

Bd. 1: Edda
Bd. 2: Edda
Bd. 3: Die Geschichte vom Skalden Egil
Bd. 4: Die Geschichte des weisen Njal
Bd. 5: Die Geschichte vom starken Grettir, dem Geächteten
Bd. 6: Die Geschichte von den Leuten aus dem Lachswassertal
Bd. 7: Die Geschichte vom Goden Snorri
Bd. 8: Fünf Geschichten von Ächtern und Blutrache
Bd. 9: Vier Skaldengeschichten
Bd. 10: Fünf Geschichten aus dem westlichen Nordland
Bd. 11: Fünf Geschichten aus dem östlichen Nordland
Bd. 12: Sieben Geschichten von den Ostland-Familien
Bd. 13: Groenländer und Faeringer
Bd. 14-16: Snorri (Sturluson) und Snorros Königsbuch
Bd. 17: Norwegische Königsgeschichten
Bd. 18: Norwegische Königsgeschichten Bd. 2
Bd. 19: Die Geschichten von den Orkaden. Dänemark und der Jomsburg
Bd. 20: Snorri Sturluson: Die jüngere Edda
Bd. 21: Isländische Heldenromane
Bd. 22: Die Geschichte Thidreks von Bern
Bd. 23: Islands Besiedelung und älteste Geschichte
Bd. 24: Geschichten vom Sturlunger Geschlecht

Thürmer-Rohr, Christina (1987): Liebe und Lüge: ‘Meine geliebten Kinderchen’. In: Vagabundinnen – Feministische Essays; Berlin

– (1989): Frauen in Gewaltverhältnissen. Und: Mittäterschaft der Frau – Analyse zwischen Mitgefühl und Kälte. In: Mittäterschaft und Entdeckungslust, Hrsg. Studienschwerpunkt 'Frauenforschung' am Institut für Sozialpädagogik TU Berlin; Berlin

Titze, Hartmut (1987): Das Hochschulstudium in Preußen und Deutschland 1820-1944; Göttingen

Tönnies, Ferdinand (1935): Gemeinschaft und Gesellschaft; Darmstadt 1963

Tröger, Jörg (1987): Hochschule und Wissenschaft im 3. Reich; Frankfurt

Trübners Deusches Wörterbuch (1935): (Hrsg. von Alfred Götze), Bd. 1-8; Berlin 1939-1957

Tuchmann, Barbara (1984): Die Torheit der Regierenden von Troja bis Vietnam; Frankfurt (Main)

Tylee, Claire M. (1990): The Great War and Women's Consciousness, Images of Militarism and Womenhood in Women's Writings 1914-64; Houndmills

Unger, Eva-Maria (1984): Illustrierte als Mittel der Kriegsvorbereitung in Deutschland; Köln

Vereinigte Eisenbahn-Signalwerke, Werk Bruchsal (Hrsg.): Briefe zwischen Front und Heimat Nr. 1, Weihnacht 1942; Bruchsal

Visser, Ellen de (1991): Aspekte der gesellschaftlichen und politischen Situation von Frauen in der Weimarer Republik. In: Determann, Barbara u.a. (Hrsg.): Verdeckte Überlieferungen; Frankfurt (Main)

Voigt-Diederich, Helene (1916): Wir in der Heimat. Bilder aus der Kriegszeit; Heilbronn 1953

Voigt, Jürgen (1989): Das Rätsel der Gefühle. Liebe, Frauen, Mitleid, Haß, Angst, Hoffnung; Frankfurt (Main)

Vollnhals, Clemens (1992): Der deutsche Protestantismus: Spiegelbild der bürgerlichen Gesellschaft. In: Niedhart, Gottfried/Riesenberger, Dieter (Hrsg.): Lernen aus dem Krieg? Deutsche Nachkriegszeiten 1918 und 1945; München

Volmerg, Birgit (1976): Zum Gegenstand und zur Methode psychoanalytischer Textinterpretation; Frankfurt (Main)

– (1977): Zur Sozialisation struktureller Feindseligkeit. In: Friedensanalysen 6 (Hrsg. Hess. Stiftung Friedens- und Konfliktforschung); Frankfurt (Main)

– (1980): Erhebungs- und Interpretationsverfahren zum Alltagsbewußtsein; (Hrsg. Hess. Stiftung Friedens- und Konfliktforschung; Arbeitspapier Nr. 5); Frankfurt (Main)

Vondung, Klaus (1973): Völkisch-nationale und nationalsozialistische Literaturtheorie; München

– (1976): Der literarische Nationalsozialismus, politische und sozialhistorische Wirkungszusammenhänge. In: Denker, Horst/Prümm, Karl (Hrsg.): Die deutsche Literatur im Dritten Reich: Themen, Traditionen, Wirkungen; Stuttgart

– (1988): Die Apokalypse in Deutschland; München

Vonschott, Hedwig (1933): Frauenbildung, Frauenberufe: Voraussetzungen und Sinndeutungen des Frauenschaffens in Beruf und Familie; Freiburg i. Br.

Voss, B.R. (1981): Der pointierte Stil des Tacitus; Münster

Waldeck, Ruth (1991): »Kassandra« oder die Lust der Frauen am Krieg der Männer. In: Herrschaft, Anpassung, Widerstand. Etnopsychoanalyse 2; Frankfurt (Main)

– (1992): »Heikel bis heute«. Frauen und Nationalsozialismus – Der Opfermythos in Christa Wolfs 'Kindheitsmuster' Frankfurt (Main)

Walsleben, Magdalena von (1919): Von deutschen Schwestern in Sibirien; Berlin

Watzlawick, Paul (1982): Die Möglichkeit des Anderssein; Bern

Weber, Marianne (1916): Der Krieg als ethisches Problem. In: DIE FRAU, JG. 23, Heft 12, September 1916; Berlin

Wehrgesetz vom 21.5.1935, (2. Aufl. 1943: Erläuterungswerk von Dr. jur. h.c. Heinrich Dietz); Leipzig

Weigelt, Klaus (Hrsg.)(1986): Flucht und Vertreibung in der Nachkriegsliteratur. Formen ostdeutscher Kulturförderung; Melle

Weimann, Robert (1977): Literaturgeschichte und Mythologie; Frankfurt (Main)

Weingart, Peter/Kroll, Jürgen/Bayertz, Kurt (Hrsg.)(1988): Rasse, Blut und Gene. Geschichte der Eugenik und Rassenhygiene in Deutschland; Frankfurt (Main)

Weinhöfer, Elly (1934): Unterm Roten Kreuz im Weltkrieg. In: Genstleben, E. u.a., ebenda; Berlin

Weininger, Otto (1903): Geschlecht und Charakter: Eine prinzipielle Untersuchung; Wien/Leipzig

– (1934): Kultische Geheimbünde der Germanen. Das germanische Totenheer. Mythos und Kult; Frankfurt (Main)

Weiser, Lily (1927): Altgermanische Jünglingsweihen und Männerbünde: Ein Beitrag zur deutschen und nordischen Altertums- und Volkskunde; Bühe (Baden)

Wenke, Gabriele (1984): Kriegslust; Ravensburg

Wentscher, Else (1943): Johanna von Bismarck – die verstehende Gattin. In: Deutsche Frauengestalten; Leipzig

Wentzel, Ilse (1939): Die Frau, die Sklavin, der Priester; München

Wenzel, Annemarie (1931) : Deutsche Kraft in Fesseln. Fünf Jahre deutscher Schwesterndienst in Sibirien; Potsdam

Wette, Wolfram (1980): Öffentliche Meinung zwischen Kriegsächtung und Kriegsverherrlichung. In: Friedensanalysen 12 (Hrsg. Hess. Stiftung Friedens- und Konfliktforschung); Frankfurt (Main)

– (1991): Ideologische Propaganda und Innenpolitik als Voraussetzung der Kriegspolitik des Dritten Reiches. In: Deist, Wilhelm/Messerschmidt, Manfred/Volkmann, Hans-Erich/Wette, Wolfram: Ursachen und Voraussetzungen des Zweiten Weltkrieges; Frankfurt (Main)

Weyrather, Irmgard (1985): Ich bin noch aus dem vorigen Jahrhundert; Frankfurt (Main)

Widmann, Ines (1936): Die Schwabenmargaret, Roman aus den Karawanken; Stuttgart

Winkler, Dörte (1977): Frauenarbeit im 'Dritten Reich'; Hamburg

Windaus-Walser, Karin (1988): Gnade der weiblichen Geburt? In: Feministische Studien, JG. 6, November 1988; Weinheim

– (1990): Frauen im Nationalsozialismus. Eine Herausforderung für feministische Theoriebildung. In: Gravenhorst, Lerke/ Tatschumerat, Carmen (Hrsg.): Töchter Fragen. NS-Frauengeschichte, Freiburg i. Br.

Wippermann, Wolfgang (1976): Geschichte und Ideologie im historischen Roman des Dritten Reiches. In: Denker, Horst/Prümm, Karl (Hrsg.): Die deutsche Literatur im Dritten Reich: Themen, Traditionen, Wirkungen; Stuttgart

Wirth, Hermann (1931): Was heißt deutsch? Ein urgeistesgeschichtlicher Rückblick zur Selbstbesinnung und Selbstbestimmung; Jena

Wistrich, Robert (1989): Wer war wer im 3. Reich. Anhänger, Mitläufer, Gegner aus Politik, Wirtschaft, Militär, Kunst und Wissenschaft; Frankfurt (Main)

Wittrock, Christine (1983): Weiblichkeitsmythen. Das Frauenbild im Faschismus und seine Vorläufer in der Frauenbewegung der 20er Jahre; Frankfurt (Main)

Witzel, Andreas (1982): Verfahren der qualitativen Sozialforschung: Überblick und Alternativen; Frankfurt (Main)/New York

Wobbe, Theresia (1989): Gleichheit und Differenz. Politische Strategien von Frauenrechtlerinnen um die Jahrhundertwende; Frankfurt (Main)/New York

Woesler de Panafieu, Christine/Germain, Xiane (1982): Kriegserfahrungen von Frauen – ans Licht geholt. In: Beiträge 7, Weibliche Biographien; Bielefeld/München

Wolff, Udo W. (1981): Preußens Glanz und Gloria im Film; München

Würker, Achim (1990): Das Unsagbare sagen. Überlegungen zu Sinn und Funktion der tiefenhermeneutischen Literaturinterpretation. In: Kulturanalysen, Hrsg. von Alfred Lorenzer, Ulrike Prokop, Bernard Görlich, JG. 2, Heft 1/1990; Frankfurt (Main)

Würker, Achim (1991): Technik als Abwehr. Die unbewußten Lebensentwürfe in Max Frischs Homo Faber; Frankfurt (Main)

– (1993): Das Verhängnis der Wünsche; Frankfurt (Main)

Zeller, Eva Christina/Bachmann, Ingeborg (1986): Der Fall Franza. Zur Dialektik von Täter und Opfer. In: Conrad, Judith/Konnertz, Ursula (Hrsg.): Weiblichkeit und Moderne; Tübingen

Zindler, Erwin (1934): Der Krieg und die Mütter; Frankfurt (Main)

Zingerle, Arnold (1994): Die 'Systemlehre'. Stellung und Funktion von 'Ehre' in der NS-Ideologie. In: Vogt, Ludgera/Zingerle, Arnold: Ehre – Archaische Momente in der Moderne; Frankfurt (Main)

Zinser, Hartmut (1981): Der Mythos des Mutterrechts: Verhandlungen von drei aktuellen Theorien des Geschlechterkampfes; Frankfurt/Berlin/Wien

Zöberlein, Hans (1939): Der Glaube an Deutschland; München

Zorn, Gerda (1981): Frauen im Dritten Reich. In: Der alltägliche Faschismus, Berlin/Bonn

Zentner, Christian/Bedürftig, Friedemann (1985): Das große Lexikon des Dritten Reiches; München